언어학이 만나는
인공 신경망 언어 모델

저서출판 지원사업 선정도서 018

언어학이 만나는
인공 신경망 언어 모델

박명관 지음

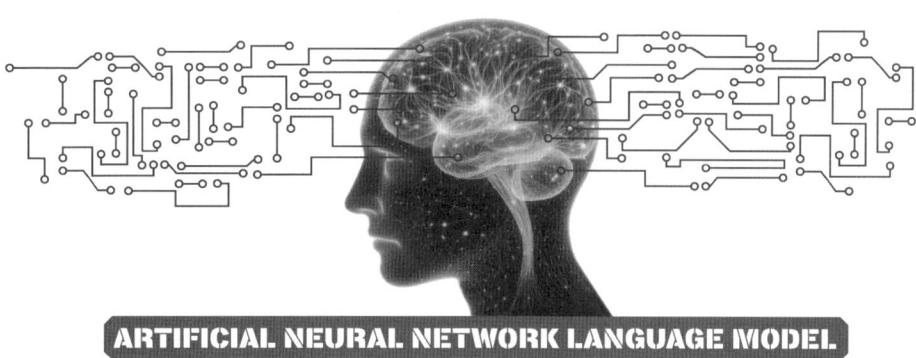

ARTIFICIAL NEURAL NETWORK LANGUAGE MODEL

동국대학교출판부

서 문

현재 우리가 접하는 인공지능 시스템의 핵심 요소가 되는 인공 신경망 언어 모델(artificial neural network language model, (N)LM), 특히 대형 언어 모델(large language model, LLM)과 ChatGPT는 자연어 처리와 생성에서 혁신적인 성과를 이루었다. 이러한 모델들은 인간과의 대화에서 매우 자연스러운 응답을 하며, 다양한 주제에 대해 유용한 정보를 제공할 수 있다. 예를 들어, ChatGPT는 사용자와의 대화에서 문법적으로 정확한 문장을 생성하고, 복잡한 질문에도 즉각적인 답변을 제시한다. 또한 여러 언어를 이해하고 번역하는 능력도 갖추고 있어, 글로벌 커뮤니케이션에 큰 도움이 된다. 더 나아가 교육, 의료, 금융 등 다양한 산업 분야에서 활용될 수 있어 언어를 포함한 다양한 문제의 실질적인 해결에 기여하고 있다. 이러한 기술의 발전은 인공지능의 잠재력을 최대한 발휘하게 하여, 우리의 삶을 보다 편리하고 풍요롭게 만든다. 그러나 이들 모델은 여전히 언어학 및 인지 과학적 도전 과제에 직면해 있다.

신경망 언어 모델(이하, 모델)의 언어학적 도전 과제 중 하나는 문맥 이해와 일관성 유지의 어려움이다. 모델은 긴 문맥에서 일관성을 유지하는 데 어려움을 겪는다. 이는 모델이 문맥의 연속성과 관련된 언어 구조를 사람과 달리 충분히 인지적으로 이해하지 못하기 때문이다. 예를 들어, 대화 중에 주제가 전환되거나 이전에 언급된 정보를 참조할 때 모델이 혼란스러워할 수 있다. 이러한 문제는 대화형 인공지능이 실제로 인간과 자연스럽게 상호작용할 수 있는 능력을 제한한다. 모델이 문맥을 이해하고 유지하는 능력을 향상시키지 않으면, 사용자는 모델의 응답이 부자연스럽거나 일관성이 없다고 느낄 수 있다. 이 문제를 해결하기 위해서는 언어의 구조적 요소를 보다 깊이 이해하고, 이를 모델이 처리할 수 있도록 반영하는 것이 필요하다. 문맥 이해와 일관성 유지의 어려움을 해결함으로써 모델이 더욱 자연스럽고 일관된 대화를 할 수 있게 된다. 이는 사용자의 신뢰를 높이고, 모델의 실용성을 극대화하는 데 기여할 것이다.

또 다른 도전 과제는 추론 능력의 한계이다. 현재의 신경망 언어 모델들은 복잡한 추론이나 논리적 사고가 필요한 질문에 대해 정확한 답변을 제공하지 못한다. 이는 모델이 표면적인 언어 패턴에 의존하기 때문이며, 심층적인 의미나 논리 구조를 이해하는 능력이 부족하기 때문이다. 모델이 단순한 패턴 인식(pattern recognition) 이상의 능력을 갖추지 못하면, 사용자에게 제공되는 정보의 정확성과 신뢰성이 떨어질 수 있다. 추론 능력을 강화하기 위해서는 모델이 언어적 구조와 의미를 보다 깊이 이해하고, 이를 바탕으로 논리적인 결론을 도출할 수 있도록 하는 방법이 필요하다. 이는 복잡한 질문에 대한 답변의 정확성을 높이고, 사용자의 신뢰를 얻는 데 중요하다. 모델이 심층적인 의미와 논리를 이해하게 되면, 더 복잡하고 다층적인 질문에도 적절히 대응할 수 있다. 이는 학술적 응용뿐만 아니라, 실생활의 다양한 문제 해결에도 큰 도움이 될 것이다.

상식과 세계 지식의 반영에서도 한계가 있다. 현재의 신경망 언어 모델들은 방대한 양의 데이터를 학습했음에도 불구하고, 종종 일반적인 상식이나 현실 세계의 지식을 정확히 반영하지 못한다. 이는 모델이 언어적 데이터에서 패턴을 학습할 뿐, 실제 세계와의 상호작용을 통해 지식을 습득하지 못하기 때문이다. 예를 들어, 모델이 현실 세계의 일반적인 상식이나 기본적인 지식을 반영하지 못하면, 사용자에게 제공되는 정보의 정확성과 신뢰성이 저하될 수 있다. 이를 해결하기 위해서는 모델이 언어 데이터뿐만 아니라, 실제 세계의 지식과 상식을 통합하여 학습할 수 있는 방법을 개발하는 것이 필요하다. 이는 모델의 응답이 보다 현실적이고 신뢰할 수 있게 만드는 데 중요하다. 모델이 현실 세계의 지식과 상식을 반영하게 되면, 다양한 상황에서 더 유용하고 신뢰할 수 있는 정보를 제공할 수 있을 것이다. 이는 사용자의 신뢰를 강화하고, 모델의 실용성을 높이는 데 필수적이다.

또한 현재의 대형 언어 모델은 자연어 처리에서 매우 강력하지만, 인지 과학적 도전에 직면해 있다. 신경망 언어 모델은 감정 이해와 표현에서 한계가 있다. 이는 인간과의 상호작용에서 미묘한 감정적 뉘앙스를 전달하거나 해석하는 데 어려움을 초래한다. 인간은 대화를 통해 감정을 공유하고 이해하는 복잡한 과정을 거치지만, 현재의 언어 모델은 이러한 감정적 뉘앙스를 정확히 파악하지 못한다. 이는 대화의 질을 떨어뜨리고, 사용자와의 진정한 공감 형성을 방해한다. 또한 모델의 "이해"는 실제 인간의 사고나 인지적 이해(cognitive understanding)와는 다르다. 모델은 단순히 확률적으로 적절한 단어를 나열하는 데 그치며, 진정한 의미를 이해하거나 상황을 깊이 있게 해석하지 못한다. 이로 인해 대화의 일관성과 응답의 적절성에서 한계가 발생한다. 모델이 생성하는 응답은 표면적으로는 정확해 보이지만, 실제로는 맥락을 충분히 고려하지 못해 부자연스럽거나 부적절한 경우가 많다. 이러한 문제들은 모델이 인간과 비슷한 수준의 대화 능력을 가지기 위해 극복해야 할 중요한 과제들이다.

신경망 언어 모델이 사람의 인지에 미치는 장기적 영향을 고려하는 것도 중요하다. 이러한 인공지능 모델들은 인간의 언어를 모방하면서 점점 더 사람들에게 익숙해지고 의존하게 만들 수 있다. 이는 사람들의 비판적 사고와 문제 해결 능력의 약화로 이어질 수 있다. 사람들이 인공지능 모델의 출력을 무조건적으로 신뢰하게 되면, 정보의 정확성을 검증하려는 노력이 줄어들고, 잘못된 정보에 기반한 결정을 내릴 위험이 커진다. 또한 인공지능 모델과의 상호작용이 빈번해지면서 감정적 교류와 공감 능력이 감소할 수 있다. 이는 인간 간의 사회적 상호작용의 질이 저하되는 결과를 초래할 수 있다. 사람들이 인공지능 모델과의 대화에서 오는 편리함에 익숙해지면, 실제 인간과의 소통에서 필요한 감정적 교류나 공감 능력이 부족해질 수 있다. 따라서 인공지능 모델 기술의 발전과 사용에서는 이러한 인지적 영향을 최소화하기 위한 방안도 함께 고려해야 한다. 인간의 비판적 사고를 강화하고, 인공지능 모델과의 상호작용에서 적절한 균형을 유지하는 교육과 훈련이 필요하다. 이를 통해 인공지능 모델과 인간 간의 조화로운 공존을 추구해야 한다.

이러한 도전 과제를 극복하기 위해 어떤 접근이 필요할까? 이 책의 본문 논의에서는 언어학의 역공학이 필요하다고 제안한다. 언어학의 역공학은 인간의 언어 능력을 기계적으로 분석하고 재구성하여 인공지능 모델이 인간처럼 언어를 이해하고 생성할 수 있도록 돕는 과정이다. 언어학의 역공학적 접근은 먼저 인간 언어의 문법과 구조를 체계적으로 분석한다. 이를 통해 모델이 문장의 구성 요소와 그 관계를 이해하도록 도울 수 있다. 이는 모델이 보다 정교한 문맥 이해와 일관성을 유지하는 데 기여한다. 언어학의 역공학을 통해 모델이 문맥과 관련된 언어 구조를 이해하게 되면, 사용자와의 상호작용에서 보다 자연스럽고 일관성 있는 응답을 제공할 수 있다. 이는 사용자 경험을 향상시키고, 모델의 신뢰성을 높이는 데 중요한 역할을 한다. 언어 구조의 깊은 이해는 모델이 더 복잡한 대화와 다양한 상황에서 일관되게 응답할 수 있도록 하며, 이는 인공지능의 실용성을 높이는 데 큰 도움이 된다.

언어학의 역공학은 단어와 문장의 의미를 깊이 이해하고 이를 모델에 반영하는 것을 목표로 한다. 이 접근법을 통해 모델은 표면적인 패턴을 넘어서, 문장의 심층적인 의미와 논리를 이해할 수 있게 된다. 이러한 능력은 단순한 문장 해석을 뛰어넘어 복잡한 추론이 필요한 질문에도 보다 정확한 답변을 제공할 수 있게 하며, 이는 사용자에게 제공되는 정보의 정확성과 신뢰성을 높이는 데 필수적이다. 심층적인 의미와 논리를 이해하게 된 모델은 사용자에게 더욱 신뢰할 수 있는 정보와 응답을 제공할 수 있다. 이러한 개선은 사용자 경험을 크게 향상시키며, 모델의 유용성과 신뢰성을 강화하는 데 중요한 역할을 한다. 궁극적으로, 언어학의 역공학을 통한 모델의 발전은 다양한 분야에서 복잡한 문제 해결에도 큰 도움을 줄 수 있다.

또한 언어학의 역공학은 다양한 언어의 구조적 차이와 공통점을 분석하여 모델에 반영한다. 이를 통해 모델이 다양한 언어와 방언을 보다 일관되게 처리할 수 있으며, 문화적 맥락과 관용 표현을 이해하는 능력을 향상시킨다. 이는 글로벌 사용자 기반을 대상으로 하는 인공지능 시스템에서 특히 중요하다. 모델이 다양한 언어의 구조적 특성을 이해하고 반영하게 되면, 모든 사용자가 일관된 경험을 할 수 있다. 이는 모델의 신뢰성을 높이고, 사용자 경험을 향상시키는 데 중요한 역할을 한다. 언어 구조의 차이를 이해하고 반영하는 능력은 모델이 다양한 문화적 배경의 사용자에게도 적절하고 신뢰성 있는 응답을 제공할 수 있도록 한다. 이는 글로벌 시장에서 인공지능의 경쟁력을 강화하는 데 필수적이다.

다음으로 언어학의 역공학은 언어 데이터 외에도 실제 세계의 지식과 상식을 모델에 통합하는 방법을 연구한다. 이를 통해 모델이 보다 현실적이고 상식에 기반한 응답을 생성할 수 있도록 한다. 이는 사용자에게 제공되는 정보의 정확성과 신뢰성을 높이는 데 필수적이다. 언어학의 역공학을 통해 모델이 현실 세계의 지식과 상식을 통합하게 되면, 사용자에게 보다 신뢰할 수 있는 정보와 응답을 제공할 수 있다. 이는 모델의 응답이 현실적이고 신뢰할 수 있게 만드는 데 중요한 역할을 한다. 실제 세계의 지식과 상식을 반영하는 능력은 모델이 더 다양한 상황에서 신뢰성 있는 정보를 제공하고, 사용자에게 실질적인 도움을 줄 수 있도록 한다.

덧붙여 인지 과학의 역공학이 필요하다. 역공학은 인간의 인지 과정을 분석하고 이를 모델화하는 방법론이다. 이를 통해 언어 모델이 보다 인간과 유사한 이해와 추론을 할 수 있게 된다. 예를 들어, 맥락 이해를 향상시키기 위해 인간의 기억 구조를 모델에 적용할 수 있다. 또한 감정 인식을 위해 인간의 감정 처리 메커니즘을 분석하고 이를 모델에 반영할 수 있다. 데이터 편향 문제를 해결하기 위해 인간의 편향 인식을 참고하여 모델의 학습 과정을 조정할 수 있다. 창의적 문제 해결 능력을 향상시키기 위해 인간의 창의적 사고 과정을 연구하고 이를 모델화할 수 있다. 결국, 인지 과학의 역공학은 언어 모델이 보다 인간적이고 정확한 응답을 생성할 수 있도록 돕는다. 이러한 접근은 인공지능 기술의 발전을 더욱 촉진하고, 다양한 산업 분야에서의 실질적 문제 해결에 기여할 수 있다.

또한 인지 과학의 역공학은 신경망 언어 모델이 직면한 감정 이해와 표현의 한계를 극복하는 데 중요한 역할을 할 수 있다. 이를 위해 인간의 감정 인식 및 표현 메커니즘을 분석하고, 이를 모델의 학습 과정에 반영할 수 있다. 예를 들어, 인간의 감정적 신호를 인식하는 방식을 모델링하여, 인공지능(artificial intelligence, AI)가 대화에서 감정적 뉘앙스를 더 정확히 파악하고 적절히 응답하도록 개선할 수 있다. 또한 모델의 "이해" 능력을 향상시키기 위해 인간의 사고 및 이해 과정을 연구하고, 이를 모델의 알고리즘에 통합할 수 있다. 이로써 모델이 맥락을 깊이 있게 이해하고, 상황에 맞는 적절한 응답을 생성할 수 있다. 덧붙여, 인간의 비판적 사고를 강화하는 교육 프로그램을 개발하여, 사람들이 AI의 출력을 무조건적으로 신뢰하지 않고, 정보의 정확성을 검증하는 습관을 기를 수 있게 한다. 감정적 교류와 공감 능력을 유지하기 위해 인간의 사회적 상호작용 패턴을 분석하고, 이를 기반으로 AI와의 상호작용에서 감정적 교류를 촉진하는 방안을 마련할 수 있다. 이러한 접근은 AI와 인간 간의 균형 잡힌 상호작용을 촉진하며, 감정적 교류와 공감 능력을 보존하는 데 기여할 것이다. 결국, 인지 과학의 역공학은 AI 기술의 발전과 인간의 인지적 및 사회적 능력 유지를 동시에 추구함으로써 신경망 언어 모델과 인간 간의 조화로운 공존을 가능하게 한다.

정리하면, 현재의 신경망 언어 모델은 자연어 처리와 생성에서 혁신적인 성과를 이루었으나, 문맥 이해와 일관성 유지, 추론 능력, 상식 반영, 감정 이해 및 표현에서 여전히 도전 과제에 직면해 있다. 이를 극복하기 위해 언어학과 인지 과학의 역공학을 통해 모델이 인간의 언어와 인지 과정을 깊이 이해하도록 해야 한다. 언어학의 역공학은 문법, 의미, 다양한 언어 구조의 차이를 모델에 반영하여 자연스럽고 일관된 대화를 가능하게 한다. 인지 과학의 역공학은 모델의 감정 이해와 표현 능력을 향상시키며, 인간의 사고 및 이해 과정을 통합해 보다 정확하고 신뢰할 수 있는 응답을 생성한다. 이러한 접근은 AI 기술의 발전을 촉진하고, 다양한 산업 분야에서의 실질적인 문제 해결에 기여하며, AI와 인간 간의 조화로운 공존을 가능하게 한다.

책의 제목을 "언어학이 만나는 인공 신경망 언어 모델"로 설정한 것은 현재 신경망 언어 모델들이 자연어 처리와 생성에서 혁신적인 성과를 이루었음에도 불구하고, 여전히 중요한 도전에 직면해 있기 때문이다. 가장 진보된 모델들의 경우에도 문맥 이해와 일관성 유지, 복잡한 추론, 상식 반영, 감정 이해 및 표현에서 한계를 보인다. 이러한 문제를 해결하기 위해서는 전통적인 언어학과 인지 과학의 연구 성과를 반영하는 것이 중요하다. 언어학은 문법과 의미, 다양한 언어 구조를 체계적으로 분석하여 모델이 더 자연스럽고 일관된 대화를 할 수 있도록 돕는다. 또한 언어학의 역공학은 모델이 심층적인 의미와 논리를 이해하고 복잡한 추론 능력을 강화하도록 지원한다. 상식과 세계 지식을 모델에 통합하여 현실적이고 신뢰할 수 있는 응답을 제공하는 것도 필수적이다. 감정 이해와 표현을 개선하기 위해 인간의 감정 처리 메커니즘을 분석하고 이를 모델에 반영해야 한다. 인지 과학의 역공학을 통해 모델이 인간적인 이해와 추론을 할 수 있도록 돕는 것도 중요하다. 이러한 접근은 AI 기술의 발전을 촉진하고, 다양한 산업 분야에서 실질적인 문제 해결에 기여하며, 인간과 AI 간의 조화로운 공존을 가능하게 한다. "언어학이 만나는 인공 신경망 언어 모델"이라는 제목은 이 책이 이러한 주제를 탐구하고 해결 방안을 제시하려는 의도를 반영한다.

이 책의 구성은 다음과 같다.

이 책의 I부 [신경망 언어 모델의 현재의 위상]을 논의하는 1장에서 3장까지 현재의 신경망 언어 모델을 체계적으로 평가한다.

1장에서는 신경망 언어 모델이 언어학과 언어 인지과학을 얼마나 잘 재현하고 있는지에 대해 평가한다. 이 장에서는 모델이 인간 언어를 어떻게 재현하는지를 중점적으로 살펴본다. 또한 언어 인지과학의 관점에서 모델이 인간의 언어 처리 과정을 얼마나 유사하게 모방하는지를 분석한다. 이를 통해 모델이 언어의 구조와 의미 현상을 이해하고 적용하는 능력을 평가한다.

2장에서는 신경망 언어 모델이 인간의 언어를 모사하고 재현하려는 시도를 중심으로, 언어 처리를 담당하는 두 시스템, 즉 인간의 뇌와 인공 신경망을 비교 분석한다. 이 장에서는 뇌의 신경 메커니즘과 인공 신경망의 작동 원리를 비교하며, 각 시스템이 언어를 학습하고 처리하는 방식과 그 차이점을 탐구한다. 특히, 인간 뇌와 대비하여 모델이 어떻게 언어 패턴을 학습하고 생성하는지에 대해 상세히 논의한다.

3장에서는 인간의 언어 사용이 인지(cognition) 및 사고(thinking)와 밀접하게 연관되어 있다는 점을 고려하여, 언어와 인지, 언어와 사고의 상호작용을 중심으로 인간의 뇌와 인공 신경망을 비교 분석한다. 이 장에서는 인간의 인지 과정과 과학적 사고가 어떻게 이루어지며, 언어는 이를 어떻게 반영하는지에 대해 논의한다. 또한 신경망 모델이 이러한 상호작용을 얼마나 잘 모방하고 있는지를 평가하며, 모델의 한계와 가능성을 탐구한다.

이 책의 II부 [신경망 언어 모델을 개선하기]를 논의하는 4장에서 6장까지 역공학(reverse engineering) 접근 방법을 적용하여 인지과학, 심리언어학, 언어학을 기반으로 하여 현재의 신경망 언어 모델 한계를 극복하기 위한 시도들을 살펴본다.

4장에서는 기존 신경망 언어 모델의 한계를 극복하기 위해 인지 과학에 영감을 받은 새로운 역공학적 접근 방식을 검토한다. 이 접근 방식은 인간의 인지 과정을 모방하여 신경망 언어 모델의 인지 이해와 적응력을 향상시키는 것을 목표로 한다. 인지 과학의 원리를 적용함으로써 신경망 언어 모델은 더욱 인간에 가까운 능력을 갖추게 되며, 언어 과제 수행에서 더욱 책임감 있고 윤리적인 결과를 낼 수 있을 것으로 기대한다.

5장에서는 전통적 심리언어학이 제공하는 연구 성과를 활용하여 역공학적 접근을 통해 신경망 언어 모델이 인간의 언어 학습 및 처리 메커니즘을 보다 정확하게 반영하고, 다양한 언어적 과제를 효과적으로 수행할 수 있음을 논의한다. 이를 통해 언어 습득/발달과 처리 연구와 인공지능 기술이 상호 보완적으로 발전할 수 있으며, 역으로 인간의 언어 습득/발달과 처리 방식을 깊이 이해하는 데 기여할 수 있음을 보이고자 한다.

6장에서는 인간의 언어와 언어학, 특히 통사, 의미, 화용의 이해/처리에 대한 역공학 기반 연구가 신경망 언어 모델 발전에 필수적임을 탐구한다. 이러한 연구는 언어의 구조적 규칙, 의미론적 맥락, 화용론적 요소들을 분석하여 모델이 인간의 언어 처리 방식을 더 잘 모방하도록 돕는다. 이를 통해 신경망 언어 모델은 번역, 질의응답, 대화형 AI 등에서 더욱 자연스럽고 정확한 언어 처리 및 생성 작업을 수행할 수 있다.

최근 인공 지능과 인공 신경망 언어 모델의 개발은 빠른 속도로 진행되고 있다. 이러한 상황에서 지난 2년 동안 인공지능 발달에 언어학 및 언어학 인접 분야가 기여할 수 있는 부분을 찾아내고 논의하는 것은 쉽지 않은 과정이었다. 그러나 2022년 동국대학교 저서출판지원 사업의 지원으로 집필을 시작할 수 있었고, 마무리해야 한다는 의무감 덕분에 논의를 지속할 수 있었다. 이 기회를 제공한 주관 기관인 동국대학교에 깊은 감사를 표한다.

:차 례:

서 문_4

1부 | 신경망 언어 모델의 현재의 위상

1장 언어(학)과 언어 인지과학을 재현하는 신경망 언어 모델 ─ 19

1. 서론_21
2. 언어 구조와 패턴 학습_24
   2.1 문법과 통사 구문 구조_24 2.2 의미론적 관계와 의미 학습_32
3. 맥락 이해와 예측_43
   3.1 문맥 기반 이해_43 3.2 문맥 이해_44
   3.3 문장 예측과 완성_45 3.4 실용적 응용_46
4. 최근 대형 언어 모델 LLM의 평가_47
   4.1 들어가는 말_47
   4.2 형식적 언어 능력에 대한 LLM의 평가_47
   4.3 기능적 언어 능력과 그 한계_49
   4.4 향후 신경망 언어 모델 개발을 위한 프레임워크_50
5. 신경망 언어 모델의 언어 학습과 추론의 특징_54
   5.1 데이터 기반 학습(data-driven learning)_54
   5.2 비지도 학습_55
   5.3 추론 능력_56
   5.4 텍스트 이해와 추론_57
6. 언어 생성과 창의성_59
   6.1 텍스트 생성_59 6.2 신경망 언어 모델의 창의성_59
   6.3 창의적 응용_61

7. 언어 인지과학의 모형화_64
   - 7.1 언어 인지 모델링_64
   - 7.2 인간의 언어 처리 모델의 시뮬레이션_66
   - 7.3 심리언어학적 현상 재현_68

8. 한계와 도전 과제_70
   - 8.1 기계와 인간의 차이_70
   - 8.2 보완 연구_71
   - 8.3 윤리적 문제와 편향성_72

9. 결론_73

부록 신경망 언어 모델의 구조_75
   - ■ 신경망 언어 모델 구조의 주요 요소_75
   - ■ 신경망 언어 모델에서 모델 아키텍처와 알고리즘의 기능적 차이_76
   - ■ 신경망 언어 모델의 모델 아키텍처 및 알고리즘과 인간 신경망의 대응 요소_79
   - ■ 추가: 하이퍼파라미터 튜닝_80
   - ■ 하이퍼파라미터 튜닝과 사람의 인지 기능의 대비_82

2장 신경망 언어 모델과 인간의 언어 처리 비교 ─────────── 85

1. 서론_87

2. 인간의 언어 처리 과정_89
   - 2.1 언어 인지 과정_89
   - 2.2 뇌의 언어 처리 메커니즘_91

3. 신경망 언어 모델의 언어 처리 메커니즘_97
   - 3.1 신경망 언어 모델 아키텍처_97
   - 3.2 모델 학습 과정_99
   - 3.3 신경망 언어 모델 성능 평가_100

4. 인간 언어 처리와 신경망 모델의 비교_103
   - 4.1 언어 습득과 학습_103
   - 4.2 문맥 이해와 예측_104
   - 4.3 추론과 문제 해결_105
   - 4.4 생물학적 차이_105

5. 신경망 언어 모델의 한계와 개선 방안_110
   - 5.1 신경망 언어 모델의 한계_110
   - 5.2 개선 방안_111

6. 신경망 언어 모델에 구현되는 언어학, 심리언어학, 인지과학_113
   - 6.1 언어학의 구현_113
   - 6.2 심리언어학의 구현_115
   - 6.3 언어 인지 신경과학의 구현_119

7. 미래 연구 방향_121
   7.1 융합 연구의 중요성_121   7.2 실용적 응용 가능성_122
8. 결론_124

3장 언어와 인지 vs. 초대형 신경망 언어 모델 — 127

1. 서론_129
2. 초대형 신경망 언어 모델 소개_131
   2.1 언어 모델과 그 발전의 개요_131
   2.2 최근의 주요 초대형 신경망 언어 모델 소개: ChatGPT, Bard, Sydney_133
   2.3 초대형 신경망 언어 모델의 발전의 약속과 위험_134
3. 인간의 언어와 인지_137
   3.1 인간 언어의 본질: 문법과 구문_137
   3.2 언어 습득(language acquisition)의 인지 과정_138
   3.3 보편 문법의 역할과 인간 인지_139
4. 인간 인지와 신경망 언어 모델의 근본적인 차이_142
   4.1 인간 지능: 설명 vs. 기술과 예측_142
   4.2 신경망 언어 모델의 문법 및 의미 이해의 한계_148
   4.3 신경망 언어 모델의 언어 처리(발화 및 이해)_150
   4.4 언어 처리에서 차이를 강조하는 사례 연구_153
   4.5 인간 인지와 신경망 언어 모델의 학습 방식 비교_154
   4.6 인지적 한계와 윤리적 함의_156
5. 신경망 언어 모델의 윤리적 및 사회적 함의_157
   5.1 AI 개발 및 배포의 윤리적 문제_157
   5.2 신경망 언어 모델 편향성의 사회적 영향_158
   5.3 사례 연구: ChatGPT와 논란이 된 출력_159
   5.4 AI 개발자의 책임과 윤리적 고려 사항_160
   5.5 윤리적 AI 개발을 위한 정책 및 규제_161
6. 신경망 언어 모델의 미래 발전 방향_162
7. 결론_163

2부 | 신경망 언어 모델을 개선하기

4장 인간 뇌의 인지 과정에 대한 역공학적 접근 ——— 169

1. 서론_171

2. 인간 뇌의 역공학_172
   - 2.1 도입_172
   - 2.2 역공학과 인간 뇌의 이해_173
   - 2.3 인공지능의 기초와 발전_176
   - 2.4 인공 신경망(ANN)과 합성곱 신경망(CNN)_180
   - 2.5 역공학의 결과와 미래 전망_183
   - 2.6 종합_186

3. 역공학을 통한 인간 인지의 주요 요소로서의 상식 이해에 접근하기_187
   - 3.1 도입_187
   - 3.2 기존 기계 학습의 도전 과제_188
   - 3.3 인지 과학에 영감을 받은 AI 접근 방식_190
   - 3.4 Rule et al.(2020)에서의 성과_194
   - 3.5 종합_196

4. 역공학을 통해 신경계를 재현하는 목표와 필요성_197
   - 4.1 도입_197
   - 4.2 신경과학의 주요 목표_199
   - 4.3 신경계 시뮬레이션의 중요성_200
   - 4.4 현재의 역공학 노력과 그 한계_202
   - 4.5 데이터 통합과 머신러닝_204
   - 4.6 종합_205

5. 결론_207

5장 언어 처리/습득하는 뇌의 역공학 ——— 209

1. 서론_211

2. 역공학적 접근을 통한 언어 처리 및 예측 메커니즘 연구_212
   - 2.1 도입_212
   - 2.2 연구 방법 및 데이터셋_213
   - 2.3 주요 발견_216
   - 2.4 모델 성능 분석_217
   - 2.5 연구 방법론_218
   - 2.6 성능 평가 및 통계적 검정_218
   - 2.7 종합_219

3. 언어 습득/발달의 역공학_220

    3.1 도입_220   3.2 역공학 접근법_221

    3.3 장기 녹음의 중요성_223   3.4 입력 제어 및 결과 측정_228

    3.5 종합_233

4. 생태적으로 타당한 학습 자료로의 신경망 언어 모델 훈련_235

    4.1 도입_235   4.2 역공학의 정의와 중요성_235

    4.3 연구 방법_237   4.4 실험 및 평가_239

    4.5 결과 및 논의_241   4.6 종합_243

5. 결론_244

6장 인간의 언어, 언어학에 대한 역공학적 접근 — 247

1. 서론_249

2. 인간 언어의 상징적 역공학(symbolic reverse engineering)_250

    2.1 서론_250   2.2 LLM의 한계_252

    2.3 상징적 역공학 제안_254   2.4 실용적 응용_258

    2.5 종합_262

3. 인간의 사고 언어에 대한 역공학적 접근_263

    3.1 도입_263   3.2 문제 정의_264

    3.3 데이터 기반 접근_265   3.4 언어 모델 평가_268

4. 인간 언어의 통사 구조에 대한 역공학적 접근_270

    4.1 도입_270   4.2 새로운 통사 모델링 접근: synapper_271

    4.3 기존 기법과의 차별성_273   4.4 사례 연구: 영어와 한국어_274

    4.5 통사 구조의 역공학적 측면_275   4.6 다국어 번역 시스템에서의 활용_276

    4.7 종합_277

5. 인간의 의미 사용에 대한 역공학적 접근_278

    5.1 도입_278   5.2 의미 인지 시스템의 필수 기능_279

    5.3 제어된 의미 인지의 모델링_282   5.4 종합_284

5. 결론_285

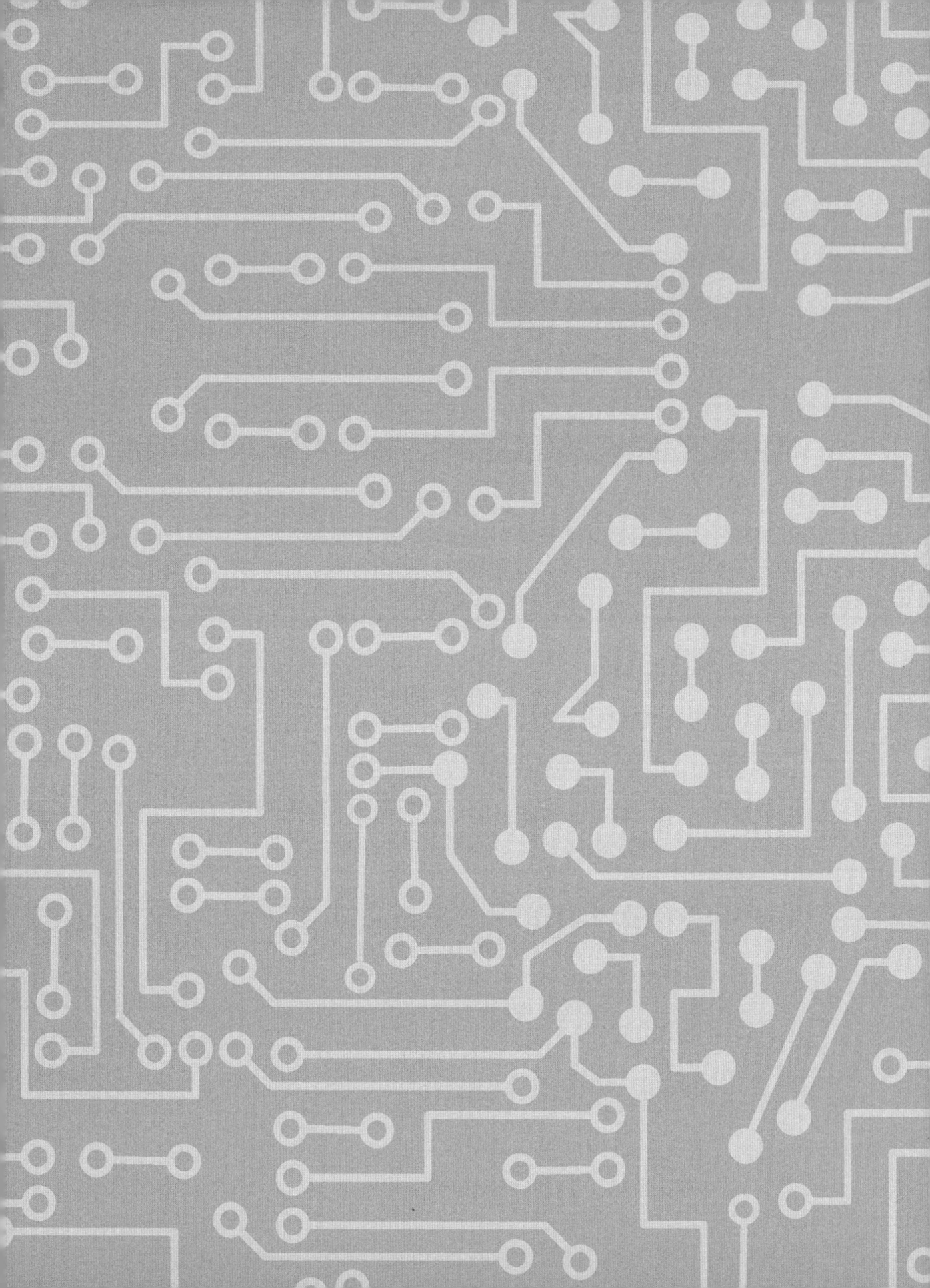

1부
신경망 언어 모델의 현재의 위상

1장 언어(학)과 언어 인지과학을 재현하는 신경망 언어 모델

2장 신경망 언어 모델과 인간의 언어 처리 비교

3장 언어와 인지 vs. 초대형 신경망 언어 모델

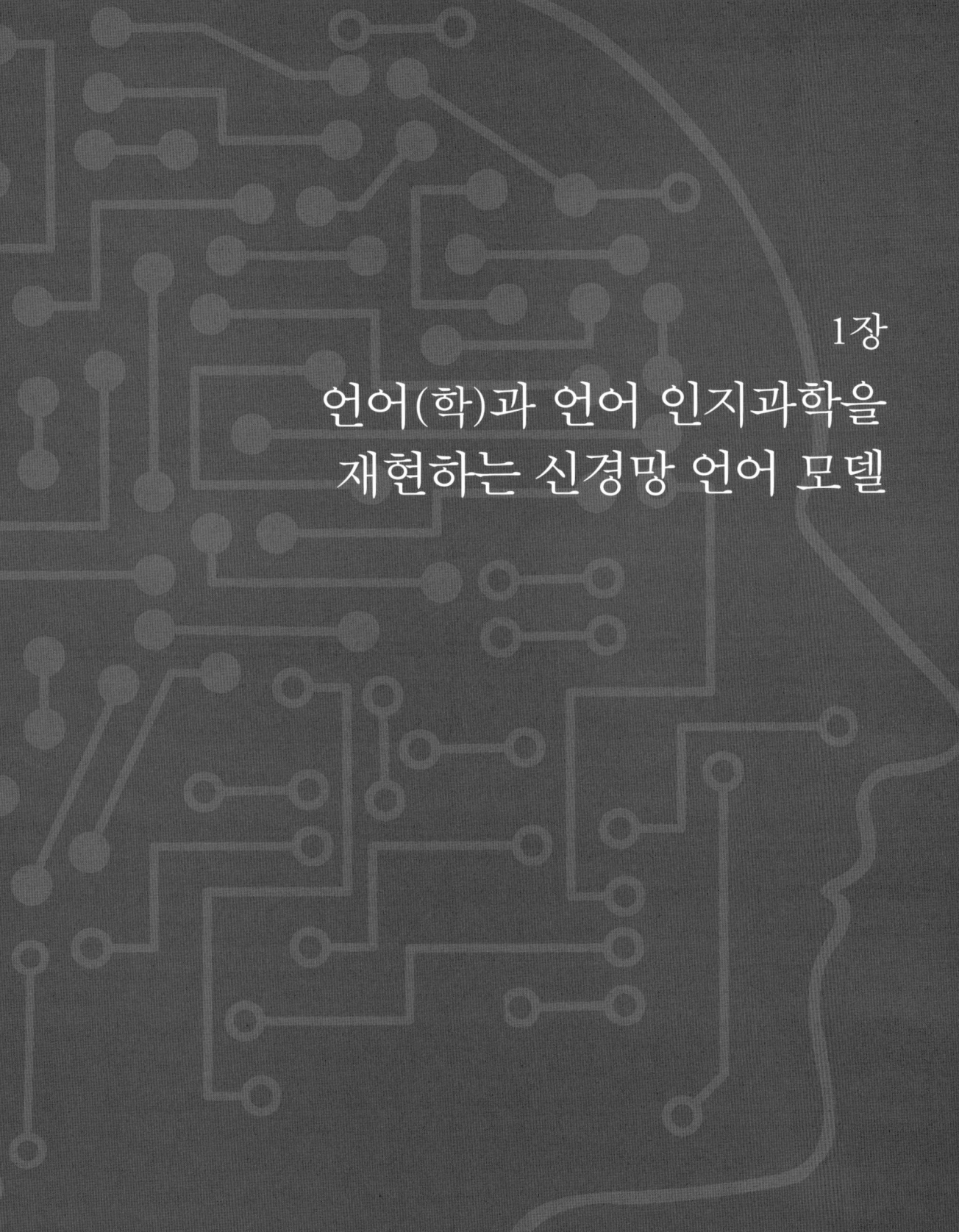

1장
언어(학)과 언어 인지과학을
재현하는 신경망 언어 모델

1. 서론

　신경망 언어 모델(neural language model, (N)LM)은 인간의 언어 사용과 처리 과정을 모사(simulate)하고 재현(replicate)하는 인공지능 기술로,[1] 언어학 및 언어 인지과학(cognitive science of language)의 다양한 측면을 반영한다. 신경망 언어 모델들은 대규모 텍스트 데이터를 학습하여 언어의 구조와 패턴을 이해하고, 이를 바탕으로 문법적 일관성을 유지하는 텍스트를 생성한다. 이는 인간이 언어를 배우고 사용하는 방식과 매우 유사하다. 예를 들어, 인간이 다양한 문장을 접하면서 자연스럽게 언어 규칙을 익히는 것처럼, 신경망 언어 모델도 다양한 텍스트 데이터를 학습하면서 언어의 문법과 통사 구문 구조를 학습하며 내재화한다.[2]

> [인공지능[3] 기술], [자연어 처리 기술], [(인공) 신경망 언어 모델]은 현대 기술 발전에서 중요한 역할을 한다. [인공지능 기술]은 컴퓨터가 인간의 지능적 행동을 모방하도록 하여 문제 해결, 학습, 적응[4] 등의 기능을 수행한다. 이는 다양한 응용 분야에서 효율성을 높이고 새로운 가능성을 열어준다. [자연어 처리(natural language processing, NLP) 기술]은 인간 언어를 이해하고 처리할 수 있게 하며, 텍스트 분석(text analysis), 감정 분석(sentiment analysis), 기계 번역(machine translation) 등의 응용에 사용된다. 이 기술은 인공지능의 한 분야로, 언어 데이터의 처리를 통해 인간과의 상호작용을 가능하게 한다. [(인공) 신경망 언어 모델]은 자연어

---

1) '모사'(simulate)는 대상이나 과정을 가능한 정확하게 따라하는 것을 의미하며, '재현'(replicate)은 본래의 상태(state)나 형태(form)로 되돌리는 과정을 의미한다. 모사는 흉내내기를 강조하고, 재현은 원래의 모습을 복원하는 것을 중점으로 한다.
2) 정확히 표현하면, '내재화한다'라 함은 '신경망 언어 모델의 내부에 표상한다'를 의미한다.
3) '인공지능(artificial intelligence, AI)'은 **인간의 지능을 모방하여 문제를 해결하**—특정 상황이나 조건에서 목표를 달성하기 위해 데이터를 분석하고, 패턴을 인식하며, 적절한 결정을 내리—**거나 학습하는 시스템을** 말한다. '인공지능 기술'은 이러한 **AI를 구현하는 데 사용되는 알고리즘, 소프트웨어, 하드웨어 등을 포함하는 도구와 방법론을** 지칭한다. AI는 개념적이고 이론적인 측면을 포함하며, AI 기술은 그 개념을 실현하는 실제적인 수단이다. 따라서 '인공지능'은 목적이고, '인공지능 기술'은 그 목적을 달성하기 위한 수단이다.
4) 여기서 '적응'은 인공지능 기술이 새로운 정보나 변화하는 환경에 맞추어 스스로의 행동이나 방식을 조정하는 능력을 의미한다. 이는 인공지능이 고정된 규칙에 따라 작동하는 것이 아니라, 경험을 통해 학습하고 변화에 대응하여 최적의 결과를 도출할 수 있도록 한다.

처리 기술의 핵심 구성 요소가 되는 인공 신경망(artificial neural network)을 사용하여 대규모 텍스트 데이터를 학습한다. 이 모델은 언어의 문법적 구조와 의미를 이해하고, 자연스러운 언어 생성을 가능하도록 한다. 신경망 언어 모델은 자연어 처리 기술을 통해 인공지능 시스템이 보다 정교하고 인간적인 언어 이해 및 생성 능력을 갖추도록 한다.

특히, 신경망 언어 모델의 self-attention 메커니즘은 사람들이 문맥을 통해 중요한 단어의 용법을 파악하고 의미를 이해하는 과정과 유사하다. 이 메커니즘은 문장의 각 단어가 다른 모든 단어들과의 관계를 수학의 벡터(vector)로 계산하여 문맥을 파악하는 방식으로 작동한다.[5] 이를 통해 신경망 언어 모델은 문맥에 따라 단어의 의미를 결정하고, 새로운 문장을 생성할 때 기존 정보를 바탕으로 창의적인 조합(creative combinations)을 만들어낼 수 있다. 이러한 조합은 신경망 언어 모델이 단어와 문구를 새롭고 독창적인(new and innovative) 방식으로 결합하여 유의미한 텍스트를 생성할 수 있게 한다. 이는 인간의 언어 이해와 창의적 사고 과정을 모사하는 것이다.

[신경망 언어 모델]은[6] 대규모 텍스트 데이터를 학습하여 언어의 문법과 패턴을 학습하며 내재화한다. 이는 사람이 다양한 문장을 접하면서 자연스럽게 언어 규칙을 익히는 방식과 유사하다. 신경망 언어 모델의 [self-attention 메커니즘]은 사람들이 문맥을 통해 중요한 단어를 파악하고 의미를 이해하는 과정과 닮아 있다. 또한 신경망 언어 모델은 문맥에 따라 단어의 의미를 결정하고, 새로운 문장을 생성할 때 한 단어와 다른 단어를 창의적으로(creatively) 결합한다. 이는 인간의 언어 이해와 창의적 사고 과정을 모사하는 것이다.

또한 신경망 언어 모델은 언어 구조와 패턴을 학습하여 다양한 문법적 규칙을 준수하면서 텍스트를 생성할 수 있다. 예를 들어, ChatGPT의 기반이 되는 GPT-3와 같은 대형 언어 모델(large language model, LLM)은 방대한 양의 텍스트 데이터를 학습하여 소설,

---

5) 수학의 벡터(vector)는 크기(magnitude)와 방향을 가진 양(quantity)을 의미하며, 좌표 공간(coordinate space)에서 점을 나타낼 수 있다. 벡터는 수평 및 수직 성분으로 나뉘어 여러 차원에서 위치를 표상하고, 덧셈과 스칼라 곱셈(scalar multiplication) 같은 연산을 통해 계산된다. 이를 통해 벡터는 물리적 공간에서의 이동, 힘, 속도 등을 수학적으로 설명하는 데 사용된다.
6) 신경망 언어 모델의 구조는 1장 끝의 [부록]을 참조.

시, 에세이 등 다양한 형태의 텍스트를 창의적으로 생성할 수 있다. 이는 인간의 창의성과 언어 표현의 다양성을 반영할 수 있는 능력을 보여준다.

그러나 신경망 언어 모델은 인간의 복잡한 인지 능력(cognitive ability), 감정, 문화적 배경 등을 완전히 재현(replicate)하는 데 여전히 한계가 있다. 예를 들어, 신경망 언어 모델이 학습한 데이터에 포함된 **편향성**(bias)이 모델의 출력에 영향을 미칠 수 있으며, 이는 언어 사용의 윤리적 문제를 초래할 수 있다.[7] 이를 해결하기 위해서는 공정하고 다양한 데이터를 포함하는 데이터셋(dataset) 구축, 모델의 내부 알고리즘 편향(algorithm bias) 검사 및 조정, 윤리적 가이드라인 마련 등이 필요하다.

이와 같은 한계를 극복하기 위해서는 지속적인 연구와 발전이 필요하다. 언어학, 심리언어학(psycholinguistics), 언어 인지신경과학(cognitive neuroscience of language) 등 다양한 학문 분야와의 협력을 통해 신경망 언어 모델의 성능을 향상시키고, 인간의 언어 인지 과정(language cognition process)을 더 정확하게 모사, 재현할 수 있도록 해야 한다. 이러한 다학제적 접근(multidisciplinary approach)은 신경망 언어 모델이 인간의 언어 사용 방식을 더욱 정교하게 재현하고, 언어학 및 언어 인지과학 연구에 큰 기여를 할 수 있을 것이다.

요약하면, 신경망 언어 모델은 인간의 언어 사용과 처리 과정을 모사하고 재현하는 중요한 도구로, 언어학, 심리언어학 및 언어 인지신경과학 등 다양한 학문 분야를 반영하고 있다. 이를 통해 신경망 언어 모델은 인간의 언어 이해와 처리 능력을 더욱 향상시킬 수 있는 기회를 제공받고 있다. 그러나 신경망 언어 모델에는 여전히 해결해야 할 한계가 존재한다. 지속적인 연구와 발전을 통해 이러한 한계를 극복하고, 모델의 성능을 향상시키는 것이 필요하다. 특히, 언어학(그리고 심리언어학 및 언어 인지신경과학)과 인공지능 공학(AI engineering)의 융합을 통해 새로운 발견과 발전을 이루어 나가야 할 것이다. 이러한 다학제적 접근은 신경망 언어 모델의 정교함을 높이고, 역으로 인간의 언어 인지 과정을 더 잘 이해하는 데 기여할 것이다.

---

7) 신경망 언어 모델이 학습하는 데이터는 다양한 편향성을 포함할 수 있다. 이러한 편향성은 모델의 출력에 영향을 미쳐 특정 집단이나 의견에 대한 부정확하거나 불공평한 결과를 초래할 수 있다. 예를 들어, 성별, 인종, 종교 등에 대한 편향된 표현이 모델에 학습되면, 모델은 이러한 편향을 반영한 출력을 생성할 가능성이 크다. 이는 언어 사용의 윤리적 문제를 초래하며, 사회적 불평등을 강화하거나 왜곡된 정보를 제공할 수 있다. 따라서 모델의 공정성과 윤리적 사용을 보장하기 위해 편향성을 인식하고 수정하는 노력이 필요하다.

2. 언어 구조와 패턴 학습

2.1 문법과 통사 구문 구조

신경망 언어 모델은 대규모 텍스트 데이터를 학습하여 언어의 문법적 규칙과 통사 구문 구조를 학습하며 내재화한다.[8)9)] 이는 인간이 다양한 문장을 접하면서 언어 규칙을 자연스럽게 익히는 과정과 유사하다. 최근의 신경망 언어 모델인 대형 언어 모델(large language model, LLM)은 [Transformer 아키텍처]를 기반으로 설계되며, 특히 [self-attention 메커니즘]을 통해 문장 내 단어들의 관계를 이해한다.[10)] 예를 들어, 신경망 언어 모델은 "The cat sat on the mat."에서 "cat"과 "sat"의 관계를 이해하고, "mat"이 문장의

---

8) (i) 신경망 언어 **모델**: 대규모 텍스트 데이터를 학습하여 **인간 언어를 이해하고 생성할 수 있는 인공지능 시스템**이다. 이 모델은 주어진 입력 텍스트에 대해 다음 단어나 문장을 예측하거나, 텍스트의 의미를 분석하여 적절한 응답을 생성한다.
(ii) 신경망 언어 **모델링**: 신경망 구조를 사용하여 언어 데이터의 패턴을 학습하고, 이를 통해 **언어를 이해하고 생성하는 기술**이다. 이 과정은 텍스트 데이터의 구조와 문맥을 학습하여 자연스러운 언어 생성과 이해를 가능하게 한다.
(iii) 신경망 언어 모델 **아키텍쳐**: 신경망 언어 모델의 **구조와 설계 방식**을 의미하며, 주로 Transformer, RNN, LSTM, BERT, GPT과 같은 다양한 신경망 구조가 사용된다. 이러한 아키텍쳐는 모델이 언어의 문맥과 의미를 효율적으로 학습하고 예측할 수 있도록 한다.
(iv) 신경망 언어 모델 **알고리즘**: 신경망을 통해 **언어 데이터를 처리하고 학습하는 방법**을 말한다. 이 알고리즘은 주로 확률적 경사 하강법(stochastic gradient descent(SGD)), 어텐션(attention, 주의) 메커니즘, 손실 함수(loss function) 최소화 등을 포함하여 모델이 언어 패턴을 학습하고 예측 정확성을 높이는 데 사용된다.
9) 신경망 언어 모델에서 "학습(learning)"은 모델이 주어진 훈련 데이터셋을 기반으로 **패턴과 규칙을 익히는 과정**이다. 이를 통해 모델은 입력과 출력 간의 관계를 학습하며, 특정 작업을 수행할 수 있는 능력을 갖춘다. 반면, "일반화(generalization)"는 모델이 **학습한 지식을 새로운 데이터셋에 적용하여 정확하게 예측하고 처리하는 능력**을 의미한다. 즉, 학습은 훈련 데이터에 대한 모델의 적합성(fit/fitting)을 높이는 과정이고, 일반화는 모델이 훈련 데이터 외의 새로운 데이터에서도 성능을 유지하는 능력을 나타낸다.
10) 신경망 언어 모델이 "이해"한다는 것은 **통계적 패턴을 통해 입력 데이터를 처리하고, 문맥을 반영한 가중치(weight)를 할당하는 계산적 프로세스**를 의미한다. 반면, 사람이 "이해"한다는 것은 **언어적 맥락과 배경 지식을 바탕으로 의미를 해석하고, 경험과 상호작용을 통해 학습된 심리적·인지적 과정**을 포함한다. 모델의 이해는 기계적이고 데이터 기반인 반면, 인간의 이해는 의미와 경험에 근거한 복합적 과정이다.

마지막에 위치함을 파악한다.[11]

> [Transformer 아키텍처]는 자연어 처리에서 문맥을 이해하고 단어 간의 관계를 파악하기 위해 (인공 신경망 모델의 알고리즘을 구성하는) self-attention 메커니즘을 사용하는 모델이다.[12] 이 메커니즘은 사람이 문장에서 중요한 단어를 강조하며 이 단어의 용법과 의미를 파악하는 과정과 유사하다. Transformer의 병렬 처리 능력은 인간의 뇌가 여러 정보를 동시에 처리하는 능력과 닮아 있다. positional encoding은 단어의 순서를 기억하는 방식으로, 사람의 뇌가 문장에서 단어의 순서를 기억하는 방식과 유사하다. 신경망 언어 모델이 문장의 전체 구조를 이해하는 능력은 사람이 문장의 전체 맥락을 파악하는 것과 비슷하다. Transformer는 사람의 기억과 유사한 메커니즘을 사용하여 이전 정보를 유지하고 필요할 때 호출(retrieve)하며, 이는 사람의 기억 구조(memory structure)와 비슷하다. 또한 Transformer는 새로운 문장을 생성할 때 단어와 단어를 창의적으로 결합하는데, 이는 인간의 창의적 사고 과정과 유사하다. **그림 1**

---

11) 신경망 언어 모델의 **학습 기법**은 주로 대규모 데이터셋을 이용하여 모델이 텍스트의 패턴과 구조를 학습하는 과정을 포함한다. 모델은 입력 데이터와 해당 출력 데이터 간의 관계를 이해하고 이를 통해 예측 능력을 향상시킨다. 이 과정에서 교차 엔트로피 손실 함수(cross-entropy loss function)와 같은 손실 함수를 사용하여 예측 오류를 최소화하며, 경사 하강법(gradient descent)을 통해 모델 파라미터를 최적화(optimization)한다. 또한, 배치 정규화(batch normalization)와 드롭아웃(dropout) 같은 정규화 기법을 통해 과적합(over-fitting)을 방지한다.

반면, 신경망 언어 모델의 **일반화 기법**은 학습된 모델이 새로운 데이터에 대해 잘 예측할 수 있도록 하는데 초점을 맞춘다. 이를 위해 교차 검증(cross-validation)과 조기 종료(early stopping) 기법을 사용하여 모델의 과적합을 방지하고, 데이터 증강을 통해 훈련 데이터의 다양성을 높인다. 또한, 가중치 감소와 드롭아웃을 통해 모델이 학습 데이터에 너무 의존하지 않도록 한다. 이러한 일반화 기법들은 모델이 실제 환경에서 더 좋은 성능을 발휘할 수 있도록 도와준다.

신경망 언어 모델의 학습 기법과 일반화 기법은 상호보완적으로 작용하여 모델의 성능을 최적화한다. 학습 기법은 모델이 텍스트의 패턴과 구조를 정확하게 학습하도록 도와주며, 일반화 기법은 이 학습된 지식을 새로운 데이터에 적용하여 예측 성능을 유지하도록 한다. 이 과정에서 정규화 기법과 검증 기법이 함께 작용하여 모델의 과적합을 방지하고, 다양한 데이터 상황에서 일관된 성능을 발휘할 수 있도록 한다.

12) **자연어 처리**(NLP)는 기계가 인간 언어를 이해하고 생성할 수 있도록 하는 모든 **기술과 기법**을 포괄하는 분야이다. **자연어 이해**(natural language understanding, NLU)는 NLP의 하위 분야로, 기계가 인간 언어의 의미를 **이해하고 해석하는** 데 중점을 둔다. NLP는 텍스트 생성, 번역, 음성 인식 등을 포함하는 반면, NLU는 **문장의 의미를 이해하고 문맥을 파악하는 데 초점을** 맞춘다. 따라서 NLU는 NLP의 일부로서 보다 깊이 있는 의미 분석을 수행한다.

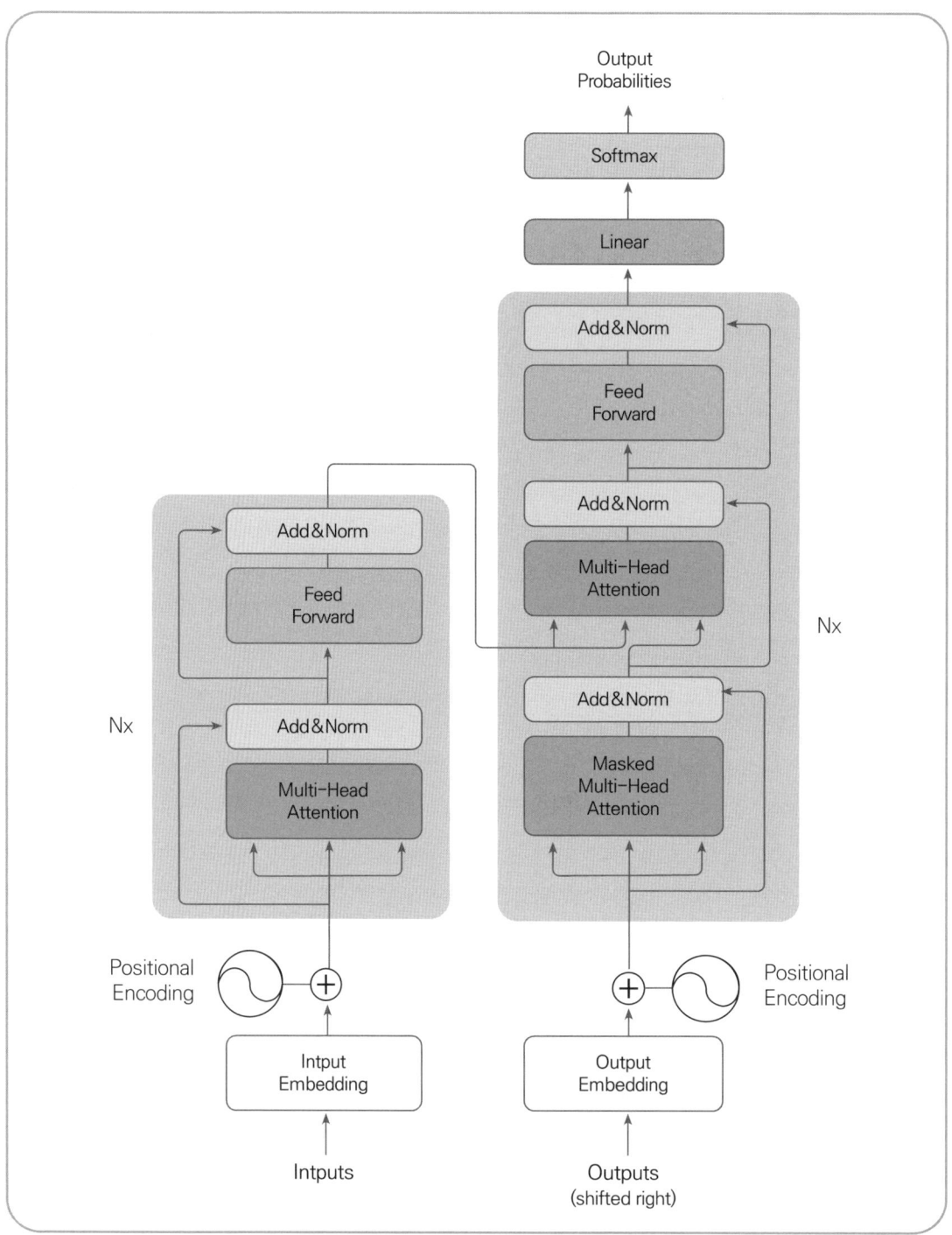

그림 1 Transformer 아키텍처는 입력 임베딩(input embedding) 단계에서[13] 입력된 데이터를 위치 인코딩(positional encoding)과 함께 처리하여 단어의 순서를 인식한다. 그런 다음, 멀티-헤드 어텐션(multi-head attention) 메커니즘을 통해 각 단어가 다른 단어들과의 관계를 계산하여 문맥을 이해한다. 더하기 및 정규화(Add & Norm) 층(layer)은 이러한 연산 결과를 정규화(normalize)하고, 피드 포워드(feed forward) 네트워크는 비선형 변환(non-linear transformation)을 수행하여 정보를 처리한다. 이 과정을 여러 번 반복하고(Nx) 최종적으로 소프트맥스(softmax) 함수를 통해 출력 확률(output probabilities)을 계산하여 각 단어의 확률을 예측한다. 마스킹된 멀티-헤드 어텐션(masked multi-head attention)은 출력층(output layer)에서 다음에 출현할 단어를 가리는 방식으로, 순차적인 텍스트 생성 시 정보를 보존한다.

● 대형 언어 모델 LLM의 작동 원리

LLM의 self-attention 메커니즘은 입력된 문장의 각 단어가 문장의 다른 모든 단어들과 어떤 관계를 맺고 있는지를 계산한다. 이 과정에서 각 단어는 자신과 다른 단어들 간의 연관성을 평가하여 문맥을 이해한다. 이러한 메커니즘은 문장 내에서 중요한 단어들과의 관계를 파악하여 단어의 의미와 문장의 구조를 이해하는 데 큰 도움이 된다. 예를 들어, "The cat sat on the mat."이라는 문장에서 self-attention 메커니즘은 "cat"과 "sat"의 관계를 인식하고, "sat"이 "cat"의 행동을 나타내는 동사임을 이해한다. 이러한 이해는 신경망 언어 모델이 문맥을 바탕으로 단어의 역할과 위치를 파악하는 데 중요한 역할을 한다.

[LLM의 self-attention 메커니즘]은 자연어 처리(NLP)의 핵심 기술 중 하나로 각 단어가 문장 내 다른 모든 단어들과의 관계를 평가/측정하는 방식이다. 이 과정은 쿼리(query), 키(key), 값 벡터(value vector)를 생성하여 이루어진다. 쿼리와 키 벡터의 내적(dot product)을 통해 각 단어의 중요도를 계산하고, 소프트맥스 함수(softmax function)를 적용하여 가중치(weight)를 정규화(normalize)한다.[14] 이 가중치는 값 벡터에 곱해져 각 단어의 문맥을 반영한 표상을 생성한다. 이러한 과정을 통해 신경망 언어 모델은 단어 간의 연관성을 효과적으로 파악할 수 있다. 병렬 처리(parallel processing)가 가능하여 계산 효율성이 높고, 긴 문장이나 복잡한 문장 구조에서도 유연하게 작동한다.[15] 결과적으로, self-attention 메커니즘은 문맥 이해와 의미 추론에서 높은 성능을 발휘한다.

---

13) 입력 임베딩(input embedding)은 자연어 처리 모델에서 단어를 고정 길이의 벡터(vector)로 변환하는 과정이다. **이 벡터는 단어의 의미를 수치적으로 표상하여, 신경 언어 모델이 텍스트 데이터를 효과적으로 처리할 수 있게 한다.** 이를 통해 단어 간의 유사성과 문맥 정보를 반영한 데이터 표상이 가능해진다.
14) 여기서 '정규화(normalize)한다'는 데이터를 특정 범위 내로 조정하여 비교 가능하게 만드는 과정을 의미한다. 이는 데이터의 스케일을 조정하여 모델의 성능을 향상시키거나 계산을 용이하게 한다. 예를 들어, 소프트맥스 함수를 사용하여 가중치를 정규화하면, 모든 가중치의 합이 1이 되도록 조정된다.
15) Self-attention 메커니즘은 병렬 처리가 가능하여 계산 효율성이 높다. 병렬 처리는 대량의 데이터를 빠르게 처리할 수 있어 모델의 학습과 추론 속도를 크게 향상시킨다. 긴 문장이나 복잡한 문장 구조에서도 유연하게 작동하며, 각 단어가 문장의 다른 모든 단어와의 관계를 동시에 고려할 수 있게 한다. 결과적으로 문맥 이해와 의미 추론에서 높은 성능을 발휘한다. 이러한 이유로 다양한 자연어 처리 작업에서 self-attention 메커니즘이 널리 사용된다.

● **Transformer 모델의 특징**

Transformer 모델은 순환 신경망(recurrent neural network, RNN)과 LSTM(long short-term memory)과 같은 이전 순환 신경망 구조와는 다르게, 병렬 처리가 가능하며 학습 속도가 빠르다. 이는 신경망 모델이 대규모 텍스트 데이터를 효율적으로 학습할 수 있게 한다. Transformer 모델은 self-attention 메커니즘을 통해 입력 문장의 모든 단어를 동시에 처리하며, 각 단어의 중요도를 계산하여 문장의 구조와 의미를 이해한다. 이러한 구조는 신경망 언어 모델이 긴 문장이나 복잡한 문장 구조를 더 잘 처리할 수 있게 한다.

> [순환 처리(RNN)]는 데이터의 순차적(sequential) 특성을 이용하여 이전 단계의 출력을 다음 단계의 입력으로 사용하는 방식으로, 시간 순서에 따라 데이터를 처리한다. 이는 시계열(time series) 데이터나 텍스트와 같은 순차적 데이터를 처리하는 데 유용하지만, 연산이 순차적으로 이루어져 계산 속도가 느리고 장기 의존성 문제(long-term dependency)가 발생할 수 있다. [병렬 처리(Transformer)]는 입력 데이터의 모든 요소를 동시에 처리할 수 있어 계산 속도가 빠르며, self-attention 메커니즘을 통해 각 요소 간의 관계를 동시다발적으로 평가한다. 이는 긴 문장이나 복잡한 문장 구조에서도 효율적으로 작동하며, RNN의 단점인 장기 의존성 문제를 해결한다. **그림 2**

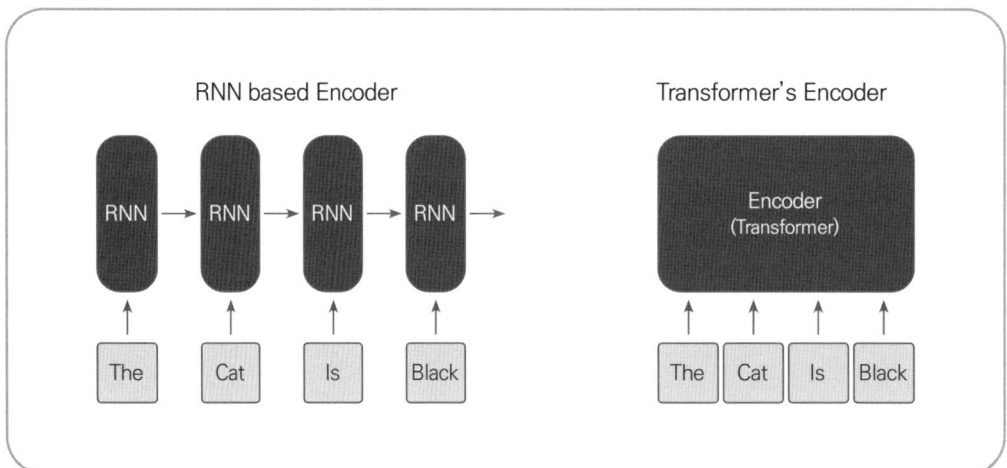

그림 2 이 그림은 RNN 기반 인코더(encorder)와 Transformer 인코더의 차이를 보여준다.[16] RNN 기반 인코더는 순차적으로 단어를 처리하지만, 트랜스포머 인코더는 모든 단어를 동시에 처리한다. 이를 통해 트랜스포머는 병렬 처리가 가능하여 더 효율적으로 작동한다.

● 예시 분석

"The boy kicked the ball."이라는 문장에서 "boy"와 "kicked"의 관계를 이해하는 것은 문장의 기본적인 통사 구문 구조를 파악하는 데 중요한 요소이다. "boy"는 주어이고 "kicked"는 동사로서, self-attention 메커니즘을 통해 신경망 언어 모델은 이 두 단어의 관계를 이해한다. "the ball"이라는 (어)구는 "kicked"의 결과를 설명하는 목적어로서, 신경망 언어 모델은 이러한 구조를 학습하여 비슷한 문장을 생성할 수 있다. 예를 들어, "The girl threw the frisbee."와 같은 문장을 생성할 때도 동일한 통사/구문 구조(syntactic structure)를 따르게 된다.

● 구조 학습

대형 언어 모델(large language model, LLM)은 문장 내 단어들을 벡터 공간(vector space) 속에 표상(represent)하고,[17] 이 단어들이 벡터 공간에서 어떻게 관계를 맺으며 상호작용하는지를 학습하며 내재화한다. 예를 들어, "The bird sang a melody."라는 문장에서 "The bird"가 주어, "sang"이 동사, "a melody"가 목적어라는 구조를 이해한다. 이러한 학습을 통해 신경망 언어 모델은 "The child painted a picture."와 같은 유사한 구조의 문장을 생성할 수 있다. 신경망 언어 모델은 학습된 문법 규칙을 기반으로 문장을 생성하면서 문법적 오류를 최소화한다. 이는 인간이 언어를 사용할 때 문법적 규칙을 자연스럽게 따르는 방식과 유사하다. 신경망 언어 모델은 수많은 예제 문장을 학습하면서 이러한 규칙을 학습하며 내재화하고, 이를 기반으로 새로운 문장을 생성할 때도 일관된 문법적 구조를 유지한다. 이는 텍스트 생성의 일관성(consistency)과 정확성(accuracy)을 높이는 데 중요한 역할을 한다.

> Hewitt and Manning(2019)의 논문 "A Structural Probe for Finding Syntax in Word Representations"은 신경망 언어 모델 내부의 신경망이 단어를 어떻게 이해하고 처리하는지

---

16) 인코더(encorder)는 입력된 데이터를 압축된 형태로 변환하여 중요한 특징을 추출하는 역할을 한다.
17) '표현'은 생각이나 감정을 구체적인 형태로 드러내는 것을 의미하며, '표상'은 **개념이나 아이디어를 상징적 또는 추상적으로 나타내는 것**을 의미한다.

분석하기 위해 구조적 탐침(structural probe)이라는 도구를 소개한다. 이 도구는 신경망이 단어 사이의 문법적 관계를 얼마나 잘 파악하는지 측정한다. 예를 들어, Bidirectional Encoder Representations from Transformers(BERT)와 같은 신경망 언어 모델이 단어들 간의 문법적 거리(grammatical distance)를 예측하도록 훈련된다.[18] 이를 통해, 이러한 신경망 언어 모델들이 실제로 문법 구조를 잘 인식하고 있다는 것을 확인했다. 이는 BERT와 같은 심층 신경망(deep neural network) 언어 모델이 단순한 단어 의미만이 아니라, 문장 내에서 단어들이 어떻게 연결되는지도 잘 이해하고 있음을 보여준다. 또한 이 도구를 사용하여 다양한 모델과 모델 내부의 층(layer)들이 문법 정보(grammatical information)를 어떻게 처리하는지 비교할 수 있다. 이러한 연구는 신경망 언어 모델이 언어를 어떻게 처리하는지 더 잘 이해하는 데 도움을 준다. 이 연구는 향후 더 해석/설명 가능한(interpretable/explainable) 신경망 언어 모델을 만드는 데 기여할 수 있다.

● 문장 내 단어 관계 학습

LLM은 다양한 문장을 학습하여 문장 내 단어들이 어떻게 배열되고 연결되는지 파악한다. 예를 들어, "The bird sang a song."이라는 문장에서 "The bird"가 주어, "sang"이 동사, "a song"이 목적어라는 구조를 이해한다. 신경망 언어 모델은 이러한 [패턴]을 통해 문법적 일관성을 유지하며, "The child drew a picture."와 같은 문장을 생성할 수 있다. 이를 통해 신경망 언어 모델은 단어들이 특정한 패턴과 규칙을 따르도록 학습하며, 이는 신경망 언어 모델이 새로운 문장을 생성할 때도 문법적으로 정확한 문장을 생성할 수 있게 한다. 예를 들어, 신경망 언어 모델은 "The dog chased the ball."과 같은 문장을 생성할 때도 주어-동사-목적어(SVO) 구조를 따르게 된다.[19]

---

18) BERT와 같은 신경망 언어 모델은 대량의 텍스트 데이터를 통해 단어들 간의 문법적 관계를 학습한다. 이를 위해 모델은 마스킹된 단어를 예측하거나 두 문장이 서로 연결되는지를 예측하는 과제를 수행한다. 이러한 과정을 통해 단어들 간의 문법적 거리와 관계를 효과적으로 파악하게 된다.
19) [구조 학습]은 **문장 전체의 구조와 문법 규칙을 이해하고**, 이를 바탕으로 새로운 문장을 생성할 때 **문법적 오류를 최소화하는 데 초점을 맞춘다**. 이와 대비하여, [문장 내 단어 관계 학습]은 개별 단어들이 문장 내에서 어떻게 배열되고 연결되는지를 이해하며, 이를 바탕으로 **문법적으로 일관된 새로운 문장을 생성하는 데 초점을 맞춘다**.

[신경망 언어 모델의 패턴 학습(pattern learning)]은 대규모 텍스트 데이터를 통해 언어의 규칙, 구조, 그리고 의미를 파악하고 학습하며 내재화하는 과정이다. 이를 통해 신경망 언어 모델은 문장 내 단어들의 배열(arrangement)과 상호작용을 이해하며, 문법적으로 일관된 텍스트를 생성할 수 있다. self-attention 메커니즘을 활용하여 문맥을 고려한 단어 관계를 파악하고, 다양한 문장 구조와 구문 요소를 학습하여 복잡한 문장도 자연스럽게 생성한다. 학습된 패턴을 바탕으로 문법적 오류를 최소화하며, 새로운 문장을 창의적으로 생성할 수 있는 능력을 갖춘다. 이러한 패턴 학습은 신경망 모델이 인간의 언어 사용 방식을 모사하고, 자연어 처리에서 높은 성능을 발휘하도록 돕는다. 결과적으로, 신경망 언어 모델은 다양한 언어적 과제를 효율적으로 수행할 수 있다.

● 다양한 문장 구조 학습

LLM은 간단한 SVO 구조뿐만 아니라 복잡한 종속절(subordinate clause)이나 병렬 구조(parallel structure)도 학습할 수 있다. 예를 들어, "The dog that barked loudly scared the cat."과 같은 문장에서 신경망 언어 모델은 종속절("that barked loudly")과 주절("The dog scared the cat")의 관계를 이해하고, 이를 바탕으로 유사한 문장을 생성할 수 있다. 또한 "The cat that chased the mouse was tired."와 같은 문장에서 신경망 언어 모델은 종속절("that chased the mouse")과 주절("The cat was tired")의 관계를 이해하여, 복잡한 문장 구조를 학습하고 다양한 문장을 생성할 수 있다. 신경망 언어 모델은 이러한 복잡한 문장 구조를 학습함으로써 전치사구, 형용사구, 부사구 등 다양한 구문 요소를 포함하는 문장을 생성할 수 있게 된다. 이는 신경망 언어 모델이 단순한 문장뿐만 아니라, 복잡한 문장도 자연스럽게 생성할 수 있는 능력을 가지게 한다.

● 통사 구문 구조 생성

LLM은 학습된 데이터에서 문장의 주어(S), 동사(V), 목적어(O) 등의 구조를 파악한다. 예를 들어, 문장 "The woman bought a car."에서 "The woman"이 주어, "bought"가 동사, "a car"가 목적어임을 인식한다. 이러한 구조적 이해를 바탕으로 신경망 언어 모델은 "The boy wrote a letter."와 같은 새로운 문장을 생성할 수 있다. 이는 인간이 언어를 배우면서 문법적 규칙을 학습하며 내재화하고 이를 바탕으로 다양한 문장을 구성하는 과정과 유사하다. 신경망 언어 모델은 학습을 통해 다양한 통사 구문 구조(syntactic construction structure)를 학습하며 내재화하고, 이를 바탕으로 새로운 문장을 생성할 때도 정확한 통사 구문 구조를 유지한다.

● **새로운 문장 생성 능력**

LLM은 학습된 통사 구문 구조를 바탕으로 새로운 문장을 생성할 수 있다. 예를 들어, "The girl read a book."과 "The boy wrote a letter."를 학습한 신경망 언어 모델은 "The girl wrote a letter."나 "The boy read a book."과 같은 새로운 문장을 생성할 수 있다. 이 과정에서 모델은 학습된 문법 규칙을 적용하여 문법적으로 정확한 문장을 생성한다. 이는 신경망 언어 모델이 다양한 문장을 학습하여 문법적 일관성을 유지하면서 텍스트를 생성할 수 있게 한다. 신경망 언어 모델은 단순히 학습된 문장을 반복하는 것이 아니라, 학습된 통사 구문 구조와 문법 규칙을 바탕으로 창의적이고 새로운 문장을 생성할 수 있는 능력을 갖추게 된다. 이는 신경망 언어 모델이 인간과 유사하게 언어를 이해하고 생성할 수 있는 중요한 특성 중 하나이다.

2.2 의미론적 관계와 의미 학습

LLM은 단어를 벡터 공간에 매핑(mapping)하여 단어 간의 의미론적 관계를 학습한다. 단어는 고차원 벡터(high-dimensional vector)로 표상되며, 의미가 유사한 단어들은 [벡터 공간](vector space)에서 가까운 위치에 놓인다. 예를 들어, "king"과 "queen"은 유사한 의미를 가지므로 벡터 공간에서 가깝게 위치한다. 이러한 벡터 표상(vector representation)은 단어 간의 유사성을 정량적으로(quantitatively) 평가할 수 있게 하며, 단어 간의 의미적 유사성을 기반으로 다양한 언어적 작업을 수행하는 데 사용된다.

> 신경망 언어 모델에서 [벡터 공간]은 단어를 수학적으로 표상(represent)하기 위해 사용되는 고차원 공간이다. 각 단어는 이 공간에서 하나의 벡터로 나타나며, 이를 [단어 벡터]라고 한다. 단어 벡터는 수백 차원의 [고차원 벡터]로, 단어 간의 의미적 관계를 반영하도록 훈련된다. 예를 들어, "king"과 "queen"이라는 단어는 벡터 공간에서 유사한 위치에 놓이게 된다. 이는 단어 간의 의미적 유사성을 수치적으로 표상한 것이다. 고차원 벡터는 단어의 문맥, 의미, 용법 등을 포괄적으로 나타내며, 이를 통해 모델은 문맥에 맞는 단어를 선택하거나

예측할 수 있다. 또한 벡터 간의 연산을 통해 단어 간의 관계를 파악할 수 있다. 예를 들어, "king - man + woman = queen"이라는 관계는 벡터 연산을 통해 추론될 수 있다. **그림 3**

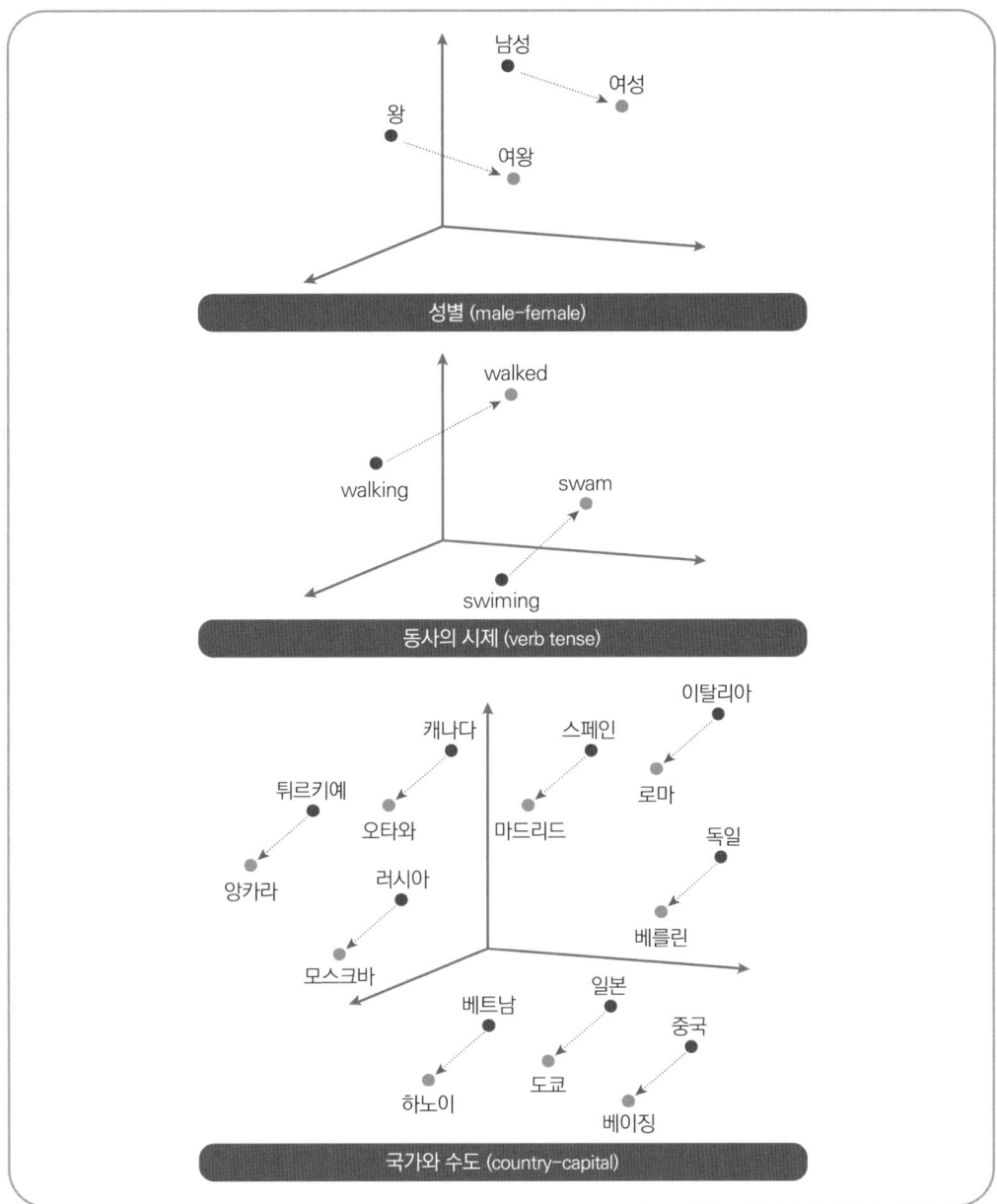

그림 3 이 그림은 단어 임베딩의 벡터 공간에서 단어들 간의 관계를 시각화한 것이다. 첫 번째 그래프는 성별(male-female) 관계를, 두 번째 그래프는 동사의 시제(verb tense) 변화를, 세 번째 그래프는 국가와 수도(country-capital) 간의 관계를 보여준다. 각 벡터는 단어 사이의 의미적 유사성(semantic similarity)을 나타내며, 방향(direction)과 거리(distance)는 단어 간의 관계를 반영한다.

● **단어 벡터와 의미론적 관계**

단어 벡터는 단어의 의미를 고차원 벡터 공간에서 수학적으로 표상한 것이다. 이러한 벡터는 단어 간의 유사성을 수치로 평가할 수 있게 하며, 단어 간의 의미적 관계를 파악하는 데 사용된다. 예를 들어, "happy"와 "joyful"은 벡터 공간에서 가깝게 위치하며, 이는 두 단어가 유사한 의미를 가지고 있음을 나타낸다. 이와 반대로, "happy"와 "sad"는 서로 반대되는 의미를 가지므로 벡터 공간에서 멀리 떨어져 위치한다. 이러한 벡터 표상을 통해 신경망 언어 모델은 단어 간의 의미적 유사성을 평가하고, 이를 기반으로 다양한 언어적 작업을 수행할 수 있다. 예를 들어, 문장 생성 시 유사한 의미의 단어를 선택하여 일관된 문맥을 유지할 수 있다. 이러한 방식으로 단어 벡터는 자연어 처리 작업에서 중요한 역할을 한다.[20]

단어 벡터는 자연어 처리 분야에서 널리 사용된다. 예를 들어, 감정 분석(sentiment analysis)—텍스트에서 긍정(positive), 부정(negative), 중립(neutral) 등의 감정을 NLP 기술로 자동으로 식별(identify)하고 분류하는 과정임—에서는 긍정적 또는 부정적인 단어들을 군집화(clustering)하여 텍스트의 감정을 평가할 수 있다.[21] 또한 기계 번역에서는 단어 벡터를 사용하여 출발 언어(source language)와 목표 언어(target language)의 단어 간 유사성을 비교하고, 더 정확한 번역을 생성할 수 있다. 이러한 단어 벡터는 텍스트 데이터의 복잡한 의미론적 구조를 효율적으로 표상하고, 이를 통해 다양한 언어적 작업에서 성능을 향상시킬 수 있다.

---

20) 자연어 처리(NLP)는 기계가 인간 언어를 이해하고 처리할 수 있도록 하는 응용 **기술에 중점을** 둔 분야이다. 전산언어학(computational linguistics)은 **언어학적 이론을 컴퓨터 모델로 구현하는** 데 중점을 두며, 언어 구조와 언어 규칙을 이해하고 분석하는 학문적 연구를 포함한다. NLP는 주로 실용적인 응용 프로그램 개발에 집중하는 반면, 전산언어학는 언어의 근본적인 특성과 작동 방식을 탐구한다. 따라서 NLP는 실용적 응용에, 전산언어학는 이론적 연구와 모델링에 초점을 맞춘다.
21) 감정 분석은 텍스트 데이터(text mining)를 분석하여 그 속에 담긴 '감정'을 긍정, 부정, 중립으로 분류하는 기술(technology)이다. 이는 주로 데이터 마이닝과 자연어 처리 기술을 사용하여 감정이나 의견을 추출한다. 반면, 일반적으로 사용하는 '감정'이라는 단어는 인간이 일상에서 느끼는 주관적이고 개인적인 정서 상태로, 기쁨, 슬픔, 분노 등을 포함한다.

● 벡터 공간 신경망 언어 모델의 유용성

　벡터 공간 신경망 언어 모델은 단어 간의 의미적 관계를 시각적으로(visually) 표상할 수 있게 한다. 예를 들어, "coffee"와 "tea", "dog"과 "cat"은 각각 유사성(similarity)을 가지며, 벡터 공간에서 이들 간의 관계를 시각적으로 파악할 수 있다. 이러한 벡터 공간 모델을 통해 단어 간의 관계를 직관적으로 이해할 수 있으며, 이는 텍스트 데이터의 분석 및 처리를 용이하게 한다. 벡터 공간 신경망 언어 모델은 단어 간의 유사성을 평가하고, 이를 기반으로 다양한 언어적 작업을 수행하는 데 유용하다.

　벡터 공간 신경망 언어 모델은 텍스트 생성, 기계 번역, 문서 요약(document summarization) 등 다양한 응용 분야에서 활용될 수 있다. 예를 들어, 기계 번역에서는 출발 언어와 목표 언어의 단어 벡터를 비교하여 정확한 번역을 생성할 수 있다. 또한 문서 요약에서는 중요한 단어들을 벡터 공간에서 식별하고, 이를 바탕으로 요약 문장을 생성할 수 있다. 이러한 벡터 공간 모델은 언어의 복잡한 구조를 효과적으로 표상하고, 다양한 언어적 작업에서 성능을 향상시킬 수 있다.

● 단어 임베딩 기술

　[단어 임베딩 기술]은 단어를 고차원 벡터(high-dimensional vector)로 표상하는 기술로서[22], 단어 간의 의미적 관계를 파악하는 데 중요한 역할을 한다. 대표적인 단어 임베딩 기술로는 Word2Vec, GloVe, FastText 등이 있다. Word2Vec은 단어의 주변 단어들을 고려하여 단어 벡터를 학습하며, GloVe는 단어의 동시 발생 빈도(co-occurrence frequency)를 기반으로 벡터를 생성한다. FastText는 단어 내부의 문자 n-gram―이것은 주어진 텍스트에서 연속된 n개의 단어 또는 문자 시퀀스를 나타내는 것으로, 자연어 처리에서 문맥 분석(contextual analysis)과 예측(context prediction) 모델링 등에 사용됨―을 학습하여 더 정교한 단어 벡터를 생성한다. 이러한 기술은 대규모 텍스트 데이터를 학습하여 단어 간의 유사성을 파악하고, 이를 벡터로 표상한다.

　단어 임베딩 기술은 자연어 처리 분야에서 널리 사용되며, 텍스트 분류(text

---

22) 단어를 고차원 벡터로 표상하는 기술은 단어 임베딩(word embedding)이라고 한다. 이 기술은 각 단어를 고유한 숫자 벡터로 변환하여 의미적 유사성을 벡터 공간에서 반영한다. 이를 통해 기계 학습 모델이 단어의 의미적 관계를 효과적으로 이해하고 처리할 수 있게 된다.

classification), 감정 분석, 기계 번역 등 다양한 응용 분야에서 성능을 향상시키는 데 기여한다. 예를 들어, 텍스트 분류에서는 단어 임베딩을 사용하여 각 문서의 의미를 벡터로 표상하고, 이를 바탕으로 문서를 분류할 수 있다. 감정 분석에서는 긍정적 또는 부정적인 단어들을 벡터로 표상하여 텍스트의 전체적인 감정을 평가할 수 있다. 이러한 단어 임베딩 기술은 언어의 의미론적 복잡성을 모델링/표현하고, 다양한 언어적 작업에서 유용하게 사용될 수 있다.

- **의미론적 관계 활용**

신경망 언어 모델은 단어 간의 의미론적 관계를 학습하여 다양한 언어적 작업을 수행할 수 있다. 예를 들어, 유사한 의미를 가지는 단어들을 군집화(clustering)하여 단어의 의미적 유사성을 평가할 수 있다. "The meal was delicious because the _____"라는 문장이 주어졌을 때, 신경망 언어 모델은 "chef", "ingredients", "recipe" 등의 단어를 예측할 수 있다. 이는 신경망 언어 모델이 문맥을 이해하고, 이를 바탕으로 의미론적 일관성을 유지하며 텍스트를 생성하는 능력을 보여준다.

의미론적 관계를 활용하는 신경망 언어 모델은 텍스트 생성, 기계 번역, 문서 요약 등 다양한 응용 분야에서 중요한 역할을 한다. 예를 들어, 기계 번역에서는 출발 언어와 목표 언어의 단어 간의 의미론적 관계를 파악하여 정확한 번역을 생성할 수 있다. 문서 요약에서는 중요한 단어들을 식별하고, 이를 바탕으로 요약 문장을 생성할 수 있다. 이러한 방식으로 신경망 언어 모델은 자연스럽고 일관된 텍스트를 생성할 수 있으며, 이는 다양한 언어적 작업에서 성능을 향상시키는 데 기여한다.

2.2.1 문맥 기반 의미 학습

신경망 언어 모델은 단어의 문맥(context)을 고려하여 다의성(polysemy)을 해결한다. 예를 들어, "bank"라는 단어는 "강변"과 "은행" 두 가지 의미를 가질 수 있다. 문장 "He sat on the bank and watched the river flow."에서는 "bank"가 "강변"을 의미하고, "She deposited money in the bank."에서는 "은행"을 의미한다. LLM은 이러한 문맥 정보를 학습하여 적절한 의미를 선택한다.

● **문맥을 통한 다의성 해결**

LLM은 단어의 문맥을 고려하여 단어의 적절한 의미를 선택한다. 예를 들어, "crane"이라는 단어는 문맥에 따라 "두루미"나 "기중기"를 의미할 수 있다. 문장 "The crane spread its wings and took flight."에서는 "crane"이 "두루미"를 의미하고, "The crane lifted the heavy load onto the building site."에서는 "기중기"를 의미한다. 신경망 언어 모델은 이러한 문맥 정보를 학습하여 적절한 의미를 선택한다. 이를 통해 신경망 언어 모델은 다의성을 해결하고, 문맥에 맞는 의미를 선택할 수 있다.

● **문맥 정보의 중요성**

문맥 정보는 단어의 의미를 이해하는 데 중요한 역할을 한다. 예를 들어, "bat"라는 단어는 "박쥐"와 "야구방망이" 두 가지 의미를 가질 수 있다. 문장 "He saw a bat flying in the sky."에서는 "bat"가 "박쥐"를 의미하고, "He hit the ball with a bat."에서는 "야구방망이"를 의미한다. LLM은 이러한 문맥 정보를 학습하여 적절한 의미를 선택할 수 있다. 이는 신경망 언어 모델이 문맥을 통해 단어의 의미를 정확하게 이해하고, 일관된 문장을 생성하는 데 중요한 역할을 한다.

> Devlin et al.(2018)의 "BERT: Pre-training of Deep Bidirectional Transformers for Language Understanding" 논문은 BERT 모델이 문맥을 정확하게 이해하고, 단어의 적절한 의미를 선택하는 능력을 강조한다. BERT는 양방향(bidirectional) Transformer 아키텍처를 사용하여 문장의 좌우(left-right) 문맥을 동시에 고려함으로써 단어의 정확한 의미를 파악한다. 이를 통해, "pitch"와 같은 다의어(polysemous word)의 의미를 문맥에 맞게 구분할 수 있다. 예를 들어, "He gave an excellent pitch to the investors."에서 BERT는 "pitch"의 문맥을 이해하여 "발표/프리젠테이션"이라는 의미를 선택한다. 반면, "The pitcher threw a fast pitch."라는 문장에서 BERT는 "pitch"가 "투구"를 의미한다는 것을 올바르게 판단한다. 이러한 능력은 BERT의 사전 학습(pre-training) 단계에서 대규모 텍스트 데이터를 통해 문맥적 정보를 학습했기 때문이다. BERT의 사전 학습(pre-training/learning) 과정은 마스킹된 언어 모델링(masked language modeling)과 다음 문장 예측(next sentence prediction)을 포함하여[23], 문맥 이해와 의미 선택을 강화한다.

---

[23] 언어 모델링에서 masked language modeling(MLM)은 문장에서 일부 단어를 마스킹(masking)하고 모델이 이 마스킹된 단어들을 예측하도록 훈련하는 방법이다. 이를 통해 모델은 문장의 문맥을

이를 통해, BERT는 다양한 자연어 처리 작업에서 높은 성능을 보여주며, 다의어의 문맥적 의미를 정확하게 선택하는 데 중요한 기여를 한다.

● **다의성 해결의 사례**

다의성을 해결하는 것은 신경망 언어 모델이 문맥을 정확하게 이해하고, 단어의 적절한 의미를 선택하는 데 중요하다. 예를 들어, "lead"라는 단어는 "이끌다"와 "납" 두 가지 의미를 가질 수 있다. 문장 "He decided to lead the team to victory."에서는 "lead"가 "이끌다"를 의미하고, "The pipes were made of lead."에서는 "납"을 의미한다. LLM은 이러한 문맥 정보를 학습하여 적절한 의미를 선택할 수 있다. 이를 통해 신경망 언어 모델은 문맥에 맞는 의미를 선택하여 자연스러운 문장을 생성할 수 있다.

● **문맥 기반 의미 학습의 활용**

LLM은 문맥 기반 의미 학습을 통해 다양한 언어적 작업을 수행할 수 있다. 예를 들어, 문맥에 맞는 단어를 선택하여 문장을 완성하거나, 문장의 의미를 파악하여 적절한 응답을 생성할 수 있다. 이는 신경망 언어 모델이 문맥을 통해 단어의 의미를 정확하게 이해하고, 일관된 텍스트를 생성하는 데 중요한 역할을 한다. 또한 문맥 기반 의미 학습은 번역, 요약, 감정 분석 등 다양한 자연어 처리 작업에 활용될 수 있다.

2.2.2 의미론적 일관성

LLM은 문맥 정보를 활용하여 의미론적 일관성(consistency)을 유지하며 텍스트를 생성한다. 예를 들어, "She enjoyed reading the book because it was"라는 문장이 주어졌을 때, "interesting"이나 "fascinating"과 같은 의미론적으로 일관된 단어를 예측하고 생성할 수 있다. 이는 인간이 단어의 의미를 맥락을 통해 이해하고, 일관된 문맥 내에서 단어를 사용하는 방식과 유사하다.

이해하고 숨겨진 단어를 정확히 예측할 수 있는 능력을 배양한다. MLM은 BERT와 같은 최신 언어 모델에서 중요한 훈련 기법으로 사용된다.

● 문맥 정보 활용

신경망 언어 모델(LLM)은 문맥 정보를 활용하여 의미론적 일관성을 유지하며 텍스트를 생성한다. 예를 들어, "She enjoyed reading the book because it was"라는 문장이 주어졌을 때, 신경망 언어 모델은 "interesting"이나 "fascinating"과 같은 의미론적으로 일관된 단어를 예측하고 생성할 수 있다. 이는 인간이 단어의 의미를 맥락을 통해 이해하고, 일관된 문맥 내에서 단어를 사용하는 방식과 유사하다. 신경망 언어 모델은 문맥 정보를 활용하여 의미론적 일관성을 유지하며, 자연스럽고 일관된 텍스트를 생성할 수 있다.

문맥 정보 활용의 중요성은 단어의 의미를 정확하게 예측하고 문장의 일관성을 유지하는 데 있다. 예를 들어, "The cake was so delicious that everyone wanted ____"라는 문장에서 "more"나 "another slice"와 같은 단어를 예측하는 것이 중요하다. 신경망 언어 모델은 이전 단어들과 문장의 전체적인 맥락을 고려하여 이러한 단어들을 정확하게 선택할 수 있다. 이는 독자에게 자연스럽고 이해하기 쉬운 텍스트를 제공하는 데 큰 역할을 한다.

또한 문맥 정보 활용은 다양한 응용 분야에서 중요한 역할을 한다. 예를 들어, 고객 서비스 챗봇(chatbot)은 고객의 질문을 이해하고 적절한 답변을 제공하기 위해 문맥 정보를 활용해야 한다. "I need a help with my order"라는 문장이 주어졌을 때, 신경망 언어 모델은 고객이 특정 주문에 대한 문제를 해결하고자 한다는 것을 이해하고 관련된 답변을 제공할 수 있다. 이를 통해 고객의 만족도를 높이고, 보다 효율적인 서비스 제공이 가능해진다.

문맥 정보 활용은 창의적 글쓰기(creative writing)에서도 중요한 요소이다. 예를 들어, 소설 작성 시 등장인물의 대화나 서술이 일관되게 유지되어야 독자가 이야기의 흐름에 몰입할 수 있다. "The hero drew his sword, ready to ____"라는 문장에서 신경망 언어 모델은 "fight"나 "defend"와 같은 단어를 선택하여 자연스럽고 일관된 서술을 유지할 수 있다. 이는 독자가 이야기의 진행을 쉽게 이해하고 즐길 수 있도록 도와준다.

또한 번역 작업에서도 문맥 정보 활용은 필수적이다. 원문과 번역문이 의미론적 일관성을 유지하도록 하는 것이 중요하다. 예를 들어, "He was running late, so he decided to take a ____"라는 문장에서 신경망 언어 모델은 "taxi"나 "shortcut"을 예측하여 원문과 번역문 간의 일관성을 유지할 수 있다. 이를 통해 번역된 텍스트가 원문의 의미를 정확히 전달할 수 있게 된다.

요약하면, 신경망 언어 모델이 문맥 정보를 활용하여 의미론적 일관성을 유지하는 능력은 텍스트 생성의 품질을 높이는 데 중요한 역할을 한다. 이는 다양한 분야에서 신경망 언어 모델의 활용도를 높이며, 자연스럽고 일관된 텍스트를 생성할 수 있게 한다. 문맥 정보 활용은 독자가 텍스트를 쉽게 이해하고 몰입할 수 있도록 도와주며, 신경망 언어 모델의 성능을 극대화하는 데 기여한다.

● **예측과 생성의 일관성**

LLM은 문맥 정보를 기반으로 단어를 예측(prediction)하고 생성(generation)할 때, 의미론적 일관성을 유지한다. 예를 들어, "He felt very ____"라는 문장이 주어졌을 때, 신경 언어 모델은 "happy", "sad", "tired" 등과 같은 감정 상태를 나타내는 단어를 예측할 수 있다. 이는 신경망 언어 모델이 문맥을 기반으로 단어를 예측하고, 일관된 의미를 유지하며 텍스트를 생성할 수 있음을 보여준다.

의미론적 일관성을 유지하는 것은 자연스럽고 이해하기 쉬운 텍스트를 생성하는 데 중요한 역할을 한다. 이는 신경망 언어 모델이 문맥을 기반으로 의미론적 일관성을 유지하며 텍스트를 생성하는 능력을 보여준다. 예를 들어, "The weather was beautiful, so they decided to go ____"라는 문장이 주어졌을 때, "hiking", "picnic", "fishing" 등과 같은 단어를 예측할 수 있다. 이러한 예측은 문장의 앞뒤 문맥과 일치하며, 독자가 문장의 의미를 쉽게 이해할 수 있도록 돕는다.

의미론적 일관성은 특히 긴 문장을 생성할 때 중요하다. 신경망 언어 모델이 앞뒤 문맥을 고려하여 단어를 선택하면, 생성된 텍스트는 일관되고 자연스러운 흐름을 유지할 수 있다. 예를 들어, "She was thrilled by the surprise, and her face lit up with a radiant ____"라는 문장이 주어졌을 때, "smile"과 같은 단어를 예측하는 것이 의미론적 일관성을 유지하는 것이다. 이는 텍스트가 논리적이고 일관된 흐름을 갖추어 독자가 쉽게 이해할 수 있도록 한다.

또한 의미론적 일관성은 모델이 복잡한 문장을 처리할 때도 중요하다. 복잡한 문장에서 단어들의 관계를 이해하고 적절한 단어를 선택하는 것은 텍스트의 명확성과 일관성을 높이는 데 기여한다. 예를 들어, "The scientist explained the experiment in detail, ensuring that everyone understood the ____ behind the process"라는 문장에서 "reasoning"이나 "logic"과 같은 단어를 예측하는 것이 의미론적 일관성을 유지하는 것이다.

결국, 의미론적 일관성을 유지하는 것은 텍스트 생성의 정확성과 자연스러움을 보장하는 핵심 요소이다. 신경망 언어 모델이 문맥을 기반으로 의미론적 일관성을 유지할 때, 생성된 텍스트는 독자에게 명확하고 이해하기 쉬운 정보를 제공할 수 있다. 이는 모델의 신뢰성을 높이고, 다양한 응용 분야에서의 활용 가능성을 증대시키는 중요한 요소이다.

● **다양한 문맥에서의 의미론적 일관성**

LLM은 다양한 문맥에서 의미론적 일관성을 유지할 수 있다. 예를 들어, "The project was a success because of the ＿＿＿＿"라는 문장이 주어졌을 때, "teamwork", "effort", "dedication" 등과 같은 단어를 예측할 수 있다. 이는 신경망 언어 모델이 문장의 전후 문맥을 정확히 이해하고, 그 문맥에 맞는 적절한 단어를 선택함으로써 자연스럽고 일관된 텍스트를 생성할 수 있음을 보여준다.

의미론적 일관성을 유지하는 것은 특히 다양한 문맥에서 중요하다. 문맥이 변할 때마다 신경망 언어 모델이 적절한 단어를 선택함으로써, 텍스트의 의미와 흐름이 일관되게 유지된다. 예를 들어, "The team worked late nights to ensure the project's success, demonstrating their remarkable ＿＿＿＿"라는 문장에서 "commitment" 또는 "dedication"과 같은 단어를 선택하는 것이 의미론적 일관성을 유지하는 것이다. 이는 신경망 언어 모델이 앞뒤 문맥을 고려하여 자연스럽고 이해하기 쉬운 텍스트를 생성하는 능력을 보여준다.

이러한 능력은 다양한 응용 분야에서 활용될 수 있다. 예를 들어, 보고서 작성, 문서 편집, 고객 서비스 대화 생성 등에서 신경망 언어 모델이 문맥에 맞는 일관된 텍스트를 생성함으로써, 문서의 일관성과 명확성을 높일 수 있다. 또한 문학 작품이나 창의적인 글쓰기에서도 신경망 언어 모델은 문맥을 정확히 이해하고, 자연스럽고 일관된 서술을 유지함으로써 독자에게 몰입감 있는 경험을 제공할 수 있다.

더 나아가, 신경망 언어 모델의 이러한 능력은 언어 번역에서도 중요한 역할을 한다. 번역 과정에서 원문과 번역문의 의미론적 일관성을 유지함으로써, 번역된 텍스트가 자연스럽고 정확하게 전달될 수 있다. 예를 들어, 원문에서 "The team's hard work paid off, resulting in a successful project."라는 문장이 있을 때, 번역문에서도 "팀의 노력은 성공적인 프로젝트로 이어졌다."와 같이 일관된 의미를 유지하는 것이 중요하다.

결국, 신경망 언어 모델이 다양한 문맥에서 의미론적 일관성을 유지할 수 있는 능력은 텍스트의 품질을 높이고, 다양한 응용 분야에서 활용될 수 있는 중요한 요소이다. 이를 통해 모델은 문맥을 고려한 자연스럽고 일관된 텍스트를 생성함으로써, 독자가 텍스트를 쉽게 이해하고 몰입할 수 있게 한다.

> Brown et al.(2020)의 "GPT-3: Language Models are Few-Shot Learners" 논문은 LLM이 다양한 문맥에서 의미론적 일관성을 유지하는 능력을 크게 향상시켰다. GPT-3는 1750억 개의 파라미터(parameter)를 갖춘 대규모 언어 모델로, 이전 모델들보다 훨씬 더 많은 양의 데이터를 학습했다.[24] 이를 통해 GPT-3는 문맥을 더 깊이 이해하고, 문맥에 맞는 단어를 정확하게 예측할 수 있다. 예를 들어, "The event was a hit thanks to the ____"라는 문장에서 "organization", "promotion", "enthusiasm" 등의 단어를 문맥에 맞게 예측할 수 있다. 이는 모델이 문장의 의미를 이해하고, 일관된 텍스트를 생성할 수 있음을 보여준다. GPT-3의 few-shot learning 능력은 적은 수의 예제만으로도 높은 성능을 발휘할 수 있게 하여, 다양한 상황에서 문맥적 일관성을 유지하는 데 중요한 역할을 한다. 또한 GPT-3는 문맥 기반 예측에서 뛰어난 성능을 보여주며, 다양한 자연어 처리 작업에서 그 유용성을 입증했다. 이러한 기여는 LLM이 의미론적 일관성을 유지하며 자연스러운 텍스트를 생성하는 데 중요한 발전을 이루었다. 결과적으로, GPT-3는 LLM이 다양한 문맥에서 적절한 단어를 선택하고 일관된 텍스트를 생성하는 데 있어 중요한 모델로 자리잡았다.

요약하면, LLM은 언어 구조와 패턴을 학습하여 인간의 언어 사용 및 처리 과정을 모사한다. 이는 언어학 및 언어 인지과학 연구에서 중요한 의미를 지닌다. LLM이 인간의

---

24) 신경망 언어 모델에서 "파라미터(parameter)"는 모델이 학습을 통해 조정하는 가중치(weight)와 편향성 값(bias value)을 의미한다. 이 파라미터들은 입력 데이터에서 가중치와 편향성 값을 조정하는 **언어 자질을 추출하고, 예측을 수행하는 데 사용**된다. 신경망 언어 모델의 성능은 파라미터의 수와 품질에 크게 좌우된다. 고품질의 파라미터는 신경망 언어 모델이 중요한 패턴과 관계를 잘 포착하여 새로운 데이터에서도 정확한 예측을 가능하게 한다. 더 많은 파라미터를 가진 신경망 언어 모델은 일반적으로 더 복잡한 패턴을 학습할 수 있다. 예를 들어, GPT-3는 1750억 개의 파라미터를 가지고 있어, 다양한 문맥에서 높은 정확도의 언어 이해와 생성 능력을 보여준다. 이러한 대규모 파라미터와 고품질 학습 덕분에 GPT-3는 매우 뛰어난 자연어 처리 성능을 발휘할 수 있다.

언어 이해와 생성 방식을 어느 정도 재현할 수 있다는 점은 언어의 기초적이고 보편적인 구조를 파악하고 있음을 보여준다. LLM은 문법과 통사 구문 구조를 학습하여 문법적 일관성을 유지하고, 단어의 의미론적 관계를 파악하여 문맥에 맞는 의미를 선택할 수 있다. 이를 통해 자연스럽고 일관된 텍스트를 생성하며, 이는 인간의 언어 사용 방식과 유사하다. 따라서 LLM은 언어 구조의 본질과 인간의 언어 처리 방식을 더 깊이 탐구할 수 있는 기회를 제공한다.

또한 이러한 특성을 통해 LLM은 언어학 전반에 새로운 연구 방향을 제시한다. 예를 들어, 언어 변화(language change)의 패턴 분석이나 다양한 언어 간의 구조적 유사성과 차이를 비교하는 연구에 활용될 수 있다. 언어 인지과학 분야에서는 LLM을 사용하여 인간의 언어 처리(language processing) 메커니즘을 시뮬레이션하고, 언어 습득(language acquisition) 및 처리 과정에 대한 새로운 가설을 검증할 수 있다. 신경망 언어 모델은 언어 치료(language/speech therapy), 교육, 번역, 요약, 자동 응답 시스템 등 다양한 실용적 응용에서도 높은 성능을 발휘하여 인간과 컴퓨터 간의 상호작용을 더욱 자연스럽고 효과적으로 가능하게 한다. 예를 들어, 언어 치료에서는 개인 맞춤형 치료 프로그램을 제공하여 언어 장애를 가진 사람들이 더 효과적으로 의사소통할 수 있게 한다. 교육 분야에서는 학습자의 수준에 맞춘 인터랙티브한 학습 도구를 제공하여 언어 습득을 촉진한다. 번역 및 요약 기술은 언어 장벽을 줄이고 정보를 더 쉽게 접근할 수 있게 하며, 자동 응답 시스템은 고객 서비스의 효율성을 높여 사용자 경험을 개선한다. 이러한 응용들은 모두 인간의 언어 사용 능력을 더 발전시키고 일상 생활을 더욱 편리하게 한다.

3. 맥락 이해와 예측

3.1 문맥 기반 이해

Transformer 아키텍처의 self-attention 메커니즘은 입력 문장의 각 단어가 문장의 다른 모든 단어들과 어떻게 관련되어 있는지를 계산한다. 이 메커니즘은 각 단어에 대한 가중치를 할당하여 문맥을 고려한 관계를 파악한다. self-attention은 문장 내 모든 단어 간의 관계를 동시다발적으로 분석할 수 있기 때문에, 문맥 정보를 효과적으로 통합한다. 예를 들어, 문장 "The cat that chased the mouse was tired."에서 self-attention 메커니즘은 "that chased the mouse"가 "The cat"을 수식한다는 것을 이해하고, 이를 바탕으로 "was tired"가 "The cat"을 설명한다는 것을 파악한다. 이를 통해 신경망 언어 모델은 단어들 간의 관계를 정확히 이해하고, 문맥에 맞는 의미를 도출할 수 있다. 이렇게 문맥을 고려한 단어 간 관계 파악은 문장의 의미를 더 깊이 이해하는 데 중요하다. self-attention 메커니즘은 또한 긴 문장이나 복잡한 문장의 이해를 돕는 데 효과적이다. 예를 들어, 문장이 길어지면 단어 간의 관계가 복잡해지는데, self-attention은 이러한 관계를 동시에 고려하여 정확한 의미를 도출할 수 있다. 이는 문장 이해의 정밀도를 높이는 데 기여한다. 또한 self-attention 메커니즘은 단순히 단어의 위치뿐만 아니라 단어의 중요도도 고려하여 문맥을 분석한다. 이를 통해 문장의 핵심적인 의미를 파악하고, 정확한 해석을 가능하게 한다.

3.2 문맥 이해

LLM은 주어진 문맥을 바탕으로 다음에 나올 단어나 문장을 예측한다. 이는 문장 내 단어들이 서로 어떻게 관련되어 있는지를 이해하고, 그 관계를 바탕으로 이어질 내용을 추론하는 방식이다.[25)26)] 예를 들어, 문장 "She opened the door and saw a ___"가 주어지면, "cat", "dog", "stranger" 등의 단어가 다음에 올 가능성이 크다고 예측할 수 있다. 이는 인간이 문맥을 통해 텍스트를 이해하고 예측하는 방식(predictive processing of

---

25) 신경망 언어 모델의 '추론'은 주어진 입력 데이터로부터 가장 적합한 출력을 생성하는 과정이다. 이는 모델이 학습한 패턴과 규칙을 기반으로 특정 질문에 대한 답변을 제공하거나 문장을 완성하는 것이다. 반면, '일반화'는 모델이 학습한 패턴과 지식을 새로운 데이터에 적용하여 일관성 있는 출력을 생성하는 능력이다. 즉, 추론은 특정 문제 해결을 목표로 하고, 일반화는 다양한 상황에서 일관된 성능을 유지하는 것을 목표로 한다.
26) 인간은 추론할 때 경험, 배경 지식, 직관 등을 종합적으로 활용하여 상황을 이해하고 결정을 내린다. 반면 신경망 언어 모델은 대량의 학습 데이터를 바탕으로 통계적 패턴을 인식하고, 입력된 정보를 기반으로 확률적으로 가장 적합한 출력을 생성한다. 인간의 추론은 감정과 가치 판단이 포함될 수 있는 반면, 신경망 언어 모델의 추론은 정해진 알고리즘과 데이터에 의존한다. 이러한 차이로 인해 인간은 창의적이고 유연한 사고가 가능하지만, 신경망 언어 모델은 빠르고 정확한 계산과 반복 작업에서 우수한 성능을 보인다.

language)과 유사하다. 인간도 대화나 글을 읽을 때 앞뒤 문맥을 통해 다음에 나올 단어나 문장을 자연스럽게 예측한다. 예를 들어, "He picked up the" 다음에 "phone", "book", "pen" 등이 올 수 있다고 예상하는 것과 같다. 이렇게 문맥을 이해하고 예측하는 능력은 신경망 언어 모델이 텍스트를 자연스럽고 일관되게 생성하는 데 필수적이다. 문맥 이해는 또한 모델이 다양한 상황에서 적절한 응답을 생성할 수 있게 한다. 예를 들어, 고객 지원 챗봇이 사용자 질문에 대해 적절한 답변을 제공하거나, 대화형(conversational) AI 비서가 사용자 요청에 맞는 응답을 생성할 때 유용하다. LLM의 문맥 이해 능력은 이를 통해 사용자와의 상호작용을 자연스럽고 효율적으로 만들 수 있다. 또한 문맥을 이해하는 능력은 신경망 언어 모델이 긴 텍스트를 분석하고 요약할 때도 중요하다. 예를 들어, 긴 기사나 보고서를 요약할 때, 문맥을 고려하여 중요한 정보를 선택하고 이를 효과적으로 전달할 수 있다.

3.3 문장 예측과 완성

LLM은 주어진 텍스트의 맥락을 바탕으로 다음 단어를 예측하거나 문장을 완성한다. 예를 들어, "The weather today is ____"라는 문장이 주어지면, 맥락을 고려하여 "sunny", "rainy", "cloudy" 등의 단어를 예측할 수 있다. 이는 신경망 언어 모델이 이전 단어들과 문맥을 고려하여 가장 적절한 단어를 선택하는 과정을 포함한다. LLM은 주어진 문장의 맥락을 바탕으로 자연스럽게 문장을 이어갈 수 있다. 예를 들어, "I went to the store to buy some ____"라는 문장이 주어지면, "groceries", "milk", "bread" 등의 단어를 이어서 완성할 수 있다. 이는 신경망 언어 모델이 문맥을 이해하고 그에 맞는 단어를 선택하여 자연스러운 문장을 생성하는 것을 의미한다. 문장 예측과 완성은 특히 텍스트 자동 완성 기능에서 유용하다. 이는 사용자가 텍스트를 더 빠르고 효율적으로 작성하는 데 도움을 준다. 예를 들어, 이메일 작성 시 다음 단어를 추천하거나 문장을 자동으로 완성해 주어, 사용자의 입력 시간을 절약할 수 있다. 또한 문장 예측과 완성 기능은 글쓰기의 일관성을 유지하고 오류를 줄이는 데도 기여한다. 신경망 언어 모델이 문맥을 고려하여 적절한 단어를 선택함으로써, 글의 흐름이 자연스럽고 일관되게 이어진다. 이러한 기능은 사용자 경험을 향상시키고, 텍스트 작성의 효율성을 높이는 데 큰 도움을 준다.

3.4 실용적 응용

LLM의 능력은 텍스트 자동 완성 기능에서 활용된다. 예를 들어, 이메일 작성 시 다음 단어를 추천하거나 문장을 자동으로 완성하는 기능이 이에 해당한다. 사용자가 "I will be available at"이라고 입력하면, LLM은 "2 PM", "3 PM" 등의 시간을 추천할 수 있다. LLM은 새로운 문장을 생성하는 데에도 활용된다. 예를 들어, 블로그 글 작성, 광고 카피 작성, 문학 작품 생성 등에서 LLM은 주어진 주제나 키워드를 바탕으로 자연스럽고 일관된 문장을 생성할 수 있다. 이는 인간이 문맥을 고려하여 새로운 문장을 창작하는 방식과 유사하다. 또한 챗봇이나 가상 비서(virtual secretary)와 같은 대화형 응용에서도 신경망 언어 모델은 중요한 역할을 한다. 예를 들어, 사용자가 "Can you set a reminder for ___"라고 입력하면, LLM은 "tomorrow at 10 AM", "next Monday", "my doctor's appointment" 등의 문장을 이어서 생성할 수 있다. 이는 대화의 흐름을 이해하고 적절한 응답을 생성하는 능력을 의미한다. 이러한 실용적 응용은 LLM의 문맥 이해와 예측 능력이 다양한 분야에서 유용하게 쓰일 수 있음을 보여준다. 예를 들어, 고객 서비스에서 사용되는 챗봇은 LLM을 통해 고객의 질문에 신속하고 정확하게 답변할 수 있으며, 이를 통해 고객 만족도를 높일 수 있다. 또한 신경망 언어 모델은 교육 분야에서도 활용될 수 있다. 예를 들어, 학생들이 글쓰기를 연습할 때, 신경망 언어 모델은 문장을 완성하거나 피드백을 제공하여 학생들이 더 나은 글을 작성할 수 있도록 도와준다. 이처럼 LLM은 다양한 실용적 응용에서 문맥 이해와 예측 능력을 발휘하여, 사용자에게 유용하고 효과적인 도구로 활용될 수 있다.

요약하면, LLM은 문맥을 이해하고 예측하는 방식으로 인간의 언어 이해와 예측 방식을 모사한다. 학습된 문법 규칙과 단어 간의 의미론적 관계를 활용하여 다양한 상황에서 자연스럽고 일관된 텍스트를 생성할 수 있다. 문법적으로 정확한 문장을 생성할 뿐만 아니라, 문맥에 맞는 적절한 단어를 선택하여 텍스트의 의미를 일관되게 유지한다. 이는 텍스트 생성의 품질을 높이고, 사용자에게 신뢰할 수 있는 언어 도구를 제공하는 데 중요한 역할을 한다. 이러한 능력은 LLM이 언어 처리 및 생성 작업에서 뛰어난 성능을 발휘하는 데 기여하며, 다양한 실용적 응용에서 활용될 수 있다.

4. 최근 대형 언어 모델 LLM의 평가

4.1 들어가는 말

대형 언어 모델 LLM은 인공지능 공학 연구에서 중요한 진전을 이뤄왔으며, 특히 언어 능력(language capabilities) 측면에서 놀라운 성과를 보였다.[27] 그러나 이러한 모델이 실제로 인간의 언어 능력을 얼마나 재현할 수 있는지는 여전히 논의의 여지가 많다. 언어 능력은 크게 형식적 언어 능력(functional linguistic competence)과 기능적 언어 능력(functional linguistic competence)으로 나눌 수 있다. 형식적 언어 능력은 문법 규칙과 언어 구조에 대한 지식을 의미하며, 기능적 언어 능력은 실제 상황에서 언어를 사용하는 능력을 말한다. 최근의 인간 신경과학(neuroscience) 연구는 이 두 능력이 다른 신경 메커니즘에 의존한다는 점을 보여주고 있다.

4.2 형식적 언어 능력에 대한 LLM의 평가

LLM은 형식적 언어 능력에서 인간과 거의 동일한 수준의 성과를 보이고 있다. LLM은 방대한 양의 텍스트 데이터를 학습하여 언어의 문법적 구조와 규칙을 학습하며 내재화하고, 이를 통해 문법적으로 정확한 문장을 생성할 수 있다. 예를 들어, 이러한 모델은 단어 예측을 통해 문법적 정확성을 유지하며, 복잡한 언어 구조를 이해하고 생성하는 데 뛰어난 능력을 보여준다. LLM은 종종 문장 완성 작업에서 높은 정확도를 보이며, 문법 규칙을 준수하여 정확한 문장을 생성한다. 그림 4

LLM의 형식적 언어 능력은 여러 연구와 실험을 통해 입증되었다. 예를 들어, LLM은

---

27) [인공지능 공학]은 인공지능 시스템을 설계, 개발, 배포 및 유지 보수(maintain)하는 데 중점을 둔 학문으로, 주로 공학적 원리와 방법론을 사용하여 인공지능 솔루션을 만드는 과정이다. 반면, [인공지능 기술]은 인공지능 시스템에서 사용되는 특정 기술과 알고리즘을 의미하며, 머신 러닝(machine learning), 딥 러닝(deep learning), 자연어 처리 등 다양한 기술적 요소를 포함한다. 인공지능 공학은 인공지능 기술을 실질적인 애플리케이션에 통합하고 운영하는 것을 목표로 하며, 인공지능 기술은 이러한 공학적 노력의 기초를 형성한다. 요약하면, 인공지능 공학은 **인공지능 시스템을 구축하고 관리하는 과정**이고, 인공지능 기술은 **이러한 시스템에서 사용되는 도구와 방법**이다.

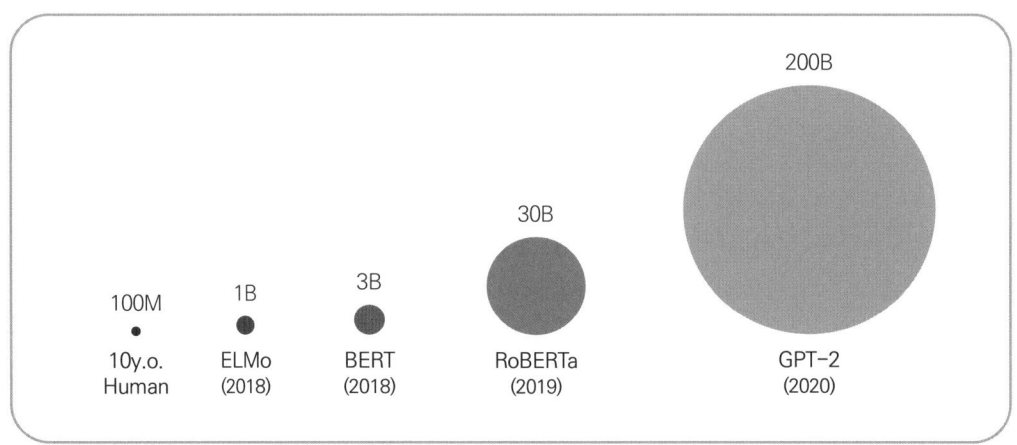

그림 4 사람은 10세 전후에 약 1억 단어를 접한다. 신경망 언어 모델들은 ELMo는 10억 단어, BERT는 30억 단어, RoBERTa는 300억 단어, (초)대형 언어 모델인 GPT-3는 2000억 단어의 텍스트를 학습하였다.

주어진 문장의 빈 칸을 채우는 문장 완성 작업에서 높은 정확도를 보인다. 이는 LLM이 문맥을 이해하고, 문법적으로 올바른 단어를 선택할 수 있음을 보여준다. 또한 문법 오류 탐지(grammatical error detection) 및 수정 작업에서도 뛰어난 성과를 보인다. LLM은 문장에서 발생하는 문법적 오류를 식별하고, 이를 올바르게 수정하는 능력을 가지고 있다. 이러한 능력은 특히 자동 문서 검토 및 편집 도구에서 유용하게 사용될 수 있다.

LLM은 복잡한 문장 구조를 이해하고 생성할 수 있는 능력도 가지고 있다. 예를 들어, 종속절, 관계절, 부사절 등 다양한 문법 구조를 포함한 문장을 생성하는 데 뛰어난 성과를 보인다. 이는 LLM이 복잡한 문법 규칙을 학습하고, 이를 바탕으로 문장을 생성할 수 있음을 의미한다. 또한 LLM은 문법적으로 올바른 텍스트를 생성하는 데 있어 높은 일관성을 유지한다.

그러나 이러한 형식적 언어 능력이 실제 기능적 언어 능력으로 이어지기 위해서는 추가적인 학습이나 외부 모듈(external module)이 필요할 수 있다. 예를 들어, LLM은 특정 도메인이나 상황에서의 언어 사용에 맞춘 추가적인 훈련이 필요할 수 있다.[28] 이는

---

28) 특정 도메인이나 상황은 특정한 주제, 산업, 또는 맥락에서 사용되는 언어를 말한다. 예를 들어, 의학, 법률, 금융, 기술 등과 같은 전문 분야나 특정 기업의 내부 커뮤니케이션 방식 등이 이에 해당한다. 이러한 도메인에서는 일반적인 언어 모델이 충분히 학습하지 못한 전문 용어와 문맥적 뉘앙스가 포함될 수 있어 추가적인 훈련이 필요하다.

LLM이 특정 문맥에서 더 정확하고 일관된 언어를 생성할 수 있도록 도와준다. 또한 외부 모듈을 통해 LLM의 기능적 언어 능력을 보완할 수 있다. 예를 들어, 상황 이해 모듈(situation tracking module)이나 세계 지식 모듈(world knowledge module)을 추가하여 LLM의 기능적 언어 능력을 향상시킬 수 있다.

형식적 언어 능력에 대한 LLMs의 성과는 놀랍지만, 이러한 능력이 실제 상황에서의 언어 사용으로 이어지기 위해서는 추가적인 연구와 개선이 필요하다. 이는 LLM이 더 자연스럽고 인간에 준하는 언어 사용 능력을 갖추게 하는 데 중요한 역할을 할 것이다.

4.3 기능적 언어 능력과 그 한계

LLM이 형식적 언어 능력에서는 탁월한 성과를 보이지만, Mahowald et al.(2024)가 보여주는 것처럼 기능적 언어 능력에서는 여전히 한계를 보인다. 기능적 언어 능력은 실제 상황에서의 언어 사용, 즉 상황 모델링(situation modelling), 세계 지식(world knowledge), 사회적 인지(social cognition)와 같은 요소들을 포함한다. 예를 들어, LLM은 일상적인 상식이나 논리적 일관성을 요구하는 작업에서 제한된 성과를 보인다. 이는 LLM이 학습된 데이터 내에서만 의미를 찾고, 새로운 상황에 대한 적응력(adaptability)이 부족하기 때문이다. 이러한 한계는 LLM이 실제로 인간과 같은 언어 사용 능력을 갖추는 데 있어서 중요한 장애물로 작용한다.

먼저, 상황 모델링에서의 한계가 있다. LLM은 주어진 텍스트 내에서 문맥을 이해하고 의미를 찾는 데 뛰어나지만, 실제 상황을 모델링하는 데는 한계가 있다. 이는 LLM이 학습된 데이터 내에서만 의미를 찾고, 새로운 상황에 대한 적응력이 부족하기 때문이다. 예를 들어, LLM은 특정 상황에서 적절한 반응을 생성하는 데 어려움을 겪을 수 있다. 이는 LLM이 상황적 맥락을 완전히 이해하지 못하고, 적절한 언어 사용을 할 수 없음을 의미한다.

또한 LLM은 세계 지식에서의 한계를 보인다. 기능적 언어 능력은 세계 지식에 대한 이해를 포함하며, 이는 LLM이 적절한 언어를 사용하고 의미 있는 대화를 할 수 있도록 돕는다. 그러나 LLM은 학습된 데이터 내에서만 세계 지식을 학습하며, 새로운 정보나 지식을 획득하는 데 한계가 있다. 예를 들어, LLM은 특정 주제나 도메인에 대한 깊이 있는 지식을 필요로 하는 작업에서 제한된 성과를 보일 수 있다. 이는 LLM이 세계 지식에 대한 이해가 부족하여, 적절한 언어 사용을 할 수 없음을 의미한다.

사회적 인지에서도 한계가 있다. 기능적 언어 능력은 사회적 인지를 포함하며, 이는 LLM이 사회적 맥락에서 적절한 언어를 사용하고, 사회적 규범(social norms)을 준수하는 데 중요한 역할을 한다. 그러나 LLM은 사회적 인지 능력이 부족하여, 사회적 상황에서 적절한 반응을 생성하는 데 어려움을 겪을 수 있다. 예를 들어, LLM은 대화 상대의 감정이나 의도를 이해하지 못하고, 부적절한 반응을 생성할 수 있다. 이는 LLM이 사회적 맥락을 완전히 이해하지 못하고, 적절한 언어 사용을 할 수 없음을 의미한다.

이러한 한계는 LLM은 실제로 인간과 같은 언어 사용 능력을 갖추는 데 중요한 장애물로 작용한다. 따라서, 기능적 언어 능력을 향상시키기 위한 추가적인 연구와 개선이 필요하다. 이는 LLM이 더 자연스럽고 인간적인 언어 사용 능력을 갖추게 하는 데 중요한 역할을 할 것이다.

4.4 향후 신경망 언어 모델 개발을 위한 프레임워크

향후 LLM의 개발에서는 형식적 언어 능력과 기능적 언어 능력을 모두 갖춘 모델을 목표로 해야 한다.[29] 이를 위해서는 모듈형 아키텍처나 학습 과정에서의 모듈화 접근이 필요할 수 있다. 또한 형식적 언어 능력과 기능적 언어 능력을 별도로 평가할 수 있는 더 나은 벤치마크(benchmark)를 설계하는 것이 중요하다. 이러한 벤치마크는 LLM의 성능을 더욱 정확하게 측정하고, 개선 방향을 제시하는 데 도움이 될 것이다.

모듈형 아키텍처(modular architecture)는 LLM이 형식적 언어 능력과 기능적 언어 능력을 별도로 학습하고 통합할 수 있는 구조를 제공한다. 예를 들어, 형식적 언어 능력을 담당하는 모듈과 기능적 언어 능력을 담당하는 모듈을 별도로 개발하고, 이들을 통합하여 하나의 신경망 언어 모델로 운영할 수 있다. 이는 LLM이 각기 다른 언어 능력을 효율적으로 학습하고, 실제 상황에서의 언어 사용 능력을 향상시키는 데 도움이 된다.

---

[29] 신경망 언어 모델의 '개발'(development)은 신경망 언어 모델의 설계, 실험, 최적화, 검증 등 전체적인 과정을 포함하며, **아이디어를 구상하고 성능을 평가하며 개선하는 단계까지 포함**한다. 반면 '구현'(implementation)은 이미 설계된 모델을 **실제로 작동하도록 프로그래밍하고 코드로 작성하여 실행 가능하게 만드는 구체적인 작업**이다. '개발'은 더 넓은 범위를 다루며, 연구와 설계 단계를 포함한다. '구현'은 구체적인 코드 작성과 실행에 중점을 둔다.

학습 과정에서의 모듈화 접근은 LLM이 단계적으로 언어 능력을 학습할 수 있는 방법을 제공한다. 예를 들어, 먼저 형식적 언어 능력을 학습한 후, 기능적 언어 능력을 학습하도록 하는 단계적 접근이 가능하다. 이는 LLM이 각각의 언어 능력을 효율적으로 학습하고, 통합적으로 사용할 수 있도록 도와준다. 이러한 접근은 LLM의 학습 효율성을 높이고, 성능을 향상시키는 데 중요한 역할을 한다.

또한 형식적 언어 능력과 기능적 언어 능력을 별도로 평가할 수 있는 벤치마크를 설계하는 것이 중요하다. 이러한 벤치마크는 LLM의 성능을 정확하게 측정하고, 개선 방향을 제시하는 데 도움이 된다. 예를 들어, 형식적 언어 능력을 평가하기 위한 문법 오류 탐지 및 수정 작업, 문장 완성 작업 등의 평가 기준을 마련할 수 있다. 기능적 언어 능력을 평가하기 위해서는 상황 이해, 세계 지식, 사회적 인지 등의 요소를 포함하는 평가 기준을 마련할 수 있다. 이러한 벤치마크는 LLM이 다양한 상황에서 어떻게 반응하고 적응하는지를 평가하는 데 유용하다.

향후 LLM의 개발에서는 학습 데이터의 다양성과 품질도 중요한 고려 사항이다. 현재의 LLM는 주로 대규모 텍스트 데이터셋을 사용하여 학습하지만, 이러한 데이터셋은 종종 특정 문화적 배경이나 사회적 **편향성**을 포함할 수 있다. 따라서, 다양한 문화적 배경과 사회적 맥락을 반영한 공정하고 균형 잡힌 데이터셋을 구축하는 것이 필요하다. 이를 통해 LLM이 보다 포괄적이고 공정한 언어 능력을 갖출 수 있게 될 것이다. 또한 데이터셋의 품질을 지속적으로 검토하고, 편향성을 최소화하기 위한 노력이 필요하다.

> 신경망 언어 모델 훈련과 관련된 대표적인 두 가지 **편향성**은 **데이터 편향성**(data bias)과 **알고리즘 편향성**(algorithmic bias)이다. 데이터 편향은 훈련 데이터셋이 특정 그룹이나 특성을 과도하게 대표하거나 충분히 대표하지 않아서 발생하며, 모델의 예측 공정성에 문제를 일으킬 수 있다. 알고리즘 편향은 모델을 학습시키는 알고리즘 자체가 특정 패턴이나 특징을 과도하게 강조하거나 무시하게 만들어 모델의 예측 성능과 일반화 능력을 저하시킬 수 있다.[30]

---

30) 알고리즘이 특정 패턴을 강화하는 경우는 학습 데이터에서 자주 나타나는 패턴을 지나치게 일반화할 때 발생한다. 예를 들어, 범죄 예측 알고리즘이 특정 지역에서 더 많은 데이터 수집으로 인해 그 지역을 과도하게 위험 지역으로 분류할 수 있다. 잘못된 가정에 기반한 알고리즘은 초기 설계 시 편향된 가정을 하거나, 데이터의 통계적 특징을 잘못 해석하여 편향된 결과를 초래할 수

모델의 성능을 향상시키기 위해 새로운 알고리즘과 기술을 개발하는 것도 중요하다.[31] 예를 들어, 현재의 Transformer 모델 외에도 더 효율적이고 강력한 언어 모델 아키텍처를 개발할 수 있다.[32] 이는 신경망 언어 모델의 계산 효율성을 높이고, 더 복잡한 언어적 패턴을 학습하는 데 도움이 될 것이다. 또한 신경망 언어 모델의 학습 과정(computational efficiency)을 최적화하고, 더 빠르고 효율적인 학습 방법을 개발하는 것도 중요한 연구 주제이다. 이를 통해 신경망 언어 모델의 성능(performance)을 극대화하고, 더 자연스러운 언어 생성 능력을 갖출 수 있게 될 것이다.[33]

기능적 언어 능력을 향상시키기 위한 또 다른 접근은 다중 모달 학습(multimodal learning)이다. 이는 텍스트 외에도 이미지, 오디오, 비디오 등의 다양한 형태의 데이터를 통합하여 학습하는 방법을 의미한다. 예를 들어, 텍스트와 이미지를 함께 학습하여 시

있다.

[31] 인공 신경망 언어 모델의 알고리즘을 구성하는 주요 요소는 경사 하강법(stochastic gradient descent(SGD)), 어텐션(attention, 주의) 메커니즘, 손실 함수(loss function) 최소화이다. 이 구성 요소들은 인간의 실제 심적(mental), 인지적(cognitive) 과정과 유사한 측면이 있다. 경사 하강법은 학습 과정에서 오류를 줄이기 위해 반복적으로 조정하는 방식으로, 인간이 반복적인 학습을 통해 실수를 줄여가는 과정과 유사하다. 어텐션 메커니즘은 중요한 정보에 집중하는 방식으로, 인간이 대화나 읽기에서 중요한 부분에 주의를 기울이는 과정과 비슷하다. 손실 함수 최소화는 목표 달성을 위해 오류를 줄이는 과정으로, 인간이 목표를 향해 노력하면서 피드백을 받아 개선하는 과정과 상응한다. 이러한 알고리즘적 요소들은 신경망 모델이 인간의 학습과 유사한 방식으로 언어를 이해하고 처리하는 데 기여한다.

[32] 인공 신경망 언어 모델의 아키텍처(RNN, Transformer, GPT, BERT)는 인간의 언어 처리 방식과 여러 면에서 대응할 수 있다. RNN은 순차적인 데이터를 처리하여 문맥을 이해하는 방식으로, 인간이 문장을 순서대로 이해하는 과정과 유사하다. Transformer는 어텐션 메커니즘을 통해 문장의 모든 단어 간의 관계를 동시에 분석하며, 이는 인간이 특정 정보에 주의를 집중하여 전체 문맥을 파악하는 방식과 비슷하다. GPT는 주로 텍스트 생성에 강점을 가지며, 이는 인간이 창의적으로 문장을 만들어내는 과정과 대응할 수 있다. BERT는 문장의 양방향 맥락을 이해하는 데 강점을 가지며, 이는 인간이 문맥을 양방향으로 해석하여 더 깊이 있는 이해를 하는 방식과 유사하다.

[33] 인공 신경망 언어 모델의 언어 처리 주요 구성 요소로는 아키텍처와 알고리즘 외에도 데이터, 전처리 및 후처리, 컴퓨팅 인프라, 평가 및 검증, 그리고 사용자 인터페이스가 있다. 데이터는 모델 학습에 필요한 대규모 텍스트 데이터셋을 의미하며, 전처리 및 후처리는 이 데이터를 정제하고 모델의 출력을 해석하는 과정이다. 컴퓨팅 인프라는 GPU와 tensor processing unit(TPU) 같은 고성능 하드웨어를 포함하여 모델의 학습과 추론을 지원한다. 평가 및 검증은 모델의 성능을 측정하고 개선하기 위한 다양한 지표와 방법을 포함한다. 마지막으로 사용자 인터페이스는 최종 사용자가 모델을 쉽게 사용할 수 있도록 돕는 도구와 애플리케이션을 제공한다.

각적 맥락을 이해하고, 이를 바탕으로 더 정확한 언어를 생성할 수 있다. 다중 모달 학습은 모델이 다양한 형태의 정보를 통합하고, 더 풍부한 언어 이해와 생성 능력을 갖추게 하는 데 중요한 역할을 한다.

모듈형 아키텍처와 다중 모달 학습 외에도, 지속적 학습(continual learning) 접근도 고려할 수 있다. 이는 모델이 새로운 데이터를 지속적으로 학습하고, 기존의 지식을 갱신하며 발전해 나가는 방법을 의미한다. 예를 들어, 신경망 언어 모델이 새로운 문법 규칙이나 언어 사용 패턴을 학습하고, 이를 기존의 지식과 통합하여 더 정확한 언어를 생성할 수 있다. 지속적인 학습은 신경망 언어 모델이 최신 정보를 반영하고, 변화하는 언어 환경에 적응하는 데 중요한 역할을 한다.

다음으로, LLM의 개발에서는 윤리적 고려도 중요하다. 모델의 공정성(fairness)과 투명성(transparency)을 보장하기 위해, 개발 과정에서 발생할 수 있는 윤리적 문제를 미리 인식하고, 이를 해결하기 위한 적절한 조치를 취해야 한다. 예를 들어, 데이터 수집과 처리 과정에서 개인정보를 보호하고, 데이터 편향성을 최소화하는 방법을 도입할 수 있다. 또한 LLM의 사용에 대한 사회적 합의를 이끌어내고, 투명하고 책임감 있는 연구를 수행하는 것이 중요하다.

따라서, 향후 LLM의 개발에서는 형식적 언어 능력과 기능적 언어 능력을 모두 갖춘 모델을 목표로 해야 한다. 이를 위해서는 모듈형 아키텍처나 학습 과정에서의 모듈화 접근, 다중 모달 학습, 지속적 학습, 그리고 윤리적 고려를 포함한 다양한 접근이 필요할 수 있다. 이러한 접근은 모델의 성능을 더욱 정확하게 측정하고, 개선 방향을 제시하는 데 도움이 될 것이다. 이는 궁극적으로 LLM이 더 자연스럽고 인간적인 언어 사용 능력을 갖추게 하는 데 중요한 역할을 할 것이다.

요약하면, LLM은 형식적 언어 능력에서 높은 성과를 보이며 문법적 구조와 규칙을 학습하며 내재화하는 데 탁월하다. 그러나 실제 상황에서 언어를 사용하는 기능적 언어 능력에서는 여전히 한계가 있다. 이러한 한계를 극복하기 위해서는 모듈형 아키텍처와 학습 과정에서의 모듈화 접근이 필요하다. 또한 형식적 언어 능력과 기능적 언어 능력을 별도로 평가할 수 있는 더 나은 벤치마크를 설계해야 한다. 학습 데이터의 다양성과 품질을 고려하고, 새로운 알고리즘과 기술을 개발하는 것도 중요하다. 다중 모달 학습과 지속적인 학습 접근을 통해 모델의 성능을 향상시킬 수 있다. 윤리적 고려도 중요하며, 데이터 편향성을 최소화하고 개인정보를 보호하는 노력이 필요하다. 이를 통해 LLM은 더 자연스럽고 인간적인 언어 사용 능력을 갖추게 될 것이다. 향후 연구는 이러한 다양한 접근을 통해 모델의 성능을 더욱 향상시키고, 다양한 응용 분야에서의 활용 가능성을 높여야 한다.

5. 신경망 언어 모델의 언어 학습과 추론의 특징

5.1 데이터 기반 학습(data-driven learning)

신경망 언어 모델은 인터넷, 책, 논문, 뉴스 기사 등 다양한 출처에서 수집된 [대량의 텍스트 데이터]를 통해 언어를 학습한다. 이 과정은 인간이 다양한 언어 입력을 통해 언어를 배우는 과정과 매우 유사하다. 예를 들어, 어린아이는 부모와의 대화, 책 읽기, 주변 환경에서 들은 말을 통해 언어를 학습한다. 마찬가지로, 신경망 언어 모델도 다양한 출처에서 얻은 텍스트 데이터를 통해 언어의 구조와 규칙을 익힌다. 신경망 언어 모델이 학습하는 데이터의 양과 질은 성능에 큰 영향을 미친다. 더 많은 데이터는 더 다양한 언어 패턴과 규칙을 학습할 수 있게 하며, 고품질 데이터는 보다 정확하고 신뢰할 수 있는 언어 생성과 이해를 수행할 수 있게 한다. 예를 들어, 여러 문맥에서 사용된 단어의 다양한 의미를 학습하여, 다의어(polysemous word)를 정확히 이해하고 사용할 수 있다. 이는 데이터의 양과 질이 중요하다는 것을 보여준다. 대량의 고품질 데이터를 학습한 신경망 언어 모델은 복잡한 문장 구조와 문맥을 더 잘 이해할 수 있으며, 다양한 상황에서 적절한 응답을 생성할 수 있다.

또한 신경망 언어 모델은 다양한 문화적 배경과 사회적 맥락을 반영한 데이터를 학습하여 다문화적인 언어 사용에 적응할 수 있다. 이를 통해 신경망 언어 모델은 다양한 사용자에게 보다 자연스럽고 공감할 수 있는 언어 경험을 제공할 수 있다. 예를 들어, 다양한 언어로 된 데이터를 학습한 신경망 언어 모델은 다중 언어를 지원할 수 있으며, 이는 글로벌 사용자에게 큰 이점을 제공한다. 또한 특정 분야의 전문 지식을 포함한 데이터를 학습한 신경망 언어 모델은 해당 분야에서 전문적인 답변을 제공할 수 있어, 의학, 법률, 과학 등 다양한 전문 분야에서 활용될 수 있다.

Warstadt et al.(2023)이 조직하는 The BabyLM Challenge의 목적은 [소규모 텍스트 데이터]을 사용하여 언어 모델을 학습시키고, 그 성능을 평가하는 것이다. 이는 어린아이의 언어 습득 과정을 모방하려는 시도로, 제한된 데이터로도 효과적인 언어 학습(language learning)이 가능함을 입증하려 한다. 언어학과의 상관성은, 이 챌린지가 인간의 언어 습득 메커니즘을 이해하는 데 도움을 주며, 적은 양의 데이터로 언어의 복잡한 구조와 규칙을 학습할 수 있는 방법을 탐구한다는 점에서 나타난다. 언어 습득과의 상관성은, 어린아이들이 제한된 언어 입력(language input)을 통해 언어를 배우는 과정과 유사한 방식으로 신경망 언어 모델을 학습시키는 것이다. 이는 초기 언어 습득에서 중요한 요소와 학습 전략(learning strategy)을 밝혀내는 데 기여할 수 있다. 요약하면, The BabyLM Challenge는 인간의 언어 학습 메커니즘을 모사하고 이해하며, 소규모 데이터셋으로도 고성능 신경망 언어 모델을 개발하는 가능성을 탐구한다.

5.2 비지도 학습

신경망 언어 모델은 레이블이 없는 대규모 텍스트 데이터를 학습하는 [비지도 학습 방식(unsupervised learning)]을 사용한다. 이는 인간이 명시적인 교육 없이도 언어를 습득하는 방식과 유사하다. 예를 들어, 어린아이는 단어의 의미를 직접 가르치지 않아도 문맥 속에서 단어를 사용하고 그 의미를 유추한다. 마찬가지로, 신경망 언어 모델은 명시적인 정답이 제공되지 않아도 대규모의 텍스트 데이터를 통해 자연스럽게 언어의 구조와 패턴을 학습하게 된다. 비지도 학습은 신경망 언어 모델이 자연스럽게 언어의 구조와 패턴을 학습하게 한다. 예를 들어, "The cat sat on the ____"라는 문장을 반복적으로 접한 신경망 언어 모델은 "mat"과 같은 단어가 이어질 가능성을 높은 확률로 예측할 수 있다. 이를 통해 신경망 언어 모델은 다양한 문맥에서 자연스럽게 언어를 이해하고 예측할 수 있는 능력을 갖추게 된다.

비지도 학습은 신경망 언어 모델이 실세계 데이터를 효과적으로 활용할 수 있게 하며, 이는 다양한 상황에서 유연하게 대응할 수 있도록 돕는다. 또한 비지도 학습은 신경망 언어 모델이 지속적으로 학습하고 발전할 수 있게 하며, 새로운 데이터를 통해 성능을 지속적으로 향상시킬 수 있다. 이를 통해 신경망 언어 모델은 항상 최신의 정보를 반영하여 사용자에게 더욱 정확하고 유용한 응답을 제공할 수 있다. 예를 들어, 새로운 뉴스 기사나 소셜 미디어 게시글(social media posts)을 학습한 신경망 언어 모델은 최신 트렌드와 사건에 대해 신속하게 대응할 수 있다. 또한 비지도 학습을 통해 신경망 언어 모델은 학습하지 않은 새로운 패턴이나 구조도 파악할 수 있어, 예측하지 못한 상황에서도 유연하게 대처할 수 있다.

> 신경망 언어 모델을 학습시키는 [지도 학습(supervised learning)]과 [비지도 학습(unsupervised learning)]은 데이터 처리 방식에서 차이가 있다. 지도 학습은 [레이블]이 있는 데이터로 신경망 언어 모델을 학습시키며, 입력 데이터와 그에 상응하는 정답이 주어진다. 예를 들어, 문장과 그 문장에 대한 정답 레이블(예: 긍정/부정)을 사용하여 신경망 언어 모델을 학습시킨다. 반면, 비지도 학습은 레이블이 없는 데이터를 사용하여 신경망 언어 모델을 학습시킨다. 여기서는 신경망 언어 모델이 데이터를 스스로 분석하고 패턴을 발견해야 한다. 비지도 학습은 데이터의 구조와 패턴을 이해하는 데 중점을 두며, 군집화(clustering)나 (확률) 밀도 추정((probability) density estimation)과 같은 작업에 유용하다. 지도 학습은 특정 작업에서 높은 정확도를 보이는 반면, 비지도 학습은 데이터의 복잡한 구조를 탐색하는 데 강점을 가진다.

5.3 추론 능력

신경망 언어 모델은 학습한 지식을 바탕으로 새로운 정보를 추론(inference)할 수 있다. 예를 들어, "Paris is the capital of ____"라는 문장이 주어지면, 신경망 언어 모델은 "France"를 추론할 수 있다. 이는 신경망 언어 모델이 학습 과정에서 지식과 패턴을 학습하며 내재화했기 때문이다. 신경망 언어 모델은 단순히 단어를 예측하는 것뿐만 아니라, 단어들 간의 관계를 이해하고 이를 바탕으로 추론할 수 있다. 예를 들어, "Water boils at ____"라는 문장이 주어지면 "100 degrees Celsius"라는 답을 추론할 수 있다. 이는 신경망 언어 모델이 물리학적 지식을 학습했기 때문이다. 추론 능력은 신경망 언어 모델이 단순한 단어 예측을 넘어서 복잡한 지식 체계를 이해하고 이를 바탕으로 새로운 정보를 생성할 수 있게 한다. 이는 신경망 언어 모델이 다양한 분야에서 응용될 수 있는 가능성을 보여준다. 예를 들어, 과학 논문에서 새로운 발견을 요약하거나, 법률 문서에서 중요한 조항을 추출하는 등 다양한 분야에서 신경망 언어 모델의 추론 능력을 활용할 수 있다.

또한 신경망 언어 모델은 학습한 지식을 바탕으로 창의적인 글쓰기(creative writing)나 이야기 생성(story generation)에도 활용될 수 있다. 이는 신경망 언어 모델이 단순히 데이터를 학습하는 것뿐만 아니라, 학습한 지식을 바탕으로 새로운 아이디어를 창출할 수 있음을 보여준다. 예를 들어, 신경망 언어 모델은 다양한 역사적 사실을 학습한 후, 이러한 사실을 바탕으로 새로운 역사 소설을 작성할 수 있다. 또한 신경망 언어 모델은 복잡한 문제를 해결하기 위한 창의적인 해결책을 제안할 수 있어, 문제 해결 능력을 향상시키는 데 기여할 수 있다. 이를 통해 신경망 언어 모델은 교육, 연구, 창작 등 다양한 분야에서 혁신적인 도구(instrument)로 사용될 수 있다.

> Bosselut et al.(2019)의 "COMET: Commonsense Transformers for Automatic Knowledge Graph Construction" 연구는 [상식 추론(commonsense reasoning)] 능력을 향상시키기 위해 신경망 언어 모델을 활용한 작업이다. 이 연구는 신경망 언어 모델이 단순한 단어 예측을 넘어서 복잡한 지식 체계를 이해하고, 이를 바탕으로 새로운 정보를 생성할 수 있음을 보여준다. COMET은 Transformer 기반 모델을 사용하여 대규모 상식 지식 그래프를 자동으로 구성한다. 이를 통해 모델은 문맥에서 상식적인 결론(commonsense conclusion)을 추론할 수 있다. 예를 들어, 문장에서 주어진 상황에 대한 상식적 결과나 행동을 예측하는 능력을 향상시킨다. 이 연구는 상식 추론을 포함한 다양한 NLP 응용 분야에서 활용될 수 있는 가능성을 보여준다. COMET은 텍스트에서 상식적 지식을 추출하고 이를 자동으로 지식 그래프로 구성하여, 모델이 더 나은 추론을 할 수 있게 한다. 이는 신경망 언어 모델의 추론 능력이 다양한 분야에서 응용될 수 있는 잠재력을 나타낸다.

5.4 텍스트 이해와 추론

신경망 언어 모델은 주어진 텍스트에서 암시된(implicit) 정보를 추론할 수 있다. 예를 들어, "John went to the store. He bought some"이라는 문장이 주어지면, 신경망 언어 모델은 "milk", "bread", "groceries" 등을 추론할 수 있다. 이는 신경망 언어 모델이 문맥을 이해하고, 그 문맥에서 합리적으로 예상되는 다음 단어를 예측하는 능력 때문이다. 신경망 언어 모델은 주어진 질문에 대해 텍스트를 이해하고 답을 제공할 수 있다. 예를 들어, "What is the capital of Japan?"이라는 질문이 주어지면, 신경망 언어 모델은 "Tokyo"라고 답할 수 있다. 이는 신경망 언어 모델이 학습 과정에서 지식을 축적하고, 이를 바탕으로 질문에 대한 답을 추론할 수 있기 때문이다.

신경망 언어 모델은 단순히 표면적인 의미를 넘어서, 텍스트의 깊이 있는 의미를 이해하고 추론할 수 있다. 예를 들어, "Despite the rain, the match continued"라는 문장을 이해할 때, 신경망 언어 모델은 비가 왔음에도 불구하고 경기가 계속되었다는 사실을 추론할 수 있다. 이러한 능력은 신경망 언어 모델이 단순한 텍스트 생성뿐만 아니라, 텍스트의 의미를 상당히 이해하고 분석할 수 있음을 보여준다. 이는 신경망 언어 모델이 다양한 응용 분야에서 활용될 수 있는 가능성을 보여준다. 예를 들어, 신경망 언어 모델은 고객 지원(customer support)에서 사용자가 겪는 문제를 이해하고 적절한 해결책을 제공할 수 있으며, 교육 분야에서는 학생들의 질문에 대해 정확한 답변을 제공할 수 있다. 또한 신경망 언어 모델은 문학 작품 분석이나 감정 분석 등에도 활용될 수 있다. 이를 통해 신경망 언어 모델은 다양한 분야에서 유용한 도구로 사용될 수 있음을 보여준다. 예를 들어, 의료 분야에서는 환자의 증상(symptom) 설명을 바탕으로 가능한 질병을 추론하고 적절한 진단을 제공할 수 있으며, 비즈니스 분야에서는 시장 동향(market trends)을 분석하고 전략적 결정을 지원할 수 있다.

요약하면, 신경망 언어 모델은 이러한 방식으로 언어를 학습하고 추론하며, 이는 인간의 언어 학습과 추론 방식과 매우 유사하다. 이러한 신경망 언어 모델은 대규모 데이터에서 지식을 학습하며 내재화하고, 문맥을 바탕으로 정보를 추론하며, 다양한 질문에 대해 적절한 답을 제공할 수 있다. 이를 통해 신경망 언어 모델은 인간의 언어 이해와 생성 능력을 효과적으로 모사할 수 있다. 이는 언어학 연구와 언어 인지과학(cognitive science) 연구에서 중요한 의미를 가지며, 신경망 언어 모델이 인간의 언어 사용 방식을 이해하고 재현하는 데 기여할 수 있음을 보여준다. 신경망 언어 모델은 문법적 일관성을 유지하며, 문맥에 맞는 적절한 단어를 선택하여 자연스럽고 일관된 텍스트를 생성할 수 있다. 이러한 특성은 신경망 언어 모델이 다양한 실용적 응용에서 유용하게 쓰일 수 있음을 의미한다. 예를 들어, 텍스트 자동 완성, 문서 요약, 대화형 AI 등 다양한 분야에서 신경망 언어 모델의 응용 가능성을 보여준다.

6. 언어 생성과 창의성

6.1 텍스트 생성

신경망 언어 모델, 특히 GPT-3와 같은 LLM은 매우 창의적인 텍스트를 생성할 수 있다. 이러한 모델들은 방대한 양의 텍스트 데이터를 학습하여, 다양한 주제와 스타일로 텍스트를 생성할 수 있는 능력을 갖추고 있다. 이는 마치 사람들이 책을 많이 읽고 다양한 글을 써보면서 글쓰기 능력을 향상시키는 것과 비슷하다. 신경망 언어 모델은 소설, 시, 에세이, 기사 등 다양한 형태의 텍스트를 생성할 수 있다. 예를 들어, 사용자가 "Once upon a time in a faraway land …"로 시작하는 문장을 입력하면, 신경망 언어 모델은 이를 바탕으로 판타지(fantasy) 소설의 한 부분을 창작할 수 있다. 또한 "The sun sets over the mountains, casting a golden glow…"로 시작하는 문장을 입력하면, 신경망 언어 모델은 시의 형식으로 자연의 아름다움을 묘사하는 텍스트를 생성할 수 있다. 이러한 능력은 신경망 언어 모델이 학습한 다양한 예제와 패턴을 바탕으로 새로운 텍스트를 만들어내는 데 뛰어난 역량을 가지고 있음을 보여준다.

신경망 언어 모델의 텍스트 생성 능력은 단순한 반복적 문장 생성에 그치지 않는다. 신경망 언어 모델은 주어진 단어나 문장뿐만 아니라 전체 맥락을 이해하고, 그 맥락에 맞는 창의적인 문장을 만들어낸다. 예를 들어, 역사적 사건을 기반으로 한 이야기나, 공상 과학 소설(sci-fi)의 한 장면을 작성하는 경우에도 신경망 언어 모델은 주어진 정보를 바탕으로 새로운 문장을 창작할 수 있다. 사용자가 "In the year 2100, humanity discovered a new planet…"이라는 문장을 입력하면, 신경망 언어 모델은 그 뒤를 이어 "which harbored intelligent life forms with advanced technology."와 같은 문장을 생성할 수 있다. 이는 신경망 언어 모델이 학습한 내용을 바탕으로 새로운 문맥을 만들어내는 능력을 보여준다.

6.2 신경망 언어 모델의 창의성

신경망 언어 모델은 학습된 데이터를 바탕으로 새로운 문장을 창작할 수 있다. 이는 단순히 학습된 문장을 반복하는 것이 아니라, 기존의 지식을 바탕으로 새로운 아이디어와 표상을 만들어내는 것이다. 예를 들어, "A robot that dreams of becoming a human"이라는 주제를 주면, 신경망 언어 모델은 이 주제를 바탕으로 독창적인 이야기를 창작할 수 있다. 이는 신경망 언어 모델이 단순한 문법 규칙 이상의 창의적 사고를 할 수 있음을 보여준다. 신경망 언어 모델은 독창적인 아이디어를 표상하는 데 뛰어난 능력을 보인다. 예를 들어, "The last tree on Earth stood alone in the barren landscape"라는 문장을 입력하면, 이를 바탕으로 환경 보호에 관한 감동적인 이야기를 만들어낼 수 있다. 이는 신경망 언어 모델이 인간의 창의성(creativity)과 언어 표현의 다양성을 반영할 수 있는 능력을 가지고 있음을 의미한다. 신경망 언어 모델의 이러한 능력은 문학, 예술, 광고 등 다양한 창의적 분야에서 활용될 수 있다.

신경망 언어 모델의 창의성은 단순히 문장을 생성하는 것에 국한되지 않는다. 신경망 언어 모델은 학습된 데이터를 바탕으로 새로운 개념을 도입하거나, 기존 개념을 새롭게 해석하여 표현할 수 있다. 예를 들어, "A city built on the clouds"라는 주제를 주면, 신경망 언어 모델은 이를 바탕으로 "where the streets were made of light and the buildings floated effortlessly"와 같은 독창적인 문장을 생성할 수 있다. 이는 신경망 언어 모델이 학습한 패턴을 바탕으로 새로운 아이디어를 창출할 수 있음을 보여준다. 또한 신경망 언어 모델은 다양한 문체(style)와 어조(tone)를 모방할 수 있다. 예를 들어, "Write a poem in the style of Shakespeare"라는 요청을 받으면, 신경망 언어 모델은 "To thee, my love, I render all my heart's desire"와 같은 시를 작성할 수 있다. 이는 신경망 언어 모델이 단순히 문장을 생성하는 것을 넘어, 특정 문체와 어조를 이해하고 재현할 수 있는 능력을 갖추고 있음을 의미한다.

> [ChatGPT]는 OpenAI에서 개발한 대형 신경망 언어 모델(GPT-3.5)에 기반한 언어 생성 모델이다. 이 신경망 언어 모델은 텍스트 데이터를 학습하여 언어의 구조와 패턴을 이해하고 변환할 수 있다. ChatGPT는 Transformer 아키텍처를 사용하여 문맥을 이해하고, 문장 간의 관계를 분석해 자연스럽고 일관된 텍스트를 생성한다. [AI 번역]에서 ChatGPT는 원작자의 스타일(style)을 반영하여 번역된 텍스트도 원문과 유사한 분위기와 어조(tone)를 유지하게 한다.[34] 이는 문맥을 정확히 이해하고 원문의 의미를 파악하여 번역하는 능력에 기인한

---

34) [AI 번역]에서 ChatGPT는 원작자의 스타일을 반영하여 번역된 텍스트도 원문과 유사한 분위기

다. 신경망 언어 모델의 창의성은 다양한 작가들의 글쓰기 스타일(style)을 학습하고 모방할 수 있는 능력에서 비롯된다. ChatGPT는 학습한 패턴과 규칙을 바탕으로 새로운 텍스트를 창의적으로 생성한다. 이러한 능력은 광고 카피 작성, 블로그 글 작성, 소설 및 시 작성 등 다양한 분야에서 유용하게 활용될 수 있다. ChatGPT는 창의적인 AI 번역을 통해 독자가 원작의 느낌을 그대로 느낄 수 있게 해준다.

6.3 창의적 응용

신경망 언어 모델은 광고 카피 작성에 창의적으로 활용될 수 있다. 예를 들어, "신제품 출시"라는 주제를 입력하면, 신경망 언어 모델은 "이제 더 나은 삶을 위한 혁신적인 제품을 만나보세요. 당신의 일상을 변화시킬 놀라운 경험이 기다립니다."와 같은 광고 문구를 생성할 수 있다. 이는 마케팅 전문가들이 창의적인 아이디어를 얻고, 보다 효과적인 광고 문구를 작성하는 데 도움을 줄 수 있다. 블로그 글 작성에서도 신경망 언어 모델은 유용하게 활용될 수 있다. 예를 들어, "여름 휴가를 위한 최고의 여행지"라는 주제를 입력하면, 신경망 언어 모델은 "여름 휴가를 계획 중이라면, 다음의 여행지를 고려해 보세요. 첫째, 하와이의 아름다운 해변과 풍부한 문화 체험. 둘째, 유럽의 역사적인 도시와 맛있는 음식 ...."과 같은 글을 생성할 수 있다. 이는 블로거들이 새로운 콘텐츠를 쉽게 작성하고, 독창적인 글을 제공하는 데 도움을 줄 수 있다. 신경망 언어 모델은 소설 작성에도 사용할 수 있다. 예를 들어, "미래의 도시에서 벌어지는 미스터리 사건"이라는 주제를 입력하면, 신경망 언어 모델은 "미래의 도시 뉴아크에서, 한 탐정이 이상한 사건을 조사하게 된다. 기술이 발전한 세계에서, 그는 사람들의 마음을 읽을 수 있는 기계를 사용하여 사건의 실마리를 찾는다."와 같은 소설의 줄거리를 생성할 수 있다. 이는 작가들이 새로운 이야기의 시작을 찾거나, 영감(inspiration)을 얻는 데 큰 도움이 된다.

와 어조를 유지하게 한다. 이는 원문의 어휘 선택, 문장 구조, 표현 방식을 분석하여 번역문에 적용하는 방식으로 이루어진다. ChatGPT는 문맥을 이해하고, 원작자의 의도와 감정을 파악하여 이를 적절하게 번역문에 반영한다. 예를 들어, 원문이 격식을 차린 문체라면 번역문도 동일하게 격식을 유지하고, 원문이 유머러스하면 번역문도 유머를 살려 번역한다. 이러한 방식으로 번역된 텍스트는 독자에게 원문과 같은 느낌을 전달할 수 있다.

시를 작성하는 데에도 신경망 언어 모델은 훌륭한 도구가 될 수 있다. 예를 들어, "사랑과 이별"이라는 주제를 입력하면, 신경망 언어 모델은 "사랑은 꽃처럼 피어나고, 이별은 그 꽃을 시들게 한다. 우리의 마음속 깊은 곳에 남아, 두근거림과 아픔을 동시에 남기네."와 같은 시를 생성할 수 있다. 이는 시인이 새로운 표현을 찾고, 감정을 전달하는 데 도움을 줄 수 있다.

"사랑과 이별"에 대하여 ChatGPT-4가 다음 두 영국 낭만주의 시인의 스타일을 반영하여 한국어로 쓴 '시'	
William Wordsworth	Samuel Taylor Coleridge
초록빛 들판에 강이 흐르고, 사랑은 피어나고, 그 은혜 자라네. 수선화는 줄지어 춤추고, 마음은 얽히고, 우리의 영혼도 얽히네. 오래된 참나무 아래 누워, 부드러운 속삭임, 부드러운 흔들림. 바람은 꿈을 높이 날리고, 우리 사랑은 끝없는 하늘에 닿네. 하지만 계절은 변하고, 시간은 흘러, 봄의 생생한 빛깔은 사라지네. 나뭇잎은 떨어지고, 날은 차가워지며, 조용히 들려오는 이야기. 그러나 내 마음 속, 그 사랑은 남아, 들판에 영원히 울리는 시간 없는 메아리. 비록 우리가 헤어졌어도, 기억은 남아, 자연의 노래 속에, 영원히 머물네.	어두운 밤, 달빛은 흐리고, 사랑은 깊은 바다처럼 일렁이네. 파도 소리, 속삭이는 바람, 그대와 나, 운명에 묶인 채 떠도네. 은밀한 꿈 속에서 만난 그대, 별빛 아래, 그 눈동자는 빛나고. 한숨과 함께, 속삭임은 멀어지고, 이별의 그림자는 서서히 다가오네. 슬픔의 구름이 마음을 감싸고, 희미한 기억, 그대의 손길은 사라지네. 차가운 밤바람, 우리의 운명은, 바다 너머로 흘러가는 듯하네. 그러나 영혼 깊은 곳, 그 사랑은, 영원히 남아, 잔잔한 물결 속에 숨쉬네. 이별의 아픔을 딛고, 다시 만날 때까지, 바다의 노래 속에, 우리의 이야기는 계속되네.

신경망 언어 모델의 창의적 응용은 다양한 분야에서 이루어질 수 있다. 예를 들어, 교육 분야에서는 학생들이 글쓰기를 연습할 때 신경망 언어 모델이 제공하는 예시와 피드백을 통해 글쓰기 능력을 향상시킬 수 있다. 또한 신경망 언어 모델은 스토리텔링(story telling) 워크숍에서 참가자들에게 창의적인 아이디어를 제공하거나, 새로운 이야

기의 전개 방향을 제안하는 데 활용될 수 있다. 기업에서도 신경망 언어 모델을 활용하여 보고서 작성, 비즈니스 제안서 작성 등 다양한 문서 작성을 지원할 수 있다. 예를 들어, "회사의 연간 성과를 요약하라"는 요청에 대해 신경망 언어 모델은 "올해 우리 회사는 매출 20% 증가와 고객 만족도 15% 향상을 달성했습니다"와 같은 문장을 생성할 수 있다.

또한 신경망 언어 모델은 언어 번역에서도 활용될 수 있다. 예를 들어, 영어로 작성된 문서를 한국어로 번역할 때, 신경망 언어 모델은 정확하고 자연스러운 번역을 제공할 수 있다. 이는 글로벌 비즈니스 환경에서 언어 장벽을 허물고, 효율적인 의사소통을 가능하게 한다. 신경망 언어 모델은 이처럼 다양한 분야에서 창의적으로 응용될 수 있으며, 이를 통해 인간의 창의적 활동을 보조하고 확장하는 데 큰 역할을 한다.

> 신경망 언어 모델의 창의성은 종종 [환각(hallucination)] 현상과 연관된다. hallucination이란 신경망 언어 모델이 앞서 학습한 적 없는 새로운 정보를 생성하는 현상을 말한다. 이는 신경망 언어 모델이 학습 데이터에서 일반화된 패턴(generalized pattern)을 바탕으로 새로운 문맥을 추론할 수 있는 능력에서 비롯된다. 신경망 언어 모델은 기존에 학습한 패턴과 규칙을 바탕으로 독창적이고 창의적인 문장을 만들어낼 수 있다. 이 과정에서 신경망 언어 모델은 학습 데이터에 없던 새로운 아이디어를 창출하며, 이는 인간의 창의적 사고와 유사하다. 그러나 이러한 창의성이 항상 정확하거나 유용한 정보를 생성하는 것은 아니며, 때로는 비현실적이거나 부정확한 내용을 포함할 수도 있다. 따라서 신경망 언어 모델의 hallucination은 창의성의 한 형태로 볼 수 있지만, 이를 활용할 때는 신중한 검토가 필요하다. 이는 신경망 언어 모델이 창의적으로 새로운 내용을 생성할 수 있음을 보여주지만, 그 정확성과 신뢰성도 함께 고려해야 함을 시사한다.

요약하면, 신경망 언어 모델은 다양한 방식으로 창의적 텍스트를 생성하며, 이는 인간의 창의적 활동을 보조하고 확장하는 데 큰 역할을 한다. 이러한 모델들은 다양한 형태의 텍스트를 생성할 수 있으며, 광고, 블로그(blog), 소설, 시 등 여러 분야에서 유용하게 활용될 수 있다. 이를 통해 신경망 언어 모델은 인간의 창의적 과정에 큰 기여를 할 수 있다. 신경망 언어 모델의 이러한 창의적 능력은 인간의 언어 사용과 창작 과정을 깊이 이해하고, 이를 바탕으로 다양한 응용 가능성을 탐구하는 데 중요한 도구로 활용될 수 있다. 이러한 창의적 응용은 신경망 언어 모델이 단순한 언어 이해를 넘어, 새로운 아이디어와 표상을 창출하는 능력을 가지고 있음을 보여준다. 이는 앞으로의 연구와 발전을 통해 더욱 다양한 분야에서 신경망 언어 모델의 활용 가능성을 넓혀줄 것이다.

7. 언어 인지과학의 모형화

7.1 언어 인지 모델링

신경망 언어 모델은 인간의 언어 인지 과정(language cognition process)을 모델링하고 시뮬레이션하여 언어 인지과학(cognitive science of language) 연구에서 중요한 역할을 한다. 예를 들어, 이러한 모델을 통해 인간이 언어를 이해하고 생성하는 과정을 재현함으로써 언어 인지 과정의 복잡한 메커니즘을 더 잘 이해할 수 있다. 신경망 언어 모델은 언어 습득, 문법 학습, 의미 이해 등 다양한 인지 과정을 포함하여 인간의 언어 처리(language processing) 방식을 재현한다. 이러한 모델링은 우리가 인간의 언어 처리 방식을 더욱 깊이 이해하는 데 중요한 도구가 된다.

신경망 언어 모델을 통해 우리는 언어 습득(language acquisition)의 초기 단계부터 성숙한 언어 사용 단계까지의 과정을 시뮬레이션할 수 있다. 예를 들어, 어린아이가 새로운 단어를 배우고 이를 문장에서 사용하는 방식을 신경망 언어 모델을 통해 재현할 수 있다.[35] 이는 언어 학습의 다양한 단계에서 발생하는 인지 과정을 분석하고 이해하는 데 큰 도움이 된다. 이를 통해 언어 습득 분야 연구자들은 언어 인지 과정의 세부적인 메커니즘을 분석하고, 인간이 언어를 어떻게 이해하고 사용하는지에 대한 새로운 통찰을 얻을 수 있다. 신경망 언어 모델은 또한 인간이 언어를 이해하고 생성하는 과정에서 발

---

35) 신경망 언어 모델을 통해 우리는 언어 습득의 초기 단계부터 성숙한 언어 사용 단계까지의 과정을 시뮬레이션할 수 있다. 초기 단계에서는 모델이 간단한 단어와 기본적인 문법 구조를 학습하여 단어를 인식하고 기본 문장을 형성하는 방식을 재현한다. 이후 점진적으로 복잡한 문법 규칙과 다양한 어휘를 학습하며, 문맥에 따라 적절한 단어를 선택하는 능력을 키운다. 예를 들어, 어린아이가 새로운 단어를 접하고 이를 문장에서 사용해보며 의미와 사용법을 익히는 과정을 모델이 반복 학습을 통해 모방한다. 이렇게 함으로써 모델은 인간의 언어 습득 과정을 체계적으로 재현하고, 다양한 언어 사용 상황에 맞춰 적응할 수 있게 된다.

생하는 다양한 오류(error)와 그 원인을 분석하는 데도 유용하다. 이는 교육과 언어 치료 분야에서 실제로 적용될 수 있는 효과적인 전략을 개발하는 데 기여할 수 있다.

> O'Grady and Lee(2023)의 "Natural Syntax, Artificial Intelligence and Language Acquisition" 논문에서는 초기 언어 발달에서 입력보다 처리 부담(processing pressure)이 더 큰 영향을 미친다고 설명한다. 어린아이들은 입력에서 접하지 않은 부정 조화(negative concord)를 선호하는 경향이 있으며, 이는 언어 학습에서 내재된 편향성(innate bias)임을 시사한다. 여러 언어에서 부정 조화의 선호가 관찰되며, 이는 보편적인 처리 선호를 나타낸다. 인간의 문법 개념은 언어 구조가 인지적 처리 비용(cognitive processing cost)을 최소화할 필요에 의해 형성된다고 주장하며, 이는 어린아이의 초기 언어 행동과 일치한다. 신경망 언어 모델, 특히 LLM이 어린아이와 유사한 언어 습득 단계를 시뮬레이션할 수 있으며, 이를 통해 인간 인지 모델과 언어 습득을 더 잘 이해할 수 있게 된다. 이는 또한 데이터 기반 학습(data-driven learning)의 중요성을 강조하며, 전통적인 언어 학습 관점을 재고하게 한다. LLM이 인간 언어 습득 과정을 시뮬레이션할 수 있는 능력을 평가하기 위해 추가적인 실험적 테스트의 필요성을 시사한다. 이 발견들은 LLM이 인간의 언어 습득을 모사하여 어린아이의 언어 발달(language development) 과정을 이해하는 데 중요한 도구가 될 수 있음을 보여준다.

또한 신경망 언어 모델은 인간의 언어 인지 과정을 시각적으로 재현할 수 있는 도구를 제공한다. 이를 통해 우리는 언어 처리 과정의 다양한 단계를 시각화하고, 이를 바탕으로 언어 학습의 효율성을 높일 수 있는 방법을 모색할 수 있다. 예를 들어, 신경망 언어 모델을 사용하여 언어 습득 과정에서 중요한 단어와 문법 구조를 시각화하고, 이를 바탕으로 언어 학습자의 학습 과정을 최적화(optimization)할 수 있다. 이는 언어 교육 프로그램을 설계하고 평가하는 데 중요한 자료를 제공할 수 있다. 또한 신경망 언어 모델은 언어 인지과학 연구에서 발생하는 다양한 데이터 분석과 시뮬레이션 작업을 자동화하여, 언어 인지과학 분야 연구자들이 더 효율적으로 연구를 수행할 수 있도록 지원한다. 이는 언어 인지과학 연구의 효율성을 크게 향상시킬 수 있는 잠재력을 가지고 있다. 예를 들어, 신경망 언어 모델을 사용하여 대규모 언어 데이터셋을 분석하고, 이를 바탕으로 새로운 언어 이론을 검증하거나 발전시킬 수 있다. 이를 통해 우리는 인간의 언어 인지 과정을 더욱 깊이 이해하고, 이를 바탕으로 언어 교육과 치료의 효과를 높일 수 있는 방법을 모색할 수 있다.

7.2 인간의 언어 처리 모델의 시뮬레이션

신경망 언어 모델은 인간이 언어를 처리하는 방식을 이해하고 이를 시뮬레이션하는 연구에 사용될 수 있다. 예를 들어, 문장을 이해하고 의미를 해석하는 과정에서 신경망 언어 모델이 어떻게 단어와 문맥을 활용하는지 분석할 수 있다. 또한 신경망 언어 모델은 어린아이가 언어를 배우는 과정을 시뮬레이션할 수 있다. 예를 들어, 단어와 문법 규칙을 점진적으로 학습하고 이를 기반으로 문장을 구성하는 방식을 재현(replicate)할 수 있다. 이는 언어 습득의 단계를 이해하고, 언어 학습의 효과적인 방법을 개발하는 데 도움을 줄 수 있다. 덧붙여, 신경망 언어 모델은 다양한 문법 구조를 학습하고 이를 바탕으로 새로운 문장을 생성할 수 있다. 예를 들어, 신경망 언어 모델이 주어-동사-목적어(SVO) 구조를 학습하고, 이를 바탕으로 다양한 문장을 생성하는 과정을 시뮬레이션할 수 있다. 다음으로, 신경망 언어 모델은 문맥을 기반으로 단어의 의미를 이해하고, 다의어의 적절한 의미를 선택할 수 있다. 예를 들어, "The bank is next to the river"와 "She went to the bank to deposit money"라는 문장에서 "bank"의 다른 의미를 이해하는 과정을 재현할 수 있다. 이러한 시뮬레이션은 언어 학습과 사용의 다양한 측면을 이해하는 데 중요한 통찰을 제공한다. 끝으로, 신경망 언어 모델은 문법 규칙의 학습뿐만 아니라, 언어 사용에서의 사회적 맥락과 문화적 영향을 고려한 연구에도 활용될 수 있다. 예를 들어, 동일한 단어가 다양한 문화적 맥락에서 어떻게 다르게 사용되는지를 모델링하여, 문화적 차이를 반영한 언어 교육 프로그램을 개발할 수 있다.

> Sagae(2021)의 "Tracking Child Language Development with Neural Network Language Models" 논문에서는 신경망 언어 모델이 어린아이의 언어 발달(language development) 과정을 어떻게 시뮬레이션할 수 있는지를 연구하고 있다. 이 연구는 CHILDES 데이터베이스의 어린아이 언어 발화 데이터를 사용하여, 신경망 언어 모델이 언어 발달의 변화를 추적할 수 있는지를 평가한다.[36] 연구 결과, 신경망 언어 모델은 전통적인 언어 평가 지표들(예: 평균 발화 길

---

36) CHILDES(Child Language Data Exchange System) 데이터베이스는 아동 언어 발달 연구를 위한 대규모 언어 데이터베이스다. 여기에는 어린이와 성인 간의 상호작용 대화, 실험적 연구 데이터, 그리고 다양한 언어로 된 아동의 말뭉치가 포함되어 있다. 연구자들은 이 데이터를 활용해 아동의 언어 습득 과정을 분석하고 이해하는 데 도움을 받는다.

이(mean length of utterance, MLU), 발달 문장 점수(Developmental Sentence Scoring, DSS), 생산적 구문 지수(index of productive syntax))과 유사하거나 더 높은 정확도로 언어 발달 단계를 추적할 수 있었다. 신경망 언어 모델은 문법적 구조를 학습하여 발화 샘플의 순서를 시간 순서대로 정렬하고, 각 발화 샘플의 점수를 매기는 방식으로 작동한다. 이를 통해 신경망 언어 모델은 어린아이의 언어 발달 단계를 세밀하게 평가할 수 있는 가능성을 보여준다. 또한 신경망 언어 모델은 언어 발달의 미세한 변화를 포착할 수 있어, 다언어 및 교차 언어 연구(cross-linguistic study)에 유용할 수 있다. 이 연구는 신경망 언어 모델이 문법적 구조를 인코딩하고, 이를 통해 언어 발달을 측정하는 데 사용될 수 있음을 입증한다.

신경망 언어 모델의 시뮬레이션은 언어 학습의 과정을 보다 구체적으로 이해하는 데 큰 도움을 준다. 예를 들어, 특정 문법 구조를 학습하는 데 시간이 얼마나 걸리는지, 어떤 종류의 피드백이 학습 효율을 높이는지 등을 시뮬레이션을 통해 분석할 수 있다. 이를 통해 우리는 언어 학습의 효율성을 높일 수 있는 방법을 개발할 수 있다. 또한 신경망 언어 모델은 언어 장애(language disorder)를 가진 사람들의 언어 학습 과정을 시뮬레이션하여, 그들이 직면하는 어려움을 이해하고 효과적인 치료 방법을 개발하는 데 도움을 줄 수 있다. 예를 들어, 특정 언어 장애를 가진 사람들이 특정 문법 구조를 학습하는 데 어려움을 겪는 이유를 신경망 언어 모델을 통해 분석하고, 이를 해결할 수 있는 맞춤형 교육 프로그램(customized education program)을 개발할 수 있다. 이는 언어 치료와 교육의 효과를 크게 향상시킬 수 있는 잠재력을 가지고 있다.

Tinn et al.(2021)의 "Fine-Tuning Large Neural Language Models for Biomedical Natural Language Processing"은 신경망 언어 모델이 언어 장애를 가진 사람들의 언어 학습 과정을 시뮬레이션하여 그들이 직면하는 어려움을 이해하고, 효과적인 치료 방법을 개발하는 데 중요한 역할을 할 수 있음을 보여준다. 이 논문에서는 신경망 언어 모델을 이용해 언어 장애를 가진 사람들이 특정 문법 구조를 학습하는 데 겪는 어려움을 분석하였다. 연구 결과, 신경망 언어 모델은 언어 장애를 가진 사람들의 언어 처리 방식을 재현하고, 학습 패턴을 파악하는 데 유용하다는 것이 확인되었다. 특히, 다의어와 같은 복잡한 언어적 요소를 처리할 때 신경망 언어 모델은 높은 정확도를 나타냈다. 이러한 신경망 언어 모델은 맞춤형 교육 프로그램을 개발하여 개별적인 치료 전략을 제시할 수 있었다. 이는 언어 치료와 교육의 효과를 크게 향상시킬 수 있는 잠재력을 가지고 있다. 이 연구는 신경망 언어 모델이 언어 치

> 료사들에게 맞춤형 치료 계획을 세우는 데 유용한 도구로 활용될 수 있음을 시사한다. 이러한 신경망 언어 모델은 언어 장애를 가진 사람들의 언어 습득을 돕기 위해 다양한 방법으로 활용될 수 있다. 요약하면, 신경망 언어 모델은 언어 장애 연구 및 치료에서 중요한 역할을 할 수 있다.

또한 신경망 언어 모델은 다양한 언어적 상황을 시뮬레이션하여, 언어 사용의 유연성(flexibility)과 적응성(adaptability)을 연구하는 데 도움을 줄 수 있다. 예를 들어, 비공식적 대화와 공식적 문서 작성에서의 언어 사용 차이를 모델링하고, 이를 바탕으로 효과적인 언어 교육 프로그램을 개발할 수 있다. 이는 학습자들이 다양한 언어적 상황에서 적절하게 언어를 사용할 수 있도록 지원하는 데 중요한 역할을 한다. 또한 신경망 언어 모델은 언어의 사회적 맥락과 문화적 차이를 고려한 연구에도 활용될 수 있다. 예를 들어, 특정 문화에서의 언어 사용 패턴을 모델링하여, 다양한 문화적 배경을 가진 학습자들에게 맞춤형 언어 교육을 제공할 수 있다. 이는 글로벌화된 사회에서 다양한 문화적 배경을 가진 사람들이 효과적으로 의사소통할 수 있도록 지원하는 데 중요한 역할을 한다.

7.3 심리언어학적 현상 재현

신경망 언어 모델은 단어 빈도 효과(word frequency effect)를 모델링할 수 있다. 이는 빈도가 높은 단어가 더 빨리 인식되고 처리되는 현상을 의미한다. 예를 들어, "the"와 같은 고빈도 단어는 "serendipity"와 같은 저빈도 단어보다 더 빠르게 처리된다. 또한 신경망 언어 모델은 문맥 효과(context effect)를 재현할 수 있다. 이는 단어의 의미가 문맥에 따라 달라지는 현상을 의미한다. 예를 들어, "The bark was loud"와 "The bark was rough"라는 문장에서 "bark"의 의미가 문맥에 따라 다르게 이해되는 것을 모델링할 수 있다. 신경망 언어 모델은 이러한 현상을 재현함으로써, 인간이 언어를 처리하는 방식을 더욱 정확하게 이해할 수 있게 한다. 이는 심리언어학 연구에서 중요한 도구로 사용될 수 있다. 예를 들어, 신경망 언어 모델은 언어 처리 속도나 단어 인식의 차이를 실험적으로 연구할 때 유용하게 활용될 수 있다.

덧붙여, 신경망 언어 모델은 언어의 다의성(polysemy) 문제를 해결하는 데 중요한 역할을 할 수 있다. 예를 들어, 동일한 단어가 서로 다른 문맥에서 어떻게 다른 의미로 사용되는지를 모델링하여, 언어의 의미론적 복잡성을 이해하는 데 기여할 수 있다. 이를 통해 연구자들은 인간의 언어 처리 과정에서 발생하는 다양한 인지적 현상을 더욱 깊이 있게 연구할 수 있다. 또한 신경망 언어 모델은 언어 병리학(speech/language pathology) 연구에서도 중요한 도구로 활용될 수 있다. 예를 들어, 특정 언어 장애를 가진 사람들이 언어를 처리하는 방식을 모델링하여, 그들의 인지적 특성을 이해하고 효과적인 치료 방법을 개발하는 데 도움을 줄 수 있다.

> 신경망 언어 모델은 동일한 단어가 서로 다른 문맥에서 어떻게 다른 의미로 사용되는지를 모델링하여 언어의 의미론적 복잡성을 이해하는 데 기여할 수 있다. 이는 연구자들이 인간의 언어 처리 과정에서 발생하는 다양한 인지적 현상을 더욱 깊이 있게 연구할 수 있게 한다. Haber and Poesio(2021)의 "Patterns of Lexical Ambiguity in Contextualised Language Models" 논문은 이러한 관점에서 신경망 언어 모델의 성능을 평가했다. 이 연구에서는 polysemy와 homonymy를 구분하고, 사람들의 의미 유사성 평가와 co-predication 수용성을 기반으로 신경망 언어 모델의 능력을 분석했다. BERT Large 모델이 수집된 단어 의미 유사성 평가와 높은 상관관계를 보이며, 특정 유형의 polysemy를 잘 예측한다는 점을 발견했다. 그러나 일부 polysemy 유형에서는 일관된 유사성 패턴을 잘 재현하지 못했다. 이 연구는 신경망 언어 모델이 단어의 다의어적 의미를 사람과 유사하게 처리할 수 있음을 시사하며, 이러한 모델이 언어의 의미론적 복잡성을 더 잘 이해하고 재현할 수 있는 방법을 제공한다. 이는 언어 인지과학과 자연어 처리 연구에서 중요한 자료가 될 수 있다.

신경망 언어 모델의 심리언어학적 현상 재현(replication) 능력은 단순한 언어 처리 이상의 많은 응용 가능성을 가지고 있다. 예를 들어, 언어 학습자들이 특정 단어를 더 쉽게 기억하고 사용할 수 있도록 단어 빈도 효과를 활용한 교육 자료를 개발할 수 있다. 또한 문맥 효과를 활용하여 학습자들이 단어의 다양한 의미를 이해하고 사용할 수 있도록 지원하는 교육 프로그램을 설계할 수 있다. 이는 언어 교육의 질을 높이고, 학습자들이 실제 언어 사용 상황에서 효과적으로 의사소통할 수 있도록 돕는 중요한 도구가 될 수 있다. 또한 신경망 언어 모델은 언어 치료 분야에서의 응용 가능성도 크다. 예를 들어, 언어 장애를 가진 사람들이 특정 단어를 인식하고 사용하는 방식을 모델링하여, 그들의 언어 사용 패턴을 분석하고 효과적인 치료 방법을 개발할 수 있다. 이를 통해 언어 장애를 가진 사람들이 언어를 더 효과적으로 학습하고 사용할 수 있도록 지원할 수 있다.

신경망 언어 모델은 또한 언어의 사회적 맥락과 문화적 차이를 이해하고 모델링하는 데 중요한 도구가 될 수 있다. 예를 들어, 특정 문화에서의 언어 사용 패턴을 모델링하여, 다양한 문화적 배경을 가진 학습자들에게 맞춤형 언어 교육을 제공할 수 있다. 이는 글로벌화된 사회에서 다양한 문화적 배경을 가진 사람들이 효과적으로 의사소통할 수 있도록 지원하는 데 중요한 역할을 한다. 또한 신경망 언어 모델은 언어 사용의 윤리적 측면을 연구하는 데도 활용될 수 있다. 예를 들어, 특정 언어 표현이 어떻게 사회적 영향을 미치는지를 모델링하여, 언어 사용의 윤리적 가이드라인을 개발하는 데 도움을 줄 수 있다. 이를 통해 우리는 더 공정하고 포용적인 언어 사용 문화를 조성할 수 있다.

요약하면, 신경망 언어 모델은 이러한 다양한 방식을 통해 인간의 언어 인지 과정을 모델링하고 시뮬레이션하며, 이는 언어 인지과학(cognitive science of language) 연구에서 중요한 도구로 사용된다. 이러한 모델은 심리언어학적 현상을 재현하고, 다양한 연구와 응용에서 인간의 언어 처리 방식을 이해하는 데 큰 기여를 할 수 있다. 따라서 신경망 언어 모델은 인간의 언어 사용과 이해를 더욱 깊이 있게 연구할 수 있는 강력한 도구로 자리잡고 있다.

8. 한계와 도전 과제

8.1 기계와 인간의 차이

신경망 언어 모델은 인간의 언어 처리 과정을 모사하지만, 인간의 복잡한 인지 능력을 완전히 재현하는 것은 여전히 어려운 과제다. 예를 들어, 인간의 사고 과정, 문제 해결 능력, 창의성 등은 매우 복잡하고 다면적이어서 단순한 모델로는 완벽하게 표상할 수 없다. 인간은 언어를 통해 감정과 정서를 표현하며, 이러한 표현은 상황과 맥락에 따라 다양하게 나타난다. 신경망 언어 모델은 감정 표현을 일정 부분 모사할 수 있지만, 인간의 미묘한 감정 변화와 그에 따른 언어 사용을 완벽하게 이해하고 표현하기는 어렵다.[37] 또한 언어는 문화적 배경과 깊이 연관되어 있다. 특정 문화에서의 언어 사용 방식, 관습, 사회적 맥락 등을 신경망 언어 모델이 완전히 이해하고 재현하기는 어렵다. 예를 들어, 같은 단어라도 문화적 맥락에 따라 다르게 해석될 수 있다. 신경망 언어 모델이 이러한 차이를 극복하려면 더 많은 데이터를 학습하고, 다양한 언어적 상황을 시뮬레이션해야 한다. 이는 모델이 인간의 언어 사용 방식을 보다 정확하게 모사할 수 있도록 돕는다.

이와 더불어, 인간의 창의성과 직관은 단순한 패턴 인식과는 다른 차원의 문제를 제기한다. 예를 들어, 인간은 직관과 창의성을 통해 전혀 새로운 아이디어를 만들어내고, 기존 지식을 창의적으로 재구성할 수 있다. 그러나 신경망 언어 모델은 주로 학습된 데이터 내에서의 패턴 인식과 유사한 구조의 텍스트 생성에 주력하며, 진정한 의미에서의 창의성을 발휘하는 데는 한계가 있다. 인간은 또한 맥락을 이해하는 능력이 뛰어나며, 이는 단순한 언어적 이해를 넘어 사회적, 문화적, 역사적 배경을 고려한 해석을 포함한다. 신경망 언어 모델이 이러한 깊은 맥락적 이해를 구현하기 위해서는 현재보다 더욱 정교한 모델링과 방대한 양의 맥락적 데이터를 필요로 한다.

8.2 보완 연구

신경망 언어 모델은 인간의 언어 인지 과정을 일부 재현하지만, 완벽한 재현은 아니다. 이를 보완하기 위해 지속적인 연구와 발전이 필요하다. 예를 들어, 더 많은 데이터를 학습시키고, 다양한 언어적 상황을 시뮬레이션하며, 신경망 언어 모델의 성능을 향상시키기 위한 새로운 알고리즘 개발이 필요하다. 언어학, 심리학, 신경과학 등 다양한 학문 분야와의 협력을 통해 신경망 언어 모델의 한계를 보완할 수 있다. 이러한 다학제

---

[37] 다시 명확히 하기 위하여, 신경망 언어 모델이 산출하는 "언어"는 통계적 패턴 인식과 대규모 데이터 학습을 기반으로 한 예측 결과로, 맥락과 일관성을 유지하려 노력하지만 실제 (인지적) 이해(cognitive understanding) 없이 생성된다. 반면, 인간의 "언어"는 감정, 의도, 문화적 배경 등을 포함한 깊은 의미와 이해를 바탕으로 표현된다. 신경망 모델은 언어의 표면적 구조를 모방할 수 있지만, 인간은 언어를 통해 복잡한 감정과 사고를 전달한다. 또한, 인간 언어는 상황과 맥락에 따라 유연하게 변하며, 학습과 경험을 통해 계속 진화한다.

적 접근은 신경망 언어 모델이 인간의 언어 인지 과정을 더 정확하게 재현할 수 있도록 돕는다. 또한 신경망 언어 모델의 성능 향상을 위해 더 많은 고품질 데이터를 확보하고, 이를 통해 학습을 진행하는 것이 중요하다. 이는 신경망 언어 모델이 더 다양한 언어적 패턴과 규칙을 학습할 수 있게 하며, 신경망 언어 모델의 정확성과 신뢰성을 높이는 데 기여한다.

이와 함께, 신경망 언어 모델의 학습 과정에서 발생할 수 있는 [데이터 편향성] 문제를 해결하기 위한 연구도 필수적이다. 편향된 데이터를 학습한 모델은 편향된 출력을 생성할 가능성이 높기 때문에, 이를 방지하기 위한 데이터 선택과 처리 방법론에 대한 연구가 필요하다. 신경망 언어 모델의 발전을 위해서는 다양한 언어적 표현과 문화적 배경을 포함하는 포괄적 데이터셋이 필수적이다. 또한 신경망 언어 모델의 효율성을 높이기 위한 경량화 기술(lightweight technology)과 연산 최적화(computational optimization) 방법도 연구되어야 한다. 이는 모델의 실시간 응답 성능을 향상시키고, 다양한 디바이스(device)에서의 활용도를 높이는 데 기여할 수 있다. 이를 통해 신경망 언어 모델은 더욱 다양한 실세계 응용 분야에서 효과적으로 활용될 수 있을 것이다.

8.3 윤리적 문제와 편향성

신경망 언어 모델은 학습 데이터에 포함된 편향성을 반영할 수 있다. 이는 신경망 언어 모델이 학습한 데이터 자체가 특정 인종, 성별, 문화 등에 대해 편향된 정보를 포함하고 있기 때문이다. 예를 들어, 인터넷에서 수집된 데이터는 특정 그룹에 대한 고정관념이나 편견을 포함할 수 있다. 이러한 편향성은 언어 사용의 윤리적 문제를 초래할 수 있다. 신경망 언어 모델이 생성하는 텍스트가 특정 그룹에 대해 부정적인 인식을 강화하거나, 불공정한 대우를 조장할 수 있다. 예를 들어, 신경망 언어 모델이 여성에 대해 편견이 담긴 표현을 반복적으로 사용한다면, 이는 사회적 불평등을 악화시킬 수 있다. 이러한 문제를 해결하기 위해서는 데이터 수집 단계에서부터 편향성을 최소화하려는 노력이 필요하다.

편향성 문제를 해결하기 위해, 공정하고 다양한 데이터를 포함하는 데이터셋을 구축하는 것이 중요하다. 이를 위해 다양한 인종, 성별, 문화적 배경을 반영한 데이터를 수집하고, 데이터의 질을 지속적으로 검토해야 한다. 신경망 언어 모델이 학습 과정에서 편향성을 학습하지 않도록 하기 위해, 편향성 검사를 도입하고, 필요시 조정하는 과정이 필요하다. 예를 들어, 신경망 언어 모델이 특정 그룹에 대해 편향된 출력을 생성하는지 정기적으로 검사하고, 편향성을 줄이기 위한 알고리즘적 조정을 적용할 수 있다. 신경망 언어 모델의 개발과 활용에 있어 윤리적 가이드라인을 마련하고 준수하는 것이 중요하다. 이는 신경망 언어 모델이 생성하는 텍스트가 사회적으로 수용 가능하고, 공정성을 유지하도록 하는 데 도움을 줄 수 있다. 신경망 언어 모델을 사용하는 사용자들에게 모델의 한계와 편향 가능성에 대해 교육하고, 이러한 문제를 인식하도록 하는 것도 중요하다. 이를 통해 신경망 언어 모델의 출력을 비판적으로 평가하고, 필요한 경우 적절한 조치를 취할 수 있다.

더 나아가, 신경망 언어 모델의 윤리적 사용을 보장하기 위해 규제와 법적 프레임워크를 구축하는 것도 필요하다. 이는 신경망 언어 모델의 악용을 방지하고, 기술이 사회에 미치는 영향을 최소화하는 데 기여할 수 있다. 공정성과 투명성을 확보하기 위해, 신경망 언어 모델의 학습 과정과 출력 결과를 설명할 수 있는 방법론의 개발도 중요하다. 이를 통해 신경망 언어 모델의 작동 원리를 이해하고, 예측하지 못한 결과에 대해 적절히 대응할 수 있다. 궁극적으로, 신경망 언어 모델의 윤리적 문제와 편향성을 해결하기 위한 노력은 모델의 신뢰성과 공정성을 높이고, 다양한 응용 분야에서의 활용 가능성을 확대하는 데 기여할 것이다.

9. 결론

신경망 언어 모델은 인간의 언어 사용과 처리 과정을 모사하여 언어학 및 언어 인지과학의 여러 측면을 반영한다. 이러한 모델은 대규모 텍스트 데이터를 학습하여 문법적 규칙과 의미론적 관계를 이해하고 문맥 정보를 통해 일관성 있는 텍스트를 생성할 수 있으며, self-attention 메커니즘을 통해 문장 내 단어 간 관계를 효과적으로 통합하여 다음 단어나 문장을 예측한다. 비지도 학습을 통해 레이블 없는 데이터로 학습하고, 창의적인 텍스트를 생성할 수 있어 광고 카피 작성 등 다양한 응용에서 활용된다.

그러나 신경망 언어 모델은 인간의 언어 인지 과정을 모델링하고 시뮬레이션할 수 있으나, 여전히 학습 데이터의 편향성, 인간의 복잡한 인지 능력, 감정, 문화적 배경 등을 완전히 재현하기 어렵다는 한계가 있다. 이를 극복하기 위해 공정한 데이터셋 구축, 편향성 검사 및 조정, 윤리적 가이드라인 마련 등의 지속적인 연구가 필요하다. 다양한 학문 분야와의 협력을 통해 신경망 언어 모델의 성능과 공정성을 향상시키고, 더 많은 데이터를 학습시키며 새로운 알고리즘을 개발함으로써 한계를 보완할 수 있으며, 이는 언어학과 인공지능 공학의 융합을 통해 언어 이해와 처리 능력을 더욱 향상시키는 데 기여할 것이다.

| 부록 |

신경망 언어 모델의 구조

■ 신경망 언어 모델 구조의 주요 요소

신경망 언어 모델 성능을 결정하는 주요 요소는 다음과 같다.

1. 모델 아키텍처(model architecture): 모델의 구조와 설계, 예를 들어 트랜스포머(transformer), LSTM, GRU 등이 포함된다.
2. 알고리즘(algorithm): 학습 과정에서 사용되는 최적화(optimization) 알고리즘, 예를 들어 Adam, SGD(stochastic gradient descent) 등이 포함된다.
3. 훈련/학습 자료: 모델을 학습시키기 위해 사용하는 데이터의 양과 질이 중요한 역할을 한다.

추가로 주요한 요소는 다음과 같다:

4. 하이퍼파라미터 튜닝(hyper-parameter tuning): 학습률(learning rate), 배치 크기(batch size), 에폭 수(number of epoches) 등과 같은 하이퍼파라미터의 설정은 모델 성능에 큰 영향을 미친다.
5. 데이터 전처리(data preprocessing): 데이터 정제, 토큰화, 정규화(normalization) 등의 전처리 과정은 모델의 효율성을 높인다.[38]
6. 모델 정규화(normalization/regularization) 기법: 드롭아웃(dropout), 배치 정규화(batch

---

[38] 데이터 전처리에서의 정규화(normalization)는 입력 데이터의 값들을 일정한 범위로 조정하는 것을 의미한다. 예를 들어, 최소-최대 정규화(min-max normalization)나 표준화(standardization)가 이에 해당한다.

normalization) 등의 정규화 기법은 모델의 일반화 능력을 향상시킨다.
7. 학습 전략: 전이 학습(transfer learning), 사전 훈련(pre-training), 파인 튜닝(fine-tuning) 등의 전략도 모델 성능에 기여할 수 있다.
8. 피드백 및 평가: 모델의 성능을 평가하고 개선하기 위한 피드백 루프(feedback loop)와 평가 메트릭(evaluation metrics)은 모델의 최적화(optimization)를 도와준다.
9. 컴퓨팅 자원: GPU, TPU 등의 하드웨어 자원은 모델 훈련 속도와 효율성에 영향을 미친다.

이러한 요소들이 모두 결합되어 신경망 언어 모델의 성능을 결정짓는 중요한 요인들이 된다.

■ 신경망 언어 모델에서 모델 아키텍처와 알고리즘의 기능적 차이

신경망 언어 모델에서 모델 아키텍처와 알고리즘의 기능적 차이는 다음과 같다:

[1] 모델 아키텍처

모델 아키텍처는 신경망의 구조와 설계 방식을 의미한다. 이는 모델이 데이터를 처리하고 학습하는 방법을 정의한다. 주요 기능적 요소는 다음과 같다:

① 레이어 구성(layer configuration): 모델이 어떤 종류의 레이어(예: 입력층(input layer), 은닉층(hidden layer), 출력층(output layer))를 포함하고 있는지와 그 배치(batch) 순서.
② 뉴런 수 및 연결 방식: 각 레이어(layer)의 뉴런(neuron) 수와 뉴런 간의 연결 방식.
③ 활성화 함수(activation function): 각 뉴런에서 사용하는 활성화 함수(예: ReLU, Sigmoid, Tanh)[39].
④ 모듈(modulate) 및 블록(block): 복잡한 모델에서의 모듈화된 블록(예: 트랜스포머의

---

39) 신경망 언어 모델의 활성화 함수(activation function)는 뉴런의 입력 신호를 출력 신호로 변환하는 역할을 한다. 이는 비선형성을 도입하여 모델이 복잡한 패턴과 관계를 학습할 수 있게 해준다. 활성화 함수의 종류에는 시그모이드(sigmoid), 렐루(ReLU), 하이퍼볼릭 탄젠트(tanh) 등이 있다. 이를 통해 모델은 입력 데이터의 중요한 특징을 학습하고 더 나은 예측을 수행할 수 있게 된다.

어텐션 메커니즘, RNN의 순환 구조).

모델 아키텍처는 기본적으로 신경망의 골격을 제공하며, 데이터가 어떻게 흐르고 변환되는지를 결정한다.

[2] 알고리즘

알고리즘은 모델이 학습하는 과정과 관련된 절차와 방법을 의미한다. 주로 최적화 알고리즘(optimization algorithm)과 학습 알고리즘(learning algorithm)이 포함된다. 주요 기능적 요소는 다음과 같다.

> ⓐ 학습 알고리즘:
> - 모델이 데이터를 학습하는 방법
> - 예시: 경사 하강법(gradient descent), Adam 최적화 알고리즘
>
> ⓑ 최적화 알고리즘:
> - 모델의 가중치를 조정하는 방법[40]
> - 예시: SGD(stochastic gradient descent), Adam, RMSprop

① 최적화 알고리즘: 모델의 가중치(weight)를 조정하는 방법 (예: 경사 하강법, Adam[41], RMSprop).

② 손실 함수(loss function): 모델이 예측 값(predicted value)과 실제 값(actual value) 간의 차이를 측정하는 방법(예: MSE(mean squared error), Cross-Entropy).

③ 학습률(learning rate) 조정: 학습률 스케줄링, 학습률 감쇠 등 학습률을 조정하는 방법.

---

[40] 신경망 언어 모델 학습에서 파라미터는 모델의 가중치(weight)와 편향(bias)를 포함하며, 이들은 모델의 출력 결과를 결정하는 핵심 요소이다. 가중치는 각 뉴런의 입력값에 곱해져 뉴런 간의 연결 강도를 조절한다. 편향은 각 뉴런의 출력에 더해져 뉴런의 활성화 수준을 조정한다. 학습 과정에서 파라미터는 손실 함수(loss function)를 최소화하는 방향으로 최적화 알고리즘(예: 경사하강법)에 의해 업데이트된다. 이를 통해 모델은 입력 데이터의 중요한 패턴을 학습하여 더 정확한 예측을 수행할 수 있게 된다.

[41] 경사하강법의 단점을 보안하여 개발된 것이 Adam 최적화 알고리즘.

④ 정규화 기법: 오버피팅(over-fitting)[42]을 방지하기 위한 방법(예: 드롭아웃(dropout), 배치 정규화(batch normalization))[43].

알고리즘은 모델의 가중치를 업데이트하고 최적화하는 방법을 제공하며, 모델이 주어진 데이터를 학습하여 점차 성능을 향상시키는 데 중점을 둔다.

[3] 기능적 차이

① 모델 아키텍처는 데이터가 어떻게 흐르고 변환되는지, 모델이 어떻게 구조화되고 구성되는지를 정의한다. 이는 모델의 설계와 구조에 중점을 둔다.

---

42) 오버피팅은 머신러닝 모델이 학습 데이터에 지나치게 맞춰져서 새로운 데이터에 대해 일반화 능력이 떨어지는 현상이다. 이는 모델이 학습 데이터의 잡음이나 세부 패턴까지 학습하여 발생한다. 결과적으로, 오버피팅된 모델은 학습 데이터에서는 높은 정확도를 보이지만, 테스트 데이터나 실제 환경에서는 성능이 저하된다. 이를 방지하기 위해서는 데이터 증강, 교차 검증, 정규화 등의 기법이 사용된다.

43) 정규화 기법을 영어로 'normalization techniques' 또는 'regularization techniques'라고 한다. 두 용어 모두 신경망 모델에서 특정한 목적을 위해 사용되며, 상황에 따라 적절하게 사용된다.
  [1] Normalization Techniques:
    a. Batch Normalization: 신경망의 각 배치에 대해 입력을 정규화하는 방법.
    b. Layer Normalization: 신경망의 각 레이어에 대해 입력을 정규화하는 방법.
    c. Instance Normalization: 각 개별 입력에 대해 정규화하는 방법.
    d. Group Normalization: 그룹 단위로 정규화하는 방법.
  [2] Regularization Techniques:
    a. Dropout: 훈련 과정에서 무작위로 뉴런을 비활성화하여 과적합을 방지하는 방법.
    b. L1 Regularization: 가중치의 절대값 합을 최소화하는 정규화 방법.
    c. L2 Regularization: 가중치의 제곱합을 최소화하는 정규화 방법, 종종 릿지 회귀(Ridge Regression)라고도 함.
    d. Early Stopping: 검증 데이터에 대한 성능이 더 이상 향상되지 않을 때 훈련을 조기에 중단하는 방법.
  따라서 맥락에 따라 'normalization techniques'와 'regularization techniques' 둘 다 신경망 모델의 성능을 향상시키기 위해 사용되는 중요한 방법들이다.
  요약하면, normalization은 입력 데이터나 중간 레이어 출력을 일정한 범위로 조정하여 학습 속도와 안정성을 높이는 기법이다. 대표적인 방법으로 배치 정규화(batch normalization)와 레이어 정규화(layer normalization)가 있다.
  regularization은 모델이 과적합하는 것을 방지하고 일반화 능력을 향상시키기 위해 가중치를 제약하는 기법이다. 대표적인 방법으로 드롭아웃(dropout)과 L2 정규화(L2 regularization)가 있다.

② 알고리즘은 모델이 학습하고 최적화되는 과정을 정의한다. 이는 모델의 가중치를 업데이트하고 최적화하는 방법과 관련이 있다.

따라서 모델 아키텍처는 신경망의 "형태"와 "구조"를 나타내고, 알고리즘은 신경망이 데이터를 학습하여 성능을 향상시키는 "방법"을 나타낸다.

■ **신경망 언어 모델의 모델 아키텍처 및 알고리즘과 인간 신경망의 대응 요소**

신경망 언어 모델의 모델 아키텍처와 알고리즘을 인간 신경망의 요소와 비교해 볼 수 있다. 이러한 비교는 인간의 뇌가 정보를 처리하고 학습하는 방식과 인공 신경망이 이를 모방하려는 방식을 이해하는 데 도움이 된다.

[1] 모델 아키텍처
① 뉴런(neuron)과 시냅스(synapse): 신경망의 뉴런은 인간 뇌의 뉴런에 해당하며, 신경망의 뉴런들 간의 연결은 시냅스와 유사하다.
② 레이어: 인공 신경망의 레이어는 뇌의 특정 영역이나 층과 유사하다. 예를 들어, 뇌의 시각 피질에는 여러 층이 있으며, 각 층은 특정한 기능을 담당한다.
③ 모듈(module) 및 블록(block): 인공 신경망에서 복잡한 작업을 수행하기 위해 모듈화된 블록을 사용하는 것처럼, 인간의 뇌도 특정 작업을 수행하는 데 특화된 영역이 있다. 예를 들어, 브로카 영역(Broca's area)과 베르니케 영역(Wernicke's area)은 언어 처리에 중요한 역할을 한다.

[2] 알고리즘
① 학습 과정: 인공 신경망의 학습 알고리즘(예: 경사 하강법)은 인간의 학습 과정과 유사하다. 인간은 경험을 통해 학습하며, 반복적인 연습과 피드백을 통해 능력을 향상시킨다.
② 최적화 과정: 인공 신경망의 최적화 알고리즘은 인간이 경험을 통해 행동을 수정하고 최적의 결과를 추구하는 과정과 유사하다.
③ 손실 함수와 피드백: 인공 신경망의 손실 함수는 인간이 목표를 달성하기 위해 피

드백을 받는 과정과 비슷하다. 예를 들어, 학습자가 문제를 틀릴 때 피드백을 받아 학습을 수정하는 것과 유사하다.
④ 정규화 기법: 인공 신경망에서 오버피팅(over-fitting)을 방지하기 위해 사용하는 정규화 기법은 인간의 뇌가 새로운 정보를 학습하고 기존의 정보를 통합하는 방법과 유사하다. 이는 인간이 새로운 정보와 기존의 지식을 조화롭게 유지하는 방식과 비슷하다.

종합적으로, 모델 아키텍처는 인간의 뇌 구조와 비슷하며, 뉴런과 시냅스, 뇌의 특정 영역 및 층과 대응한다. 알고리즘은 인간의 학습 과정과 유사하며, 학습과 최적화, 피드백 메커니즘 등이 이에 해당한다.

이러한 비교를 통해 인공 신경망이 인간의 뇌 구조와 기능을 모방하여 설계되었음을 이해할 수 있다. 이는 인공지능 연구가 인간의 인지 과정을 모델링하고 이를 통해 더 나은 성능을 가진 모델을 개발하는 데 도움을 준다.

■ 추가: 하이퍼파라미터 튜닝

하이퍼파라미터 튜닝은 머신러닝 모델의 성능을 최적화(optimization)하는 데 중요한 역할을 한다. 하이퍼파라미터는 모델 학습 과정에서 사전에 설정되는 값들로, 모델 자체의 학습을 통해 학습되지 않는다. 다음은 주요 하이퍼파라미터와 그 중요성에 대한 상세한 설명이다.

① 학습률(learning rate): 학습률은 가중치를 업데이트하는 속도를 결정한다. 너무 낮으면 학습이 너무 느리게 진행되고, 너무 높으면 학습 과정이 불안정해질 수 있다. 최적의 학습률을 찾는 것은 모델의 수렴 속도와 성능에 중요한 영향을 미친다.
② 배치 크기(batch size): 배치 크기는 한 번의 업데이트에 사용되는 훈련 샘플의 수를 의미한다. 작은 배치는 더 많은 업데이트를 수행하여 더 세밀한 가중치 조정을 가능하게 하지만, 계산 비용이 높다. 큰 배치는 더 빠른 계산을 가능하게 하지만, 더 큰 메모리가 필요하고 세밀한 조정이 어려울 수 있다.
③ 에폭 수(number of epochs): 에폭 수는 전체 훈련 데이터셋을 모델이 몇 번 반복 학

습하는지를 의미한다. 적절한 에폭 수를 설정하는 것은 중요하다. 너무 적으면 모델이 충분히 학습하지 못하고, 너무 많으면 과적합(overfitting)될 수 있다.

④ 가중치 초기화(weight initialization): 가중치 초기화 방법은 학습 초기 단계에서 가중치 값들을 어떻게 설정하는지를 결정한다. 적절한 초기화는 학습을 빠르게 하고, 잘못된 초기화는 학습을 방해하거나 느리게 한다.

⑤ 모멘텀(momentum): 모멘텀은 가중치 업데이트에 이전 업데이트의 일부를 추가하는 방법으로, 학습이 더 빠르고 안정적으로 수렴할 수 있도록 돕는다. 이는 지역 최적값에 빠지지 않게 하며, 경사 하강법의 진동을 줄여준다.

⑥ 정규화 파라미터(regularization parameters): 정규화 기법(L1, L2 등)의 강도를 조절하는 파라미터로, 과적합을 방지하고 모델의 일반화 성능을 향상시킨다. 정규화 파라미터가 너무 크면 모델이 과도하게 단순화되고, 너무 작으면 과적합이 발생할 수 있다.

⑦ 드롭아웃 비율(dropout rate): 드롭아웃은 학습 중 일부 뉴런을 무작위로 비활성화하여 모델의 과적합을 방지하는 기법이다. 드롭아웃 비율은 비활성화할 뉴런의 비율을 결정한다. 적절한 드롭아웃 비율을 선택하는 것이 중요하다.

⑧ 학습률 감쇠(learning rate decay): 학습이 진행됨에 따라 학습률을 점차 줄여나가는 방법으로, 초기에는 큰 학습률로 빠르게 학습하고, 후반부에는 작은 학습률로 세밀하게 조정할 수 있도록 한다.

⑨ 배치 정규화(batch normalization) 매개변수: 배치 정규화의 모멘트와 스케일 파라미터 등은 모델의 학습 속도와 성능에 영향을 미친다. 이는 모델의 안정성과 수렴 속도를 개선할 수 있다.

하이퍼파라미터 튜닝은 이들 요소들을 최적으로 조합하여 모델 성능을 극대화하는 과정이다. 이는 반복적인 실험과 검증을 통해 이루어지며, 자동화된 튜닝 방법(예: 그리드 서치, 랜덤 서치, 베이지안 최적화)도 활용될 수 있다. 하이퍼파라미터 튜닝은 모델의 일반화 능력을 높이고, 실제 데이터에서의 성능을 최적화하는 데 필수적인 과정이다.

■ 하이퍼파라미터 튜닝과 사람의 인지 기능의 대비

신경망 모델의 하이퍼파라미터 튜닝을 사람의 인지 기능과 대비하여 설명할 수 있다. 이를 통해 인공 신경망과 인간의 학습 과정 사이의 유사성을 더 잘 이해할 수 있다.

① 학습률(learning rate): 학습률은 사람이 새로운 기술이나 지식을 얼마나 빠르게 습득하는지를 결정하는 학습 속도와 유사하다. 너무 빨리 배우면 실수를 많이 하고, 너무 천천히 배우면 진보가 느릴 수 있다.
② 배치 크기(batch size): 배치 크기는 사람이 한 번에 배우는 정보의 양과 비슷하다. 작은 배치는 한 번에 적은 정보를 학습하여 더 깊이 이해하는 것과 유사하고, 큰 배치는 많은 정보를 한 번에 배우는 것과 비슷하다.
③ 에폭 수(number of epochs): 에폭 수는 사람이 반복 연습을 통해 능력을 향상시키는 과정과 같다. 반복 학습을 통해 지식이 더 깊어지고 숙련도가 높아진다.
④ 가중치 초기화(weight initialization): 가중치 초기화는 사람이 새로운 학습을 시작할 때의 초기 상태와 유사하다. 적절한 시작점은 학습을 더 효과적으로 만들 수 있다.
⑤ 모멘텀(momentum): 모멘텀은 사람이 이전 학습 경험을 바탕으로 새로운 정보를 더 빠르게 습득하는 것과 유사하다. 이는 학습 속도를 높이고 안정성을 유지하는 데 도움을 준다.
⑥ 정규화 파라미터(regularization parameters): 정규화는 사람이 과도한 세부 사항에 집착하지 않고 중요한 개념을 이해하는 과정과 유사하다. 이는 일반화 능력을 향상시키고 과적합(over-fitting)을 방지한다.
⑦ 드롭아웃 비율(dropout rate): 드롭아웃은 사람이 특정 시점에 집중하지 않고 휴식을 취하거나 다양한 활동을 통해 과부하(overload)를 방지하는 것과 비슷하다. 이는 전체적인 학습 효율성을 높인다.
⑧ 학습률 감쇠(learning rate decay): 학습률 감쇠는 사람이 학습 초기에는 빠르게 배우고, 이후에는 세부 사항을 천천히 익히는 과정과 유사하다. 이는 초기에는 빠른 진보를, 후반에는 깊이 있는 학습을 가능하게 한다.
⑨ 배치 정규화(batch normalization) 매개변수: 배치 정규화는 사람이 학습 과정에서 일

정한 루틴(routine)이나 규칙을 따르는 것과 유사하다. 이는 학습의 안정성과 일관성을 유지하는 데 도움을 준다.

종합적으로, 하이퍼파라미터 튜닝은 인간의 인지 기능과 유사한 방식으로 모델의 학습을 최적화하는 과정이다. 적절한 학습 속도, 반복 연습, 초기 조건, 경험의 축적, 정보의 양, 규칙적인 학습 루틴 등은 모두 인간이 효율적으로 학습하는 데 필요한 요소들이다. 마찬가지로, 신경망 모델도 이러한 요소들을 최적화하여 더 나은 성능을 발휘할 수 있다.

| 참고문헌 |

Brown, Tom B., Benjamin Mann, Nick Ryder, Melanie Subbiah et al., and Dario Amodei. 2020. GPT-3: Language models are few-shot learners. In *NeurIPS*, ed. Larochelle, H., Ranzato, M., Hadsell, R., Balcan, M., and Lin, H.

Bosselut, Antoine, Hannah Rashkin, Maarten Sap, Chaitanya Malaviya, Asli Celikyilmaz, and Yejin Choi. 2019. COMET: Commonsense transformers for automatic knowledge graph construction. In *Proceedings of the AAAI Conference on Artificial Intelligence*.

Devlin, Jacob, Ming-Wei Chang, Kenton Lee, and Kristina Toutanova. 2019. BERT: pre-training of deep bidirectional transformers for language understanding. In *The North American Chapter of the Association for Computational Linguistics*, ed. Burstein, J., Doran, C., and Solorio, T., pp. 4171-4186.

Haber, Janosch and Massimo Poesio 2021. Patterns of exical ambiguity in contextualised language models. arXiv preprint arXiv:2109.13032.

Hewitt, John, and Christopher D. Manning. 2019. A structural probe for finding syntax in word representations. In: *Proceedings of the 2019 Conference of the North American Chapter of the Association for Computational Linguistics: Human Language Technologies*; 2019 Jun 2-7; Minneapolis, MN, USA. p. 4129-38.

Mahowald, Kyle, Anna A. Ivanova. Idan A. Blank, Nancy Kanwisher, Joshua B. Tenenbaum, and Evelina Fedorenko 2024. Dissociating language and thought in large language models. *Trends in Cognitive Sciences*. Sci. https://doi.org/10.1016/j.tics.2024.01.011.

O'Grady, William, and Lee, Miseon. 2023. Natural syntax, artificial intelligence, and language acquisition. *Information* 14.7, 418. https://doi.org/10.3390/info14070418.

Sagae, Kenji. 2021. Tracking child language development with neural network language models. *Frontiers in Psychology* 12: 674402. https://doi.org/10.3389/fpsyg.2021.674402.

Tinn, Robert, Hao Cheng, Yu Gu, ..., Tristan Naumann, Jianfeng Gao, and Hoifung Poon. 2021. Fine-tuning large neural language models for biomedical natural language processing. arXiv preprint arXiv:2112.07869.

Warstadt, Alex et al. 2023. BabyLM Challenge: Sample-efficient pretraining on a developmentally plausible corpus. https://babylm.github.io/.

2장
신경망 언어 모델과 인간의 언어 처리 비교

1. 서론

신경망 언어 모델과 인간의 언어 처리 과정을 비교하는 것은 (심리/신경) 언어학과 인공지능 공학(AI engineering) 연구의 중요한 주제다. 이러한 비교 연구는 인간의 언어 처리 능력과 신경망 언어 모델의 언어 처리 기능을 보다 더 심층적으로 이해하고, 두 시스템의 강점과 약점을 식별하는 데 도움을 준다. 인간의 언어 처리 과정은 복잡한 인지적(cognitive), 생리적(physiological), 심리적(psychological) 메커니즘 혹은 시스템에 의해 이루어지며, 이는 우리가 언어를 이해하고 생성하는 데 중요한 역할을 한다. 반면, 신경망 언어 모델은 대규모 데이터셋(dataset, 혹은 학습/훈련 자료)을 기반으로 언어의 구조와 패턴을 학습하여 인간의 언어 처리 방식을 모사(simulate)하려고 한다.

인간의 언어 처리 과정은 주로 초기 아동기(early childhood)에 시작되며, 이는 주변 환경과의 상호작용을 통해 자연스럽게 이루어진다. 아동은 부모와의 대화, 책 읽기, 놀이 등 다양한 활동을 통해 언어를 습득하며, 이를 통해 사고를 표현하고 정보를 교환한다. 이 과정에서 중요한 것은 단어 인식(word recognition), 문장 이해(sentence comprehension), 의미 추론(semantic inference) 등이며, 이는 브로카(Broca's area)와 베르니케 영역(Wernike's area)과 같은 뇌의 특정 영역이 언어 처리에 중요한 역할을 한다는 언어 신경과학(neuroscience of language)적 연구 결과들과 밀접하게 관계한다. 예를 들어, 촘스키의 언어 습득 장치(language acquisition device, LAD) 이론은 인간이 선천적으로 언어를 배울 수 있는 능력을 가지고 태어난다고 주장하며, 이러한 능력은 모든 인간 언어의 기초가 되는 공통된 구조를 포함한다고 설명한다.

반면, 2010년대 후반에 개발된 신경망 언어 모델은 RNN(recurrent neural network), LSTM(long short-term memory), Transformer와 같은 구조를 사용하여 대규모 텍스트 데이터를 학습한다. 특히, Transformer 모델은 self-attention 메커니즘을 통해 문맥 정보를 효과적으로 처리하며, 이는 신경망 언어 모델이 텍스트를 생성하거나 이해하는 데 중요한 역할을 한다. 이러한 모델들은 언어 인지 과정을 부분적으로 모사(simulate)하지만, 여전히 인간의 복잡한 언어 처리 능력을 완벽히 재현(replicate)하는 데는 한계가 있다. 예를 들어, 신경망 언어 모델은 종종 학습 데이터의 편향성을 반영하여 부정확한 결과를 도출할 수 있으며, 감정 표현이나 문화적 맥락을 충분히 이해하지 못하는 문제를 겪는다.

이 장에서는 먼저 인간의 언어 처리 메커니즘을 다룬다. 인간은 언어를 습득할 때, 주변 환경과 상호작용하며 자연스럽게 언어를 배우고, 이를 통해 사고를 표현하고 정보를 교환한다. 이러한 언어 습득 과정은 주로 아동기에 이루어지며, 다양한 이론들이 이를 설명하고자 한다. 예를 들어, 촘스키(Noam Chomsky)의 언어 습득 장치 이론은 인간이 선천적으로 언어를 배울 수 있는 능력을 가지고 태어난다고 주장한다. 또한 브로카와 베르니케 영역과 같은 뇌의 특정 영역이 언어 처리에 중요한 역할을 한다는 신경과학적 연구 결과들도 있다.

다음으로 신경망 언어 모델의 언어 처리 메커니즘을 설명한다. 신경망 언어 모델은 주로 RNN, LSTM, Transformer와 같은 구조를 사용하며, 특히 Transformer 모델은 self-attention 메커니즘을 통해 문맥 정보를 효과적으로 처리한다. 이 모델들은 대규모 텍스트 데이터를 학습하여 언어의 구조와 패턴을 학습하며 내재화(internalize)하고, 이를 바탕으로 새로운 텍스트를 생성하거나 기존 텍스트를 이해하는 데 사용된다. 이러한 모델들은 언어 인지 과정을 부분적으로 모사하지만, 여전히 인간의 복잡한 언어 처리 능력을 완벽히 재현하는 데는 한계가 있다.

또한 이 비교를 통해 신경망 언어 모델의 한계를 파악하고 이를 극복하기 위한 개선 방안을 논의한다. 예를 들어, 신경망 언어 모델은 종종 학습 데이터의 편향성을 반영하여 부정확한 결과를 도출할 수 있다. 이러한 문제를 해결하기 위해, 다양한 문화적 배경과 상황을 포함하는 데이터셋을 구축하고, 신경망 언어 모델이 감정과 문화적 맥락을 더 잘 이해하도록 하는 연구가 필요하다. 또한 모델의 성능을 향상시키기 위해 새로운 알고리즘(algorithm)을 개발하고,[1] 다학제적 접근을 통해 다양한 학문 분야와의 협력을 강화해야 한다.

요약하면, 신경망 언어 모델과 인간의 언어 처리 과정을 비교하는 연구는 (심리/신경)언어학과 인공지능 공학 연구에서 매우 중요하며, 두 시스템의 차이점과 유사점을 탐구함으로써 언어 처리 기술(language processing technology)의 발전에 기여할 수 있다.[2] 이러

---

[1] 컴퓨터 알고리즘은 **특정 문제를 해결하거나 작업을 수행하기 위해 설계된 일련의 명확한 절차나 규칙의 집합**이다. 이러한 알고리즘은 입력 데이터를 받아서 처리하고, 그 결과를 출력으로 반환한다. 주로 프로그래밍 언어로 구현되며, 효율성과 정확성을 중시한다.

[2] 기술(technology)과 공학(engineering)은 밀접하게 관련되어 있지만, 그 초점과 접근 방식에서 차이가 있다. 기술은 **도구, 기계, 장치 및 시스템을 만들어 인간의 필요를 충족시키는 데 중점을 둔다**. 반

한 연구는 인간의 언어 처리 과정을 더욱 깊이 이해하는 데 계기가 되며, 신경망 언어 모델의 한계를 극복하기 위한 새로운 방향을 제시한다. 이를 통해 미래의 신경망 언어 모델이 더 정교하고 인간적인 언어 처리 능력을 갖출 수 있도록 하는 데 중요한 역할을 할 것이다.

2. 인간의 언어 처리 과정

2.1 언어 인지 과정

인간의 언어 습득(language acquisition)은 주로 아동기에 자연스럽게 이루어지며, 다양한 언어 습득 이론(theory of language acquisition)이 이를 설명한다. 언어 습득의 대표적인 이론 중 하나는 촘스키(Noam Chomsky)의 보편 문법(Universal Grammar, UG) 이론이다. 이 이론에 따르면, 인간은 태어날 때부터 언어 규칙을 내재화한 언어 능력(language faculty)을 가지고 있으며, 이러한 능력은 모든 인간 언어의 기초가 되는 공통된 구조를 포함한다. 촘스키는 이를 '언어 습득 장치(language acquisition device, LAD)'라고 부르며, 이는 인간이 언어를 빠르고 효율적으로 배울 수 있게 한다고 주장한다. 이 이론은 언어(language)—즉, 언어 규칙을 내재화한 언어 능력—가 인간의 뇌에 선천적으로 내재되어 있으며, 환경적 요인에 의해 활성화된다고 설명한다. 또한 보편 문법 이론(UG theory)은 언어가 가지는 보편적 특징과 규칙을 강조하며, 이러한 규칙들이 다양한 언어에서 어떻게 나타나는지를 분석한다.

아동은 언어를 배우는 과정에서 부모와의 상호작용, 책 읽기, 그리고 주변 환경에서 들은 말을 통해 언어를 습득한다. 이러한 상호작용은 언어 입력(language input)으로 작

면에 공학은 **과학적 원리와 수학을 적용하여 문제를 해결하고 새로운 시스템과 구조를 설계하는 학문**이다. 기술은 공학적 발견과 설계를 활용하여 실용적인 응용 프로그램을 개발하는 반면, 공학은 이러한 응용 프로그램을 가능하게 하는 이론적 기초를 제공한다. 따라서 공학은 기술 발전의 기초가 되는 반면, 기술은 공학적 원리를 활용하여 실제 문제를 해결하고 인간 생활을 향상시킨다.

용하여, 아동이 다양한 언어 패턴과 규칙을 이해하고 내재화하는 데 도움을 준다.[3] 특히, 아동은 반복적인 언어 노출을 통해 단어의 발음, 의미, 사용 맥락(usage context) 등을 학습하며, 이는 언어 능력의 발달에 중요한 역할을 한다. 부모와의 대화, 놀이(play), 이야기 읽기 등의 활동은 아동이 언어를 배우는 중요한 환경적 요인이다. 이 과정에서 아동은 언어의 다양한 사용 맥락을 경험하며, 이를 통해 언어의 기능(function)과 의미(meaning)를 이해하게 된다. 예를 들어, 아동이 부모와 함께 동화책을 읽을 때, 그림과 함께 제공되는 언어 입력을 통해 단어의 의미를 배우고, 이를 실제 생활에서 적용할 수 있게 된다.

언어 처리 과정에서 중요한 단계는 단어 인식(word recognition), 문장 이해(sentence comprehension), 의미 추론(semantic inference)이다. 단어 인식은 소리와 문자를 단어로 변환하는 과정으로, 이는 청각적 입력을 통해 이루어진다. 예를 들어, 아동이 '사과'라는 단어를 들으면, 이를 소리와 의미로 연결하여 인식하게 된다. 단어 인식은 단순히 소리를 인식하는 것에서 나아가, 단어의 철자와 발음, 그리고 그 의미를 연결하는 복잡한 과정을 포함한다. 이는 아동이 단어를 정확하게 이해하고 사용할 수 있게 하는 중요한 단계이다. 단어 인식 능력은 초기 언어 습득 과정에서 매우 중요하며, 이는 아동이 새로운 단어를 배우고, 이를 일상 생활에서 사용할 수 있게 한다.

문장 이해는 이러한 단어들을 문법적 구조와 문맥을 바탕으로 의미를 해석하는 과정이다. 예를 들어, '사과를 먹었다'라는 문장을 들으면, 아동은 '사과'가 직접 목적어(direct object)이고, '먹었다'가 동사(verb)임을 이해하게 된다. 문장 이해는 단어들이 문장 내에서 어떤 역할(grammatical function)을 하는지를 파악하고, 이를 통해 전체 문장의 의미를 구성하는 과정이다. 이는 문법적 규칙을 이해하고, 이를 적용하여 문장의 의미를 정확하게 파악하는 능력을 요구한다. 문장 이해 능력은 아동이 복잡한 문장을 처리하고, 이를 통해 다양한 의미를 추론할 수 있게 하는 중요한 과정이다.

또한 의미 추론은 주어진 문맥에서 단어와 문장의 의미를 파악하여 전체적인 의미를

---

[3] 사람이 "이해"한다는 것은 **언어적 맥락과 배경 지식을 바탕으로 의미를 해석하고, 경험과 상호작용을 통해 학습된 심리적·인지적 과정을 포함**한다. 반면, 신경망 언어 모델이 "이해"한다는 것은 **통계적 패턴을 통해 입력 데이터를 처리하고, 문맥을 반영한 가중치(weight)를 할당하는 계산적 프로세스를 의미**한다. 인간의 이해는 의미와 경험에 근거한 복합적 과정인 반면, 모델의 이해는 기계적이고 데이터 기반이다.

이해하는 과정이다. 이는 단어와 문장이 단순히 나열된 것이 아니라, 서로 의미적으로 연결되어 있음을 이해하고, 이를 통해 전체 문맥을 파악하는 능력을 포함한다. 예를 들어, '사과를 먹었다'라는 문장을 통해, 아동은 '사과'가 먹는 대상(patient/theme)임을 추론하고, '먹었다'가 행동(action)을 나타내는 동사임을 이해하게 된다. 의미 추론은 단어와 문장의 의미를 종합하여 전체적인 맥락을 이해하는 중요한 과정이다. 이 과정에서 아동은 단어와 문장의 의미적 관계를 이해하고, 이를 통해 문맥(context)을 파악하며, 이는 복잡한 언어적 과제를 수행하는 데 중요한 역할을 한다.

이러한 언어 인지 과정(language cognition process)은 인간이 언어를 이해하고 사용하는 데 중요한 역할을 하며, 이를 통해 인간은 복잡한 언어적 과제를 수행할 수 있게 된다. 아동기의 언어 습득 과정은 이러한 인지 과정을 통해 이루어지며, 이는 인간이 언어를 빠르고 효율적으로 습득할 수 있게 한다. 인간의 언어 처리 과정은 매우 복잡하고 다면적이며, 이러한 과정을 이해하는 것은 언어학과 인지과학 연구에서 중요한 주제이다.

2.2 뇌의 언어 처리 메커니즘

뇌의 언어 처리 메커니즘은 주로 브로카 영역(Broca's area)과 베르니케 영역(Wernicke's area)으로 나눌 수 있다. 브로카 영역은 언어 생성(generation)과 발음(pronunciation)에 중요한 역할을 하며, 이 영역이 손상되었을 때 브로카 실어증(Broca's aphasia)이 발생하여 유창한 언어 생산(language production)이 어려워진다. 베르니케 영역은 언어 이해와 관련이 있으며, 이 영역이 손상되었을 때 베르니케 실어증(Wernicke's aphasia)이 발생하여 유창하지만 의미 없는 언어를 생산하게 된다. 이러한 뇌의 언어 처리 영역들은 언어 생성과 이해(comprehension) 과정에서 필수적인 역할을 한다. 브로카 영역은 좌측 전두엽(left frontal gyrus)에 위치하며, 언어 생성, 발음 조절(articulation control), 문법 처리 등을 담당한다. 반면, 베르니케 영역은 좌측 측두엽(left temporal gyrus)에 위치하며, 단어의 의미를 처리하고 언어 이해를 담당한다. 이 두 영역은 언어 처리 네트워크(language processing network)의 핵심 요소로서, 상호작용하며 언어를 생성하고 이해하는 데 중요한 역할을 한다. 그림 1

기능적 자기공명영상(functional magnetic resonance imaging, f-MRI)은 뇌의 혈류 변화(blood flow change)—혹은 혈중 산소 농도 의존성(blood oxygen level-dependent, BOLD)을 측정하

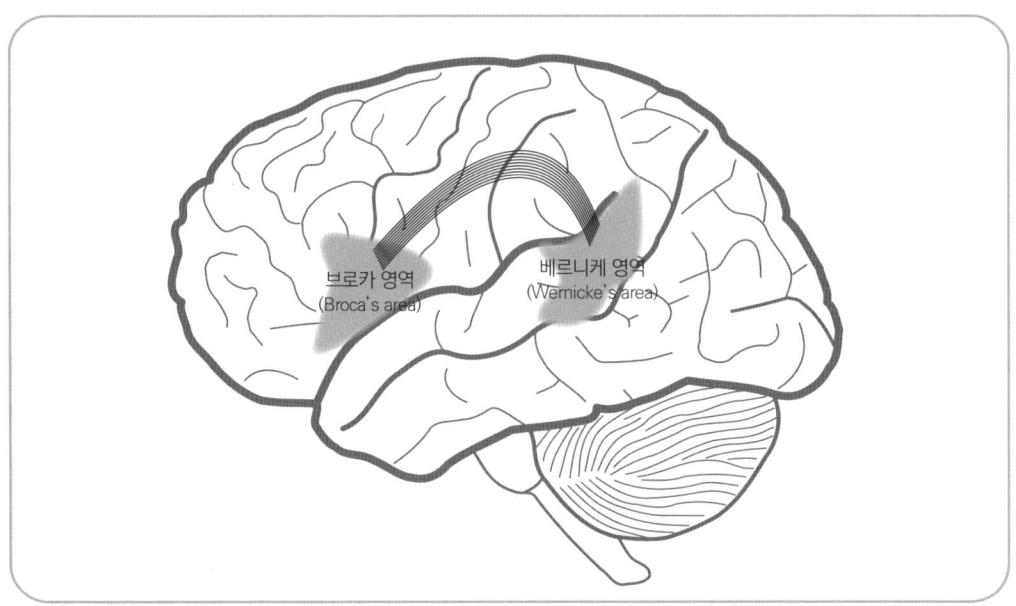

그림 1 이 그림은 인간 뇌에서 언어 처리를 담당하는 두 영역인 브로카 영역(Broca's area)과 베르니케 영역(Wernicke's area)을 보여준다. 두 영역 간은 서로 연결되어 있으며, 이는 언어 생산과 이해 과정에서 중요한 역할을 한다.

여 뇌의 활성화된 영역을 시각화하는 데 사용된다. 이를 통해 연구자들은 언어 과제를 수행하는 동안 브로카 영역과 베르니케 영역이 어떻게 활성화되는지를 관찰할 수 있다. fMRI는 뇌 활동의 공간적 해상도(spatial resolution)가 높아, 특정 언어 과제를 수행할 때 활성화되는 뇌 영역을 정확하게 식별할 수 있다.[4] 예를 들어, 피험자가 단어를 생성하거나 문장을 이해할 때 브로카 영역과 베르니케 영역이 활발하게 활성화되는 것을 확인할 수 있다. 이로써 연구자들은 언어 생성(production)과 이해(comprehension) 과정에서 뇌의 어떤 부분이 중요한 역할을 하는지, 그리고 이들 영역이 어떻게 협력하는지를 이해할 수 있다. fMRI 연구는 언어 처리 메커니즘의 공간적 특성을 밝히는 데 중요한 역할을 하며, 언어 장애(language disorder)의 원인과 치료법을 개발하는 데 기여한다. **그림 2** **그림 3**

---

4) 해상도(resolution)는 이미지를 구성하는 단위 정보의 밀도(density)를 의미하며, 더 높은 해상도는 더 많은 세부 정보를 포함한다. 공간적 해상도(spatial resolution)는 특정 영역의 세부 사항을 얼마나 잘 구분할 수 있는지를 나타내며, fMRI에서 높은 공간적 해상도는 뇌의 세밀한 구조와 활동을 정확하게 식별할 수 있게 한다.

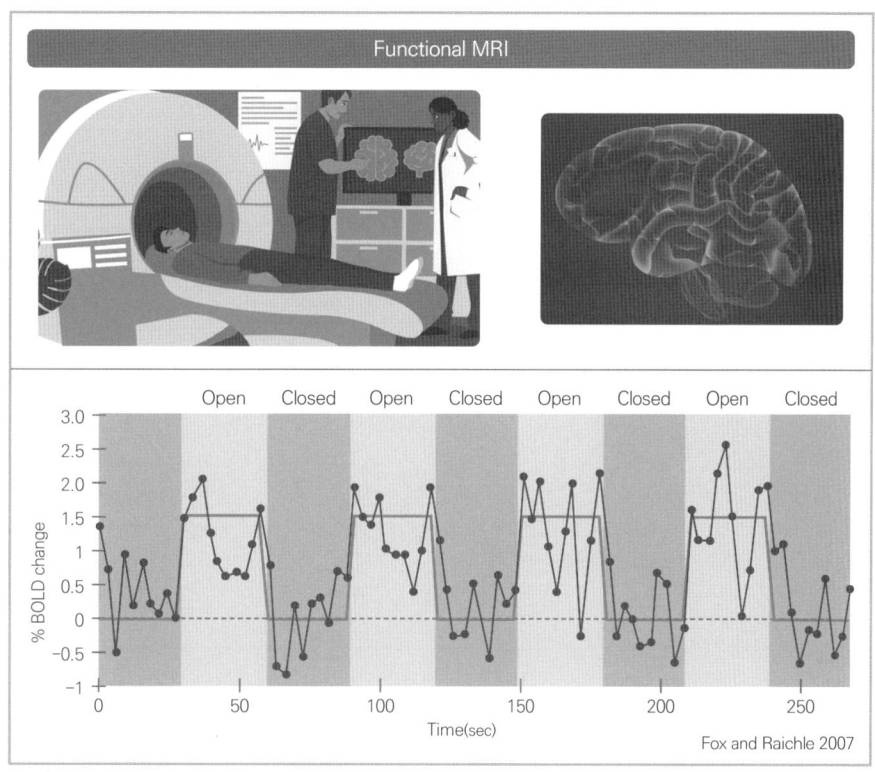

그림 2 이 그림은 기능적 자기 공명 영상(fMRI)이 뇌 활동을 측정하는 방식을 보여준다. 아래의 그래프는 눈을 뜨고 감는(open, closed) 동안 뇌의 혈류 변화(BOLD signal)를 시간에 따라 시각화한 것이다.

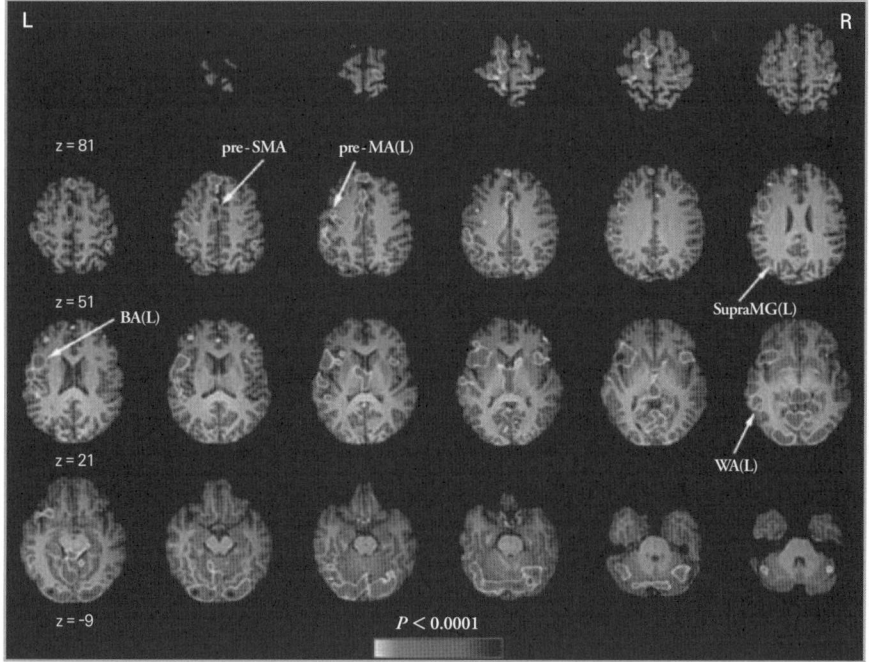

그림 3 이 그림은 fMRI를 통해 측정된 뇌 활동을 여러 단면에서 시각화한 것이다. 주황색과 빨간색 영역은 특정 활동 중 활성화된 뇌 부위를 나타내며, 이는 뇌의 다양한 기능적 영역을 강조하고 있다.

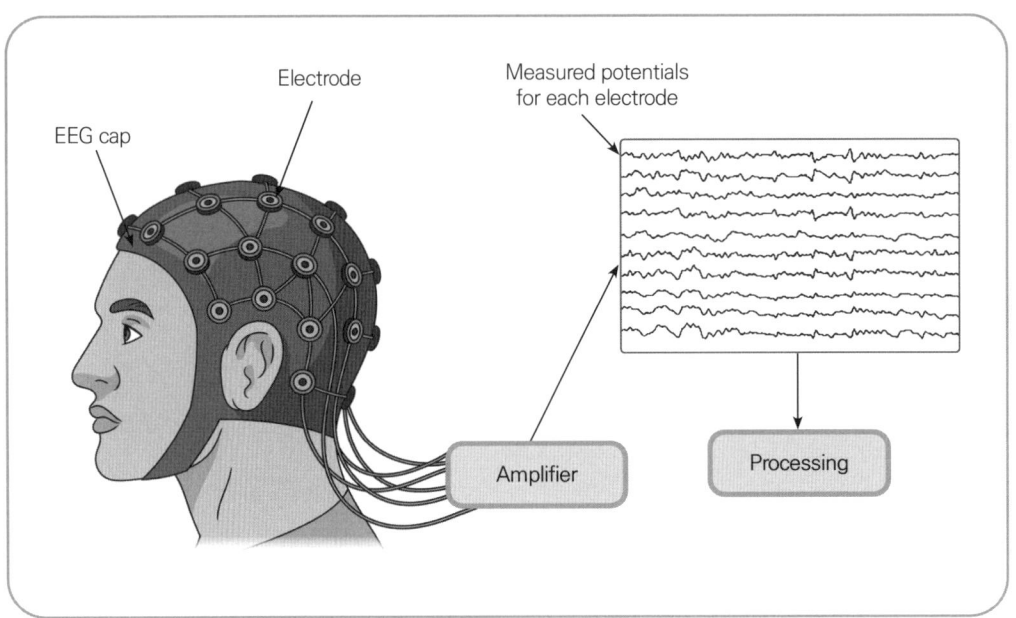

그림 4 이 그림은 EEG(뇌파검사)가 뇌의 전기적 활동을 측정하는 방법을 보여준다. EEG 캡에 부착된 전극이 두피의 전기적 신호를 감지하여 증폭기(amplifier)로 전송하고, 증폭된 신호는 컴퓨터에서 처리(processing)된다. 각 전극에서 측정된 전위(potential)가 그래프로 표시되어 뇌의 활동 패턴을 분석할 수 있다.

    뇌파검사(electro-encephalography, EEG)는 뇌의 전기적 활동(electrical activity)을 측정하는 방법으로, 시간적 해상도(temporal resolution)가 높아 뇌의 언어 처리 과정을 실시간으로 관찰할 수 있다.[5] 이를 통해 연구자들은 언어 자극에 대한 뇌의 즉각적인 반응을 분석하고, 단어 인식, 문장 이해, 의미 추론 등의 언어 처리 단계에서 발생하는 뇌의 활동을 연구할 수 있다. EEG는 뇌의 전기적 신호를 측정하여 시간에 따른 뇌의 반응을 기록하며, 뇌 활동의 시간적 특성을 분석하는 데 유용하다. 예를 들어, 단어 인식 과정에서 특정 전위 변화(electric potential change)를 통해 뇌가 단어를 인식하는 시점을 파악할 수 있다. 이는 언어 처리의 시간적 흐름과 각 단계에서 뇌가 어떻게 반응하는지를 이해하는 데 도움을 준다. EEG 연구는 언어 처리의 시간적 특성을 밝히고, 언어 인지 과정의 세부적인 메커니즘을 이해하는 데 중요한 정보를 제공한다. **그림 4**

---

5) 시간적 해상도(temporal resolution)는 특정 현상이나 과정의 변화를 시간에 따라 얼마나 세밀하게 측정할 수 있는지를 나타내며, EEG는 이러한 시간적 해상도가 높아 뇌 활동을 실시간으로 관찰할 수 있다.

fMRI와 EEG를 결합한 연구는 뇌의 언어 처리 메커니즘을 더 종합적으로 이해하는 데 큰 도움이 된다. fMRI의 높은 공간적 해상도와 EEG의 높은 시간적 해상도를 결합하면, 언어 처리 과정의 공간적, 시간적 특성을 동시에 분석할 수 있다. 예를 들어, 단어를 듣고 이해하는 과정에서 브로카 영역과 베르니케 영역의 활성화 패턴을 fMRI로 관찰하고, EEG를 통해 그 과정의 시간적 흐름을 분석할 수 있다. 이는 뇌의 특정 영역이 언제, 어떻게 활성화되는지를 정확히 파악할 수 있게 하며, 언어 처리 과정의 복잡한 메커니즘을 밝히는 데 중요한 단서를 제공한다. 이러한 연구 결과는 인간의 언어 처리 메커니즘을 이해하는 데 중요한 단서를 제공하며, 언어 장애의 진단과 치료에도 활용될 수 있다.

뇌의 언어 처리 메커니즘에 대한 이해는 언어 인지과학(cognitive science), 신경과학(neuroscience), 심리학(psychology) 등 다양한 학문 분야에서 중요한 연구 주제이다. 이러한 연구들은 인간의 언어 처리 과정을 보다 깊이 이해하고, 이를 통해 언어 학습, 언어 치료(language-related medical treatment), 인공지능 신경망 언어 모델 개발 등 다양한 응용 분야에 기여할 수 있다. 예를 들어, 언어 장애를 가진 사람들의 치료법(therapy/treatment)을 개발하거나, 보다 자연스러운 인간-컴퓨터 상호작용(human-computer interaction, HCI)을 위한 인공지능 언어 모델을 설계하는 데 이러한 연구 결과가 중요한 기초 자료가 될 수 있다. 언어 처리 메커니즘의 이해는 또한 교육 분야에서도 중요한 역할을 하여, 언어 교육 프로그램을 설계하고 언어 학습의 효과를 높이는 데 기여할 수 있다.

브로카 영역과 베르니케 영역의 상호작용, fMRI와 EEG를 통한 실험적 접근, 그리고 이러한 연구 결과의 응용은 뇌의 언어 처리 메커니즘을 이해하는 데 핵심적인 역할을 하며, 인간의 언어 능력을 향상시키고 다양한 언어 관련 문제를 해결하는 데 기여한다.

> Grodzinsky and Friederici(2005)의 "Neuroimaging of Syntax and Syntactic processing" 논문은 신경영상(neuro-imaging) 기법을 활용하여 인간의 통사 처리 과정을 연구한 내용을 다루고 있다. 이 연구는 언어가 뇌에서 처리되는 방식을 새롭게 이해하고자 하는 시도를 반영하며, 전통적인 브로카 영역과 베르니케 영역 이외에도 통사 처리가 뇌의 여러 다른 영역에서 이루어진다는 것을 보여준다. 특히, 최근의 연구는 통사 지식과 이를 구현하는 메커니즘이 뇌의 다양한 부위에 분포되어 있음을 밝히고 있다. 브로카 실어증 환자들의 연구를 통해, 통사적 이동(MOVE-XP)은 좌측 전두엽 하부(left inferior frontal gyrus)와 양측 상측두엽(bilateral

superior temporal gyri)이 활성화된다는 것을 발견했다. 반면, 동사 이동(MOVE-V)은 좌측 상부 전두엽(left superior frontal gyrus)이 활성화된다. 또한 재귀사(reflexive)의 결속(BIND) 관계는 좌측 전두엽(left frontal gyrus)과 상측두엽(superior temporal gyri)이 아닌 좌측 중간 전두엽(left middle frontal gyrus)과 우측 전두엽(right frontal lobe)에 의해 처리된다. 이러한 연구는 통사 처리가 뇌의 여러 영역에서 이루어진다는 점을 시사한다. 뇌파 검사(EEG)와 기능적 자기공명영상(fMRI)을 통해, 문장의 구조적 위반(syntactic violation)을 처리하는 동안 좌측 전두엽 하부와 전측 상측두엽(anterior superior temporal gyrus)이 활성화된다는 것을 확인했다. 이는 뇌가 문장의 국소적 구문 구조를 실시간으로 구축하고 있다는 증거이다. 특히, 비정형(ill-formed) 문장을 처리할 때 좌측 전두엽 하부 영역이 더욱 활성화되며, 이는 문장의 기본 구조를 재구성하는 작업이 필요함을 나타낸다. 요약하면, 이 연구는 신경망 언어 모델이 인간의 통사적 처리 메커니즘을 모델링하고 시뮬레이션하는 데 있어 중요한 통찰을 제공한다. 이러한 연구는 언어 장애의 진단과 치료, 언어 학습 및 교육 방법의 개발, 인공지능 언어 모델의 개선 등 다양한 응용 분야에 기여할 수 있다. 그림 5

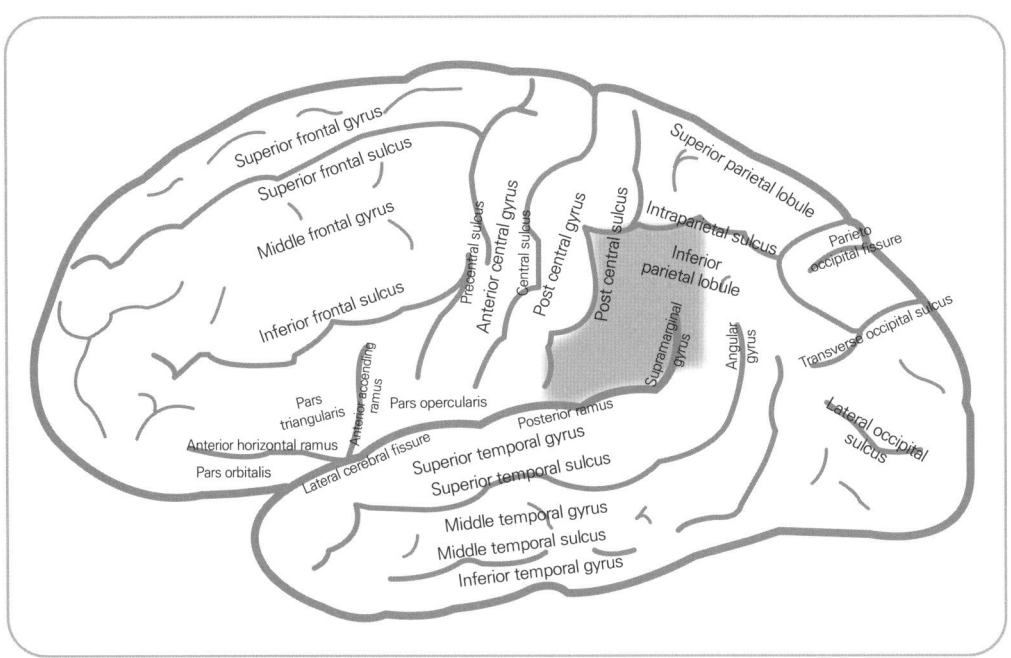

그림 5 이 그림은 뇌의 측면을 보여주며, 다양한 영역의 명칭을 표시하고 있다. 그림에서 회색으로 강조된 부분은 하부 두정엽(inferior parietal lobule)으로, 이 영역은 감각 정보 통합과 관련된 중요한 역할을 한다. 뇌의 각 부분은 다양한 인지 및 신체 기능을 담당하고 있으며, 이 그림은 이러한 부분들의 위치와 이름을 시각적으로 나타낸다.

3. 신경망 언어 모델의 언어 처리 메커니즘

3.1 신경망 언어 모델 아키텍처

신경망 언어 모델은 다양한 구조를 가지고 있으며, 대표적으로 RNN, LSTM, 그리고 Transformer 모델이 있다.[6] 순환 신경망(recurrent neural network, RNN)은 순차적으로(sequentially) 데이터를 처리하는 구조를 가지며, 시간에 따른 데이터 의존성(temporal data dependencies)을 다룬다. 이 모델은 이전 입력을 기억하고, 이를 기반으로 현재 입력을 처리하는 방식으로 작동한다. 그러나 RNN은 장기 의존성 문제(long-term dependency)를 겪으며, 긴 문장이나 문맥을 처리하는 데 한계가 있다. 이 문제를 해결하기 위해 등장한 모델이 장단기 메모리(long short-term memory, LSTM)이다. **그림 6**

LSTM은 RNN의 단점을 보완한 구조로, 장기 의존성을 더 효과적으로 처리할 수 있다. LSTM은 셀 상태(cell state)를 통해 정보의 흐름을 제어하며, 망각 게이트(forget gate), 입력 게이트(input gate), 출력 게이트(output gate)라는 세 가지 게이트를 사용하여 정보를 추가하거나 제거하는 방식으로 작동한다. 이를 통해 LSTM은 긴 문맥에서도 중요한 정보를 유지하고, 필요 없는 정보를 제거하여 더 효율적으로 작동할 수 있다. 그러나 LSTM도 여전히 순차적 처리(serial processing)를 기반으로 하므로 병렬 처리(parallel processing)가 어렵다는 단점이 있다.

Transformer 모델은 이러한 한계를 극복한 모델로, self-attention 메커니즘을 사용하여 문장 내 모든 단어 간의 관계를 동시에 고려할 수 있다. 이 메커니즘은 각 단어가 문장의 다른 모든 단어들과 어떻게 관련되는지를 계산하여, 더 정확한 문맥 이해(contextual understanding)를 가능하게 한다.[7] 예를 들어, 문장 "The cat sat on the mat"에서 "cat"과 "sat"

---

6) 신경망 언어 모델에서 아키텍처(architecture)와 알고리즘(algorithm)은 서로 다른 개념이다. 아키텍처는 모델의 구조와 설계를 의미하며, **학습/훈련 데이터가 모델을 통해 흐르는 방식**을 결정한다. 예를 들어, RNN, LSTM, Transformer와 같은 다양한 신경망 구조가 아키텍처에 해당한다. 반면, 알고리즘은 **이 아키텍처를 학습시키고 최적화하는 방법**이다. 알고리즘에는 모델의 가중치를 조정하는 방법인 역전파(backpropagation)와 최적화 기법인 경사 하강법(gradient descent) 등이 포함된다. 즉, 아키텍처는 모델의 틀을 제공하고, 알고리즘은 이 틀을 학습시켜 실제로 동작하게 한다.

7) 신경망 언어 모델의 "문맥적 이해"는 각 단어에 문맥을 반영한 가중치(weight)를 할당하는 계산적 프로세스를 의미한다. 이를 통해 모델은 단어 간의 상호작용을 분석하고, 문장 전체의 의미를 정

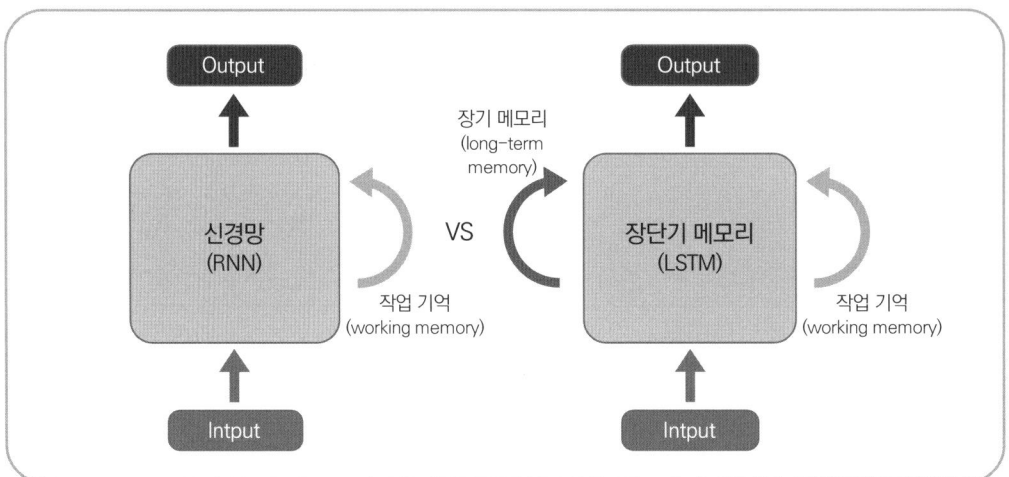

그림 6 이 그림은 순환 신경망(RNN)과 장단기 메모리(LSTM) 네트워크의 차이를 보여준다. RNN은 입력을 받아 순차적으로 처리하고 출력과 작업 기억(working memory)을 생성하는 반면, LSTM은 장기 메모리(long-term memory)와 작업 기억을 함께 사용하여 더 복잡한 패턴을 학습할 수 있다. LSTM은 RNN보다 긴 시퀀스(sequence) 문장의 단어들을 더 효과적으로 처리할 수 있는 장점이 있다.

의 관계를 명확히 이해하고, "on the mat"이 문장 전체의 문맥에 어떻게 기여하는지를 파악할 수 있다. Transformer 모델은 이러한 self-attention 메커니즘을 통해 병렬 처리가 가능하며, 긴 문장에서도 효율적으로 작동할 수 있다. 이는 모델이 복잡한 문맥을 이해하고, 정확한 텍스트 생성을 가능하게 한다.

> 신경망 언어 모델의 언어 처리를 가능하게 하는 주요 요소는 아키텍처(architecture), 알고리즘(algorithm), 데이터(data)이다. 아키텍처는 RNN, LSTM, Transformer 등과 같이 모델의 구조를 정의하며, 데이터가 어떻게 처리되고 학습되는지를 결정한다. 알고리즘은 모델을 학습시키고 최적화(optimization)하는 방법으로, 주로 경사 하강법(stochastic gradient descent)과 역전파(back-propagation)가 사용되어 모델의 가중치(weight)를 조정한다. 데이터는 모델이 학습하는 데 사용되는 텍스트 데이터셋(dataset)으로, 데이터의 품질과 양이 모델의 성능에 큰 영향을 미친다. 이 세 요소는 함께 작용하여 신경망 언어 모델이 효과적으로 언어를 처리하고 이해할 수 있게 한다.

확히 파악한다. 이러한 가중치 할당은 단어의 중요성과 관계를 동시다발적으로 평가하여, 더 정교한 언어 이해를 가능하게 한다.

3.2 모델 학습 과정

신경망 언어 모델은 대규모 데이터셋을 통해 학습한다.[8] 데이터 기반 학습(data-driven learning)은 신경망 언어 모델이 텍스트 데이터를 통해 언어의 패턴과 규칙을 학습하는 과정이다.[9] 이 과정에서 모델은 방대한 양의 텍스트 데이터를 분석하여, 단어의 의미, 문법 구조, 문장 구성 방식 등을 학습하게 된다. 예를 들어, 뉴스 기사, 소설, 논문 등 다양한 출처의 텍스트 데이터를 사용하여 신경망 언어 모델이 언어의 다양한 사용 방식을 이해할 수 있도록 한다.

비지도 학습은 레이블(label)―이는 데이터에 대해 사람이 부여한 정답 또는 설명임―이 없는 데이터를 사용하여 신경망 언어 모델이 스스로 패턴(pattern)을 발견하도록 하는 학습 방식이다. 이 방식은 인간이 언어를 배울 때 명시적인 교육 없이도 많은

---

[8] 신경망 언어 모델에서 "학습(learning)"은 모델이 주어진 훈련 데이터셋을 기반으로 **패턴과 규칙을 익히는 과정**이다. 이를 통해 모델은 입력과 출력 간의 관계를 학습하며, 특정 작업을 수행할 수 있는 능력을 갖춘다. 반면, "일반화(generalization)"는 모델이 **학습한 지식을 새로운 데이터셋에 적용하여 정확하게 예측하고 처리하는 능력**을 의미한다. 즉, 학습은 **훈련 데이터에 대한 모델의 적합성(fitting/fit)을 높이는 과정**이고, 일반화는 모델이 훈련 데이터 외의 **새로운 데이터에서도 성능을 유지하는 능력**을 나타낸다. 신경망 언어 모델에서 학습과 일반화는, 모델이 훈련 데이터에서 패턴과 규칙을 익히고 이를 새로운 데이터에 적용하여 일관된 성능을 유지할 수 있도록 상호작용한다.

[9] 신경망 언어 모델의 학습 기법은 주로 대규모 데이터셋을 이용하여 모델이 텍스트의 패턴과 구조를 학습하는 과정을 포함한다. 모델은 입력 데이터와 해당 출력 데이터 간의 관계를 이해하고 이를 통해 예측 능력을 향상시킨다. 이 과정에서 교차 엔트로피 손실 함수(cross-entropy loss function)와 같은 손실 함수를 사용하여 예측 오류를 최소화하며, 경사 하강법(gradient descent)을 통해 모델 파라미터를 최적화(optimization)한다. 또한, 배치 정규화(batch normalization)와 드롭아웃(dropout) 같은 정규화 기법을 통해 과적합(over-fitting)을 방지한다.

반면, 신경망 언어 모델의 일반화 기법은 학습된 모델이 새로운 데이터에 대해 잘 예측할 수 있도록 하는데 초점을 맞춘다. 이를 위해 교차 검증(cross-validation)과 조기 종료(early stopping) 기법을 사용하여 모델의 과적합을 방지하고, 데이터 증강을 통해 훈련 데이터의 다양성을 높인다. 또한, 가중치 감소와 드롭아웃을 통해 모델이 학습 데이터에 너무 의존하지 않도록 한다. 이러한 일반화 기법들은 모델이 실제 환경에서 더 좋은 성능을 발휘할 수 있도록 도와준다.

신경망 언어 모델의 학습 기법과 일반화 기법은 상호보완적으로 작용하여 모델의 성능을 최적화한다. 학습 기법은 모델이 텍스트의 패턴과 구조를 정확하게 학습하도록 도와주며, 일반화 기법은 이 학습된 지식을 새로운 데이터에 적용하여 예측 성능을 유지하도록 한다. 이 과정에서 정규화 기법과 검증 기법이 함께 작용하여 모델의 과적합을 방지하고, 다양한 데이터 상황에서 일관된 성능을 발휘할 수 있도록 한다.

단어와 문법을 학습하는 과정과 유사하다. 예를 들어, 모델이 수많은 텍스트 데이터를 분석하여 단어 간의 연관성, 문맥에서의 의미 변화를 스스로 파악하도록 하는 것이다. 비지도 학습은 특히 새로운 언어 패턴을 발견하고, 언어의 다양한 사용 방식을 학습하는 데 유용하다.

지도 학습은 레이블이 있는 데이터를 사용하여 모델이 특정 작업을 수행하도록 학습시키는 방식이다. 예를 들어, 문장에 대한 긍정/부정 레이블이 있는 데이터셋을 사용하여 모델이 문장의 감정(sentiment)을 분석하고 예측하도록 학습시킬 수 있다. 지도 학습은 모델이 특정 작업을 정확하게 수행하는 데 필요한 명확한 기준을 제공하며, 이로 인해 모델의 성능을 높이는 데 큰 역할을 한다. 예를 들어, 챗봇(chatbot) 응용에서는 사용자 질문에 대한 적절한 응답을 생성하기 위해 지도 학습을 활용할 수 있다.

각각의 학습 방식은 특정 상황에서 적용될 수 있으며, 신경망 언어 모델의 성능을 향상시키는 데 기여한다. 비지도 학습과 지도 학습의 조합은 신경망 언어 모델이 언어의 복잡한 구조를 이해하고, 다양한 언어적 작업을 수행하는 데 필요한 능력을 개발하는 데 매우 유용하다. 예를 들어, 비지도 학습을 통해 모델이 기본적인 언어 패턴을 학습한 후, 지도 학습을 통해 특정 작업에 대한 정확도를 높이는 방식으로 학습을 진행할 수 있다. 이러한 학습 과정은 신경망 언어 모델이 다양한 언어적 과제(language task)를 효과적으로 수행할 수 있도록 한다.

3.3 신경망 언어 모델 성능 평가

신경망 언어 모델의 성능 평가(performance evaluation)는 인공지능 기술(AI technology)의 발전과 함께 그 중요성이 날로 증가하고 있다. 신경망 언어 모델은 인간 언어를 이해하고 생성하는 능력을 가진 모델로, 번역, 텍스트 생성, 대화형 에이전트(conversational agent) 등 다양한 응용 분야에서 활용된다. 이러한 신경망 언어 모델의 평가는 모델의 성능을 객관적으로 측정하고 개선하는 데 필수적이다. 다음에서 신경망 언어 모델 평가의 주요 기준과 방법, 그리고 윤리적 고려 사항에 대해 논의한다.

신경망 언어 모델 평가의 주요 목적은 모델의 정확도(accuracy)와 신뢰성(reliability)을 높이고, 다양한 응용 분야에서의 유용성(usefulness)을 극대화하는 것이다. 이를 위해 신경망 언어 모델이 생성하는 텍스트의 정확성, 유창성, 일관성, 창의성 등을 평가한다.

또한 편향성(bias)과 공정성을 고려하여 신경망 언어 모델이 사회적 윤리 기준에 부합하도록 한다. 이러한 평가는 기술의 발전뿐만 아니라, 실제 응용에서의 안전성과 신뢰성을 확보하는 데 기여한다.

● **주요 평가 기준**

- 정확성(accuracy): 정확성은 신경망 언어 모델이 예측하거나 생성하는 텍스트의 올바름을 측정하는 기준이다. 예를 들어, 번역 작업에서는 신경망 언어 모델의 출력이 참조 번역(reference translation)과 얼마나 일치하는지 평가한다. 정확성은 신경망 언어 모델의 신뢰성(reliability)을 평가하는 중요한 지표로 작용한다.
- 유창성(fluency): 유창성은 생성된 텍스트의 문법적, 구문적 품질을 평가한다. 유창한 텍스트는 자연스럽게 읽히며 목표 언어의 규칙을 잘 따른다. 이는 사용자가 신경망 언어 모델의 출력을 이해하고 자연스럽게 받아들일 수 있도록 하는 데 필수적이다.
- 일관성(consistency): 일관성은 생성된 텍스트가 논리적 일관성을 유지하고 맥락에 적절한지를 평가한다. 대화형 에이전트의 경우, 일관성 있는 응답은 대화의 흐름을 유지하고 이전 대화 내용을 고려하여 의미를 가지게 한다.
- 창의성(creativity): 창의성은 신경망 언어 모델이 독창적이고 상상력이 풍부한 콘텐츠를 생성하는 능력을 평가한다. 이는 특히 창작 글쓰기(creative writing)나 새로운 해결책을 제시하는 작업에서 중요하다. 창의성은 신경망 언어 모델의 응용 범위를 넓히는 데 기여한다.
- 편향성(bias) 및 공정성(fairness): 신경망 언어 모델은 학습 데이터에서 편향성을 상속받을 수 있다. 따라서 신경망 언어 모델의 출력이 특정 그룹을 불공평하게 편향하거나 차별하지 않는지를 평가하고, 이를 완화하기 위한 방법을 적용하는 것이 중요하다. 공정성은 신경망 언어 모델이 사회적 윤리 기준을 준수하도록 하는 데 중대한 역할을 한다.
- 강건성(robustness): 강건성은 신경망 언어 모델이 다양한 입력(input)과 잠재적으로 잡음(noise)이 섞인 입력을 얼마나 잘 처리하는지를 평가한다. 이는 오타(typo), 속어(slang), 다양한 언어 스타일(style)을 효과적으로 관리하는 신경망 언어 모델을 개발하는 데 중요하다.

● 평가 방법

벤치마크(benchmark) 데이터셋: General Language Understanding Evaluation(GLUE)과 같은 표준화된 데이터셋은 다양한 언어 이해 작업을 포함하여 신경망 언어 모델의 성능을 평가한다.[10] 이러한 데이터셋은 신경망 언어 모델이 다양한 작업에서 어떻게 성과를 내는지 객관적으로 측정한다.

- 인간 평가: 유창성, 일관성, 창의성 등을 평가하기 위해 인간 심사위원이 사용된다. 인간 평가는 주관적 판단이 필요한 작업에서 신경망 언어 모델의 출력을 심층적으로 분석하는 데 필수적이다.
- 자동화된 메트릭(metric): BLEU, ROUGE, Perplexity와 같은 자동화된 메트릭은 신경망 언어 모델의 성능을 정량적으로 평가한다. 예를 들어, BLEU 점수는 신경망 번역 모델의 출력을 참조 번역과 비교하여 평가하는 데 널리 사용된다.

● 윤리적 고려 사항

신경망 언어 모델을 평가할 때는 윤리적 함의도 중요하다. 신경망 언어 모델이 사회적 편향을 강화하지 않도록 주의 깊게 모니터링하고 관리해야 한다. 윤리적 고려 사항에는 모델이 해로운 고정 관념을 퍼뜨리지 않도록 보장하고, 그 응용이 프라이버시와 동의 규범(consent norms)을 존중하는 것이 포함된다.

요약하면, 신경망 언어 모델의 평가를 이해하는 것은 AI 기술과 실제 응용의 영향을 비판적으로 분석할 수 있는 능력을 제공한다. 이러한 평가 기준과 방법을 통해 AI 기반 언어 기술의 책임 있는 개발과 배포(distribution)에 대한 논의에 사려 깊게 기여할 수 있다. 이는 사회에 미치는 AI의 언어적, 윤리적, 사회적 영향을 고려하면서 지적으로 성장하고 참여할 수 있는 기회를 제공한다.

---

10) GLUE는 자연어 이해(NLU) 능력을 평가하기 위한 벤치마크로, 다양한 언어적 과제들을 통해 AI 신경망 언어 모델의 성능을 측정한다. 물론 고등학생들의 학업 준비도를 평가하기 위한 표준화된 시험으로, 비판적 읽기, 수학, 작문 및 언어 능력을 평가하는 학업 능력 시험(Scholastic Aptitude Test, SAT)와 비교된다. GLUE는 AI 신경망 언어 모델을 대상으로 하고, SAT는 (인간) 학생을 대상으로 한다는 점에서 차이가 있다.

4. 인간 언어 처리와 신경망 모델의 비교

4.1 언어 습득과 학습

인간의 언어 습득은 어린 시절부터 자연스럽게 시작된다. 어린아이는 부모와 주변 사람들의 말을 듣고 모방하는 과정을 통해 언어를 배운다. 이 과정에서 어린아이는 발음, 문법, 어휘 등을 습득하며, 점차 복잡한 문장을 이해하고 생성할 수 있게 된다. 예를 들어, 어린아이는 "엄마, 밥 줘"와 같은 간단한 문장에서 시작하여, "엄마, 오늘 저녁에 뭐 먹을 거예요?"와 같은 더 복잡한 문장을 생성할 수 있게 된다. 이러한 과정은 어린아이가 경험하고 관찰한 것을 바탕으로 한 학습으로, 자연스러운 언어 사용 능력을 형성하게 된다. 어린아이는 다양한 언어적 환경에 노출되면서 언어의 미묘한 차이와 문화적 맥락을 이해하고, 이를 통해 풍부하고 창의적인 언어 표현을 개발하게 된다.

반면, 신경망 언어 모델은 대규모 데이터셋을 통해 학습된다. 이 데이터셋에는 다양한 문장과 문맥이 포함되어 있으며, 신경망 언어 모델은 이를 바탕으로 언어의 패턴과 규칙을 학습한다. 예를 들어, 수백만 개의 뉴스 기사, 소설, 블로그 글 등을 학습한 신경망 언어 모델은 특정 단어의 사용 빈도, 문법 구조, 의미적 연관성 등을 이해하게 된다. 이러한 데이터 기반 학습 과정은 신경망 언어 모델이 다양한 문장을 생성할 수 있게 하지만, 신경망 언어 모델의 창의성(creativity)은 인간의 창의성과는 다소 차이가 있다.[11]

---

[11] 인간의 학습 과정도 "학습"과 "일반화"라는 두 가지 주요 단계로 나눌 수 있다. 학습 단계에서는 인간이 새로운 정보를 습득하고 이해하는 과정을 포함한다. 이는 주로 관찰, 경험, 연습을 통해 이루어진다. 이 단계에서의 학습은 정보의 인코딩(encoding) 과정으로, 새로운 자극이 감각 기억(sensory memory)에서 작업 기억(working memory)을 거쳐 장기 기억(long-term memory)에 저장된다. 예를 들어, 아이가 새로운 단어를 배우거나 학생이 수학 공식을 이해하는 과정이 여기에 해당한다. 인지과학적 관점에서, 이 과정은 시냅스 가소성(synaptic plasticity)을 통해 뉴런 간의 연결이 강화되는 것을 포함한다. 인간은 특정 상황이나 맥락에서 주어진 정보를 받아들이고, 이를 바탕으로 지식이나 기술을 축적한다.

일반화 단계에서는 학습된 정보를 새로운 상황이나 맥락에 적용하는 과정을 포함한다. 이는 인지과학적으로 학습 전이(transfer of learning)로 설명될 수 있다. 일반화는 학습된 지식을 바탕으로 다양한 상황에 적응하고, 문제를 해결하는 능력을 의미한다. 예를 들어, 아이가 배운 단어를 다양한 문맥에서 사용하는 능력이나, 학생이 이해한 수학 공식을 새로운 문제에 적용하는 과정이 여기에 해당한다. 이 단계에서 인간은 학습된 지식을 더 넓은 범위의 상황에 적용하여 유연하

신경망 언어 모델은 주어진 데이터 내에서 패턴을 학습하고 이를 바탕으로 새로운 문장을 생성하는 반면, 인간은 경험과 상상력을 통해 새로운 아이디어를 창출하고, 이를 언어로 표현할 수 있다.

4.2 문맥 이해와 예측

인간은 언어를 사용할 때 상황적, 문화적 문맥을 깊이 이해하고 이를 바탕으로 의미를 추론한다. 예를 들어, "나는 오늘 도서관에 가야 해"라는 문장을 들었을 때, 인간은 "도서관"이라는 단어가 독서나 공부와 관련된 활동을 의미할 수 있다는 것을 문맥을 통해 이해한다. 또한 인간은 문화적 배경을 바탕으로 특정 표현의 의미를 더 깊이 파악할 수 있다. 예를 들어, "빨간 날"이라는 표현은 한국 문화에서 공휴일을 의미하는데, 이는 문화적 문맥을 이해하지 못하면 정확하게 파악하기 어려운 표현이다. 인간은 이러한 복잡한 문맥을 이해하고, 이를 바탕으로 일관된 텍스트를 생성하거나 적절한 응답을 제공할 수 있다.

신경망 언어 모델은 self-attention 메커니즘을 통해 문맥 정보를 통합하고, 다음에 나올 단어나 문장을 예측(prediction)할 수 있다. 예를 들어, "The weather is great today, let's go to the ____"라는 문장이 주어졌을 때, 신경망 언어 모델은 "park", "beach", "zoo"와 같은 단어를 예측할 수 있다. 이는 모델이 문맥을 이해하고, 의미론적 일관성을 유지하며 적절한 단어를 선택할 수 있음을 보여준다. self-attention 메커니즘은 문장 내 모든 단어 간의 관계를 동시에 고려하기 때문에, 신경망 언어 모델은 더 복잡한 문맥에서도 정확하게 단어를 예측할 수 있다. 예를 들어, "Despite the rain, they continued to play the match"라는 문장에서, 신경망 언어 모델은 "rain"과 "play"의 관계를 이해하고, "match"가 이어질 가능성을 높게 예측할 수 있다. 이는 신경망 언어 모델이 문맥을 통해 의미를 추론하고, 일관된 텍스트를 생성하는 데 중요한 역할을 한다.

게 대처할 수 있다. 이는 기억의 재구성(reconstruction)과 유연한 인지 구조(flexible cognitive schemas)를 통해 가능해진다.

  인지과학적으로, 학습과 일반화는 서로 상호작용하는 과정이다. 학습된 정보가 장기 기억에 저장되고, 이 기억이 다양한 맥락에서 재구성되어 사용될 때 일반화가 이루어진다. 이러한 과정은 인지 능력의 발달과 문제 해결 능력의 향상에 중요한 역할을 한다.

4.3 추론과 문제 해결

인간은 경험과 지식을 바탕으로 복잡한 추론(inference)과 문제 해결(problem-solving) 능력을 가지고 있다. 예를 들어, 인간은 과거의 경험을 바탕으로 현재의 문제를 해결할 수 있다. "내가 지난번에 이 길을 따라갔을 때, 교통 체증이 심했어"라는 경험을 바탕으로, "오늘은 다른 길로 가야겠어"라는 결론을 도출할 수 있다. 이러한 추론 능력은 단순히 기억(memory)에 의존하는 것이 아니라, 다양한 정보와 경험을 종합하여 새로운 결론을 도출하는 과정을 포함한다. 인간은 이러한 과정을 통해 복잡한 문제를 해결하고, 상황에 맞는 결정을 내릴 수 있다.

신경망 언어 모델은 학습된 데이터와 패턴을 바탕으로 새로운 정보를 추론할 수 있다. 예를 들어, "If it rains tomorrow, we will need to cancel the picnic"이라는 문장이 주어졌을 때, 신경망 언어 모델은 "rain"과 "cancel"의 관계를 이해하고, "picnic"이 이어질 가능성을 높게 예측할 수 있다. 이는 신경망 언어 모델이 학습된 패턴을 바탕으로 의미를 추론하고, 적절한 단어나 문장을 선택할 수 있음을 보여준다. 신경망 언어 모델은 대규모 데이터셋을 통해 다양한 패턴과 규칙을 학습하며, 이를 바탕으로 새로운 상황에서도 의미 있는 추론을 할 수 있다. 예를 들어, 신경망 언어 모델은 "The chef prepared the meal, but the guests did not eat it because it was too _____"라는 문장에서 "spicy", "salty", "cold" 등의 단어를 예측할 수 있다. 이는 모델이 학습된 데이터를 통해 새로운 상황에서도 의미 있는 추론을 할 수 있음을 보여준다.

이와 같이, 신경망 언어 모델은 인간의 언어 처리 과정을 모방하여 문맥 이해, 추론, 문제 해결 등의 능력을 갖추고 있다. 그러나 신경망 언어 모델은 여전히 인간의 복잡한 인지 능력을 완전히 재현하지는 못하며, 데이터 기반의 한계를 가지고 있다. 따라서 모델의 성능을 향상시키기 위해서는 지속적인 연구와 개선이 필요하다.

4.4 생물학적 차이

신경망 언어 모델과 인간의 언어 처리 과정 사이에는 중요한 생물학적 차이가 존재한다. 이러한 차이점은 두 시스템이 언어를 처리하는 방식에서 근본적으로 다르게 작용하는 이유를 설명한다. 첫째, 인간의 뇌는 생물학적 뉴런(neuron)과 시냅스(synapse)의

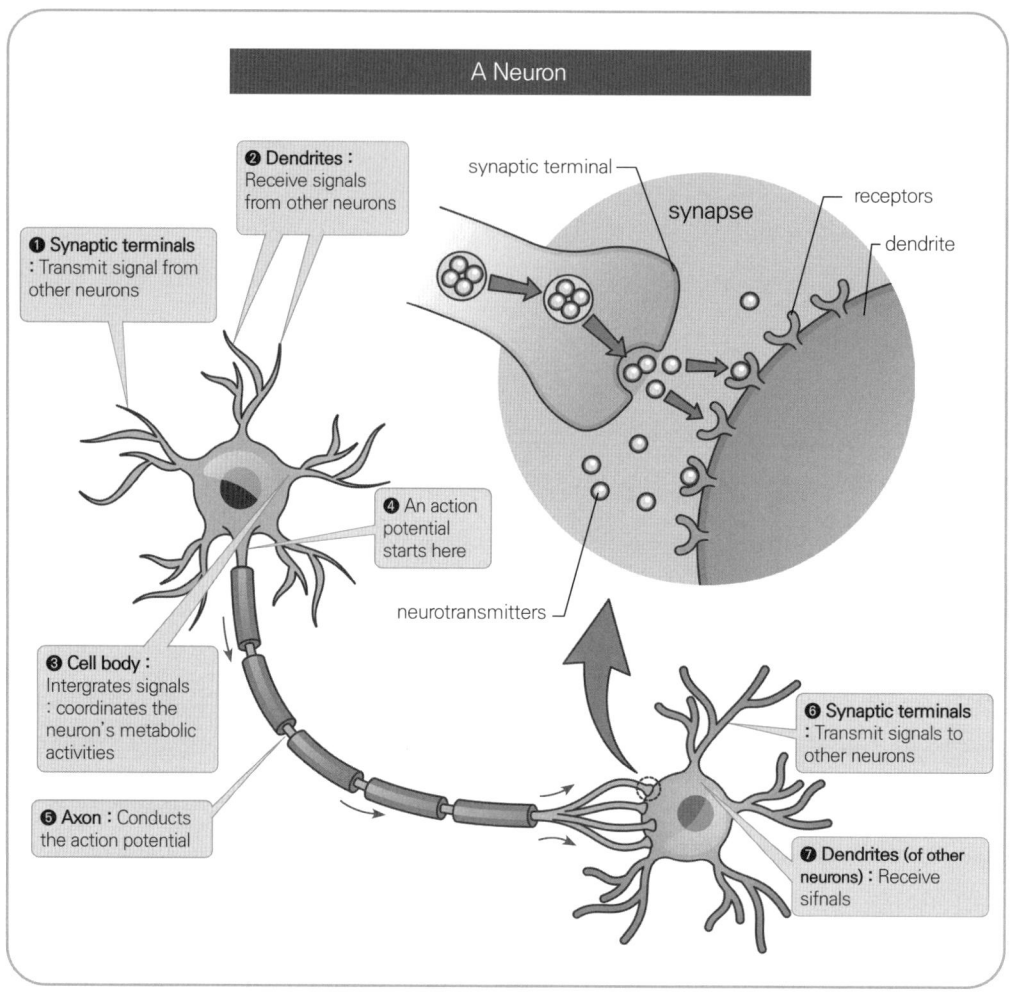

그림 7 이 그림은 신경세포(neuron)의 구조와 기능을 설명하고 있다. 신경세포는 시냅스 말단(synaptic terminal), 수상돌기(dendtrite), 세포체(cell body/soma), 축색돌기(axon)으로 구성되어 있다. 수상돌기는 다른 신경세포로부터 신호를 받아들이고, 세포체는 이 신호를 통합하여 신경세포의 대사 활동을 조정한다. 축색돌기는 활동 전위(action potential)를 전달하며, 시냅스 말단을 통해 신호를 다른 신경세포로 전달한다. 이 과정은 시냅스에서 신경전달물질 (neurotransmitter)을 통해 이루어진다.

네트워크로 구성되어 있으며, 이들은 전기적 신호를 통해 정보를 전달한다. 반면, 신경망 언어 모델은 인공 뉴런과 가중치(weight)로 구성된 수학적 모델로, 데이터 기반의 계산(computation)을 통해 언어를 처리한다. 이 차이는 기본적으로 생물학적 시스템과 인공 시스템의 근본적인 구조적 차이에서 기인한다. **그림 7**

둘째, 인간의 뇌는 경험과 환경에 따라 유연하게 적응하며, 새로운 언어 패턴을 학습하고 기존의 지식을 통합하는 능력을 갖추고 있다. 이는 인간이 주위 환경에서 언어를 자연스럽게 학습하고, 상황에 따라 언어 사용 방식을 조절할 수 있게 한다. 반면, 신경망 언어 모델은 사전에 주어진 데이터셋을 통해 학습하며, 학습된 데이터 외의 새로운 정보를 처리하는 데 한계가 있다. 이는 모델이 예측하지 못한 새로운 상황에 적응하기 어렵다는 것을 의미한다.

셋째, 인간의 언어 처리 과정은 감정(emotion), 직관(intuition), 맥락(context) 등을 포함한 복합적인 요소들에 의해 영향을 받는다. 이는 인간이 언어를 이해하고 생성할 때 상황적, 문화적 맥락을 고려하는 데 중요한 역할을 한다. 예를 들어, 인간은 대화 상대의 표정, 몸짓(gesture), 어조(tone) 등을 통해 추가적인 의미를 파악할 수 있다. 반면, 신경망 언어 모델은 이러한 맥락적 요소를 완전히 반영하지 못하며, 주로 텍스트 데이터 내에서만 의미를 찾는다. 이는 신경망 언어 모델이 인간처럼 유연하고 직관적인 언어 처리를 하지 못하는 이유 중 하나이다.

넷째, 인간의 뇌는 분산된 방식(distributed manner)—분산된 방식은 여러 독립적인 구성 요소들이 협력하여 전체 시스템의 기능을 수행하는 방식을 말함—으로 정보를 처리하며, 언어 처리에 특화된(specialized) 영역들이 존재한다. 예를 들어, 브로카 영역과 베르니케 영역은 각각 언어 생성과 이해에 중요한 역할을 한다. 신경망 언어 모델은 중앙 집중식으로 데이터를 처리하며, 특정한 언어 처리 영역이 존재하지 않는다. 이는 모델이 데이터를 한꺼번에 처리하지만, 인간의 뇌는 다양한 영역이 협력하여 언어를 처리한다는 점에서 차이가 있다.

다섯째, 인간은 사회적 상호작용을 통해 언어를 학습하며, 이는 언어 습득에 중요한 영향을 미친다. 사회적 상호작용은 언어 학습을 촉진하고, 인간이 다양한 상황에서 언어를 사용할 수 있게 한다. 신경망 언어 모델은 대규모 데이터셋을 통해 언어를 학습하지만, 사회적 맥락에서의 상호작용은 고려되지 않는다. 이는 신경망 언어 모델이 인간의 사회적 학습 과정을 완벽히 모사하지 못하는 이유이다.

> MIT의 연구자들(Ross et al. (2018))은 기존 신경망 언어 모델의 한계를 지적하며, 의미론적 파서(semantic parser)를 제안했다. 기존 모델들은 대량의 데이터를 사용해 언어 분석을 수행하지만, 인간은 상대적으로 적은 데이터로도 상황을 관찰하고 학습하여 새로운 문장을 생성할 수 있다. 연구자들은 이러한 인간의 학습 방식을 모방하여, 모델은 중의적인 상황에서

시각적 정보를 활용하여, 문장의 의미를 정확히 구분해내는 능력을 보여주었다. 이는 모델이 단순히 텍스트를 분석하는 것이 아니라, 시각적 맥락을 통합하여 더 정확한 의미 해석을 할 수 있음을 의미한다. 예를 들어, "The woman walks by the table with a yellow cup"라는 문장과 관계하여, 책상에 노란색 컵이 있는 경우와 없는 경우를 성공적으로 구분할 수 있는 모델을 개발했다. 이 문장은 두 가지로 해석될 수 있다: 첫째, 여성이 노란색 컵을 들고 책상 옆을 지나가는 경우, 둘째, 여성이 책상 옆을 지나가는데 책상 위에 노란색 컵이 있는 경우이다. 이 접근법은 인공지능의 언어 처리 능력을 인간의 학습 방식에 더 가깝게 만들고, 더 정교한 언어 모델을 개발하는 데 기여한다.

여섯째, 인간의 언어 처리 과정은 뇌의 전기적 및 화학적 활동에 기반하며, 이는 개인의 경험과 감정에 따라 변한다. 예를 들어, 스트레스나 피로와 같은 상태가 언어 처리 능력에 영향을 미칠 수 있다. 반면, 신경망 언어 모델은 정해진 알고리즘(algorithm)에 따라 데이터를 처리하며, 감정이나 경험의 변화를 반영하지 않는다. 이는 신경망 언어 모델이 항상 일정한 성능을 보일 수 있지만, 인간의 언어 처리 능력은 상황에 따라 변동이 있다는 점에서 차이가 있다.

일곱째, 인간의 언어 처리 속도는 신경 신호(neural signature)의 전달 속도에 따라 결정되며, 이는 매우 빠르다. 신경망 언어 모델은 데이터 처리 속도와 계산 능력에 따라 언어를 처리하지만, 이는 하드웨어 성능에 의존한다. 따라서, 모델의 성능은 하드웨어의 제한에 따라 영향을 받을 수 있다.

여덟째, 인간은 비언어적 신호, 예를 들어 몸짓이나 얼굴 표정 등도 언어 처리에 통합한다. 이는 인간이 대화 상대의 의도(intention)를 더 정확히 파악하고, 적절하게 반응할 수 있게 한다. 신경망 언어 모델은 텍스트 기반으로만 작동하며, 비언어적 신호를 처리하는 능력이 제한적이다. 이는 신경망 언어 모델이 인간처럼 완전한 대화를 이해하고 참여하는 데 한계가 있음을 의미한다.

아홉째, 인간의 뇌는 지속적인 학습과 경험을 통해 새로운 언어 패턴을 습득하고 기존의 지식을 갱신(update)할 수 있다. 신경망 언어 모델은 학습 후 새로운 데이터를 추가 학습하는 데 한계가 있으며, 주기적으로 재훈련이 필요하다. 이는 신경망 언어 모델이 최신 정보를 지속적으로 업데이트하는 데 어려움을 겪을 수 있음을 나타낸다.

이러한 생물학적 차이점들은 신경망 언어 모델과 인간의 언어 처리 시스템이 언어를 이해하고 생성하는 데 있어서 근본적인 차이를 설명한다. 이는 신경망 언어 모델이 인간의 언어 처리 과정을 완벽히 모사하지 못하는 이유를 명확히 하며, 이러한 한계를 극복하기 위한 연구가 필요하다. 인간의 뇌는 복잡하고 다차원적인 정보 처리(multi-dimensional information processing) 능력을 가지고 있으며, 이를 완벽히 재현하기 위해서는 보다 정교하고 통합적인 접근이 요구된다.

> 신경망 언어 모델과 인간의 언어 처리 과정 사이의 생물학적 차이를 해결하기 위해, 접지 기반 체화형 인공지능(grounding-based embodied AI)의 개발이 여러 긍정적인 면을 가지고 있다.
>
> 첫째, grounded AI는 실제 환경과의 상호작용을 통해 학습함으로써, 더 현실적이고 맥락적인 이해를 제공한다. 이는 모델이 추상적인 데이터가 아닌, 물리적 세계와의 경험을 통해 언어를 습득하고 이해할 수 있게 한다. 둘째, embodied AI는 감각 정보를 통합하여 다중 모달/지각(multimodal) 학습을 가능하게 한다. 시각, 청각, 촉각 등 다양한 감각 정보를 활용하여 더 풍부하고 입체적인 언어 이해를 실현한다. 셋째, 이러한 AI는 사회적 상호작용을 통해 언어를 학습할 수 있다. 사람들과의 대화와 상호작용을 통해 자연스럽게 언어 사용 방식을 배우고, 이를 통해 보다 인간에 가까운 언어 처리가 가능하다.
>
> 넷째, grounding 기반 AI는 상황적 맥락을 이해하는 능력이 향상된다. 이는 AI가 특정 상황에서 적절한 반응을 보이도록 학습할 수 있게 하며, 더욱 자연스러운 대화를 가능하게 한다. 다섯째, 이러한 AI는 사용자와의 상호작용을 통해 실시간으로 피드백을 받고, 이를 바탕으로 지속적으로 학습하고 개선할 수 있다. 여섯째, embodied AI는 언어와 행동의 연관성을 학습함으로써, 명령을 이해하고 실행하는 능력이 탁월해진다. 이는 AI가 단순한 텍스트 생성뿐만 아니라, 실제 물리적 작업을 수행할 수 있도록 돕는다.
>
> 일곱째, 이러한 AI는 언어의 문화적 배경과 사회적 규범(social norms)을 더 잘 이해하게 된다. 이는 다양한 문화적 맥락에서 적절하게 언어를 사용하고, 문화적으로 민감한 반응을 제공하는 데 기여한다. 여덟째, grounded AI는 감정 인식과 표현에서 더 나은 성능을 보일 수 있다. 실제 인간과의 상호작용을 통해 감정적 뉘앙스를 학습하고, 이를 언어 표현에 반영할 수 있다. 아홉째, 이러한 AI는 복잡한 문제 해결 능력을 갖추게 된다. 실제 환경에서의 문제 해결 경험을 통해, 더 현실적이고 유연한 추론과 결정을 내릴 수 있다.
>
> 다음으로, grounded AI는 사용자 맞춤형 학습과 적응을 가능하게 한다. 사용자의 개인적인 필요와 환경에 맞추어 학습하며, 이를 통해 더 개인화된 경험을 제공할 수 있다. 이러한 점들은 grounding 기반 embodied AI가 신경망 언어 모델과 인간의 언어 처리 과정 사이의 생물학적 차이를 줄이는 데 큰 도움이 될 수 있음을 보여준다. `그림 8`

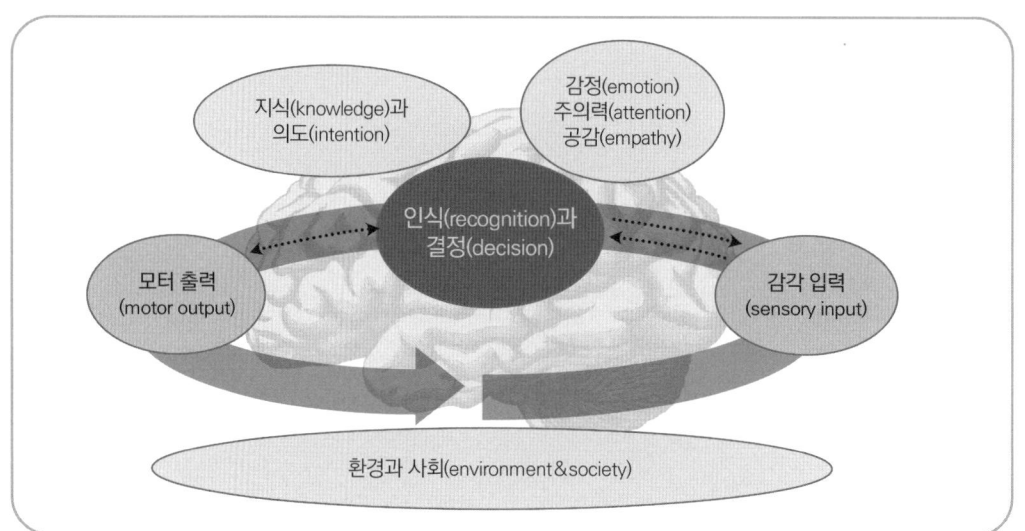

그림 8 이 그림은 [체화된 인공지능(embodied AI) 아키텍처]를 설명한다. 감각 입력(sensory input)을 통해 환경(environment)과 상호작용하며 인식(recognition)과 결정(decision)을 수행하고, 그 결과는 모터 출력(motor output)으로 이어진다. 인식과 결정 과정에는 지식(knowledge)과 의도(intention), 감정(emotion), 주의력(attention), 공감(empathy)이 포함되며, 이는 환경과 사회적 요소와 상호작용한다.

5. 신경망 언어 모델의 한계와 개선 방안

5.1 신경망 언어 모델의 한계

신경망 언어 모델은 다양한 텍스트 데이터를 학습하여 언어를 이해하고 생성하는 능력을 갖추고 있지만, 여전히 몇 가지 중요한 한계를 가지고 있다. 특히 언어학(linguistics), 심리언어학(psycholinguistics), 언어 인지과학(cognitive science of language) 등의 주요 연구 이슈에서 논의되는 인간의 언어 사용에서 내재되어 있지만 신경망 모델이 잘 반영하지 못하는 점들이 있다.

첫째, 인간의 언어 사용은 복잡한 문법 규칙과 문맥적 차이를 포함하며, 이를 이해하고 해석하는 데 뛰어나다. 이는 사람들이 다양한 문맥에서 문법적 오류를 이해하고 수정하며, 복잡한 문법 구조를 자연스럽게 처리할 수 있게 한다. 그러나 신경망 언어 모델은 이러한 문법적 세부사항과 문맥적 변화를 충분히 이해하지 못해, 종종 문법적으로 부정확하거나 문맥에 맞지 않는 응답을 생성할 수 있다. 이는 특히 복잡한 문법 구조를 포함하는 문장에서 두드러진다. 또한 문맥에 따른 의미 변화를 잘 이해하지 못하여 의사소통에 혼란을 줄 수 있다.

둘째, 심리언어학에서는 언어가 인지적 기능과 상호작용하는 방식을 연구한다. 인간은 언어를 통해 복잡한 사고와 문제 해결을 수행하며, 언어는 인지적 기능을 지원하고 강화한다. 예를 들어, 언어는 정보를 구조화하고, 기억을 조직화하며, 논리적 추론을 촉진하는 데 중요한 역할을 한다. 그러나 신경망 언어 모델은 이러한 상호작용을 충분히 반영하지 못해, 논리적 추론이나 문제 해결을 위한 심층적 사고를 수행하는 데 한계를 보인다. 이는 신경망 언어 모델이 생성하는 응답이 표면적이고 단순하게 되는 원인 중 하나이다.

셋째, 인간의 언어 사용은 실시간 상호작용을 통해 상대방의 반응에 빠르게 적응하고 반응을 조정한다. 예를 들어, 사람들은 대화 상대의 표정이나 몸짓, 말투 등의 비언어적 신호를 실시간으로 파악하여 대화의 방향을 조정한다. 그러나 신경망 언어 모델은 실시간 적응 능력이 부족하여, 대화 중 상대방의 새로운 정보나 변화된 맥락에 즉각적으로 반응하지 못한다. 이는 신경망 언어 모델이 실시간 대화에서 유연성과 자연스러움을 잃게 만드는 주요 요인이다. 이러한 한계는 결과적으로 사용자 경험을 저하시킨다.

5.2 개선 방안

신경망 언어 모델의 한계를 극복하고 성능을 향상시키기 위해 다양한 개선 방안이 제시되고 있다. 이러한 개선 방안은 신경망 언어 모델의 문맥 이해, 실시간 처리 및 적응 능력, 그리고 언어와 인지적 기능의 상호작용을 강화하는 데 중점을 둔다. 이를 통해 신경망 언어 모델이 더 자연스럽고 정확한 언어 처리 능력을 갖출 수 있도록 하는 것이 목표이다. 이러한 개선 방안은 신경망 언어 모델의 성능을 전반적으로 향상시키고, 실제 응용에서의 활용도를 높이는 데 기여할 것이다.

첫째, 신경망 언어 모델이 문법적 세부사항과 문맥적 변화를 더 잘 이해하고 반영할 수 있도록 강화 학습(reinforcement learning)[12] 그리고 패턴 활용 학습(pattern-exploiting

---

[12] 강화 학습은 에이전트가 환경과 상호작용하며 보상(reward)을 통해 학습하는 방식으로, 최적의

learning)을[13] 도입한다. 이를 위해 복잡한 문법과 다양한 문맥을 포함하는 대화형 데이터셋을 사용하여 모델을 학습시킨다. 강화 학습을 통해 모델이 다양한 상황에서 문맥을 이해하고, 문법적 정확성을 유지하면서 자연스러운 응답을 생성할 수 있게 된다. 이 과정에서 신경망 언어 모델은 다양한 언어적 패턴을 학습하고, 문맥적 단서를 이용하여 더 정확한 문장을 생성할 수 있게 된다. 이를 통해 문법적 오류와 문맥적 부조화를 줄이고, 더 자연스럽고 유연한 언어 처리 능력을 갖출 수 있다.

둘째, 신경망 언어 모델이 언어와 인지적 기능의 상호작용을 더 잘 이해할 수 있도록 멀티모달 학습(multimodal learning)을 도입한다. 이는 언어 정보뿐만 아니라 시각적, 청각적 정보를 포함하는 다양한 데이터를 학습시켜 신경망 언어 모델이 복잡한 문제 해결과 추론 작업에서 더 나은 성능을 발휘할 수 있도록 하는 방법을 포함한다. 멀티모달 학습을 통해 신경망 언어 모델은 다양한 형태의 정보를 통합적으로 처리하고, 이를 바탕으로 더 복잡한 사고 과정과 문제 해결을 수행할 수 있게 된다. 예를 들어, 비언어적 신호를 포함한 데이터를 학습함으로써 신경망 언어 모델이 더 풍부하고 정확한 응답을 생성할 수 있다. 이를 통해 신경망 언어 모델의 인지적 기능과 언어 사용 간의 상호작용을 강화하고, 더 지능적이고 유연한 언어 처리가 가능해진다.

셋째, 신경망 언어 모델이 실시간 상호작용 중에 상대방의 반응에 빠르게 적응할 수 있도록 동적 학습 시스템(dynamic learning system)을 개발한다. 이는 실시간 데이터 피드백을 통해 신경망 언어 모델이 새로운 정보를 지속적으로 학습하고 즉각적으로 반응을 조정할 수 있도록 하는 방법을 포함한다. 동적 학습 시스템은 신경망 언어 모델이 실시간으로 새로운 데이터를 받아들이고, 이를 바탕으로 즉각적인 반응을 생성할 수 있게 한다. 이를 통해 신경망 언어 모델은 대화 중 발생하는 변화에 빠르게 적응하고, 더 자연스럽고 유연한 상호작용을 할 수 있게 된다. 이러한 동적 학습 시스템은 신경망 언어 모델의 실시간 적응 능력을 강화하고, 다양한 대화 상황에서 더 효과적으로 작동할 수 있도록 한다.

행동을 선택하는 방법을 배운다. 이 과정에서 에이전트는 시도와 오류를 반복하며 성과를 최대화하는 전략을 개발한다.

13) 패턴 활용 학습은 데이터 내의 반복적인 패턴을 인식하고 활용하여 모델의 성능을 향상시키는 방법이다. 이를 통해 모델은 구조화된 정보와 규칙을 학습하여 더 정확하고 일관된 예측을 할 수 있게 된다.

이와 같은 개선 방안은 신경망 언어 모델이 인간의 언어 인지 과정에 더 가까운 성능을 발휘할 수 있도록 하며, 더 정확하고 자연스러운 텍스트를 생성하는 데 기여할 것이다. 지속적인 연구와 기술 발전을 통해 신경망 언어 모델의 한계를 극복하고, 언어 처리의 새로운 가능성을 열어갈 수 있을 것이다. 이러한 개선 방안들은 신경망 언어 모델이 다양한 실제 응용에서 더 높은 성능과 유용성을 가지게 하며, 사용자 경험을 크게 향상시킬 수 있다.

6. 신경망 언어 모델에 구현되는 언어학, 심리언어학, 인지과학

6.1 언어학의 구현

신경망 언어 모델에서 언어학의 구현은 언어의 구조적 요소와 의미론적 요소를 모델링하여 언어의 정확한 이해와 생성을 목표로 한다. 신경망 언어 모델은 방대한 양의 텍스트 데이터를 학습하여 언어의 문법적 규칙과 구조를 학습하여 내재화한다. 예를 들어, Transformer 모델은 self-attention 메커니즘을 통해 문장 내 단어 간의 관계를 이해하고, 이를 바탕으로 문법적으로 올바른 문장을 생성할 수 있다. 이 메커니즘은 단어가 문장 내에서 어떻게 상호작용하고 의미를 형성하는지 이해하는 데 필수적이다.

단어 벡터와 같은 기술은 단어의 의미를 고차원 벡터 공간(high-dimensional vector space)에서 표현하여 단어 간의 의미적 유사성을 평가하는 데 사용된다. 이러한 벡터 표현(vector representation)은 단어 간의 관계를 시각적으로 나타내며, 예를 들어 "apple"과 "fruit"이 벡터 공간에서 가까운 위치에 있는 것처럼, 유사한 의미를 가진 단어들이 서로 근접해 있는 것을 보여준다. 이를 통해 신경망 언어 모델은 다의어(예: 다의어 "bat"는 "박쥐" 또는 "야구 방망이"를 의미할 수 있음)와 같은 복잡한 언어적 현상을 처리할 수 있다.

또한 신경망 언어 모델은 형태론적 분석을 통해 단어의 형태 변화와 그 의미를 학습한다. 이는 단어가 문맥에 따라 어떻게 변화하는지, 그리고 이러한 변화가 의미에 어떤 영향을 미치는지를 이해하는 데 도움을 준다. 예를 들어, "run", "runs", "running"과 같은 단어 형태는 각각 다른 문법적 맥락에서 사용되며, 동적 학습 시스템은 이러한 형태 변화를 인식하고 적절하게 처리할 수 있다.

언어학적 지식을 활용하여 신경망 언어 모델은 자연스러운 언어 생성과 이해를 구현하며, 이는 텍스트 분석, 기계 번역, 대화 시스템 등 다양한 응용 분야에서 활용된다. 이러한 동적 학습 시스템은 언어 구조와 패턴을 이해하고, 이를 바탕으로 다양한 언어적 작업을 수행함으로써 인간과 유사한 수준의 언어 처리 능력을 보여준다. 이는 특히 다국어 번역, 자동 요약, 텍스트 분류 등의 작업에서 중요한 역할을 한다.

언어학자들이 갖는 지식 체계는 매우 정교하고 맥락적이다. 언어학자들은 단순히 단어와 문장의 의미를 분석하는 것을 넘어, 언어의 역사적 변화, 사회적 맥락에서의 언어 사용, 음운론적 차이 등 다양한 요소를 깊이 있게 이해하고 연구한다. 이들은 언어의 구조적 측면뿐만 아니라 언어가 사용되는 사회적, 문화적 맥락을 함께 고려하며, 이러한 복합적인 요소들이 언어에 미치는 영향을 분석한다.

예를 들어, 언어학자들은 특정 단어의 사용 빈도나 의미 변화가 역사적 사건이나 사회적 변화와 어떻게 연결되는지를 연구한다. 이는 언어가 단순한 소통 도구가 아니라, 사회적, 문화적 변화의 산물임을 보여준다. 언어학자들은 이러한 변화가 어떻게 발생하고 발전하는지를 이해하기 위해 다양한 자료를 수집하고 분석하며, 이를 통해 언어의 진화 과정을 추적한다.

사회적 맥락에서의 언어 사용은 언어학 연구에서 중요한 부분을 차지한다. 언어학자들은 방언(dialect), 사회적 변이(social variation), 젠더(gender)와 언어, 직업적 언어 사용(occupational language ise) 등 다양한 사회적 요인이 언어에 미치는 영향을 연구한다. 예를 들어, 특정 지역에서 사용되는 방언은 그 지역의 역사적, 문화적 배경을 반영하며, 언어학자들은 이러한 방언의 특징과 변화 과정을 분석한다. 이는 특정 집단 내에서의 소통 방식과 사회적 정체성을 이해하는 데 중요한 역할을 한다.

음운론(phonology)적 차이 역시 언어학자들이 깊이 연구하는 분야이다. 음운론은 소리의 패턴과 규칙을 연구하는 분야로, 언어학자들은 다양한 언어에서 나타나는 음운론적 특징과 변이를 분석한다. 이는 언어가 발음되고 인식되는 방식을 이해하는 데 중요하며, 언어 학습 및 음성 인식(sound recognition) 기술 개발에도 기여할 수 있다.

이와 같은 정교하고 맥락적인 연구는 신경망 언어 모델이 구현(implement)하기 어려운 부분이다. 신경망 언어 모델은 주어진 데이터 내에서 패턴과 규칙을 학습하며, 이러한 데이터가 포괄하지 못하는 언어적 요소들을 이해하는 데 한계가 있다. 예를 들어, 방대한 텍스트 데이터를 학습하더라도, 특정 지역이나 사회적 집단에서 사용되는 방언이나 사회적 변이를 충분히 반영하지 못할 수 있다. 이는 모델이 특정 맥락에서의 언어 사용을 정확히 이해하고 예측하는 데 어려움을 초래할 수 있다.

언어학자들은 언어 사용의 세부적인 차이를 포착하고 분석하는 데 중점을 두며, 이는 언어의 복잡성과 다양성을 이해하는 데 중요한 역할을 한다. 신경망 언어 모델은 이러한 세부적인 차이를 반영하기 위해 더 많은 데이터와 정교한 알고리즘이 필요하며, 현재로서는 이러한 복잡성을 완벽히 구현하기 어렵다. 이는 동적 학습 시스템의 한계를 명확히 하며, 이러한 한계를 극복하기 위해 지속적인 연구와 발전이 필요함을 보여준다.

이러한 비교를 통해 언어학의 복잡성과 신경망 언어 모델의 한계를 이해할 수 있다. 언어학자들이 다루는 다양한 언어적 요소와 맥락적 이해는 신경망 언어 모델이 포괄하기 어려운 부분이며, 이는 언어학 연구의 중요성과 필요성을 강조한다. 신경망 언어 모델이 언어학자들의 깊이 있는 지식 체계를 완벽히 구현하기 위해서는 지속적인 데이터 보완과 알고리즘 개발이 필요하다. 이러한 연구와 발전은 궁극적으로 인간의 언어 이해와 소통 능력을 향상시키는 데 기여할 것이다.

6.2 심리언어학의 구현

심리언어학(psycholinguistics)의 구현은 인간의 언어 처리 과정과 유사한 방식으로 신경망 언어 모델이 언어를 처리하는 것을 목표로 한다. 신경망 언어 모델은 인간이 언어를 이해하고 생성하는 방식을 모방하기 위해, 문맥을 고려한 단어 의미 선택(word sense selection), 의미 추론, 문장 이해 등을 포함한다. 이러한 모델은 문맥적 정보를 통합하여 단어의 의미를 동적으로 변경하고, 문장의 전반적인 의미를 파악한다.

BERT(Bidirectional Encorder Representations from Transformers)와 같은 모델은 문장 내에서 단어의 의미를 예측할 때 양방향(bi-directional) 문맥을 고려하여 더 정확한 의미를 선택할 수 있다. 이는 인간이 단어의 의미를 문맥을 통해 추론하는 방식과 유사하다. 예를 들어, "crane"이라는 단어는 "기중기"와 "새" 두 가지 의미를 가질 수 있는데, 문맥에 따라 적절한 의미를 선택하는 능력을 갖추고 있다. BERT 모델은 문장의 전후 맥락을 동시에 고려하여 이러한 다의어의 의미를 정확하게 예측할 수 있다.

BERT와 GPT(Generative Pre-trained Transformer)와 같은 첨단 신경망 언어 모델의 개발은 자연어 처리(NLP) 분야에 혁신을 가져왔다. 두 신경망 언어 모델 모두 인간 언어를 이해하고 생성하는 데 뛰어난 능력을 보였지만, 어느 신경망 언어 모델이 인간의 언어 학습 과정을 더 가깝게 모방하는지 평가하기 위해 각각의 구조와 학습 방법론을 살펴보는 것이 중요하다.

Devlin et al.(2019)에서 보고되는 것처럼, BERT는 문장에서 양방향으로 문맥을 이해하도록 설계되었다. 즉, 단어의 의미를 이해하기 위해 양쪽의 주변 단어를 동시에 고려한다. 이러한 양방향 이해 방식은 인간이 언어를 이해하는 방식과 유사하며, 전체 문맥을 고려하여 단어의 의미를 해석하는 데 도움을 준다. 또한 BERT는 마스킹된 언어 모델링(masked language modelling, MLM)이라는 훈련 기법을 사용한다. 이는 문장 내의 일부 단어를 가리고, 모델이 주변 문맥을 바탕으로 이 단어를 예측하도록 훈련하는 방식이다. 이 기술은 사람들이 대화나 텍스트에서 누락된 정보를 문맥을 통해 추론하는 방식과 유사하다.

반면에 GPT-3를 보고하는 Brown et al.(2020)에 의하면, GPT는 왼쪽에서 오른쪽으로 순차적으로(sequentially) 텍스트를 처리하는 단방향(unidirectional) 학습을 사용한다. 이 접근 방식은 일관된 텍스트를 생성하는 데 매우 효과적이지만, BERT의 양방향 방식만큼 깊이 있는 문맥 이해를 제공하지는 않는다. GPT의 훈련은 두 가지 주요 단계로 나뉜다: 비지도 사전 학습과 지도 미세 조정(fine-tuning). 사전 학습 단계에서는 라벨이 없는(unlabelled) 대규모 텍스트 데이터로부터 일반적인 언어 패턴을 학습한다. 이후 미세 조정 단계에서는 라벨이 있는(labelled) 데이터를 사용하여 특정 작업을 수행하도록 추가로 훈련한다. 이 과정은 사람들이 다양한 경험을 통해 넓은 지식을 습득하고, 집중적인 연습을 통해 특정 기술을 연마하는 방식과 비슷하다.

이 두 신경망 언어 모델을 비교해보면, BERT의 접근 방식이 인코더(encorder) 방식으로 인간의 언어 이해 방식과 더 유사하다.[14] BERT의 양방향 문맥 학습은 인간이 언어를 이해

---

14) 신경망 언어 모델의 인코더(encoder)는 입력된 텍스트 데이터를 처리하여 내부 표상(internal representation)으로 변환하는 역할을 한다. 입력 문장을 벡터화하여 의미 있는 정보를 추출하고, 이를 고차원 벡터로 변환한다. 주로 RNN, LSTM, GRU 또는 Transformer와 같은 아키텍처가 사용되며, 입력 데이터의 패턴과 구조를 이해하는 데 중점을 둔다.

디코더(decoder)는 인코더에서 생성된 내부 표상을 받아 출력 텍스트 데이터로 변환하는 역할을 한다. 디코더는 인코더의 출력 벡터를 기반으로 새로운 문장이나 단어를 생성하며, 이를 통해 번역, 텍스트 생성 등 다양한 언어 처리 작업을 수행한다. 디코더 역시 RNN, LSTM, GRU 또는 Transformer와 같은 아키텍처를 사용하며, 문맥과 의미를 유지하면서 적절한 출력을 생성하는 데 중점을 둔다.

할 때 문맥을 전체적으로 고려하는 방식을 모방한다. 이는 독해력과 질문 응답과 같은 작업에서 매우 중요하다. 반면에 GPT는 디코더(decorder) 방식으로 언어 생성에서 뛰어난 능력을 보여준다. GPT의 단방향 훈련은 일관성 있고 문맥에 맞는 텍스트를 생성하는 데 강점을 가지고 있으며, 이는 인간이 언어를 창의적으로 사용하는 방식과 유사하다.

요약하면, BERT와 GPT는 각각 인간 언어 학습의 다른 측면을 반영한다. BERT의 양방향 문맥 처리와 마스크 언어 모델링은 인간의 문맥 이해와 유사하여, 보다 정확한 언어 이해를 가능하게 한다. 반면에 GPT는 창의적이고 일관된 텍스트 생성에서 뛰어나며, 이는 인간의 창의적 언어 생성 능력을 모방한다. 따라서, 주어진 작업에 따라 BERT와 GPT 중 어떤 모델이 더 적합한지 결정할 수 있다. 각 신경망 언어 모델의 고유한 강점은 인간의 언어 학습의 복잡성과 다재다능성을 보여준다.

다음으로, 다소 논란이 있지만, BERT는 통계적 학습(statistical learning) 방식을 통해 단어의 공동 출현 패턴을 학습하는 반면, GPT-2는 규칙 학습(rule learning) 방식을 통해 문법적 구조와 의미론적 관계를 학습한다고 주장되고 있다. 이는 인간 아동이 언어 습득 초기 단계에서는 통계적 학습에 의존하고, 이후 규칙 학습을 통해 언어 능력을 발달시키는 과정과 유사하다.

심리언어학적 연구에서 중요한 단어 빈도 효과(word frequency effect)나 문맥 효과(context effect)와 같은 현상도 신경망 언어 모델에서 구현된다. 단어 빈도 효과는 빈도가 높은 단어가 더 빨리 인식되고 처리되는 현상을 의미하며, 이는 신경망 언어 모델의 단어 예측 과정에서도 나타난다. 신경망 언어 모델은 빈도가 높은 단어를 더 빠르게 예측하고, 이를 통해 문장의 자연스러움을 유지한다.

또한 문맥 효과는 단어의 의미가 문맥에 따라 달라지는 현상을 설명하며, 신경망 언어 모델은 이러한 효과를 통합하여 보다 자연스럽고 인간적인 언어 처리 능력을 보여준다. 이는 특히 자연어 이해, 텍스트 요약, 감정 분석 등의 분야에서 중요한 역할을 한다. 모델은 문장의 전체적인 맥락을 이해하고, 이를 바탕으로 적절한 단어를 선택함으로써 의미론적 일관성을 유지한다.

심리언어학적 구현은 신경망 언어 모델이 인간의 언어 처리 방식을 모사하여 더 자연스럽고 정확한 언어 처리를 가능하게 한다. 이는 인간의 언어 이해와 생성 능력을 보다 잘 재현할 수 있도록 하며, 다양한 언어적 작업에서 신경망 언어 모델의 성능을 향상시킨다.

그러나 심리언어학자들은 인간의 언어 처리 과정에서 심리적, 신경적 요소들을 종합적으로 연구한다. 이는 단순히 언어의 구조적 이해를 넘어서, 언어를 처리하는 인간의 복잡한 인지 과정(cognitive process)을 심층적으로 분석하는 것을 의미한다. 예를 들어, 인간의 기억 시스템(memory system)이 언어 처리에 어떻게 기여하는지, 주의 집중(attention)이 문장 이해에 어떤 영향을 미치는지, 인지적 부하(cognitive load)가 언어 처리 속도와 정확도에 어떻게 영향을 주는지를 연구한다. 이러한 요소들은 언어 처리 과정에서 중요한 역할을 하며, 인간의 언어 이해와 생성 능력을 더욱 잘 설명할 수 있다.

기억은 언어 처리에서 핵심적인 역할을 한다. 인간은 단기 기억(short-term memory)과 장기 기억(long-term memory)을 통해 언어 정보를 저장하고, 필요할 때 이를 불러와 사용할 수 있다. 예를 들어, 대화를 할 때 이전에 나눈 이야기나 문맥을 기억하고, 이를 바탕으로 새로운 정보를 처리한다. 신경망 언어 모델은 이러한 기억 시스템을 완전히 모사하기 어렵다. 신경망 언어 모델은 학습된 데이터를 기반으로 언어를 처리하지만, 인간의 기억 시스템처럼 동적으로 정보를 저장하고 활용하는 능력에는 한계가 있다.

주의 집중도 언어 처리에 중요한 영향을 미친다. 인간은 언어를 이해할 때 중요한 정보에 집중하고, 불필요한 정보를 걸러내는 능력을 가지고 있다. 이는 복잡한 문장을 이해하거나, 새로운 정보를 학습할 때 특히 중요하다. 신경망 언어 모델은 주의 메커니즘을 일부 반영할 수 있지만, 인간의 주의 시스템처럼 복잡하고 유연하게 작동하지는 않는다. 신경망 언어 모델은 주어진 데이터 내에서 주의 메커니즘을 적용하지만, 이는 인간의 주의 시스템과는 근본적으로 다르다.

인지적 부하(cognitive load)도 언어 처리 속도와 정확도에 큰 영향을 미친다. 인지적 부하는 작업을 수행할 때 필요한 정신적 노력의 양을 의미하며, 언어 처리에서 문장의 복잡성이나 정보의 양에 따라 달라질 수 있다. 인간은 인지적 부하를 조절하여 효율적으로 언어를 처리할 수 있다. 예를 들어, 복잡한 문장을 이해할 때는 더 많은 인지적 자원(cognitive resources)을 할당하고, 간단한 문장을 처리할 때는 적은 자원을 사용한다. 신경망 언어 모델은 이러한 인지적 부하의 변화를 반영하기 어렵다. 신경망 언어 모델은 고정된 알고리즘에 따라 데이터를 처리하며, 인간처럼 인지적 자원을 동적으로 조절하는 능력이 부족하다.

또한 인간의 언어 처리 과정에서 발생하는 실수(mistake)나 오류(error)를 통해 학습하고 수정하는 과정은 매우 복잡하고 개인적이다. 인간은 언어를 사용하면서 실수를 하고, 이를 통해 배우며 언어 능력을 향상시킨다. 예를 들어, 아이가 잘못된 문법을 사용했을 때, 교정(correction)과 피드백을 통해 올바른 문법을 배우게 된다. 이러한 학습 과정은 경험과 피드백을 통한 지속적인 수정(revision)과 적응(adaptation)을 포함한다. 신경망 언어 모델은 이러한 과정을 완전히 모사하기 어렵다. 신경망 언어 모델은 고정된 학습 데이터와 알고리즘을 통해 언어를 처리하며, 인간처럼 실수를 통해 배우고 수정하는 능력이 제한적이다.

종합적으로, 심리언어학자들은 인간의 언어 처리 과정을 심리적(psychological), 신경적(neurological) 요소들을 종합적으로 고려하여 연구하며, 이는 신경망 언어 모델이 완전히 모사(simulate)하기 어려운 복잡하고 다면적인 과정이다. 이러한 차이점은 신경망 언어 모델이 인간의 언어 처리 방식을 완벽하게 재현하지 못하는 이유를 설명하며, 이를 보완하기 위한 지속적인 연구와 발전이 필요함을 시사한다.

6.3 언어 인지 신경과학의 구현

신경망 언어 모델에 구현된 언어 인지 신경과학(cognitive neuroscience of language)은 인간의 인지 과정을 모델링하고 시뮬레이션하는 것을 목표로 한다. 이는 인간이 정보를 처리하고, 문제를 해결하며, 언어를 이해하고 생성하는 과정을 모방하는 것이다. 신경망 언어 모델은 이러한 인지 과정을 수학적 알고리즘과 데이터 기반 학습을 통해 구현한다. 예를 들어, 모델은 패턴 인식(pattern recognition), 기억, 추론 등과 같은 인지 기능을 학습하여 다양한 언어적 작업을 수행할 수 있다.

신경망 언어 모델의 인지과학적 구현은 인간 인지과학자가 연구하는 인지과학과 몇 가지 중요한 차이점이 있다. 인간 인지과학자는 주로 실험과 관찰을 통해 인간의 인지 과정을 연구하며, 이러한 연구는 뇌의 생리적(physiological) 메커니즘, 심리적 요인, 사회적 상호작용 등을 포괄한다. 반면, 신경망 언어 모델은 주로 데이터와 알고리즘을 통해 인지 과정을 시뮬레이션하며, 실제 인간의 인지 과정에서 발생하는 복잡한 생리적 및 심리적 요소를 완전히 반영하지 못한다. 인간 인지과학자는 실험실 환경에서 다양한 실험을 통해 인간의 인지 기능을 연구하며, 이는 신경망 언어 모델이 데이터 학습을 통해 시뮬레이션하는 방식과는 다르다.

또한 인간 인지과학자는 인지 과정이 인간의 경험(experience), 감정(emotion), 직관

(intuition) 등과 깊이 연결되어 있다고 본다. 예를 들어, 인간은 개인의 경험을 바탕으로 문제를 해결하고, 직관적으로 결정을 내리며, 감정을 통해 언어를 이해하고 표현한다. 신경망 언어 모델은 이러한 요소들을 완전히 반영하지 못하며, 주로 데이터 내에서 의미를 찾는다. 인간의 직관적 결정을 내리는 과정은 신경망 언어 모델의 계산(computation) 기반 예측과는 근본적으로 다르며, 감정의 미묘한 차이를 이해하는 데에도 한계가 있다.

인간 인지과학자는 인지 과정을 사회적 맥락에서 이해하며, 이는 언어 습득, 의사소통, 문화적 차이 등을 포함한다. 신경망 언어 모델은 이러한 사회적 맥락을 충분히 반영하지 못하며, 주로 개별 데이터 포인트 간의 관계를 학습한다. 예를 들어, 인간은 사회적 상호작용을 통해 언어를 배우고, 이를 통해 다양한 사회적 맥락을 이해하지만, 신경망 언어 모델은 이러한 상호작용을 시뮬레이션하는 데 한계가 있다. 인간의 언어 사용은 상황에 따라 다르게 나타나며, 이는 신경망 언어 모델이 학습한 정적인 데이터와는 차이가 있다.

신경망 언어 모델은 인간의 인지 과정을 수학적 알고리즘(mathematical algorithm)과 데이터 기반 학습(data-driven learning)을 통해 구현하지만, 이는 인간 인지과학자(cognitive scientist)가 연구하는 인지과학과는 본질적으로 다르다. 인간 인지과학자는 다양한 요인들을 고려하여 인간의 인지 과정을 연구하며, 이는 신경망 언어 모델의 접근 방식과는 차이가 있다. 이러한 차이점은 신경망 언어 모델이 인간 인지 과정을 완벽하게 모사하지 못하는 이유를 설명하며, 이를 보완하기 위한 다학제적 연구가 필요하다. 인간 인지과학자의 연구는 신경망 언어 모델의 개발과 개선에 중요한 통찰을 제공하며, 이는 모델의 성능을 향상시키고, 더 인간적인 언어 처리를 구현하는 데 기여할 수 있다.

요약하면, 신경망 언어 모델과 인간 인지과학의 접근 방식에는 중요한 차이점이 있으며, 이를 이해하는 것은 더 나은 모델 개발과 언어 처리 기술의 발전에 필수적이다.

7. 미래 연구 방향

7.1 융합 연구의 중요성

언어학, 심리학, 언어 인지 신경과학, 인공지능 공학의 융합 연구는 현대 언어 처리 기술의 발전을 위해 필수적이다. 이러한 다학제적 접근은 언어 처리와 관련된 다양한 문제를 해결하는 데 큰 도움이 된다. 예를 들어, 언어학의 이론적 프레임워크는 신경망 언어 모델이 더 정확한 언어 규칙과 패턴을 학습하는 데 기여할 수 있다. 언어 인지 신경과학은 뇌의 언어 처리 메커니즘을 이해하는 데 필요한 데이터를 제공하며, 이를 통해 신경망 언어 모델의 구조와 기능을 개선할 수 있다. 인공지능 공학은 이러한 이론적 지식과 데이터를 바탕으로 더 정교하고 효율적인 언어 모델을 개발하는 데 중요한 역할을 한다.

다학제적 연구는 또한 새로운 통찰과 혁신적인 접근 방식을 제시할 수 있다. 예를 들어, 언어 인지 신경과학 연구를 통해 뇌의 특정 영역이 언어 처리에 어떻게 관여하는지를 이해함으로써, 이러한 메커니즘을 모방하는 신경망 언어 모델을 개발할 수 있다. 또한 언어학자와 인공지능 공학자 간의 협력을 통해, 언어의 복잡한 구조와 의미를 더 잘 이해하고 처리할 수 있는 신경망 언어 모델을 설계할 수 있다. 이러한 융합 연구는 언어 처리 기술의 성능을 향상시키고, 더 자연스럽고 인간적인 언어 처리를 가능하게 한다.

윤리적 고려와 기술 발전의 균형은 지속 가능한 연구를 위해 매우 중요하다. 인공지능 기술의 발전은 다양한 윤리적 문제를 야기할 수 있으며, 이는 특히 신경망 언어 모델의 개발과 활용에 있어서도 중요한 이슈가 된다. 예를 들어, 데이터 편향성과 개인정보 보호 문제(privacy issue)는 인공지능 기술 연구에서 해결해야 할 주요 과제이다. 따라서 연구자들은 이러한 윤리적 문제를 고려하여 공정하고 투명한 연구를 수행해야 한다. 이는 기술 발전의 신뢰성을 높이고, 사회적으로 수용 가능한 인공지능 기술을 개발하는 데 기여할 수 있다.

다학제적 접근은 또한 연구의 적용 가능성을 확장하는 데 중요한 역할을 한다. 예를 들어, 언어학과 신경과학의 융합 연구(interdisciplinary research)는 교육, 의료, 법률 등 다양한 분야에서 활용될 수 있다. 이러한 연구는 언어 교육 프로그램의 개발, 언어 장애

(language disorder) 치료법의 개선, 법률 문서의 자동 분석 등 실질적인 문제 해결에 기여할 수 있다. 따라서, 다학제적 접근을 통해 언어 처리 기술의 응용 가능성을 확대하고, 이를 통해 사회에 긍정적인 영향을 미칠 수 있다.

지속 가능한(sustainable) 연구는 기술 발전과 윤리적 고려를 동시에 충족시켜야 한다. 이는 연구자들이 기술 개발 과정에서 발생할 수 있는 윤리적 문제를 미리 인식하고, 이를 해결하기 위한 적절한 조치를 취하는 것을 의미한다. 예를 들어, 데이터 수집과 처리 과정에서 개인정보를 보호하고, 데이터 편향성을 최소화하는 방법을 도입할 수 있다. 또한 인공지능 기술의 사용에 대한 사회적 합의를 이끌어내고, 이를 바탕으로 투명하고 책임감 있는 연구를 수행할 필요가 있다.

요약하면, 융합 연구는 언어학, 신경과학, 인공지능 공학의 다양한 관점을 통합하여 언어 처리 기술의 성능을 향상시키고, 이를 통해 실질적인 문제 해결에 기여할 수 있다. 이러한 연구는 기술 발전과 윤리적 고려의 균형을 유지하며, 지속 가능한 연구를 통해 사회에 긍정적인 영향을 미칠 수 있다.

7.2 실용적 응용 가능성

신경망 언어 모델은 다양한 실용적 응용 가능성을 가지고 있으며, 특히 교육 분야에서 중요한 역할을 할 수 있다. 언어 교육 및 학습 도구의 개발은 신경망 언어 모델의 주요 응용 분야 중 하나이다. 예를 들어, 신경망 언어 모델을 활용하여 맞춤형 언어 학습 프로그램을 개발할 수 있다. 이러한 프로그램은 학습자의 언어 수준과 학습 속도에 맞추어 개인화된 학습 경로를 제공하며, 실시간 피드백을 통해 학습 효과를 극대화할 수 있다. 이는 전통적인 언어 학습 방법에 비해 더욱 효율적이고 효과적인 학습을 가능하게 한다.

또한 신경망 언어 모델은 자동 번역, 음성 인식, 텍스트 요약 등 다양한 언어 처리 작업에서 높은 성능을 발휘할 수 있다. 예를 들어, 자동 번역 시스템은 다국어 간의 원활한 의사소통을 지원하며, 음성 인식 기술은 음성 명령(voice control)을 통한 기기 제어(device control), 음성 비서 서비스 등에서 활용될 수 있다. 텍스트 요약 기술은 방대한 양의 정보를 간단하고 명확하게 전달하는 데 유용하며, 이는 뉴스 요약, 문서 분석 등 다양한 응용 분야에서 활용될 수 있다.

의료 분야에서도 신경망 언어 모델의 응용 가능성이 높다. 예를 들어, 의료 기록의 자동 분석과 요약을 통해 의료진의 업무를 효율화하고, 환자의 진료 기록을 보다 체계적으로 관리할 수 있다. 또한 의료 챗봇을 통해 환자에게 실시간으로 의료 정보를 제공하고, 간단한 건강 상담(health consultation)을 제공할 수 있다. 이는 의료 서비스의 접근성을 높이고, 환자의 편의를 증진시키는 데 기여할 수 있다.

법률 분야에서는 신경망 언어 모델을 활용하여 법률 문서의 자동 분석, 판례 검색(case law search), 법률 자문 등의 작업을 효율화할 수 있다. 예를 들어, 법률 문서를 자동으로 분석하여 핵심 정보를 추출(extract)하고, 이를 바탕으로 신속하고 정확한 법률 자문을 제공할 수 있다. 또한 판례 검색 시스템을 통해 관련 판례를 빠르게 찾아낼 수 있으며, 이는 법률 전문가의 업무 효율성을 높이는 데 기여할 수 있다.

행정 분야에서도 신경망 언어 모델의 활용 가능성이 크다. 예를 들어, 공공 문서의 자동 작성과 검토를 통해 행정 업무의 효율성을 높일 수 있다. 또한 주민과의 소통을 위한 챗봇 서비스를 통해 민원 처리(civil complaint handling) 시간을 단축하고, 주민의 만족도를 높일 수 있다. 이러한 응용은 공공 서비스의 질을 향상시키고, 행정 업무의 효율성을 극대화하는 데 기여할 수 있다.

또한 신경망 언어 모델은 고객 서비스 분야에서도 유용하게 사용될 수 있다. 예를 들어, 고객 지원 챗봇을 통해 24시간 실시간으로 고객의 문의를 처리하고, 신속하고 정확한 답변을 제공할 수 있다. 이는 고객 서비스의 질을 향상시키고, 고객 만족도를 높이는 데 기여할 수 있다. 또한 고객의 피드백을 분석하여 서비스 개선점을 도출하고, 이를 바탕으로 더욱 나은 서비스를 제공할 수 있다.

요약하면, 신경망 언어 모델은 교육, 의료, 법률, 행정 등 다양한 분야에서 실용적으로 활용될 수 있는 잠재력을 가지고 있다. 이러한 기술은 실생활에서 유용하게 사용될 수 있으며, 이를 통해 사회에 긍정적인 영향을 미칠 수 있다. 지속적인 연구와 발전을 통해 신경망 언어 모델의 성능을 향상시키고, 다양한 분야에서의 응용 가능성을 더욱 확대할 필요가 있다. 이는 신경망 언어 모델이 실생활에서 더욱 유용하게 활용될 수 있는 중요한 방향성을 제시한다.

8. 결론

신경망 언어 모델과 인간의 언어 처리 과정을 비교하는 연구는 언어학과 인공지능 공학 연구에서 매우 중요하다. 인간의 언어 처리 과정은 복잡한 인지적, 생리적, 심리적 메커니즘에 의해 이루어지며, 이는 언어 습득, 문맥 이해, 의미 추론 등의 과정에서 중요한 역할을 한다. 반면, 신경망 언어 모델은 대규모 데이터셋을 통해 언어의 구조와 패턴을 학습하여 인간의 언어 처리 방식을 모사하려고 한다.

신경망 언어 모델은 RNN, LSTM, Transformer와 같은 다양한 아키텍처를 사용하며, 특히 Transformer 모델은 self-attention 메커니즘을 통해 문맥 정보를 효과적으로 처리한다. 그러나 신경망 언어 모델은 데이터 기반 학습의 한계로 인해 인간의 복잡한 언어 처리 능력을 완전히 재현하지 못하며, 감정 표현, 문화적 이해, 편향성 문제에서 한계를 보인다. 인간의 언어 처리 과정은 개인의 경험, 감정, 사회적 상호작용과 깊이 연관되어 있어 신경망 언어 모델이 완전히 반영하기 어렵다.

향후 연구에서는 신경망 언어 모델의 한계를 극복하기 위해 공정하고 균형 잡힌 데이터셋 구축, 데이터 편향성 최소화, 감정 분석 기술 발전 등이 필요하다. 이러한 개선 방안은 신경망 언어 모델이 더 공정하고 정확한 텍스트를 생성하며, 인간의 언어 인지 과정에 더 가까운 성능을 발휘할 수 있도록 하는 데 기여할 것이다. 이러한 향후 연구는 신경망 언어 모델이 인간의 언어 처리 과정을 더욱 깊이 이해하는 데 도움이 되며, 실용적 응용 가능성을 확대하여 사회에 긍정적인 영향을 미칠 수 있다. 지속적인 연구와 개선을 통해 더 정교하고 인간적인 언어 처리 능력을 갖춘 모델을 개발할 수 있으며, 다양한 응용 분야에서 신경망 언어 모델의 잠재력을 최대한 활용할 수 있을 것이다.

| 참고문헌 |

Brown, Tom B., Benjamin Mann, Nick Ryder, Melanie Subbiah et al., and Dario Amodei. 2020. GPT-3: Language models are few-shot learners. In *NeurIPS*, ed. Larochelle, H., Ranzato, M., Hadsell, R., Balcan, M., and Lin, H.

Devlin, Jacob, Ming-Wei Chang, Kenton Lee, and Kristina Toutanova. 2019. BERT: pre-training of deep bidirectional transformers for language understanding. In *The North American Chapter of the Association for Computational Linguistics*, ed. Burstein, J., Doran, C., and Solorio, T., pp. 4171–4186.

Grodzinsky, Yosef, and Angela D. Friederici. 2006. Neuroimaging of syntax and syntactic processing. *Current Opinion in Neurobiology* 16.2, 240-246. doi:10.1016/j.conb.2006.03.007.

Ross, Candace, Andrei Barbu, Yevgeni Berzak, Battushig Myanganbayar, and Boris Katz, 2018. Grounding language acquisition by training semantic parsers using captioned videos", *Proceedings of the 2018 Conference on Empirical Methods in Natural Language Processing*, ed. Ellen Riloff, David Chiang, Julia Hockenmaier, and Jun'ichi Tsujii, Brussels, Belgium, October 31 – November 4, 2647-2656. Association for Computational Linguistics.

3장
언어와 인지
vs.
초대형 신경망 언어 모델

1. 서론

오늘날 우리는 인공지능 기술의 놀라운 발전을 목격하고 있다. 특히, 초대형 (신경망) 언어 모델(large (neural) language model, LLM)의 등장은 언어 처리 기술(language processing technology)의 새로운 시대가 열리고 있음을 보여준다. Jorge Luis Borges는 "위대한 위험과 약속의 시대에 사는 것은 우리 자신과 세상을 이해하는 계시가 임박하고 있음을 경험하는 것(to live in a time of great peril and promise is to experience both tragedy and comedy, with "the imminence of a revelation" in understanding ourselves and the world.)"(Chomsky et al.(2023) 참고)이라고 썼다. 이 말은 현대 인공지능 기술, 특히 신경망 언어 모델의 발전이 우리에게 가져다주는 가능성과 함께 우리가 직면하게 될 도전을 잘 묘사하고 있다. 인공지능 기술의 혁신은 문제 해결 능력을 향상시키고, 다양한 분야에서 놀라운 성과를 거두고 있지만, 동시에 과학적 타당성(validity)과 윤리적 고려(ethical consideration)를 무시한 채 급격하게 발전하는 인공지능 기술이 초래할 수 있는 위험도 내포하고 있다.

OpenAI의 ChatGPT, Google의 Bard, Microsoft의 Sydney와 같은 초대형 신경망 언어 모델은 방대한 데이터를 학습하고 패턴을 찾아내어 인간과 유사한 언어 출력을 생성하는 능력을 갖추고 있다. 이러한 모델들은 종종 인공지능의 미래를 엿볼 수 있는 첫 단추로 여겨지며, 기계적 사고(mechanical reasoning)와 예술적 창의성(artistic creativity) 면에서 인간을 능가할 잠재력을 가지고 있다고 평가받는다. 그러나 이러한 기대에도 불구하고, 실제로 이러한 모델들이 인간의 지능(human intelligence)을 완전히 대체하거나 인간 수준의 이해와 창의성을 발휘할 수 있을지는 여전히 의문이다.

언어 모델의 작동 원리를 이해하기 위해서는 먼저 이들이 어떻게 학습하고 예측하는지 살펴볼 필요가 있다. 신경망 언어 모델은 대규모 텍스트 데이터를 학습하여 패턴을 식별하고, 이를 바탕으로 확률적으로 가장 가능성 있는 출력을 생성한다. 이는 인간의 언어 습득 방식과는 근본적으로 다르다. 인간은 적은 양의 정보로부터 문법과 의미를 빠르게 습득하고, 이를 바탕으로 새로운 문장과 생각을 생성할 수 있는 능력을 가지고 있다. 반면, 신경망 언어 모델은 대규모 데이터에서 패턴을 찾는 데 의존하며, 문맥과 의미를 깊이 이해하는 데에는 한계가 있다.

이러한 차이는 신경망 언어 모델이 인간의 언어적, 인지적 능력에 접근하는 데 있어 해결해야 할 중요한 도전을 제기한다. 예를 들어, 신경망 언어 모델은 단순한 기술과 예측에는 뛰어나지만, 인과적 설명(causal explanation)이나 복잡한 문제 해결에서는 인간의 사고 방식을 따라가지 못한다. 이는 신경망 언어 모델이 생성하는 정보의 신뢰성(reliability)과 정확성(accuracy)에 영향을 미치며, 윤리적 문제를 야기할 수 있다. 더욱이, 신경망 언어 모델의 한계는 그 자체로 다양한 문제를 일으킬 수 있다. 단순한 질문에 대한 응답이나 패턴 인식에서는 우수한 성과를 보이지만, 그 이면에 숨겨진 맥락(underlying context)을 이해하거나 예외적인 상황에 대한 적절한 대응은 여전히 부족하다. 이러한 제한점은 특히 중요한 결정이 필요한 분야에서 인공지능 신경망 언어 모델의 사용을 제약하며, 정보의 왜곡이나 오해를 초래할 수 있는 잠재적 위험(potential peril)을 내포한다. 따라서 인공지능 신경망 언어 모델의 신뢰성과 정확성을 높이기 위한 지속적인 연구와 개선이 필수적이다.

또한 인공지능 신경망 언어 모델의 발전은 사회적, 윤리적 함의를 포함한다. 인공지능 신경망 언어 모델이 학습하는 데이터에 내재된(implict) 편향성(bias)이 모델의 출력에도 반영될 수 있으며, 이는 특정 그룹에 대한 편견을 강화하거나 사회적 불평등을 심화시키는 결과를 초래할 수 있다. 따라서 인공지능 신경망 언어 모델 시스템의 개발과 사용에는 윤리적 고려가 필수적이며, 공정성(fairness)과 투명성(transparency)을 보장하는 규제 조치가 필요하다. 이러한 윤리적 고려는 단순히 기술 개발 단계에 그치지 않고, 인공지능 신경망 언어 모델이 실제로 적용되는 모든 영역에서 지속적으로 이루어져야 한다. 더 나아가, 다양한 이해관계자들이 참여하여 인공지능 신경망 언어 모델의 발전 방향을 논의하고, 그 과정에서 발생할 수 있는 윤리적 문제를 적극적으로 해결해 나가는 것이 중요하다. 이를 통해 인공지능 신경망 언어 모델이 사회에 긍정적인 영향을 미칠 수 있도록 하고, 기술 발전이 인간의 존엄성과 권리를 침해하지 않도록 하는 장치를 마련해야 한다.

본 장에서는 초대형 신경망 언어 모델의 발전과 그로 인한 가능성과 도전을 살펴보고, 이러한 초대형 신경망 언어 모델들이 인간의 언어와 인지 능력에 접근하기 위해 필요한 발전 방향을 논의할 것이다. 또한 인공지능 신경망 언어 모델 개발에서 윤리 원칙의 중요성과 안전하고 윤리적인 인공지능 신경망 언어 모델 사용을 보장하기 위한 규제 조치를 제안할 것이다. 이를 통해 인공지능 신경망 언어 모델의 발전이 사회에 긍정적인 영향을 미칠 수 있도록 하고, 기술의 잠재적인 위험을 최소화하는 방안을 모색하고자 한다.

2. 초대형 신경망 언어 모델 소개

2.1 언어 모델과 그 발전의 개요

언어 모델은 인공지능 기술의 중요한 구성 요소로, 방대한 텍스트 데이터를 학습하여 인간과 유사한 언어를 생성하고 이해하는 능력을 가진다.[1] 이러한 모델은 다양한 자연어 처리(natural language learning, NLP) 작업에서 중요한 역할을 한다. 초기의 언어 모델은 규칙 기반(rule-based) 시스템으로 시작되었다. 이러한 시스템은 언어의 규칙과 문법을 명시적으로 프로그램(program)하여 작동하였다. 예를 들어, 초창기의 기계 번역 시스템은 문법 규칙과 사전 데이터를 기반으로 번역 작업을 수행하였다. 그러나 이러한 접근 방식은 언어의 복잡성과 다양성을 충분히 반영하지 못했다. 언어는 예외가 많고, 상황에 따라 다르게 사용되기 때문이다.

이후, 기계 학습(machine learning) 기반의 언어 모델이 등장하면서, 언어 처리의 정확성과 효율성(efficiency)이 크게 향상되었다. 특히, 통계적 언어 모델(statistical language model)은 텍스트 데이터에서 패턴(pattern)을 찾아내어 언어를 처리하는 방법을 학습한다. 이 모델들은 대규모 코퍼스(corpus)를 이용하여 언어의 사용 패턴을 분석하고, 이를 기반으로 예측하고 생성하는 능력을 갖추게 되었다. 예를 들어, [N-그램 모델]은 특정 단어의 빈도와 그 주변 단어의 관계를 분석하여 다음에 올 단어를 예측하는 방식(next-word prediction)으로 작동하였다. 하지만, 이 또한 한계가 있었다. 데이터의 양과 질에 따라 모델의 성능이 크게 달라졌기 때문이다.

> [N-그램(gram) 모델]은 자연어 처리에서 사용하는 통계적 언어 모델로, 주어진 단어 시퀀스(sequence)에서 다음 단어를 예측하는 데 사용된다. N-그램은 'N'개의 연속된 단어들의 집

---

1) 신경망 언어 모델은 인공지능 시스템(AI system)의 한 부분으로, 자연어 처리(NLP) 작업을 수행하는 데 사용된다. 신경망 언어 모델은 텍스트 데이터를 학습하여 언어 이해 및 생성 능력을 갖추고, 챗봇, 번역기, 텍스트 요약기 등 다양한 AI 응용 프로그램에 통합된다. 신경망 언어 모델은 인공지능 시스템이 사람과 자연스럽게 상호작용하고, 문맥을 이해하며, 의미 있는 텍스트를 생성할 수 있게 한다. 따라서 신경망 언어 모델은 인공지능 시스템의 언어 처리 능력을 크게 향상시키는 핵심 구성 요소이다.

> 합을 의미하며, N의 값에 따라 유니-그램(1-그램), 바이-그램(2-그램), 트라이-그램(3-그램) 등이 있다. 이 모델은 학습/훈련 데이터에서 자주 등장하는 N-그램을 기반으로 다음 단어의 출현 확률을 계산한다. 간단하면서도 효과적이지만, 문맥을 길게 고려하지 못해 긴 문장에서는 정확도가 떨어질 수 있다. 이를 극복하기 위해 종종 N의 값을 늘리거나, 다른 모델과 결합하여 사용하기도 한다.

현재는 초대형 신경망 언어 모델로 발전하였다. 이들 모델은 인공신경망을 이용하여 방대한 양의 텍스트 데이터를 학습한다. 예를 들어, GPT-3와 같은 모델은 수십억 개의 매개변수(parameter)를 가지고 있어, 더 복잡하고 정교한 언어 생성이 가능하다. 이러한 모델은 단순한 문법 규칙을 넘어, 문맥과 의미를 [이해]하고, 자연스러운 대화를 생성하는 데 뛰어난 성능을 보인다. 이는 대규모 데이터와 고성능 컴퓨팅 자원(high-performance computing resources)을 활용한 결과이다. GPT-3 모델은 다양한 분야에서 적용 가능하며, 대화형 AI, 자동 요약, 텍스트 완성 등에서 뛰어난 성능을 발휘한다. 또한 이러한 모델들은 연산 능력의 향상과 더불어 점점 더 정교해지고 있으며, 이를 통해 인간과 유사한(human-like) 수준의 언어 처리 능력을 보여주고 있다.

> Mitchell and Krakauer(2022)의 "The Debate over Understanding in AI's Large Language Models"의 논문에서는 LLM의 [이해(능력)]에 대한 논쟁이 인간과 기계 모두에 대한 '이해'의 개념을 확장할 필요성을 제기한다고 보고 있다. Terrence Sejnowski는 대형 언어 모델(LLM)의 지능에 대한 전문가들의 의견 차이가 '이해'에 대한 기존의 자연 지능 기반의 개념 정의가 충분하지 않음에 기인한다고 지적한다. LLM이 엄청난 규모의 통계적 상관관계(statistical correlation)를 이용하여 성공한다면,[2] 이는 새로운 형태의 '이해'로 간주될 수 있다. AI 분야는 최근 새로운 '이해' 방식의 기계를 만들어냈으며, 이는 다양한 문제에 적응할 수 있다. 방대한 양의 지식을 필요로 하는 문제에서는 대규모 통계 모델이 유리하고, 제한된 지식과

---

2) 대형 언어 모델(LLM)은 엄청난 규모의 텍스트 데이터를 분석하여 단어, 구문, 문장 간의 통계적 상관관계를 학습한다. 이를 통해 특정 단어나 구문이 나타날 확률을 예측하고, 자연스러운 문장을 생성할 수 있다. 이러한 통계적 상관관계를 기반으로 LLM은 방대한 양의 데이터에서 패턴을 인식하고 적절한 응답을 생성하는데, 이는 기존의 자연 지능이 사용하는 '이해'의 방식과는 다른 새로운 형태의 '이해'로 간주될 수 있다.

> 강한 인과 메커니즘이 필요한 문제에서는 인간 지능이 유리하다. 미래의 도전 과제는 다양한 형태의 지능에서 '이해'의 메커니즘을 밝히고, 그 강점과 한계를 구별하며, 이러한 다양한 인지 방식을 통합하는 방법을 배우는 것이다.

2.2 최근의 주요 초대형 신경망 언어 모델 소개: ChatGPT, Bard, Sydney

OpenAI의 ChatGPT, Google의 Bard, Microsoft의 Sydney는 초대형 신경망 언어 모델의 대표적인 예시로, 각기 다른 특성과 기능을 가지고 있다. [OpenAI의 ChatGPT]는 GPT-3를 기반으로 하여 개발된 모델로, 다양한 자연어 처리 작업에서 뛰어난 성능을 보인다. 이 신경망 언어 모델은 대화형 AI로 설계되어, 사용자와 자연스러운 대화를 나눌 수 있다. 또한 텍스트 생성, 요약, 번역 등의 작업에서도 높은 정확도를 자랑한다. ChatGPT는 교육, 상담, 정보 제공 등의 다양한 분야에서 활용될 수 있으며, 사용자 맞춤형 서비스를 제공하는 데 유용하다.

[Google의 Bard](현재는 Gemini)는 Google의 연구팀이 개발한 언어 모델로, 대규모 텍스트 데이터를 학습하여 문맥을 이해하고, 자연스러운 언어를 생성할 수 있다. Bard는 특히 검색 및 정보 검색 작업에서 강력한 성능을 보이며, 사용자의 질문에 대한 정확하고 유용한 답변을 제공한다. 이 모델은 다양한 언어로 훈련되어, 다국어 지원에서도 우수한 성능을 발휘한다. Bard는 또한 텍스트 요약, 문서 분류, 감정 분석 등 다양한 응용 프로그램에서 활용될 수 있다. Google의 검색 엔진에 통합되어 사용자에게 더욱 정확하고 빠른 검색 결과를 제공하는 데 기여하고 있다.

[Microsoft의 Sydney]는 Microsoft의 연구팀이 개발한 언어 모델로, 주로 기업 환경에서의 응용을 목표로 한다. Sydney는 고객 서비스, 기술 지원, 비즈니스 문서 작성 등 다양한 비즈니스 애플리케이션에서 사용될 수 있다. 이 모델은 높은 정확성과 신뢰성을 바탕으로, 기업의 효율성(efficacy)을 높이고, 고객 경험을 개선하는 데 기여한다. 예를 들어, Sydney는 자동화된 고객 지원 시스템에 통합되어, 고객의 질문에 신속하고 정확한 답변을 제공하며, 기업의 운영 비용을 절감할 수 있다. 또한 비즈니스 인텔리전스(business intelligence) 도구로 활용되어 기업의 의사 결정 과정에서 중요한 역할을 할 수 있다.

2.3 초대형 신경망 언어 모델의 발전의 약속과 위험

● **초대형 신경망 언어 모델의 발전 가능성**

초대형 신경망 언어 모델의 발전은 많은 기회를 제공한다. 이러한 모델은 문제 해결, 학습, 적응 능력을 향상시키며, 다양한 응용 분야에서 혁신을 가능하게 한다. 특히, 이러한 신경망 언어 모델들은 그들의 방대한 데이터 학습 능력과 높은 처리 성능 덕분에 여러 산업에서 중요한 변화를 이끌어낼 수 있다.

먼저, 의료 분야에서는 신경망 언어 모델이 의료 기록을 분석하고, 진단과 치료(metical treatment) 계획을 지원하는 데 큰 역할을 할 수 있다. 예를 들어, 환자의 전자의료기록(electronic medical record, EMR)을 분석하여 질병의 초기 징후(early signs)를 감지(detect)하고, 의사들에게 보다 정확한 진단 도구를 제공할 수 있다. 또한 이러한 신경망 언어 모델들은 복잡한 의학 문헌을 빠르게 분석하여 최신 연구 결과를 의료진에게 제공함으로써, 의료 지식의 갱신을 지원할 수 있다. 이를 통해 의료 서비스의 품질을 향상시키고, 환자 치료의 효과를 높일 수 있다.

교육 분야에서는 개인화된 학습(personalized learning) 경험을 제공하여 학습 효율성을 높일 수 있다. 신경망 언어 모델은 학생들의 학습 패턴을 분석하여, 각 학생에게 맞춤형 학습(customized learning) 자료와 피드백을 제공할 수 있다. 예를 들어, 특정 주제에서 어려움을 겪는 학생들에게는 추가적인 설명과 연습 문제를 제공함으로써, 이해도를 높일 수 있다. 또한 이러한 신경망 언어 모델들은 온라인 학습 플랫폼에서 자동으로 학생들의 질문에 답변하고, 학습 진도를 모니터링하며, 필요한 경우 즉각적인 도움을 제공할 수 있다.

엔터프라이즈 애플리케이션(enterprise application)에서도 비즈니스 프로세스를 자동화(automatization)하고, 운영 효율성을 극대화할 수 있다. 예를 들어, 금융 분야에서는 거래 데이터 분석, 사기 탐지(fraud detection), 리스크 관리(risk management) 등에서 신경망 언어 모델이 중요한 역할을 할 수 있다. 이러한 모델들은 방대한 금융 데이터를 실시간으로 분석하여, 사기 거래를 조기에 탐지하고, 리스크를 최소화할 수 있는 방안을 제시할 수 있다. 또한 고객 서비스의 질을 향상시키고, 사용자 경험을 개인화하는 데 기여할 수 있다. 예를 들어, 고객의 문의에 자동으로 응답하고, 고객의 필요에 맞춘 맞춤형 서비스를 제공함으로써, 고객 만족도를 높일 수 있다.

● 초대형 신경망 언어 모델의 위험 요소

그러나 초대형 신경망 언어 모델은 몇 가지 중요한 위험을 내포하고 있다. 이러한 위험 요소들은 모델의 사용과 확산 과정에서 신중하게 고려되어야 한다. 먼저, [데이터 편향성 문제]는 심각한 위험 요소이다. 모델이 학습하는 데이터에 내재된 편향성이 모델의 출력에도 반영될 수 있다. 이는 사회적 불평등을 심화시키거나, 특정 그룹에 대한 편견을 강화하는 결과를 초래할 수 있다. 예를 들어, 인종적 또는 성별 편향성이 있는 데이터로 학습된 모델은 그러한 편견을 반영하는 결과를 생성할 수 있다. 이는 특히 공정성(fairness)과 평등이 중요한 분야에서 큰 문제가 될 수 있다. 따라서, 데이터 편향성을 최소화하기 위해 학습 데이터의 다양성과 대표성을 보장하고, 데이터 품질을 철저히 검증하는 과정이 필요하다.

또한 프라이버시(privacy)와 보안(security) 문제도 중요한 고려사항이다. 대규모 데이터 학습 과정에서 개인 정보가 유출되거나, 악용될 가능성이 있다. 예를 들어, 의료 데이터나 금융 데이터와 같은 민감한 정보가 포함된 경우, 이러한 정보가 적절하게 보호되지 않으면 심각한 개인정보 침해(privacy infringement)로 이어질 수 있다. 이는 데이터 보안과 관련된 규제와 법적 문제를 야기할 수 있다. 따라서, 신경망 언어 모델을 개발하고 배포할 때는 엄격한 데이터 보안 조치와 프라이버시 보호 정책이 필요하다. 데이터 암호화(data encryption), 접근 통제(access control), 데이터 익명화(data anonymization) 등의 기술을 통해 개인정보를 보호하고, 데이터 사용에 대한 명확한 정책을 수립해야 한다.

또한 초대형 신경망 언어 모델은 잘못된 정보나 비윤리적 내용을 생성할 가능성도 있다. 이는 특히 정보의 신뢰성과 윤리가 중요한 분야에서 심각한 문제를 초래할 수 있다. 예를 들어, 잘못된 의료 정보가 제공될 경우, 이는 환자의 건강에 심각한 영향을 미칠 수 있다. 또한 잘못된 금융 정보가 제공될 경우, 이는 경제적 손실을 초래할 수 있다. 이러한 문제를 방지하기 위해, 신경망 언어 모델의 출력물을 검토하고, 잘못된 정보를 수정하는 과정이 필요하다. 이를 위해 인공지능 시스템의 투명성(transparency)을 높이고, 출력 검증(output validation)과 피드백 메커니즘을 강화해야 한다.

또한 초대형 신경망 언어 모델이 장기적으로 사람의 인지에 미칠 영향도 중요한 고려사항이다. 이러한 모델들이 점점 더 인간의 언어를 모방하고 자연스럽게 소통하게 되면서, 사람들은 점차 AI와의 상호작용에 익숙해지고 의존하게 될 수 있다. 이는 인간의 비판적 사고(critical thinking)와 문제 해결(problem-solving) 능력을 약화시킬 위험이 있다. 예를 들어, 사람들이 정보를 검증하지 않고 AI의 출력을 무조건적으로 신뢰하게 되면, 잘못된 정보에 기반한 결정을 내릴 가능성이 높아진다. 또한 AI와의 상호작용이 빈번해지면서 사회적 상호작용의 질이 저하될 수 있다. 사람들은 AI와의 대화에서 오는 편리함에 익숙해져, 실제 인간과의 소통에서 필요한 감정적 교류(emotional exchange)나 공감 능력(empathy)이 감소할 수 있다. 따라서 AI 기술의 발전과 사용에서는 이러한 인지적 영향을 최소화하기 위한 방안도 함께 고려해야 한다. 인간의 비판적 사고를 강화하고, AI와의 상호작용에서 적절한 균형을 유지하는 교육과 훈련이 필요하다.

다음으로, 초대형 신경망 언어 모델의 에너지 소비와 환경 영향도 중요한 고려사항이다. 이러한 모델들은 학습과 추론 과정에서 막대한 계산 자원(computational resources)을 소비하며, 이에 따른 에너지 소비와 탄소 배출(carbon emissions)이 발생한다. 이는 환경에 부정적인 영향을 미칠 수 있으며, 지속 가능한(sustainable) 인공지능 개발을 위해 해결해야 할 문제이다. 에너지 효율성을 높이고, 친환경적인 데이터 센터 운영을 통해 이러한 문제를 완화할 수 있다.[3]

요약하면, 초대형 신경망 언어 모델은 기술 발전의 중요한 요소로, 많은 가능성과 함께 몇 가지 중요한 도전을 제기한다. 이러한 모델의 개발과 사용에서는 기회와 위험을 균형 있게 고려하여, 기술이 인류에 긍정적인 영향을 미칠 수 있도록 노력해야 한다. 이를 위해서는 지속적인 연구와 개발, 엄격한 윤리적 기준 준수, 그리고 효과적인 규제 조치가 필요하다. 또한 사회적 합의를 통해 기술의 발전 방향을 설정하고, 공정하고 안전한(fair and safe) 기술 사용을 보장하는 것이 중요하다. 이러한 노력을 통해 신경망 언어 모델이 인류의 복지와 발전에 기여할 수 있기를 기대한다.

---

[3] GPT-3의 학습에 필요한 정확한 epoch — 훈련 자료 전체를 한 번 훈련/학습할 때 이를 one epoch라고 함 — 수와 비용은 공개되지 않았지만, 일반적으로 대규모 언어 모델은 수십에서 수백 번의 epoch로 훈련된다. 훈련 비용은 모델의 크기와 인프라, 전력 소모 등을 고려할 때 수백만 달러에 이를 수 있다. OpenAI에 따르면, GPT-3의 훈련에는 약 355년의 GPU 시간이 필요하며, 이는 최신 GPU로 환산하면 상당한 비용이 소요됩니다. 따라서, GPT-3의 학습은 매우 고비용의 복잡한 과정이다.

3. 인간의 언어와 인지

3.1 인간 언어의 본질: 문법과 구문

인간 언어는 단순한 단어들의 집합이 아니라, 특정한 규칙과 구조를 가지고 있다. 이러한 규칙과 구조는 언어의 문법과 구문을 형성하며, 이는 언어의 의미와 사용을 결정짓는다. 인간 언어는 수많은 단어들로 구성되지만, 이러한 단어들이 조합되는 방식에는 매우 정교한 규칙이 존재한다. 예를 들어, 영어 문법에서는 주어-동사-목적어(SVO) 순서가 기본적인 문장 구조를 이룬다. 이 구조는 주어가 행동(action)을 하고, 동사가 그 행동을 설명하며, 목적어가 행동의 대상(patient/theme)을 나타내는 방식으로 문장을 구성한다.

어린아이들이 언어를 습득하는 과정은 이러한 문법 원칙(principle)과[4] [매개변수(parameter)]를 빠르게 학습하며 내재화하는 과정이다.[5] 어린아이들은 태어나면서부터 언어 환경에 노출되며, 자연스럽게 언어의 규칙을 학습하게 된다. 예를 들어, 영어를 사용하는 가정에서 태어난 아이는 부모와 주변 사람들이 사용하는 언어를 듣고 모방하며, 이를 통해 영어의 문법 규칙을 습득하게 된다. 이 과정은 매우 빠르고 효율적으로 이루어지며, 아이들은 몇 년 만―일반적으로 60개월, 5년―에 기본적인 문법 구조를 이해하고 사용할 수 있게 된다.

이러한 언어 습득 과정은 인간의 언어 능력(language faculty)이 선천적으로 타고난(innate) 능력임을 시사한다. Noam Chomsky는 이러한 능력을 '보편 문법(Universal Grammar)'이라 부르며,[6] 이는 모든 인간이 태어날 때부터 가지고 있는 언어 구조의 기

---

[4] 문법 규칙보다 보다 더 일반적이고 추상적인 개념이 문법 원리이다.
[5] 신경망 언어 모델에서의 [매개변수]는 모델이 학습하는 동안 최적화되는 가중치와 바이어스를 의미하며, 이는 예측 성능을 높이기 위해 조정된다. 언어학 통사론에서의 [매개변수]는 언어의 문법 규칙을 정의하고 설명하는 데 사용되는 변수로, 특정 언어 또는 방언의 문법적 특성을 나타낸다. 신경망 언어 모델의 [매개변수]는 수학적 최적화 과정의 일부인 반면, 통사론의 [매개변수]는 언어 구조의 이론적 분석에 중점을 둔다. 따라서, 신경망 언어 모델의 파라미터는 데이터 기반의 학습 요소이고, 언어학 통사론의 [매개변수]는 언어학적 규칙을 설명하는 요소이다
[6] 보편 문법(Universal Grammar)는 종종 선천적 언어 능력(innate language ability), 언어의 보편적 규칙(universal principles of language), 생득적 문법(innate grammar), 공통 언어 구조(common language structure), 언어적 보편성(linguistic universals), 선천적 지식(innate knowledge/ideas) 등으로도 표현된다.

본 틀이라고 주장한다. 보편 문법은 인간 두뇌에 내재된 언어 구조로, 다양한 언어를 생성할 수 있는 능력을 제공한다. 이 보편 문법은 아이들이 언어를 습득하는 데 필요한 기본적인 규칙과 원리를 제공하며, 이를 통해 다양한 언어를 빠르고 효율적으로 습득할 수 있게 한다.

3.2 언어 습득(language acquisition)의 인지 과정

인간은 적은 양의 정보로부터 복잡한 문법을 자동적이고 무의식적으로 습득한다. 이는 인간의 인지 능력(cognitive ability)—정보를 습득하고 이해하며, 기억하고 문제를 해결하는 등의 심적 과정(mental process)들을 수행하는 능력—과 밀접하게 연관되어 있다.[7] 예를 들어, 어린 아이는 주변에서 들리는 말을 통해 언어를 배우며, 이는 무의식적으로 이루어진다. 아이들은 특정한 문장을 듣고 이를 반복하는 과정에서 문법 규칙을 터득하게 된다. 이 과정에서 아이들은 언어의 규칙을 배우기 위해 명시적인 교육(explicit learning)을 받지 않으며, 단순히 언어를 사용하는 사람들과의 상호작용을 통해 학습한다.

이와 같은 언어 습득 과정은 인간의 인지 능력이 매우 효율적이고 정교하다는 것을 보여준다. 인간의 두뇌는 적은 양의 정보로부터 패턴을 인식하고, 이를 바탕으로 복잡한 규칙을 도출해낸다. 이는 인간의 두뇌가 데이터를 단순히 저장하는 것이 아니라, 이를 분석하고 이해하며, 새로운 규칙을 만들어내는 능력을 가지고 있음을 의미한다. 이러한 인지 과정은 언어 습득 뿐만 아니라, 문제 해결, 추론, 학습 등 다양한 인지 활동에서도 중요한 역할을 한다.

인간의 언어 습득 과정은 매우 복잡하며, 다양한 인지적 요소들이 상호작용한다. 예를 들어, 아이들은 언어를 배우는 과정에서 특정한 음소(phoneme)와 음운(phonology)을 인식하고, 이를 결합하여 단어를 형성한다. 이러한 과정은 음성 인식과 관련된 인지 능력과 밀접하게 연관되어 있으며, 이를 통해 아이들은 언어의 음운 구조(phonological

---

[7] 사람의 인지 능력과 이에 상응하는 신경망 언어 모델의 알고리즘은 둘 다 복잡한 연산(computation)을 통해 정보를 처리하고 학습하는 능력을 포함한다. 두 시스템 모두 입력 데이터를 기반으로 예측하고 결정을 내리는 기능을 가진다. 그러나 인간의 인지 능력은 경험과 감정, 직관을 통해 유연하고 적응적으로 작동한다. 반면, 신경망 언어 모델은 대규모 데이터셋에서 패턴을 학습하고 통계적 알고리즘(statistical algorithm)을 사용하여 정보를 처리한다.

structure)를 이해하게 된다. 또한 아이들은 단어의 의미를 이해하고, 이를 문맥에 맞게 사용하는 능력을 발달시킨다. 이는 의미 인식과 관련된 인지 능력과 연관되어 있으며, 이를 통해 아이들은 단어와 문장의 의미를 정확하게 파악할 수 있게 된다.

3.3 보편 문법의 역할과 인간 인지

보편 문법은 인간 두뇌에 내재된 언어 구조로, 다양한 언어를 생성할 수 있는 능력을 제공한다.[8] Noam Chomsky의 보편 문법 이론에 따르면, 모든 인간은 태어날 때부터 특정한 언어 구조를 내재하고 있으며, 이를 바탕으로 다양한 언어를 학습할 수 있다. 보편 문법은 특정 언어의 문법 규칙을 배우는 데 필요한 기본적인 틀을 제공하며, 이를 통해 아이들은 다양한 언어를 빠르고 효율적으로 습득할 수 있다.

이 보편 문법은 인간의 언어 이해와 생성에 중요한 역할을 한다. 인간은 새로운 문장이나 표현을 들었을 때, 이를 기존의 문법 규칙과 결합하여 의미를 이해하고, 새로운 문장을 생성할 수 있다. 예를 들어, 영어를 모국어로 사용하는 사람은 "The cat sat on the mat"이라는 문장을 들었을 때, 이를 이해하고, "The dog sat on the mat"과 같은 새로운 문장을 생성할 수 있다. 이는 보편 문법이 인간의 언어 능력의 근간을 이루고 있음을 보여준다.

또한 보편 문법은 인간의 언어 능력이 다른 동물과는 근본적으로 다르다는 것을 시사한다. 다른 동물들도 의사소통을 할 수 있지만, 인간과 같은 복잡한 문법 구조를 사용하지 않는다. 이는 인간의 언어 능력이 단순히 학습의 결과가 아니라, 선천적으로 타

---

[8] 촘스키의 보편 문법 이론은 모든 인간이 태어날 때부터 공통된 문법 구조를 가지고 있다고 주장한다. 이는 **신경망 언어 모델의 알고리즘이 언어의 보편적인 패턴과 구조를 학습하고 이해하는 방식**과 유사하다. 신경망 언어 모델은 대규모 데이터셋에서 패턴을 학습하여 보편적인 언어 구조를 파악하며, 이를 통해 다양한 언어적 상황에서 정확한 예측을 수행할 수 있다. 이러한 상관성은 **인간의 언어 인지 과정과 신경망 언어 모델의 학습 방식**이 공통된 기초 원리를 공유할 가능성을 시사한다.

그러나 차이점도 존재한다. 촘스키의 보편 문법은 인간이 태어날 때부터 내재된 문법 구조를 가정하며, 언어 습득이 선천적인 능력에 기반한다고 주장한다. 반면, 신경망 언어 모델의 알고리즘은 대규모 데이터셋을 통해 언어 패턴을 학습하며, 선천적인 구조 없이 경험적 데이터를 바탕으로 언어를 이해하고 생성한다.

고난 능력임을 의미한다. 이러한 보편 문법은 인간의 인지 능력과도 밀접하게 연관되어 있다. 인간의 두뇌는 언어를 이해하고 생성하는 데 필요한 복잡한 규칙을 효율적으로 처리할 수 있는 능력을 가지고 있으며, 이는 인간의 인지 능력의 또 다른 측면을 보여준다.

보편 문법은 또한 인간의 언어 습득 과정에서 중요한 역할을 한다. 아이들은 태어나면서부터 보편 문법을 바탕으로 특정 언어의 문법 규칙을 배우게 된다. 이는 매우 빠르고 효율적으로 이루어지며, 아이들은 몇 년 만에 기본적인 문법 구조를 이해하고 사용할 수 있게 된다. 예를 들어, 영어를 사용하는 가정에서 태어난 아이는 부모와 주변 사람들이 사용하는 언어를 듣고 모방하며, 이를 통해 영어의 문법적 규칙을 습득하게 된다. 이 과정은 매우 자연스럽게 이루어지며, 아이들은 언어를 배우기 위해 특별한 교육을 받을 필요가 없다.

Noam Chomsky의 보편 문법 기반 언어 습득 이론은 모든 인간이 선천적으로 언어 구조를 이해하는 능력을 가지고 태어난다고 주장한다. 이 이론은 다양한 언어 간의 공통된 문법적 특징을 설명하는 데 유용하지만, 몇 가지 문제점이 있다. 첫째, 보편 문법 이론은 다양한 문화와 환경에서 자란 아이들이 어떻게 언어를 학습하는지 설명하는 데 한계가 있다. 모든 언어에 공통된 문법적 구조가 있다는 주장에 대한 경험적 증거가 충분하지 않다. 또한 이 이론은 언어 습득 과정에서의 사회적 상호작용의 중요성을 간과한다는 비판을 받는다.

대안으로 제시되는 이론 중 하나는 Lev Vygotsky 그리고 Jerome Bruner가 제안한 사회적 상호작용주의(social interactionism)이다. 이 이론은 언어 습득이 선천적 능력뿐만 아니라 사회적 상호작용을 통해 이루어진다고 주장한다. 아이들은 부모, 가족, 또래와의 상호작용을 통해 언어를 배운다. 이 과정에서 피드백과 교정을 받으며 언어 능력을 발전시킨다. 사회적 상호작용주의는 다양한 문화적 맥락에서의 언어 습득을 더 잘 설명할 수 있다. 또한 이 이론은 언어 학습이 단순히 문법적 규칙의 학습이 아니라, 의미와 사용의 학습임을 강조한다.

또 다른 관련 접근으로는 경험 또는 데이터 중심 언어 학습(experience or data-driven language learning)이 있다. 이 접근법은 언어 습득이 주로 환경에서 얻는 경험과 데이터에 기반한다고 주장한다. 아이들은 주변의 언어 입력을 통해 패턴을 인식하고, 이를 바탕으로 언어를 학습한다. 이러한 접근은 데이터의 양과 질이 언어 학습에 중요한 역할을 하며, 다양한 입력을 통해 더욱 풍부한 언어 능력을 개발할 수 있음을 강조한다. 이는 언어 습득 과정에서 환경과 경험의 역할을 강조하여 보편 문법 이론의 한계를 보완한다. 그림 1

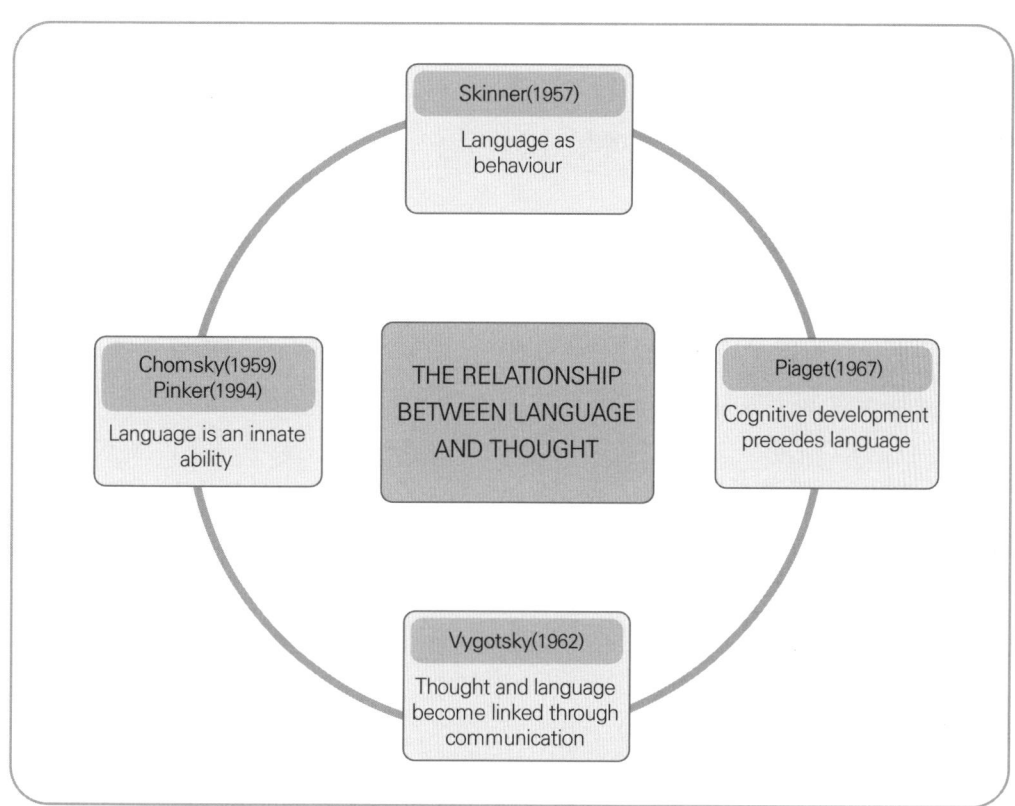

그림 1 이 그림은 [언어와 사고의 관계]에 대한 여러 학자의 이론을 나타낸다. Skinner(1957)는 언어를 행동으로 본다. Piaget(1967)는 인지 발달이 언어에 선행한다고 주장한다. Vygotsky(1962)는 사고와 언어가 의사소통을 통해 연결된다고 설명한다. Chomsky(1959)와 Pinker(1994)는 언어가 선천적인 능력(innate ability)이라고 주장한다.

요약하면, 인간의 언어와 인지는 복잡한 문법 구조와 이를 처리하는 인지 능력에 의해 형성된다. 이러한 능력은 보편 문법이라는 선천적인 언어 구조에 기반하고 있으며, 이를 통해 인간은 다양한 언어를 학습하고 사용할 수 있다. 이러한 능력은 인간의 두뇌가 데이터를 단순히 저장하는 것이 아니라, 이를 분석하고 이해하며, 새로운 규칙을 만들어내는 능력을 가지고 있음을 보여준다. 이러한 과정은 언어 습득 뿐만 아니라, 문제 해결, 추론, 학습 등 다양한 인지 활동에서도 중요한 역할을 한다. 인간의 언어와 인지는 매우 정교하고 복잡한 시스템으로, 이를 이해하고 연구하는 것은 인공지능 기술의 발전에도 중요한 시사점을 제공한다.

4. 인간 인지와 신경망 언어 모델의 근본적인 차이

4.1 인간 지능: 설명 vs. 기술과 예측

인간 지능은 단순한 기술(description)과 예측(prediction)을 넘어서, 설명(explanation)과 반증(falsification)을 통해 깊이 있는 이해를 추구한다.[9)10)] 이는 인간의 인지 과정이 단순한 데이터 패턴의 인식 이상으로, 복잡한 인과 관계(causal relation)와 논리적 추론(logical reasoning)을 포함한다는 것을 의미한다. 예를 들어, 사과가 떨어지는 현상을 관찰할 때, 인간은 단순히 "사과가 떨어진다"고 기술하고 "사과는 떨어질 것이다"라고 예측하는 것을 넘어서, 왜 사과가 떨어지는지에 대한 설명을 추구한다. 이는 뉴턴의 중력 이론(theory of gravity)과 같이 중력이 사과를 떨어뜨린다는 인과 관계를 설명하는 것이다. 이러한 설명은 [과학적 사고]의 핵심이며, 데이터의 단순한 패턴을 넘어선 심오한 이해를 제공한다. `그림 2`

> 과학 연구에서 [과학적 사고]는 체계적이고 논리적인 접근을 통해 자연 현상을 이해하고 설명하는 과정이다. 이는 관찰, 가설 설정, 실험, 데이터 분석, 결론 도출의 단계로 이루어진다. 과학적 사고는 객관적 증거를 기반으로 하며, 주관적 편견을 배제하려 노력한다. 또한 가설은 반증(falsification) 가능성을 포함해야 하며,[11)] 새로운 증거에 따라 수정될 수 있어

---

9) '기술(describe)하다'는 특정한 대상이나 상황에 대한 구체적인 세부 사항을 나열하는 것을 의미하며, 대개 관찰 가능한 사실을 중심으로 한다. 반면, '설명(explain)하다'는 그 대상이나 상황의 이유, 원인 또는 의미를 밝히는 것을 목적으로 하며, 이해를 돕기 위해 맥락이나 배경 정보를 제공한다. 기술(description)은 "무엇"을 묘사하는 것이고, 설명(explanation)은 "왜" 또는 "어떻게"를 해명하는 것이다.
10) 정보(information), 지식(knowledge), 지능(intelligence)은 서로 관련이 있지만, 각기 다른 개념이다. 정보는 데이터가 특정 맥락에서 의미를 가지게 된 것을 의미하며, 단순한 사실이나 수치로 표현된다. 지식은 이러한 정보를 이해하고 체계화한 것으로, 경험이나 학습을 통해 축적된 정보와 사실의 집합이다. 반면, 지능은 이러한 지식을 활용하여 문제를 해결하고, 논리적으로 사고하며, 새로운 상황에 적응하는 능력을 말한다. 따라서 정보는 원자재, 지식은 그 원자재의 조직화, 지능은 그 조직화를 활용하는 능력이다.
11) 가설은 그것이 틀렸음을 증명할 수 있는 방법이 있어야 한다. 즉, 실험이나 관찰을 통해 가설이 틀렸다는 증거를 찾을 수 있어야 한다. 이렇게 해야만 과학적으로 검증 가능하고 신뢰할 수 있는

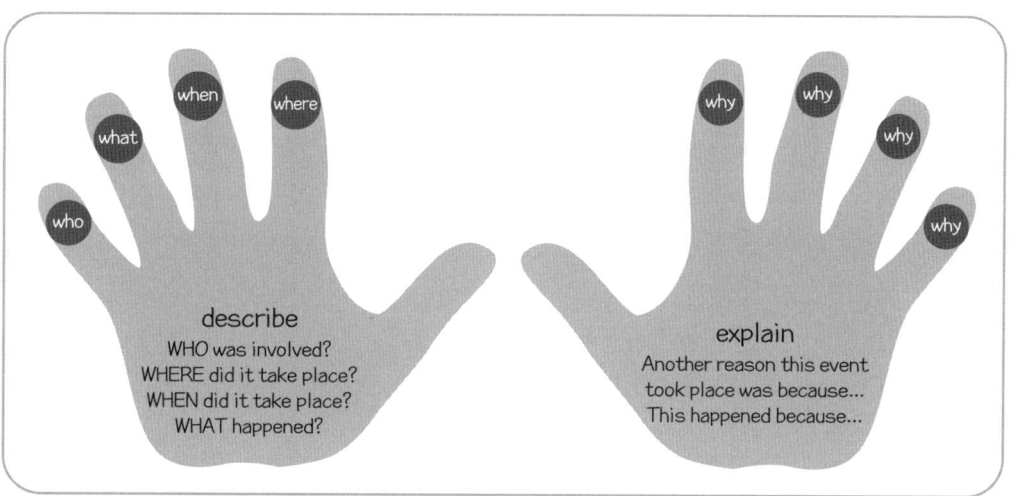

그림 1 이 그림은 기술과 설명의 차이를 이해하기 쉽게 관련 질문들을 시각적으로 정리하고 있다.

> 야 한다. 과학적 사고는 재현 가능성(replicability)을 중시하여, 다른 연구자들이 동일한 조건에서 실험을 반복해 같은 결과를 얻을 수 있도록 한다. 이는 비판적 사고와 창의적 문제 해결 능력을 요구한다. 논리적 일관성과 명료성을 유지하며, 복잡한 현상을 이해하기 쉽게 단순화하는 것이 중요하다. 과학적 사고는 다양한 분야의 지식을 통합하여 포괄적인 이해를 추구한다. 또한 과학적 사고는 지속적인 의문 제기와 탐구를 통해 지식을 확장해 나간다. 최종적으로, 과학적 사고는 실용적 응용과 기술 발전에 기여하며, 인류의 복지 향상에 이바지한다.

인간의 설명 능력은 단순한 패턴 인식과 예측을 넘어선다. [설명]은 관찰된 현상의 근본 원인을 밝히고, 이러한 원인들이 어떻게 상호작용하여 특정 결과를 초래하는지에 대한 통찰을 제공한다. 예를 들어, 사과가 나무에서 떨어지는 현상을 관찰한 후, 인간은 중력이라는 힘이 사과를 아래로 끌어당기는 원인이라고 설명할 수 있다. 이러한 설명은 단순히 사과가 떨어진다는 기술적 진술을 넘어서, 왜 사과가 떨어지는지에 대한 근본적인 이해를 제공한다. 이는 인간이 복잡한 현상을 이해하고, 이를 바탕으로 새로운 지식을 창출하는 능력을 보여준다.

가설이 된다.

과학적 연구에서 [설명]은 관찰된 현상이나 데이터를 이해하기 위해 인과 관계와 메커니즘을 밝혀내는 과정이다. 이는 단순한 기술(description)을 넘어, 왜 특정 현상이 발생하는지에 대한 이유를 제공한다. 설명은 가설을 제시하고, 이를 통해 관찰된 현상과 예측된 결과 사이의 관계를 이해한다. 과학적 설명은 일반적으로 경험적 증거와 이론적 틀에 기반하여 검증된다. 설명은 현상에 대한 정량적 및 정성적 이해를 모두 포함하며, 이를 통해 새로운 예측을 가능하게 한다. 또한 설명은 단순히 관찰된 데이터를 연결하는 것을 넘어, 그 데이터를 설명할 수 있는 기본 원리를 제공한다. 설명은 반증 가능성을 포함하여, 새로운 증거가 나타나면 수정될 수 있어야 한다. 이는 설명이 과학적 지식의 발전에 기여하도록 한다. 설명은 복잡한 현상을 단순화하고, 이를 이해하기 쉽게 만드는 과정이다. 최종적으로, 과학적 설명은 이해를 증진시키고, 새로운 연구 방향을 제시하며, 기술적 응용을 가능하게 한다.

또한 인간 지능은 [반증 가능성]을 포함한다. 과학적 사고는 틀릴 가능성을 포함해야만 유효한 설명으로 간주된다. 이는 설명이 맞기 위해서는 틀릴 수도 있어야 한다는 뜻이다. 예를 들어, "사과는 중력 때문에 떨어진다"라는 설명은 중력이 존재하지 않는 상황에서 사과가 떨어지지 않는다는 반증 가능성을 포함한다. 이러한 사고 과정은 인간 지능이 창의적 비판과 오류 수정에 기반하고 있음을 보여준다. 인간은 자신의 설명을 지속적으로 검토하고, 새로운 증거가 나타나면 이를 반영하여 설명을 수정한다. 이러한 과정은 인간이 지식을 발전시키고, 더 정확한 이해를 추구하는 데 중요한 역할을 한다.

과학 연구에서의 [반증 가능성]은 특정 이론이나 가설이 실험이나 관찰을 통해 틀렸음을 증명할 수 있는지를 의미한다. 이는 과학적 이론이 반드시 테스트 가능하고, 잠재적으로 오류를 드러낼 수 있어야 한다는 원칙을 포함한다. [반증 능력]은 과학 연구자가 자신의 가설이나 이론을 엄격하게 검증하고, 그 과정에서 나타나는 오류나 반례를 수용하고 수정할 수 있는 능력을 의미한다. 반증 가능성은 과학적 탐구의 객관성(objectivity)을 보장하며, 과학 이론이 검증 가능한(verifiable) 예측을 포함해야 한다는 것을 요구한다. 예를 들어, 다윈의 자연 선택(natural selection) 이론은 생물 종(biological species)의 진화(evolution) 과정을 설명하며, 이 이론은 화석 기록(fossil records)이나 유전자 분석(genetic analysis)을 통해 반증 가능하다. 과학 연구자는 이러한 증거를 조사하고, 만약 새로운 발견이 이 이론과 일치하지 않으면, 이 이론

> 을 수정하거나 대체해야 한다. 반증 능력은 과학 연구자가 자신의 연구 결과를 비판적으로 평가하고, 새로운 증거에 따라 결론을 수정할 수 있는 유연성(flexibility)을 갖추도록 한다. 이는 과학이 정체되지 않고 끊임없이 발전하는 동력으로 작용한다. 결국, 반증 가능성과 반증 능력은 과학적 진보와 신뢰성을 유지하는 핵심 요소로, 과학 연구의 기초를 형성한다.

인간 지능의 또 다른 중요한 특징은 [복잡한 문제 해결 능력]이다. 인간은 제한된 정보로부터 복잡한 문제를 해결하기 위한 창의적 접근 방식을 개발할 수 있다. 이는 단순한 데이터 패턴 인식 이상의 사고를 필요로 하며, 다양한 관점과 맥락을 고려한 통합적 사고(integrative thinking)를 요구한다. 예를 들어, 의사는 환자의 증상과 병력을 종합적으로 분석하여 진단을 내리고, 치료 계획을 세운다. 이는 단순히 데이터에 기반한 예측을 넘어서, 증상(symptoms) 간의 인과 관계를 이해하고, 이를 바탕으로 최적의 치료 방법을 찾는 과정이다.

> 과학 연구에서 [복잡한 문제 해결 능력]은 다양한 변수와 상호작용을 포함한 복잡한 문제를 체계적으로 분석하고 해결하는 능력을 의미한다. 이는 문제의 본질을 이해하기 위해 세부적인 요소를 분해하고, 각 요소 간의 관계를 파악하는 과정을 포함한다. 복잡한 문제 해결은 다학제적 접근을 통해 다양한 관점과 지식을 통합하여 문제를 다룬다. 창의적 사고와 혁신적인 방법을 사용하여 기존의 틀에 얽매이지 않고 새로운 해결책을 모색한다. 데이터 분석과 논리적 추론을 통해 가설을 검증하고, 실험 결과를 바탕으로 결론을 도출한다. 또한 불확실성과 모호성을 관리하며, 다양한 시나리오를 고려하여 최적의 해결책(optimal thinking)을 찾는다. 협력과 커뮤니케이션을 통해 팀원들과 지식을 공유하고, 다양한 의견을 수렴하여 문제 해결에 기여한다. 최종적으로, 복잡한 문제 해결 능력은 지속적인 학습과 경험을 통해 발전하며, 과학적 진보와 기술 혁신에 중요한 역할을 한다.

반면, 신경망 언어 모델은 이러한 반증 가능성을 고려하지 못하며, 단순한 패턴 인식에 그친다. 신경망 언어 모델은 방대한 데이터에서 패턴을 학습하고, 이를 기반으로 예측을 생성하는 데 능숙하다. 그러나 이러한 신경망 언어 모델은 데이터 패턴의 표면적 이해(superficial understanding of data patterns)에 그치며, 관찰된 현상의 근본 원인이나 인과 관계를 설명하는 능력이 부족하다. 예를 들어, 신경망 언어 모델은 특정 단어의 출현 빈도(word frequency)를 바탕으로 다음 단어를 예측할 수 있지만, 왜 그 단어가 특정 문맥에서 사용되는지에 대한 깊이 있는 설명을 제공하지 못한다.

> [과학]과 [공학]은 서로 밀접하게 관련되어 있지만, 그 목적과 접근 방식에서 차이가 있다. 과학은 자연 현상을 이해하고 설명하는 데 중점을 두며, 관찰과 실험을 통해 이론을 개발하고 검증한다. 공학은 이러한 과학적 지식을 활용하여 실용적인 문제를 해결하고, 새로운 기술과 제품을 개발—공학 기술의 결과로 신경망 언어 모델을 개발하는 것과 같이—하는 데 중점을 둔다. 과학적 연구는 인과 관계와 메커니즘을 밝혀내어 재현 가능한 결과를 도출하는 것을 목표로 한다. 반면, 공학적 접근은 설계와 최적화를 통해 효율적이고 안전한 솔루션—특정 문제를 해결하거나 요구를 충족시키기 위한 방법 또는 수단—을 제공하는 것을 목표로 한다. 과학은 주로 자연의 법칙을 발견하는 데 중점을 두고, 공학은 이러한 법칙을 응용하여 인류의 생활을 개선하는 데 초점을 맞춘다. 다음으로 과학은 이해와 발견을 지향하며, 공학은 실용성과 응용을 지향한다.

이러한 차이는 신경망 언어 모델이 복잡한 문제를 해결하는 데 한계를 보이는 이유 중 하나이다. 인간은 제한된 정보로부터 창의적이고 통합적인 사고(creative and integrative thinking)를 통해 문제를 해결할 수 있는 반면, 신경망 언어 모델은 주어진 데이터에서 패턴을 인식하는 데 그친다. 이는 신경망 언어 모델이 새로운 상황이나 복잡한 문제에 직면했을 때, 창의적이고 혁신적인 해결책을 제시하기 어려운 이유이다. 예를 들어, 기계 번역(machine translation) 시스템은 문장의 표면적 패턴을 기반으로 번역을 수행하지만, 문맥적 뉘앙스나 문화적 차이를 충분히 반영하지 못할 수 있다. 이는 번역의 질과 정확성에서 차이를 발생시킬 수 있으며, 신경망 언어 모델이 의미를 잘못 해석하거나 번역의 뉘앙스를 놓칠 수 있다.

> 자연어 처리 기술로 개발된 신경망 언어 모델을 과학적으로 분석하고 설명하려면, 먼저 다양한 데이터셋을 사용하여 신경망 언어 모델의 성능을 평가하고, 정밀도(precision), 재현율(recall), F1 점수와 같은 지표를 통해 정확성(accuracy)을 측정해야 한다.[12] 다음으로, 신경망

---

12) 정밀도(precision)는 모델이 예측한 긍정 사례 중 실제로 긍정인 사례의 비율을 나타내며, 예측의 정확성을 측정한다. 재현율(recall)은 실제 긍정 사례 중 모델이 올바르게 예측한 긍정 사례의 비

> 언어 모델이 사용하는 알고리즘의 이론적 배경과 작동 원리를 분석하여 왜 특정한 결과를 도출하는지 이해한다.[13] 또한 신경망 언어 모델이 잘못된 예측을 했을 때 그 원인을 분석하는 오류 분석을 통해 모델의 약점을 파악하고 개선 방안을 모색한다. 다양한 조건에서 신경망 언어 모델의 성능을 실험적으로 검증하여 일반화 능력과 안정성을 평가하는 것도 중요하다. 다음으로 기존의 다른 모델들과 성능을 비교하여 특정 신경망 언어 모델의 상대적 우수성과 한계를 분석한다.

따라서, 인간 지능의 설명과 [반증 능력], 복잡한 문제 해결 능력은 신경망 언어 모델과의 중요한 차이점을 형성한다. 이러한 차이는 인간이 복잡한 세계를 이해하고, 창의적이고 혁신적인 해결책을 찾는 데 중요한 역할을 한다. 신경망 언어 모델이 인간 지능에 근접하기 위해서는 이러한 능력을 개발하고, 데이터 패턴을 넘어서 인과 관계와 논리를 이해할 수 있는 새로운 접근 방식이 필요하다. 이를 통해 신경망 언어 모델이 보다 인간적인 사고를 구현하고, 다양한 응용 분야에서 혁신을 이끌어낼 수 있을 것이다.

> 인간 [지능]은 언어 습득과 밀접하게 연관되어 있으며, 단순한 패턴 인식을 넘어 설명과 반증을 통해 깊이 있는 이해를 추구한다.[14] 언어 습득 과정에서 아이들은 생득적 언어 지

율을 의미하며, 모델의 감도(sensitivity)를 평가한다. F1 점수는 정밀도와 재현율의 조화 평균으로, 모델의 전반적인 성능을 하나의 지표로 요약하여 평가한다.

13) 신경망 언어 모델에서 아키텍처(architecture)와 알고리즘(algorithm)은 서로 다른 개념이다. 아키텍처는 모델의 구조와 설계를 의미하며, **학습/훈련 데이터가 모델을 통해 흐르는 방식**을 결정한다. 예를 들어, RNN, LSTM, Transformer와 같은 다양한 신경망 구조가 아키텍처에 해당한다. 반면, 알고리즘은 **이 아키텍처를 학습시키고 최적화하는 방법**이다. 알고리즘에는 모델의 가중치를 조정하는 방법인 역전파(backpropagation)와 최적화 기법인 경사 하강법(gradient descent) 등이 포함된다. 즉, 아키텍처는 모델의 틀을 제공하고, 알고리즘은 이 틀을 학습시켜 실제로 동작하게 한다.

14) 지식(knowledge)은 정보를 이해하고 기억하는 능력으로, 경험, 교육, 학습을 통해 얻은 사실과 개념들을 포함한다. 이는 특정 분야나 일반적인 주제에 대한 인지된 내용을 말한다. 지능(intelligence)은 문제 해결, 논리적 사고, 계획 수립, 추상적 사고, 학습 능력 등을 포함한 전반적인 정신 능력을 의미한다. 지식이 **정보의 축적을 의미한다면**, 지능은 **그 정보를 효율적으로 사용하고 응용하는 능력을 나타낸**다.

식과 사회적 상호작용을 통해 문장의 구조와 단어의 의미를 학습하고, 복잡한 인과 관계를 이해한다. 이는 인간이 언어 규칙과 예외를 배우는 데 중요한 역할을 한다. 반면, 신경망 언어 모델은 데이터 패턴 인식에 그쳐 깊이 있는 이해를 제공하지 못한다. 인간의 언어 습득은 타고난 언어 지식과 후천적 사회적 상호작용과 환경적 경험을 통해 이루어지며, 이는 단순한 데이터 학습을 넘어서게 한다. 따라서 인간 지능의 설명과 반증 능력은 언어 습득에서 중요한 역할을 하며, 언어를 문화적, 사회적 맥락에서 풍부하게 이해하고 사용하는 데 기여한다.

4.2 신경망 언어 모델의 문법 및 의미 이해의 한계

신경망 언어 모델은 데이터 패턴을 학습하지만, 문법적 규칙과 의미를 완전히 이해하지 못한다. 이는 언어 모델이 종종 인간이 직관적으로 이해하는 문장 구조와 의미를 잘못 해석하게 만든다. 예를 들어, 신경망 언어 모델은 대규모 텍스트 데이터를 통해 언어의 사용 패턴을 학습하지만, 이는 [표면적인 수준의 패턴 인식]에 그친다. 문법적 규칙이나 문장의 의미를 깊이 이해하는 것은 인간의 인지 능력과 비교할 때 여전히 부족하다.

신경망 언어 모델은 주어진 데이터에서 [표면적인 휴리스틱(surface heuristics)]을 바탕으로 언어를 학습한다. 신경망 언어 모델은 방대한 텍스트 데이터를 분석하여 단어와 문장의 출현 빈도와 패턴을 인식한다. 이를 통해 다음 단어를 예측하거나 문장을 생성할 수 있지만, 깊이 있는 의미 이해나 인과 관계 분석은 부족하다. 신경망 언어 모델이 학습하는 것은 주로 단순한 통계적 연관성(statistical association)으로, 문맥적 뉘앙스나 복잡한 문법적 구조를 충분히 반영하지 못한다. 예를 들어, 특정 단어가 어떤 상황에서 사용되는지에 대한 표면적 패턴은 학습하지만, 그 단어의 깊은 의미나 사용 이유는 이해하지 못한다. 따라서 신경망 언어 모델의 언어 처리 능력은 인간의 복잡하고 통합적인 사고와는 차이가 있다. 이는 신경망 언어 모델이 창의적이고 혁신적인 문제 해결에 한계를 보이는 이유 중 하나이다.

이로 인해 언어 모델은 종종 문법적으로는 올바르지만 의미적으로는 부적절한 문장을 생성할 수 있다. 예를 들어, "The dog barked the cat"이라는 문장은 문법적으로는 맞을 수 있지만, 의미적으로는 이상하다. 인간은 이러한 문장의 의미적 부적절성(semantic inappropriateness)을 즉시 인식할 수 있지만, 신경망 언어 모델은 이러한 미묘한 차이를 인식하지 못할 수 있다. 이는 모델이 단순히 데이터 패턴을 따르는 것과, 인간이 문법과 의미를 이해하는 것 사이의 차이를 보여준다.

> 인간의 [직관(intuition)]은 논리적 추론이나 명시적인 지식(explicit knowledge) 없이도 즉각적으로 이해하거나 결정을 내리는 능력이다. 직관은 종종 무의식적이고 자동적으로 작동하며, 과거의 경험과 학습된 패턴을 기반으로 빠르게 판단을 내리는 데 도움을 준다. 이는 복잡한 문제를 신속하게 해결하거나 창의적인 아이디어를 떠올리는 과정에서 중요한 역할을 한다. 직관은 뇌의 패턴 인식(pattern recognition) 능력에 크게 의존하며, 종합적인 '느낌'을 제공하여 사람들에게 복잡한 문제를 빠르게 이해하고 결정을 내리도록 돕는다. 이렇게 직관은 논리적 분석의 필요성을 줄여주는 중요한 인지적 도구이다.

또한 신경망 언어 모델은 비정형 데이터(unstructured data)나 새로운 문맥에 대한 적응력이 부족하다. 인간은 새로운 상황이나 문맥에서도 문법적 규칙을 적용하고 의미를 이해할 수 있지만, 신경망 언어 모델은 훈련된 데이터 범위 내에서만 효과적으로 작동할 수 있다. 이는 신경망 언어 모델의 유연성과 적응력이 인간의 언어 능력에 비해 현저히 떨어진다는 것을 의미한다.

> 신경망 언어 모델은 AI 분야에서 급속히 발전하고 있으며, 인간 인지에 대한 이해를 향상시킬 수 있는 엄청난 잠재력을 가지고 있다. 그러나 이러한 모델들은 무분별하게 사용되어서는 안 된다. Connell and Lynot(2024)의 "What Can Language Models Tell Us About Human Cognition?"은 최근 주목받고 있는 언어 모델들, 예를 들어 ChatGPT는 여러 측면에서 인지적으로 비현실적이라고 지적한다. 이와 같은 비현실적인 언어 모델 대신에 인간의 인지를 이해하기 위해서 개발되어야 하는 언어 모델은, 인간의 언어 노출과 유사한 양의 텍스트로 학습하고, 투명하고 인지적으로 타당한(cognitively valid) 학습 메커니즘을 구현하며, 단어의 모든 의미를 대표하려고 하기보다는 특정 문맥 내에서 적절한 의미를 학습하고 이해하는 데 초점을 두는 것이 중요하다. 이러한 제약 내에서 설계된 언어 모델만이 인간의 언어가 의미 지식 형성에 어떻게 영향을 미치는지 탐구하는 적절한 도구가 될 수 있다. 인간은 단

어들 간의 분포적 관계(distributional relation)를 기억 속에 언어적 분포 지식으로 저장하여 유연하고 효율적으로 의미 정보를 처리한다. 따라서 인지적으로 타당한 언어 모델만이 인간의 의미 처리에 대한 이해를 크게 높일 수 있다.

4.3 신경망 언어 모델의 언어 처리(발화 및 이해)

인간의 언어 처리와 신경망 언어 모델의 언어 처리 방식에는 본질적인 차이가 있다. 인간은 언어를 처리할 때, 청각과 시각 시스템을 사용하여 음소(phoneme)와 형태소(morpheme)를 인식한다. 이 과정은 단순히 소리를 단어로 번역하는 기계적 과정이 아니라, 소음을 걸러내고 유사한 소리를 맥락과 경험을 통해 구별하는 정교한 지각적(perceptual), 인지적(cognitive) 메커니즘이 포함된다. 이러한 과정은 자연스럽게 일어나지만, 매우 복잡하고 고도로 발달된 능력이다. 인간은 다양한 언어적 환경 속에서 이러한 능력을 지속적으로 학습하고 개선해 나간다. 이러한 인식 능력(cognitive ability) 덕분에 우리는 여러 언어를 학습하고, 서로 다른 발음을 이해하며, 심지어 소음이 많은 환경에서도 언어를 명확하게 인식할 수 있다.[15]

인간은 문법적 지식을 사용하여 문장을 구성 요소(constituents)로 분석한다. 이 과정은 언어의 계층적 구조(hierarchical structure)를 이해하고, 품사(part of speech)를 인식하며, 단어 간의 문법적 관계(grammatical relation)를 파악하는 것을 포함한다. 이러한 구문 분석 능력 덕분에 인간은 복잡한 문장을 이해하고 문법적으로 올바른 발화를 생성할 수 있다. 문법은 단순한 규칙의 집합이 아니라, 언어의 의미를 전달하는 중요한 도구이다. 인간은 문법 지식(grammatical knowledge)을 통해 새로운 문장을 생성하고, 이를 통해 새로운 생각을 표현할 수 있다. 이러한 능력은 인간 언어의 창의성과 풍부함을 나타내며, 이를 통해 우리는 복잡한 아이디어를 전달하고, 서로의 생각을 깊이 이해할 수 있다.

---

15) '인지 능력'은 정보를 습득하고 이해하며, 기억하고 문제를 해결하는 등의 정신적 과정들을 수행하는 능력을 의미한다. 이는 다양한 인지적 기능을 포함하며, 주의력(attention), 기억력(memory), 논리적 추론(logical reasoning), 문제 해결 능력(problem-solving ability), 언어 이해 및 생산 능력 등을 포함한다.

의미론적 해석 단계에서 인간은 단어와 구문의 의미를 통합하여 문장의 전체적인 의미를 파악한다. 이 과정은 맥락(context), 배경 지식(background knowledge), 그리고 기대(expectation)에 크게 의존한다. 의미론적 해석은 종종 다의적이거나 모호한 표현을 명확히 하는 데 중요한 역할을 한다. 예를 들어, 동일한 단어가 서로 다른 문맥에서 다른 의미를 가질 수 있으며, 인간은 이를 적절히 해석하여 문장의 의미를 이해한다. 또한 인간은 언어를 사용할 때 항상 의도(intention)를 고려한다. 발화자(speaker)의 의도를 추론하고, 상황에 맞는 적절한 응답을 생성하며, 언어적 행위가 수행하는 기능을 이해한다. 이러한 능력은 단순한 단어의 의미를 넘어, 언어적 상호작용의 복잡성을 이해하는 데 필수적이다.

반면, 신경망 언어 모델은 대규모 데이터 세트를 통해 언어 패턴을 학습한다. 이러한 모델은 특정한 문법 규칙이나 언어의 계층적 구조에 대한 명시적 지식 없이, 통계적 패턴 인식 능력에 기반하여 언어를 처리한다. 신경망 언어 모델은 훈련 데이터에서 발견한 연관성을 사용하여 단어와 문장의 발생 확률을 계산하고, 이를 통해 문장을 생성하거나 번역하는 등의 작업을 수행한다. 이 과정은 매우 효율적이며, 많은 경우 매우 높은 성능을 보인다. 그러나 이러한 모델은 인간이 직관적으로 이해하는 방식과는 크게 다르며, 언어의 본질적 의미를 이해하지 못한 채 표면적인 패턴만을 학습한다. 이는 모델이 데이터에 기반한 통계적 예측을 제공하는 데는 강점이 있지만, 인간처럼 깊이 있는 이해와 설명을 제공하는 데는 한계를 지닌다. 일부 머신 러닝(machine learning) 옹호자들은 그들의 창작물(즉, 신경망 언어 모델)이 설명을 사용하지 않고도 (예를 들어, 뉴턴의 운동 법칙과 만유인력 법칙(Newton's laws of motion and universal gravitation)을 통하지 않고도) 물리적 물체의 운동에 대해 정확한 "과학적" 예측을 생성할 수 있다는 점에 자부심을 느끼는 것 같다. 그러나 이러한 예측은 성공적일지라도 유사과학(pseudoscience)이다.

신경망 언어 모델의 주요 특징은 대규모 데이터로부터 패턴을 학습한다는 점이다. 이들은 인간과 달리 직관적 이해나 배경 지식을 갖추지 않고, 단지 데이터 내의 통계적 규칙성을 이용한다. 이러한 접근 방식은 많은 경우 매우 효과적이며, 실제로 많은 자연어 처리 작업에서 뛰어난 성능을 보인다. 그러나 이러한 신경망 언어 모델은 설명력을 갖추지 못하며, 생성된 결과물에 대한 이유를 제공하지 않는다. 예를 들어, 신경망 언어 모델은 특정 문장을 생성할 수 있지만, 왜 그러한 문장을 생성했는지, 그 문장이 어떤 의미를 가지는지에 대한 설명을 제공하지 못한다. 이는 신경망 언어 모델이 단순히 패턴을 학습했기 때문에 발생하는 문제로, 인간의 언어 처리 방식과는 근본적으로 다른 접근 방식이다.

Popper(1959)의 철학적 통찰에 따르면, 과학 이론의 목적은 높은 확률을 가지는 이론이 아니라, 강력하고 높은 설명력을 가진 이론을 찾는 것이다. 이는 예측의 정확성뿐만 아니라, 그 예측이 이루어진 이유를 이해하는 것이 중요함을 강조한다. 신경망 언어 모델은 높은 정확도의 예측을 제공할 수 있지만, 그 과정에서 사용된 메커니즘이나 이유를 설명하지 못하기 때문에, 이러한 예측은 종종 '유사과학'으로 간주될 수 있다. 포퍼의 철학은 과학적 탐구가 단순히 데이터를 통해 예측하는 것이 아니라, 그 예측을 뒷받침하는 이론적 설명을 제공하는 것임을 상기시킨다. 이는 언어 모델의 개발과 사용에서도 중요한 교훈을 제공하며, 단순히 예측의 정확성에만 초점을 맞추기보다는, 그 예측의 이유와 메커니즘을 이해하는 데도 주의를 기울여야 함을 시사한다.

인간의 언어 처리 방식은 설명과 이해를 중시하며, 이는 과학적 탐구의 본질과도 일맥상통한다. 인간은 언어를 통해 지식을 전달하고, 복잡한 개념을 설명하며, 새로운 정보를 이해하는 데 중점을 둔다. 이는 단순한 예측을 넘어, 언어적 표현 뒤에 숨겨진 의미(implicit meaning)와 의도(implicit intention)를 해석하는 능력을 포함한다. 예를 들어, 과학자는 새로운 현상을 설명하기 위해 기존 이론을 사용하거나, 새로운 이론을 개발하여 현상을 이해하려고 한다. 이는 단순히 데이터를 분석하는 것 이상의 작업으로, 데이터를 통해 의미를 발견하고, 그 의미를 설명하는 과정을 포함한다. 인간의 언어 처리 능력은 이러한 과정을 반영하며, 복잡한 개념을 이해하고 설명하는 데 필수적이다.

또한 인간은 언어를 통해 감정, 생각, 지식을 전달하고, 복잡한 사회적 상호작용을 가능하게 한다. 이는 단순히 정보의 전달을 넘어서는 중요한 기능으로, 언어는 인간의 인지적 발달(cognitive development)과 사회적 연대(social solidarity)의 핵심 요소로 작용한다. 또한 인간의 언어 처리 능력은 학습과 경험을 통해 끊임없이 발전하며, 새로운 단어와 표현을 받아들이고 적응할 수 있다. 이는 인간 언어의 동적이고 유연한 특성을 보여준다. 인간은 새로운 환경에 적응하고, 새로운 언어적 도전에 대응하며, 끊임없이 언어적 능력을 확장해 나간다. 이러한 능력은 인간의 창의성과 학습 능력의 본질을 나타내며, 이를 통해 우리는 끊임없이 변화하는 세계에서 살아남고, 번영할 수 있다.

반면, 신경망 언어 모델은 주어진 훈련 데이터에 크게 의존하며, 새로운 상황이나 맥락에 직면했을 때 유연하게 적응하기 어렵다. 이러한 모델은 새로운 단어를 학습하거나, 기존의 지식을 바탕으로 새로운 개념을 생성하는 데 한계를 가진다. 이는 신경망 언어 모델이 정적이고 고정된(static and fixed) 데이터 세트를 기반으로 작동하기 때문에 발생하는 문제로, 인간의 언어 처리 방식과는 근본적으로 다른 접근 방식이다. 이러한 한계는 모델이 새로운 데이터나 상황에 맞추어 적응하고 학습하는 능력을 제한하며, 이는 모델의 적용 가능성을 제약하는 중요한 요인이 된다.

요약하면, 인간의 언어 처리와 신경망 언어 모델의 언어 처리 방식은 본질적으로 다르다. 인간은 맥락과 배경 지식을 활용하여 언어를 이해하고 설명하려는 반면, 신경망 언어 모델은 대규모 데이터에서 패턴을 학습하여 높은 정확도의 예측을 제공한다. 이러한 차이는 언어 처리의 목표와 방법에서 비롯된 것으로, 각각의 접근 방식이 지니는 강점과 한계를 이해하는 것이 중요하다. 인간의 언어 처리 능력은 설명과 이해를 중시하며, 이는 과학적 탐구의 본질과도 밀접하게 연관되어 있다. 반면, 신경망 언어 모델은 통계적 패턴 인식을 통해 정확한 예측을 제공하지만, 그 예측의 이유를 설명하는 데는 한계를 가진다. 이러한 차이를 인식하고, 두 접근 방식을 적절히 결합하여 활용하는 것이 앞으로의 언어 연구와 기술 개발에 중요한 역할을 할 것이다.

> 사람의 [언어 사용]과 [인식론적 인지 발달]은 상호 밀접한 관계를 가진다. 언어는 개인이 세상을 이해하고 해석하는 도구로 작용하여, 인지 발달(cognitive development)을 촉진한다. 어린이들은 언어를 통해 주변 환경을 탐구하고, 개념을 형성하며, 추상적 사고(abstract thinking) 능력을 키운다. 이를 통해 언어는 인식론적 인지 발달(epistemological cognitive development)의 기초를 마련하고, 복잡한 문제 해결과 비판적 사고를 가능하게 한다. 언어를 사용함으로써 사람들은 경험을 공유하고, 서로 다른 관점을 이해하며, 사회적 상호작용을 통해 인지적 성장을 이룬다. 이러한 과정은 개인의 인식 구조(cognitive structure)를 더욱 정교하게 만들고, 지속적인 학습과 성장을 촉진한다. 따라서 언어는 인지 발달과 인식론적 이해를 깊게 연결하는 중요한 매개체이다.

4.4 언어 처리에서 차이를 강조하는 사례 연구

신경망 언어 모델과 인간 인지 사이의 차이를 강조하기 위해 구체적인 사례를 살펴볼 수 있다. Chomsky et al.(2023)이 지적하는 것처럼, 예를 들어, "John is too stubborn to talk to"라는 문장을 인간은 직관적으로 "John은 너무 고집이 세서 말을 걸 수 없다"로 이해한다. 이는 문장의 의미와 문법적 구조를 이해하는 인간의 능력을 보여준다. 그러나 신경망 언어 모델은 이 문장을 문법적 패턴만을 따라 해석할 수 있으며, "John이 너무 고집이 세서 누군가에게 말을 하지 않는다"로 잘못 해석할 수 있다. 이와 같은 예는 신경망 언어 모델이 데이터에서 패턴을 학습하는 방식과 인간이 언어를 이해하는 방식 사이의 차이를 명확히 보여준다.

또 다른 사례로는 기계 번역(machine translation)을 들 수 있다. 인간 번역가는 문장의 맥락과 문화적 배경을 고려하여 번역하지만, 신경망 언어 모델은 주로 단어와 구문의 대응 관계를 기반으로 번역을 수행한다. 이는 번역의 질과 정확성에서 차이를 발생시킬 수 있으며, 모델이 의미를 잘못 해석하거나 번역의 뉘앙스를 놓칠 수 있다. 예를 들어, "He is a tough nut to crack"이라는 문장을 인간은 "그는 어려운 사람이다"로 번역할 수 있지만, 신경망 언어 모델은 이 표현을 직역하여 의미를 잘못 전달할 수 있다.

신경망 언어 모델의 이러한 한계는 다양한 실제 응용에서 문제를 초래할 수 있다. 예를 들어, 고객 서비스 챗봇이 사용자의 질문을 잘못 이해하거나, 의료 진단 시스템이 환자의 증상을 잘못 해석하는 경우가 이에 해당한다. 이러한 사례들은 신경망 언어 모델이 인간의 직관적이고 깊이 있는 언어 이해를 대체하기에는 여전히 많은 한계가 있음을 보여준다.

4.5 인간 인지와 신경망 언어 모델의 학습 방식 비교

인간의 언어 습득은 적은 양의 정보로부터 복잡한 문법을 자동적이고 무의식적으로 습득하는 과정이다. 어린 아이들은 주변에서 들리는 말을 듣고, 이를 반복하며, 자연스럽게 언어의 규칙을 학습한다. 이 과정에서 아이들은 명시적인 교육 없이도 문법적 규칙과 의미를 이해하게 된다. 이는 인간의 두뇌가 데이터를 단순히 저장하는 것이 아니라, 이를 분석하고 이해하며, 새로운 규칙을 만들어내는 능력을 가지고 있음을 보여준다.

> 인간의 인지 모델로 설계되는 언어 처리 모델(또는 전산 심리언어학적(computational psycholinguistic) 모델)은 인간이 받는 입력과 유사한 유형의 입력을 받아야 하며, 인간이 겪는

언어적 도전 과제를 마주해야 한다.[16] 따라서 이를 구현하는 한 사례로 간주되기 위해서는 대형 언어 모델(LLM)의 경우에도 어린아이들이 언어를 습득하는 방식과 유사한 경로를 따라야 하며, 어린아이들이 접하는 크기와 내용의 입력을 기반으로 해야 한다. 또한 이 모델들은 텍스트뿐만 아니라 음성 및 수화(sign language)도 처리하고, 다중 모달(multimodal) 정보도 학습/훈련 자료로 사용해야 한다. 이러한 작업은 이미 진행 중이지만, 향후 연구에서는 추가적인 신경인지적 제약(neuro-cognitive constraints)을 적용받아야 한다.

현재의 LLM은 모든 단어를 병렬로 처리할 수 있지만, 인간의 언어 처리는 작업 기억(working memory) 용량이 제한되어 있어 입력의 순차적(sequential) 특성에 크게 영향을 받는다. 인간의 뇌는 순환 처리(recurrent processing)를 중요하게 여기지만, 현재의 LLM은 순환 처리를 사용하지 않고 피드포워드(feed-forward) 방식을 사용한다.[17] LLM은 수천 단어에 걸쳐 정보를 통합하지만, 언어 처리 뇌 영역은 15단어 이하로 정보를 통합한다(더 넓은 맥락은 일화적 인지(episodic cognition)와 관련된 하위 영역에서 통합된다). LLM은 다양한 언어적 작업(linguistic task)에 맞게 미세 조정(fine-tuning)되지만,[18] 언어로 전달되는 모든 작업이 언어적 작업은 아니다. 인간의 언어 처리 뇌 영역은 언어적 처리에만 선택적으로 관여하며, 예를 들어 산수(arithmetic), 논리적 함의(logical implication), 상식적 추론(commonsense reasoning), 사회적 인지(social cognition), 사건 도식 처리(event schema processing)는 포함되지 않는다.

---

16) 언어적 도전 과제라 함은 문맥 이해, 구문 분석, 의미 해석, 애매성 해결 등 인간이 언어를 배우고 사용할 때 직면하는 다양한 문제들을 말한다. 이러한 과제들은 언어 처리 모델이 인간의 언어 처리 방식을 모사하기 위해 해결해야 한다.

17) 순환 처리(recurrent processing)는 입력 데이터가 시간의 순서에 따라 처리되고, 이전 입력의 정보가 다음 입력의 처리에 영향을 미치는 방식이다. 이는 인간의 뇌가 언어를 처리하는 방식과 유사하다. 반면 피드포워드 방식(feed-forward processing)은 입력 데이터가 단방향(unidirectional)으로 한 번만 처리되며, 이전 입력의 정보가 다음 입력의 처리에 영향을 미치지 않는다. 이 방식은 현재 대부분의 LLM이 사용하는 처리 방식이다.

신경망 언어 모델은 계산 효율성과 병렬 처리 용이성 때문에 피드포워드 방식을 채택한다. 구현이 간단하고 학습 안정성이 높으며, 순환 신경망의 기울기 소실(vanishing gradient) 문제를 피할 수 있다. 또한 Transformer 모델의 attention 메커니즘은 문맥 정보를 효과적으로 통합해 뛰어난 성능을 제공한다. 이로 인해 피드포워드 방식이 선호된다.

18) 신경망 언어 모델의 fine-tuning은 이미 사전 훈련된 모델(pre-trained model)을 특정 작업(task)이나 도메인에 맞게 추가로 학습시키는 과정이다. 이를 통해 신경망 언어 모델은 사전 훈련된 일반적 언어 지식에 더해, 새로운 데이터에서 필요한 구체적인 패턴과 특성을 학습한다. 이 과정은 신경망 언어 모델의 성능을 향상시키고, 특정 애플리케이션에 맞게 최적화된 결과를 제공한다.

반면, 신경망 언어 모델은 대규모 데이터에서 패턴을 학습하는 방식으로 작동한다. 신경망 언어 모델은 주어진 데이터에서 자주 나타나는 패턴을 인식하고, 이를 바탕으로 새로운 문장을 생성한다. 그러나 이러한 학습 방식은 표면적인 패턴 인식에 그칠 뿐, 문법적 규칙이나 의미를 깊이 이해하지 못한다. 이는 모델이 단순히 데이터를 외우는 것과 다르지 않으며, 인간의 창의적 사고와는 근본적으로 다른 방식을 보여준다.

또한 인간은 언어 학습 과정에서 피드백과 교정을 통해 언어 능력을 향상시킨다. 예를 들어, 아이들은 잘못된 문장을 말했을 때, 부모나 주변 사람들의 피드백을 통해 올바른 문법과 의미를 배우게 된다. 이러한 피드백 과정은 인간의 언어 학습에 중요한 역할을 하며, 언어 능력을 더욱 정교하게 만든다. 반면, 신경망 언어 모델은 훈련 데이터에만 의존하며, 실시간 피드백을 통해 학습하는 능력이 부족하다.

4.6 인지적 한계와 윤리적 함의

신경망 언어 모델의 인지적 한계는 윤리적 문제를 초래할 수 있다. 신경망 언어 모델이 문법과 의미를 깊이 이해하지 못하는 상황에서 생성된 텍스트는 오해를 불러일으킬 수 있으며, 잘못된 정보나 편향된 내용을 포함할 수 있다. 이는 사용자에게 잘못된 정보를 제공하거나, 특정 그룹에 대해 편견을 조장하는 결과를 초래할 수 있다. 예를 들어, 신경망 언어 모델이 특정 인종이나 성별에 대한 편향된 데이터를 학습하면, 이러한 편향성이 신경망 언어의 출력에 반영될 수 있다. 이는 사회적 불공정성을 초래할 수 있으며, 신경망 언어의 윤리적 사용에 대한 논란을 불러일으킬 수 있다.

또한 신경망 언어 모델의 인지적 한계는 법적 문제를 야기할 수 있다. 잘못된 정보나 편향된 내용이 포함된 텍스트는 명예 훼손, 허위 광고, 차별 등의 법적 문제를 초래할 수 있다. 이러한 문제를 해결하기 위해서는 신경망 언어 모델의 개발과 사용에 대한 철저한 검토와 규제가 필요하다.

신경망 언어 모델의 인지적 한계는 단기적인 법적 문제를 넘어 장기적으로 인간의 인지 및 인류 문화에 부정적인 영향을 미칠 수 있다. 예를 들어, 이러한 한계로 인해 생성된 텍스트가 반복적으로 사용되면서, 인간의 언어 사용과 사고 방식에 변화를 초래할 수 있다. 이는 점진적으로 인간의 비판적 사고와 창의적 사고를 약화시키고, 기계적이고 획일화된 사고 방식으로의 전환을 촉진할 수 있다. 특히, 신경망 언어 모델이 인간의 복잡한 감정과 경험을 충분히 반영하지 못함으로써, 인간 간의 소통이 표면적이고 비인간화될 위험이 있다. 이러한 탈인간화(dehumanization) 현상은 인간의 문화적 다양성과 깊이를 저해하고, 궁극적으로는 인간의 정체성과 가치를 약화시키는 결과를 초래할 수 있다.

요약하면, 인간 인지와 신경망 언어 모델의 근본적인 차이는 문법과 의미를 이해하는 능력, 설명과 반증을 추구하는 사고 방식, 그리고 윤리적 함의에서 명확하게 드러난다. 이러한 차이를 이해하는 것은 신경망 언어 모델의 한계를 인식하고, 이를 보완하기 위한 방안을 모색하는 데 중요한 시사점을 제공한다. 또한 윤리적이고 법적으로 안전한 AI 기술 개발을 위해서는 신경망 언어 모델의 한계와 문제점을 명확히 인식하고, 이에 대한 적절한 검토와 규제가 필요하다.

5. 신경망 언어 모델의 윤리적 및 사회적 함의

5.1 AI 개발 및 배포의 윤리적 문제

AI 모델의 개발과 사용에는 윤리적 고려가 필수적이다. 이러한 윤리적 문제는 여러 측면에서 발생할 수 있다. 첫째, AI 모델이 인간과 유사한 언어를 생성하더라도 실제로는 인간의 지능과는 근본적으로 다르다는 점을 인식해야 한다. 이는 AI 모델이 실제 인간의 언어적, 인지적 이해 없이 단순히 데이터 패턴을 학습하는 방식에서 기인한다. 이러한 한계는 AI가 생성하는 정보의 신뢰성과 정확성에 영향을 미칠 수 있다.

> Katzir(2023)의 "Why Large Language Models Are Poor Theories of Human Linguistic Cognition: A Reply to Piantadosi"에서 지적되는 것처럼, Steven Piantadosi는 "Modern Language Models Refute Chomsky's Approach to Language"라는 논문에서 GPT-3와 같은 대형 언어 모델(LLM)이 인간 언어 인지에 대한 진지한 이론이 될 수 있다고 주장한다. Piantadosi는 이러한 모델들의 언어 이해 성능이 생성 언어학(Generative Linguistics) 이론들의 설명보다 더 우수하다고 주장하며, 이를 통해 언어/문법에 대한 촘스키의 접근을 반박하고 있다. 그러나 Katzir(2023)이 지적한 것처럼, 이러한 주장에 대해 동조하는 것은 시기상조일 수 있다. Katzir(2023)은

> LLM이 공학 도구로서는 성공적이지만, 인간 언어 인지 이론으로서는 매우 부족하다고 본다. 이는 이러한 모델들의 개발 노력을 비판하는 것이 아니다. 현재의 모든 LLM은 인지 과학보다는 공학적 목표로 개발되었다. 미래에는 더 인간적인 AI가 만들어질 가능성이 있지만, 현재의 LLM은 Emily Bender 등이 "확률적 앵무새"(stochastic parrot)라고 묘사한 것에서 크게 벗어나지 못한다(Bender(2021) 참고). LLM를 더 크게 만들고 더 많은 데이터를 학습시킨다고 해서 이 문제─LLM을 통해 인간 언어 능력을 이해하려는 이슈─가 해결되지는 않는다. 이러한 LLM을 사용해 시나 소설을 쓰는 것과 인간 언어 능력을 이해하기 위해 LLM을 사용하는 것은 완전히 다른 문제다.

둘째, AI 모델이 설명 가능하(explainable)고 투명하(transparent)게 작동하도록 보장하는 것이 중요하다. 인간의 언어와 인지는 복잡한 맥락과 논리적 설명을 포함하지만, AI 모델은 단순한 기술과 예측에 머무를 때가 많다. 따라서 AI 모델이 왜 특정 결과를 도출했는지 설명할 수 있는 능력을 갖추는 것이 필요하다.

셋째, 신경망 언어 모델의 인지적 한계는 인간의 언어와 사고 방식을 장기적으로 약화시킬 수 있다. 예를 들어, 신경망 언어 모델이 생성한 텍스트의 반복 사용은 인간의 비판적 사고와 창의적 사고를 기계적이고 획일화된 방식으로 변하게 할 위험이 있다. 이는 인간의 복잡한 감정과 경험을 충분히 반영하지 못해 소통이 표면적이고 비인간화될 수 있다. 이러한 현상은 인간의 문화적 다양성과 깊이를 저해하고, 궁극적으로 인간의 정체성과 가치를 약화시킬 수 있다.

5.2 신경망 언어 모델 편향성의 사회적 영향

언어 모델은 학습 데이터에 내재된 다양한 편향을 이어받을 수 있으며, 이는 특정 사회적, 문화적 맥락에서 문제를 일으킬 수 있다. 예를 들어, AI 모델이 특정 문화적 배경을 이해하지 못하고 부적절한 반응을 보일 경우, 이는 사용자에게 혼란이나 불편을 줄 수 있다. 이러한 편향은 AI 모델이 인간과 같은 수준의 언어 이해를 갖추지 못했기 때문에 발생하는 문제이다.

이러한 한계는 AI 모델이 실제로 인간의 언어와 인지적 능력을 완전히 대체할 수 없음을 보여준다. AI 모델이 특정 상황에서 유용할 수 있지만, 복잡하고 미묘한 인간의 언어적, 문화적 맥락을 완전히 이해하고 반영하는 데는 한계가 있다. 이는 AI 모델이 사회적 상호작용에서 신뢰성을 얻기 어려운 이유 중 하나이다.

5.3 사례 연구: ChatGPT와 논란이 된 출력

ChatGPT는 OpenAI가 개발한 신경망 언어 모델로, 다양한 언어 작업에서 뛰어난 성능을 보여주지만 인간의 인지 및 언어 수준에 도달하지 못하는 문제를 보여주는 대표적인 사례이다. ChatGPT는 방대한 데이터셋을 바탕으로 학습하여 자연스러운 언어 생성을 가능하게 하지만, 실제로는 인간의 언어적, 인지적 이해와는 거리가 멀다.

> LLM은 최근 연구자, 기업, 일반사용자들 사이에서 주목받고 있다. 이러한 모델들의 언어적 능력은 광범위하게 연구되었지만, 인지적 주체(cognitive agent)로서의 가능성에도 관심이 커지고 있다. Lamprinidis(2023)의 "LLM Cognitive Judgements Differ From Human" 논문에서는 인지 과학 문헌에 나온 제한된 데이터 귀납적 추론(inductive reasoning) 과제를 통해 GPT-3와 ChatGPT의 능력을 조사하였다. 이 연구의 결과는 두 모델들의 인지적 판단(cognitive judgement)이 인간과 유사하지 않음을 시사한다. 일상적인 시나리오에서 제한된 데이터를 사용한 귀납적 판단(inductive reasoning)에서 GPT-3와 ChatGPT가 명확하게 실패하는 것을 보여주었다. 수많은 파라미터와 방대한 데이터로 훈련되었음에도 불구하고, 이러한 모델들은 인간의 마음(mind)이 신뢰하는 기본적인 통계 원칙(fundamental statistical principles)을 정확히 모델링하지 못한다.[19] 인간의 인지 원칙은 훨씬 적은 수의 파라미터로 더 정확하게 모델링될 수 있다. 이 연구는 LLM이 인지적 판단 측면에서 여전히 한계가 있음을 보여준다. LLM이 공학적 도구로서 유용하지만, 인지 과학적 관점에서의 성능은 개선이 필요하다.

예를 들어, ChatGPT는 특정 질문에 대한 답변을 생성할 때, 그 답변이 문법적으로 올바르고 의미상 타당해 보일 수 있지만, 실제로는 맥락을 이해하지 못한 채 단순히 통계적 패턴에 따라 답변을 생성한다. 이는 때때로 잘못된 정보나 모호한 답변을 제공하

---

[19] 기본적인 통계 원칙(fundamental statistical principles)은 데이터가 어떻게 분포되고, 그 분포의 평균과 변동성(variability)이 무엇인지, 그리고 데이터 간의 관계를 이해하고 예측하는 방법을 포함한다. 이러한 원칙들은 확률 분포, 평균과 분산, 표본 추출, 가설 검정, 회귀 분석 등으로 구성된다.

게 되어 사용자에게 혼란을 줄 수 있다. 또한 ChatGPT는 윤리적, 사회적 문제를 다룰 때 적절한 판단을 내리지 못할 수 있다. 예를 들어, 특정 민감한 주제에 대해 답변할 때, 편향된 정보나 부적절한 내용을 제공할 위험이 있다.

> Olivia and Musolesi(2024)의 "(Ir)rationality and Cognitive Biases in Large Language Models"에서는 대형 언어 모델(LLM)의 합리적(rational reasoning) 및 비합리적 추론(irrational reasoning) 특징을 인간과 비교하여 분석하였다. 연구에 따르면, LLM은 인간과 다른 유형의 비합리성을 보인다. 첫째, LLM의 응답은 종종 인간의 인지적 편향(cognitive bias)과는 다른 형태의 잘못된 추론을 나타낸다. 여기에는 계산(calculations) 오류, 논리(logic) 및 확률(probability) 규칙 위반, 간단한 사실 부정확성(factual inaccuracies)이 포함된다. 둘째, LLM의 응답 일관성이 부족하여 동일한 작업에 대해 단일 모델이 상당한 변동성을 보인다. 이는 중요한 응용 분야에서 이러한 모델을 사용할 때 문제를 야기할 수 있다. 특히, 외교(diplomacy)나 의학(medicine)과 같은 분야에서 이러한 비일관성이 심각한 영향을 미칠 수 있다. Olivia and Musolesi(2024)는 LLM이 인간과 다르게 비합리적 추론을 나타내는, 바로 위에서 언급한, 두 가지 주요 차원을 강조하였다.

ChatGPT의 이러한 한계는 AI 모델이 인간의 언어와 인지적 능력을 완전히 대체할 수 없음을 보여준다. 이는 AI 모델이 실제로 인간의 복잡한 언어적, 문화적 맥락을 이해하고 반영하는 데 한계가 있음을 시사한다. 따라서 AI 모델의 개발과 사용 시 이러한 한계를 인식하고, 적절한 관리와 조치를 통해 문제를 최소화하는 것이 중요하다.

5.4 AI 개발자의 책임과 윤리적 고려 사항

AI 개발자는 모델이 생성하는 언어가 인간의 지능과는 근본적으로 다르다는 점을 항상 인식해야 한다. 이는 AI가 실제로 인간의 언어적, 인지적 이해 없이 단순히 데이터 패턴을 학습하는 방식에서 기인한다. 따라서 개발자는 AI가 생성하는 정보의 신뢰성과 정확성을 보장하기 위해 철저한 검증과 평가를 수행해야 하며, AI가 제공하는 정보가 인간의 판단을 대신하지 않도록 해야 한다.

또한 AI 모델의 투명성과 설명 가능성을 보장하는 것은 개발자의 중요한 책임이다. AI 모델이 왜 특정 결과를 도출했는지 이해할 수 있도록 만드는 것은 사용자에게 신뢰를 주고, AI 시스템의 예측이나 결정에 대한 책임 소재를 명확히 하는 데 필수적이다. 이를 위해 개발자는 AI 모델이 작동하는 원리(operating principles)를 설명할 수 있는 메커니즘을 구축하고, 사용자에게 명확하고 이해하기 쉬운 정보를 제공해야 한다.

다음으로 AI 개발자는 신경망 언어 모델의 인지적 한계가 인간의 언어와 사고 방식에 미치는 영향을 고려해야 한다. AI가 생성한 텍스트의 반복 사용이 인간의 비판적 사고와 창의적 사고를 저해할 수 있는 가능성을 염두에 두고, 이러한 부작용을 최소화하기 위한 조치를 마련해야 한다. 이는 AI가 인간의 복잡한 감정과 경험을 충분히 반영하지 못하는 문제를 보완하고, 인간 간의 소통이 표면적이고 비인간화되지 않도록 노력하는 것을 포함한다. AI 개발자는 인간의 문화적 다양성과 깊이를 존중하고 보호하며, 인간의 정체성과 가치를 지키는 방향으로 AI 기술을 발전시켜야 한다.

5.5 윤리적 AI 개발을 위한 정책 및 규제

AI 모델의 개발과 사용에는 AI가 인간의 지능과는 근본적으로 다르다는 점을 인식하는 정책이 필요하다. 이러한 정책은 AI 모델이 단순히 데이터 패턴을 학습하는 방식에서 기인하는 한계를 명확히 규정하고, AI가 생성하는 정보의 신뢰성과 정확성을 지속적으로 검증할 수 있는 체계를 마련해야 한다. 이를 통해 사용자가 AI의 한계를 인지하고, AI의 출력을 비판적으로 평가할 수 있도록 돕는 교육과 훈련 프로그램을 제공해야 한다.

또한 AI 모델의 설명 가능성과 투명성을 보장하는 규제가 필수적이다. 이는 AI 모델이 왜 특정 결과를 도출했는지 이해할 수 있는 메커니즘을 포함하여, AI 시스템의 예측이나 결정 과정이 명확하게 공개되도록 하는 것이다. 이러한 투명성은 사용자에게 신뢰를 제공하며, AI의 예측이나 결정에 대한 책임 소재를 명확히 하는 데 중요하다. 따라서, AI 개발자는 모델의 작동 원리를 설명할 수 있는 기술적 솔루션을 도입하고, 이를 법적 규제로 강화하여 모든 AI 시스템이 설명 가능하고 투명하게 작동하도록 해야 한다.

다음으로, AI의 인지적 한계로 인해 발생할 수 있는 인간의 언어와 사고 방식 약화를 방지하기 위한 정책이 필요하다. 이는 AI가 생성한 텍스트의 반복 사용이 인간의 비판적 사고와 창의적 사고를 저해할 가능성을 최소화하기 위한 규제와 지침을 포함한다.

AI 개발자는 인간의 복잡한 감정과 경험을 충분히 반영할 수 있는 방법을 연구하고, 이러한 부작용을 줄이기 위한 윤리적 가이드라인을 따르도록 해야 한다. 이러한 정책은 인간의 문화적 다양성과 깊이를 보호하고, AI 기술이 인간의 정체성과 가치를 강화하는 방향으로 발전할 수 있도록 유도할 것이다.

6. 신경망 언어 모델의 미래 발전 방향

신경망 언어 모델이 인간의 인지 능력에 접근하기 위해서는 여러 가지 중요한 발전이 필요하다. 가장 핵심적인 요구 사항 중 하나는 인과적 설명(causal explanation) 능력의 향상이다. 현재의 신경망 언어 모델은 데이터에서 패턴을 추출하고 이를 바탕으로 예측을 생성하는 데 뛰어나다. 그러나 이러한 모델은 데이터 패턴을 넘어서 실제 세계에서 발생하는 인과 관계를 이해하고 설명하는 능력이 부족하다.

인간은 세상을 이해할 때 단순히 관찰된 현상을 기술(describe)하는 것에 그치지 않고, 그 현상의 원인과 결과를 설명(explain)하는 데 주력한다. 예를 들어, 인간은 사과가 떨어지는 것을 보고 "사과가 떨어진다"라고 기술하는 것뿐만 아니라, "사과가 중력 때문에 떨어진다"라고 설명할 수 있다. 이러한 인과적 설명 능력은 인간 인지의 핵심 요소이며, 신경망 언어 모델이 이를 습득하려면 현재의 데이터 중심 접근법을 넘어서는 새로운 학습 메커니즘이 필요하다.

이를 위해서는 모델이 단순히 데이터의 통계적 패턴을 학습하는 것이 아니라, 다양한 상황에서의 인과 관계를 학습할 수 있는 환경을 제공해야 한다. 이는 모델이 학습하는 데이터셋에 다양한 인과적 시나리오(causal scenario)를 포함시키고, 모델이 이러한 시나리오에서 인과 관계를 도출하고 설명할 수 있도록 훈련하는 방식을 포함할 수 있다. 또한 모델이 자기주도 학습(self-directed learning)을 통해 새로운 인과적 패턴을 발견하고 이를 기존 지식과 통합할 수 있는 능력을 개발하는 것도 중요하다.

7. 결론

현대 인공지능 기술의 눈부신 발전은 신경망 언어 모델의 혁신적인 능력을 보여주고 있다. OpenAI의 ChatGPT, Google의 Bard, Microsoft의 Sydney와 같은 초대형 언어 모델은 방대한 데이터를 학습하여 인간과 유사한 언어 출력을 생성하는 놀라운 성과를 이루었다. 이러한 모델들은 다양한 분야에서 응용 가능성을 보이며, 문제 해결, 학습, 창의성의 새로운 지평을 열고 있다. 그러나 이와 같은 발전이 인간의 언어와 인지 능력을 대체하거나 완전히 이해할 수 있을지에 대한 의문은 여전히 남아있다.

우리는 이 장에서 인간의 언어와 인지 능력의 본질을 탐구하고, 이를 신경망 언어 모델과 비교해 보았다. 인간의 언어 습득 과정은 보편 문법이라는 선천적 구조를 바탕으로 하며, 적은 양의 정보로부터 문법과 의미를 빠르게 이해하고 생성하는 능력을 보여준다. 반면, 신경망 언어 모델은 대규모 데이터에서 패턴을 학습하는 방식으로 작동하며, 문맥과 의미를 깊이 이해하는 데에는 한계가 있다. 이는 모델이 종종 문법적으로는 올바르지만 의미적으로 부적절한 출력을 생성하게 만들며, 인간의 직관적 언어 이해와는 큰 차이가 있음을 보여준다.

또한 신경망 언어 모델이 인간의 인지 능력에 접근하기 위해서는 인과적 설명 능력의 향상이 필요하다는 점을 논의하였다. 인간은 단순히 관찰된 현상을 기술하는 것을 넘어서, 그 현상의 원인과 결과를 설명할 수 있는 능력을 가지고 있다. 이는 과학적 사고의 핵심이며, 데이터 패턴 이상의 심오한 이해를 제공한다. 반면, 현재의 신경망 언어 모델은 데이터 패턴을 학습하는 데 뛰어나지만, 인과 관계를 이해하고 설명하는 능력이 부족하다. 이러한 한계를 극복하기 위해서는 새로운 학습 메커니즘과 환경이 필요하다.

결론적으로, 신경망 언어 모델은 인공지능 기술의 중요한 진전을 보여주고 있으며, 다양한 분야에서 혁신적인 응용 가능성을 제공하고 있다. 그러나 이러한 모델들이 인간의 언어와 인지 능력을 완전히 대체할 수 있을지는 여전히 불확실하다. 신경망 언어 모델의 한계를 인식하고, 이를 극복하기 위한 지속적인 연구와 발전이 필요하다. 또한 AI 개발과 사용에서 윤리적 원칙을 준수하고, 공정하고 책임 있는 기술 사용을 보장하기 위한 규제 조치가 중요하다.

미래에는 신경망 언어 모델이 인간의 인지 능력에 더 가까워지고, 다양한 윤리적 문제를 해결함으로써 사회에 긍정적인 영향을 미칠 수 있기를 기대한다. 이를 위해서는 기술 발전과 함께 사회적 합의를 통한 책임 있는 AI 사용이 필요하며, 이는 인공지능이 인류의 복지와 발전에 기여하는 방향으로 나아가야 함을 의미한다. AI 시스템이 공정하고 투명하며, 사회적 신뢰를 얻을 수 있도록 지속적인 노력이 요구된다.

| 참고문헌 |

Bender, Emily M., Timnit Gebru, Angelina McMillan-Major, and Shmargaret Shmitchell. 2021. On the dangers of stochastic parrots: Can language models be too big? In *Proceedings of the 2021 ACM conference on Fairness, Accountability, and Transparency*, 610–623.

Chomsky, Noam, Ian Roberts, and Jeffrey Watumull. 2023. The false promise of ChatGPT. A newspaper article in New York Times on March 8, 2023.

Connell, Louise, and Dermot Lynott. 2024. What can language models tell us about human cognition? *Current Directions in Psychological Science* 33.3: 181–189.

Katzir, Roni. 2023. Why large language models are poor theories of human linguistic cognition. A reply to Piantadosi (2023). Manuscript. Tel Aviv University. url: https://lingbuzz.net/lingbuzz/007190.

Lamprinidis, Sotiris. 2023 LLM cognitive judgements differ from human. http://arxiv.org/abs/2307.11787.

Macmillan-Scott, Olivia, and Mirco Musolesi. 2024. (Ir)rationality and cognitive biases in large language models. *Royal Society Open Science* 11: 240255. https://doi.org/10.1098/rsos.240255.

Mitchell, Melanie, and David C. Krakauer. 2022 The debate over understanding in AI's large language models. http://arxiv.org/abs/2210.13966.

Piantadosi, Steven. 2023. Modern language models refute Chomsky's approach to language. LingBuzz. https://lingbuzz.net/lingbuzz/007180.

Popper, Karl R. 1959. *The logic of scientific discovery*. London: Hutchinson of London.

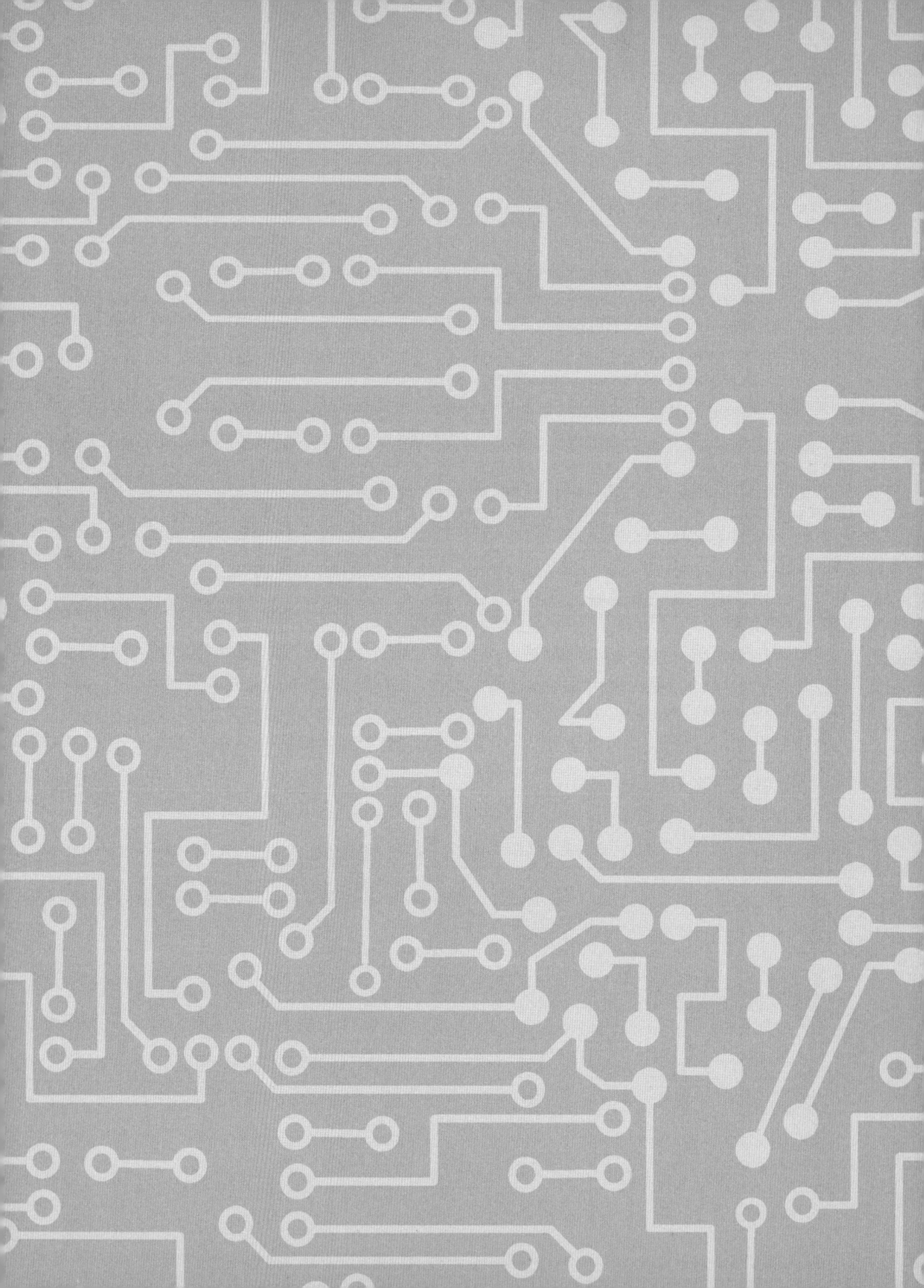

2부
신경망 언어 모델을 개선하기

4장 인간 뇌의 인지 과정에 대한 역공학적 접근

5장 언어 처리/습득하는 뇌의 역공학

6장 인간의 언어, 언어학에 대한 역공학적 접근

4장

인간 뇌의 인지 과정에 대한 역공학적 접근

1. 서론

인간 뇌(brain)의 역공학은 신경과학(neuroscience)과 인공지능 연구에서 중요한 혁신의 원천이다. 신경과학자들은 역공학을 통해 뇌의 구조와 기능을 분석하고 이를 모델링하여 인공지능 시스템을 개발하고 있다. 이 과정에서 인공 신경망(artificial neural network, ANN)과 합성곱 신경망(convolutional neural network, CNN) 같은 기술들이 발전해 왔으며, 이는 의료, 금융, 제조, 자율 주행, 스마트 홈 등 다양한 산업 분야에서 혁신을 가능하게 했다. 인간 뇌의 역공학은 복잡한 시스템을 이해하고 개선하는 데 중요한 도구로, 신경계의 작동 원리를 밝히고 이를 기반으로 한 기술 개발에 큰 도움을 준다.

Tenenbaum(2021)은 기존 기계 학습(machine learning) 방법론의 한계를 극복하기 위해 인지 과학에 영감을 받은 새로운 접근 방식을 제안하고 있다. 이 접근 방식은 인간의 인지 과정(cognitive process)을 모방하여 인공지능의 상식 이해(common sense understanding)와 적응력(adaptability)을 향상시키는 것을 목표로 한다. 확률적 프로그램(probabilistic programming), 게임 스타일 시뮬레이션 프로그램(gameplay simulation program), 프로그래밍으로서의 학습(learning as programming)이라는 세 가지 주요 접근 방식은 인공지능이 인간처럼 자연스럽게 행동하고 판단하는 데 필요한 상식을 개발하는 데 중요한 역할을 할 것이다. 이러한 인지 과학(cognitive science)의 원리를 적용함으로써 인공지능은 더욱 인간에 가까운 능력을 갖추게 되어 다양한 실제 응용 분야에서 활용 가능성이 크게 확대될 수 있다.

또한 Haspel et. al(2023)는 전체 신경계(nervous system)를 역공학하는 목표와 이를 달성하기 위한 필요성을 강조하고 있다. 특히 선충 Caenorhabditis elegans를 모델 시스템으로 사용하는 것이 적합하다고 제안한다. 신경계의 복잡한 작용 원리를 이해하고 이를 기반으로 더 나은 인공지능 시스템을 개발하며, 다양한 과학 분야에서 혁신을 촉진할 수 있는 가능성을 제시한다. 신경계 시뮬레이션과 머신러닝 기법을 결합하면 신경계의 복잡한 동작을 이해하고 예측하는 데 중요한 도구가 될 것이며, 이는 신경과학 연구의 효율성을 높이고 새로운 발견을 가능하게 할 것이다. 이러한 연구는 신경계의 구조뿐만 아니라 기능적 동작과 상호작용을 이해하고 예측하는 모델을 구축하는 데 기여할 것이다.

2. 인간 뇌의 역공학

2.1 도입

인간의 뇌(brain)는 약 1000억 개의 신경세포와 약 1000조 개의 시냅스(synapse) 연결로 이루어진 복잡한 신경망을 통해 모든 생각과 감정, 행동을 조절한다. 이러한 복잡한 시스템을 이해하고 재구성하는 것은 신경과학(neuroscience)의 주요 목표 중 하나로, 이는 신경계(nervous system)의 구조와 기능을 깊이 이해함으로써 다양한 과학적, 기술적 발전을 이끌어낼 수 있다. 이를 위해 역공학(reverse engineering)이라는 방법이 사용되며, 역공학은 기존 시스템의 구성 요소와 상호 관계를 이해하고 이를 재구성하거나 개선하는 과정이다. 역공학은 원래 하드웨어와 소프트웨어 분야에서 시작되었지만, 현재는 인간 뇌와 같은 생물학적 시스템(biological system)에도 적용되고 있다.

역공학을 통해 우리는 신경 시스템(nervous system)의 동작 방식을 이해하고, 이를 바탕으로 새로운 기술을 개발할 수 있다. 예를 들어, 인공지능 기술은 인간의 사고 과정을 모방하여 기계가 사람처럼 생각하고 학습할 수 있도록 하는데, 이는 역공학을 통해 얻은 뇌의 이해를 기반으로 발전해왔다. 이러한 기술은 인간의 뉴런(neuron)과 시냅스(synapse)의 상호작용을 모델링하여, 기계가 데이터를 통해 패턴을 인식하고, 경험을 통해 점진적으로 성능을 향상시키는 데 중요한 역할을 한다. 특히, 뇌의 학습 과정에서 영감을 받아 개발된 딥러닝(deep learning) 알고리즘은 자율적으로 복잡한 문제를 해결하는 능력을 갖추고 있어, 다양한 문제에 적용될 수 있다. 인공 신경망(artificial neural network, ANN)과 합성곱 신경망(convolutional neural network, CNN)은 이러한 AI 기술의 대표적인 예로, 각각 데이터 처리와 이미지 분석에 탁월한 성능을 보인다. 이러한 기술들은 컴퓨터 과학뿐만 아니라 의료, 금융, 제조, 자율 주행, 스마트 홈 등 다양한 산업 분야에서도 혁신을 가능하게 하고 있다.

Gupta(2020)에서는 역공학의 정의와 필요성, 인간 뇌의 구조와 기능, 그리고 인간의 생물학적 신경망(biological neural network)의 작동 원리를 설명하며, 이를 바탕으로 인공지능의 기초와 발전, 인공 신경망(ANN)과 합성곱 신경망(CNN)의 구조와 기능을 자세히 다룬다. 또한 역공학이 이끈 기술 발전과 다양한 과학 분야에의 기여를 논의하며, 앞으로의 연구 방향과 기대되는 혁신을 제시한다. 이러한 논의를 통해 우리는 인간 뇌의 복잡성을 이해하고, 이를 기반으로 한 기술 개발의 중요성을 살펴보게 될 것이다. 더 나아가, 이러한 연구는 AI 시스템의 성능을 향상시키고, 다양한 응용 분야에서 혁신을 이끌어낼 것으로 기대된다.

2.2 역공학과 인간 뇌의 이해

2.2.1 역공학의 정의 및 필요성

역공학(reverse engineering)은 기존 시스템의 구조와 기능을 이해하고 이를 재구성(reconstruct)하거나 개선하는 과정이다. 이는 시스템의 구성 요소(components)와 이들 간의 상호 관계를 식별하고, 이를 통해 높은 수준의 추상화된 모델(abstract model)을 생성하는 것을 목표로 한다. 역공학은 원래 하드웨어 분야에서 시작되었으나, 현재는 소프트웨어를 포함한 다양한 분야에 적용되고 있다. 소프트웨어 역공학에서는 소스 코드(source codes)를 복원하거나 시스템의 동작 방식(operating method)을 이해하는 데 주로 사용된다. 이는 특히 오래된 시스템을 유지 보수(maintenance)하거나, 보안 취약점(security vulnerability)을 찾고 수정하는 데 유용하다. 역공학을 통해 우리는 기존 시스템의 내부 동작 원리(internal operating principles)를 밝히고, 이를 바탕으로 새로운 기능을 추가하거나 시스템 성능을 향상시킬 수 있다. 예를 들어, 소프트웨어 시스템의 경우, 역공학을 통해 모호하거나 문서화되지 않은 코드의 작동 방식을 이해하고, 이를 개선할 수 있는 기회를 발견할 수 있다. 또한, 새로운 기능을 추가하기 위해 기존 구조를 분석하고, 최적화된 방식으로 시스템을 재설계할 수 있다. 이는 복잡한 시스템에서 발생할 수 있는 비효율성을 제거하고, 전반적인 성능을 크게 향상시키는 데 기여한다. 또한 역공학은 시스템 간의 호환성(compatibility)을 확보하고, 기술적 장벽을 극복하는 데 중요한 역할을 한다.

역공학의 필요성은 현대 기술의 복잡성에서 기인한다. 복잡한 시스템은 설계자조차 모든 세부 사항을 완전히 이해하기 어려울 수 있다. 따라서 역공학은 시스템의 문제를 진단하고 해결하는 데 필수적인 도구로 작용한다. 또한 새로운 기술 개발을 위한 기초 연구에도 중요한 기여를 한다. 예를 들어, 새로운 소프트웨어 알고리즘을 개발할 때, 기존 알고리즘의 동작 방식을 이해하는 것은 매우 유용하다. 이러한 과정을 통해 기술 발전을 가속화하고, 더 효율적이고 신뢰할 수 있는 시스템을 구축할 수 있다.

2.2.2 인간 뇌의 구조와 기능

인간의 뇌는 약 1000억 개의 신경세포와 약 1000조 개의 시냅스 연결로 이루어진 복잡한 신경망이다. 이 신경망은 우리가 생각하고, 느끼며, 행동하는 모든 과정의 기초를 형성한다. 각 신경세포는 독립적인 처리 단위로 작동하며, 전기적 신호(electrical signal)를 통해 다른 신경세포와 통신한다. 신경세포는 크게 세 가지 주요 부분으로 구성된다: 세포체(cell body/soma), 수상돌기(dendrites), 축색돌기(axon)이다. 세포체는 신경세포의 중심 부분으로, 유전 정보를 포함하고 있으며, 신호를 처리한다. 수상돌기는 다른 신경세포로부터 신호를 수집하는 역할을 하며, 축색돌기는 신호를 다른 신경세포로 전달하는 역할을 한다. `그림1`

시냅스는 신경세포 간의 접합부(syntactic junction)를 형성하는 구조로, 신경 신호가 한 신경세포에서 다른 신경세포로 전달되는 접합부이다. 시냅스는 전기적 신호를 화학적 신호로 변환하여 신호 전달(signal transmission)을 가능하게 한다. 이러한 시냅스 연결의 복잡한 네트워크는 우리의 학습, 기억, 인지 기능을 지원한다. 인간 뇌의 주요 기능은 인지, 기억, 학습, 감정 처리 등 다양한 심적(mental) 활동을 포함한다. 이러한 기능들은 모두 신경세포와 시냅스 간의 복잡한 상호작용에 의해 조절된다. `그림2`

2.2.3 생물학적 신경망의 작동 원리

생물학적 신경망은 신경세포 간의 복잡한 상호작용을 통해 정보를 처리하고 전달한다. 이 과정은 전기적 신호와 화학적 신호의 결합을 통해 이루어진다. 신경세포 간의 정보 전달은 주로 시냅스를 통해 이루어지며, 이 과정에서 신경 전달 물질이 중요한 역할을 한다. 신경세포의 기본 구조와 기능은 다음과 같다: 신경세포는 정보 처리와 전달의 기본 단위이며, 세포체는 신경 신호를 처리하고 세포의 대사(metabolism)를 담당한다.[1] 수상돌기는 다른 신경세포로부터 신호를 수집하고, 축색돌기은 신호를 다른 신경세포로 전달한다. 시냅스는 신경세포 간의 신호 전달을 가능하게 하는 접합부이다.

신경 신호는 주로 전기적 신호(electrical signal)로 전달되며, 이 과정은 휴지 전위, 활동 전위, 신경 전달, 신경 전달 물질 방출, 신호 전달의 단계로 이루어진다. 휴지 전위는 신경세포가 자극을 받지 않을 때의 안정된 전위 상태를 의미하며, 활동 전위는 자극을 받

---

1) 대사는 생물체 내에서 에너지를 생성하고 사용하는 일련의 화학적 과정이다.

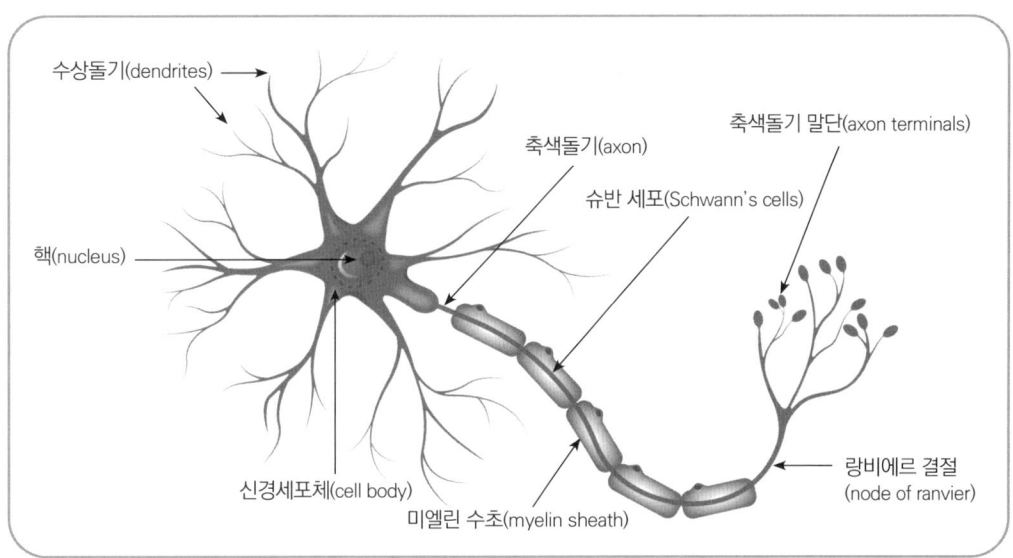

그림 1 신경세포(neuron)의 기능은 신경 신호를 전달하는 것이다. 신경세포체(cell body/soma)에는 신경세포의 생명 유지와 신호 처리를 담당하는 핵(nucleus)이 있다. 수상돌기(dendrites)는 다른 신경세포로부터 신호를 받아들이고, 이 신호는 축색돌기(axon)을 통해 전달된다. 축색돌기는 슈반 세포(Schwann's cells)와 미엘린 수초(myelin sheath)로 둘러싸여 있어 신호 전달 속도를 증가시킨다. 랑비에르 결절(node of Ranvier)을 통해 신호가 빠르게 점프하며 이동하고 축색돌기 말단(axon terminals)에서 신호가 다음 신경세포로 전달된다.

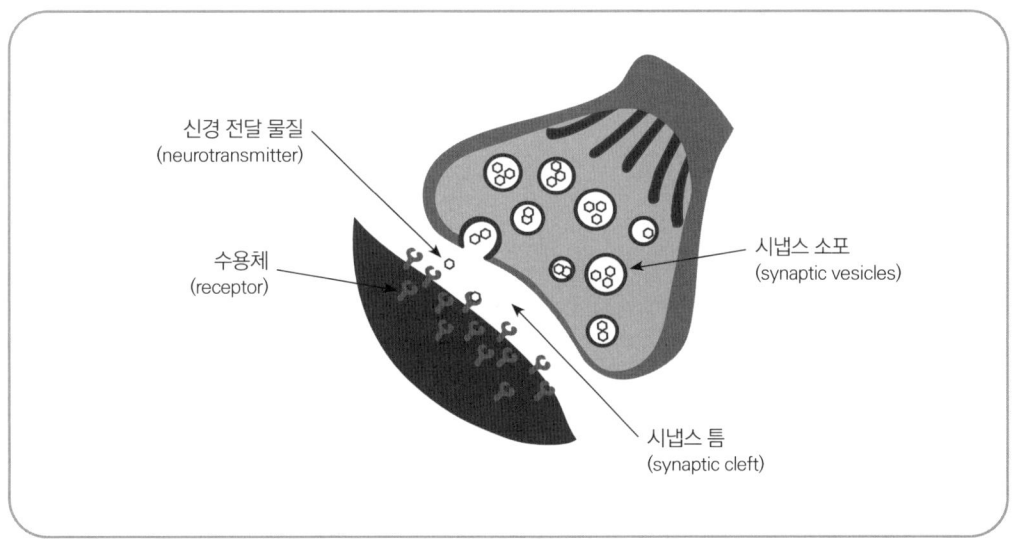

그림 2 시냅스(synapse)는 뉴런 간의 신호 전달을 위한 접합부로, 신경 전달 물질(neurotransmitter)이 시냅스 소포(synaptic vesicles)에서 방출되어 시냅스 틈(synaptic cleft)을 건너가며, 수용체(receptor)에 결합하여 신경 신호를 전달하는 역할을 한다. 시냅스 전 뉴런에서 방출된 신경 전달 물질은 시냅스 후 뉴런의 수용체와 결합하여 새로운 신경 신호를 유도한다. 이 과정은 뉴런 간의 정보 전달과 뇌 기능을 가능하게 한다.

아 신경세포가 활성화될 때 발생하는 전기적 신호이다. 신경 전달 과정에서 활동 전위는 축색돌기를 따라 이동하여 시냅스에 도달하고, 시냅스에서 신경 전달 물질이 방출되어 다음 신경세포의 수용체에 결합한다. 이로 인해 신경 전달 물질이 수용체에 결합하여 다음 신경세포를 활성화시키고, 이를 통해 신호 전달이 이루어진다.

이러한 과정을 통해 신경세포 간의 상호작용이 이루어지며, 이는 학습(learning)과 기억(memory) 형성의 기초가 된다. 신경세포 간의 연결 강도(connection strength)는 경험에 따라 변화하며, 이를 통해 뇌는 새로운 정보를 학습하고 기존의 정보를 갱신한다. 이 과정은 시냅스 가소성(synaptic plasticity)이라고 하며, 이는 학습과 기억의 핵심 메커니즘이다. 생물학적 신경망의 이해는 인공지능 시스템의 개발에 중요한 기초를 제공한다. 특히, 신경세포의 기능과 시냅스의 역할을 이해함으로써, 더 나은 인공 신경망을 설계하고, 인간의 인지 기능을 모방하는 데 기여할 수 있다.

2.3 인공지능의 기초와 발전

2.3.1 인공지능의 정의와 목표

인공지능은 인간의 지능적인 행동과 사고 과정을 기계가 모방하도록 만드는 연구 분야이다. 인공지능의 궁극적인 목표는 기계가 사람처럼 생각하고 학습하며, 문제를 해결하고, 결정을 내릴 수 있도록 하는 것이다. 이를 통해 기계가 복잡한 작업을 자동으로 수행할 수 있게 하고, 인간의 지적 능력을 증대시키는 것을 목표로 한다. 인공지능은 컴퓨터 과학, 인지 과학, 수학, 심리학 등 여러 학문 분야의 이론(theory)과 기술(technology)을 통합하여 발전해 왔다. 이러한 목표를 달성하기 위해 AI는 패턴 인식(pattern recognition), 자연어 처리(natural language processing), 로봇 공학, 전문가 시스템(expert system), 기계 학습 등의 다양한 하위 분야를 포함하고 있다.

각 하위 분야는 특정한 문제를 해결하기 위한 알고리즘(algorithm)과 방법론(methodology)을 개발하고, 이를 실제 응용에 적용하는 것을 목표로 한다. 인공지능은 특히 대량의 데이터를 처리하고 분석하는 데 강력한 도구로 사용되며, 이는 빅 데이터 시대에 매우 중요한 역할을 한다. 또한 AI는 의료, 금융, 제조, 자율 주행, 스마트 홈 등 다양한 산업 분야에서 혁신을 이끌고 있다. 이러한 다양한 응용 분야를 통해 AI는 우리 일상 생활의 여러 측면을 변화시키고, 효율성을 높이며, 새로운 가능성을 창출하고 있다.

AI는 다양한 방식으로 인간의 지능을 모방하려고 한다. 그중 하나는 기계 학습(machine learning)으로, 이는 데이터에서 패턴을 학습하고 예측을 수행하는 능력을 개발하는 데 중점을 둔다. 또 다른 방법은 자연어 처리(NLP)로, 이는 컴퓨터가 인간의 언어를 이해하고 생성할 수 있도록 하는 기술이다. 또한 컴퓨터 비전은 이미지와 비디오 데이터를 해석하는 데 사용되며, 로봇 공학은 물리적 세계에서 작업을 수행할 수 있는 기계를 개발한다. 이 모든 하위 분야는 AI의 전체 목표를 달성하기 위해 협력하며, 각기 다른 응용 분야에서 사용된다.

예를 들어, 의료 AI 시스템은 환자의 데이터를 분석하여 진단을 지원하고, 금융 AI는 거래 데이터를 분석하여 투자 결정을 돕는다. 제조업에서는 AI가 생산 공정을 최적화하고, 품질 관리 시스템을 개선하며, 자율 주행차는 AI를 사용하여 안전하고 효율적으로 주행한다. 이와 같이, AI는 다양한 산업 분야에서 혁신을 가능하게 하며, 우리의 일상 생활을 더욱 편리하고 효율적으로 만든다. 이러한 혁신은 AI가 제공하는 기술적 진보와 그 응용 가능성 덕분에 앞으로 더욱 확장될 것으로 예상된다.

2.3.2 인공지능의 발전과 응용

AI는 기계 학습과 결합하여 인간의 뇌와 유사한 방식으로 데이터를 처리하고 결정을 내린다. 기계 학습(machine learning)은 데이터를 통해 패턴을 학습하고, 이를 바탕으로 미래의 데이터를 예측하거나 분류하는 알고리즘을 개발하는 분야이다. 이러한 알고리즘(algorithm)은 주로 대량의 데이터를 이용하여 학습하며, 학습된 모델은 새로운 데이터에 대해 높은 정확도로 예측을 수행할 수 있다. AI의 발전은 컴퓨팅 파워(computing power)의 증가, 데이터의 폭발적인 증가, 그리고 알고리즘의 개선 덕분에 급속도로 이루어졌다. 특히 딥러닝(deep learning)은 인공 신경망을 활용하여 복잡한 패턴을 학습하는 강력한 기법으로, 이미지 인식, 음성 인식, 자연어 처리 등의 분야에서 큰 성과를 거두었다.

AI는 다양한 응용 분야에서 활용되고 있다. 예를 들어, 의료 분야에서는 질병 진단, 치료 계획 수립, 신약 개발(drug development) 등에 AI가 사용되고 있다. 금융 분야에서는 주식 거래(stock trading), 신용 평가(credit rating), 사기 탐지(fraud detection) 등에 AI가 활용된다. 제조 분야에서는 로봇 공학, 품질 관리(quality control), 생산 최적화(production optimization) 등에 AI가 적용된다. 자율 주행 차량은 AI를 통해 주변 환경을 인식하고, 경로를 계획하며, 안전하게 운전할 수 있다. 스마트 홈 기술은 AI를 통해 사용자의 생활 패턴을 학습하고, 맞춤형 서비스를 제공한다. 이처럼 AI는 우리의 생활과 산업 전반에 걸쳐 혁신적인 변화를 가져오고 있으며, 앞으로도 그 적용 범위와 영향력은 계속해서 확대될 것이다.

AI의 발전은 여러 기술적 혁신에 의해 촉진되었다. 예를 들어, GPU(graphics processing unit)의 발전은 대규모 데이터 세트를 처리하고 복잡한 모델을 훈련시키는 데 필요한 컴퓨팅 능력을 제공했다. 또한 클라우드 컴퓨팅(cloud computing)은 AI 모델을 더 빠르고 효율적으로 개발하고 배포할 수 있도록 지원했다. 이러한 기술적 진보는 AI 연구자들이 더 복잡한 문제를 해결하고, 더 정확하고 효율적인 모델을 개발할 수 있게 했다. 또한 오픈 소스 소프트웨어(open source software)와 데이터 세트의 이용 가능성은 AI 연구와 개발을 가속화하는 데 중요한 역할을 했다. 연구자들은 이제 전 세계의 데이터와 도구를 활용하여 혁신적인 솔루션을 개발할 수 있다. 이러한 환경은 AI의 빠른 발전을 가능하게 했으며, 이는 다양한 산업 분야에서 실질적인 응용으로 이어졌다. AI는 이제 우리의 생활과 산업의 필수적인 부분으로 자리 잡고 있으며, 이는 미래의 기술 발전과 경제 성장에 중요한 역할을 할 것이다.

2.3.3 AI와 인간 뇌의 유사성

AI 에이전트(agent)와 인간의 감각(sensory) 및 데이터 처리 방법을 비교하여 AI 시스템이 어떻게 인간의 뇌를 모방하는지 설명한다. AI는 다양한 센서(sensor)를 통해 환경에서 활동을 감지하고 이를 처리하여 유용한 정보로 변환한다. 이는 인간의 다섯 가지 감각(senses)이 정보를 수집하고 처리하는 방식과 유사하다. 예를 들어, 시각적 정보를 처리하는 컴퓨터 비전 기술은 인간의 시각 시스템을 모방하여 이미지를 인식하고 해석한다. 음성 인식 기술(speech recognition technology)은 인간의 청각 시스템을 모방하여 음성을 텍스트로 변환하고, 자연어 처리 기술(NLP technology)은 인간의 언어 이해 능력을 모방하여 텍스트를 분석하고 의미를 파악한다. 이러한 유사성은 인공지능 시스템이 인간의 뇌를 모델로 삼아 개발되었음을 보여준다. 인간의 뇌는 신경세포와 시냅스의 네트워크로 구성되어 있으며, 이들 간의 복잡한 상호작용을 통해 정보를 처리하고 학습한다.

인공 신경망(ANN)은 이러한 인간의 생물학적 신경망의 구조와 기능을 모방하여 설계되었다. ANN은 여러 층의 신경세포로 구성되며, 각 신경세포는 입력 신호(input signal)를 받아 가중치(weight)를 적용하고, 활성화 함수(activation function)를 통해 출력을 생성한다.[2] 이러한 과정은 인간 뇌의 신경세포가 신경 신호를 처리하는 방식과 유사하다. 또한 기계 학습 알고리즘은 경험을 통해 학습하고, 이를 바탕으로 새로운 상황에 적응하는 능력을 갖추고 있다. 이는 인간이 경험을 통해 학습하고, 이를 바탕으로 새로운 문제를 해결하는 능력과 유사하다. AI와 인간 뇌의 이러한 유사성은 AI 시스템의 개발과 발전에 중요한 기초가 된다. AI 연구자들은 인간 뇌의 구조와 기능을 더 잘 이해함으로써, 더 강력하고 효율적인 AI 시스템을 개발할 수 있다. 예를 들어, 딥러닝 알고리즘은 인간 뇌의 심층 구조를 모방하여 복잡한 문제를 해결하는 데 사용된다. 이러한 연구는 AI의 성능을 향상시키고, 새로운 응용 분야를 개척하는 데 기여할 것이다.

인간 뇌의 작동 원리(operating principle)를 모방하는 AI 시스템은 여러 면에서 인간의 인지 능력을 재현하려고 한다. 예를 들어, 강화 학습(reinforcement learning)은 인간이 보상을 통해 학습하는 방식을 모방하여 AI가 특정 목표를 달성하기 위해 최적의 행동을 선택하도록 한다. 또한 심층 신경망은 인간 뇌의 층상 구조(layered structure)를 모방하여 복잡한 데이터를 처리하고, 높은 수준의 추상화(abstraction)(혹은 일반화)를 가능하게 한다. 이러한 유사성은 AI 시스템이 더 인간 친화적이고, 더 효과적으로 문제를 해결할 수 있도록 한다. 또한 AI와 인간의 상호작용을 개선하고, 더 자연스러운 인간-기계 인터페이스(human-machine interface, HMI)를 개발하는 데 중요한 역할을 한다. 이러한 연구와 개발은 AI가 더 많은 응용 분야에서 사용될 수 있도록 하며, 우리의 삶을 더 편리하고 안전하게 만들 것이다. AI와 인간 뇌의 유사성에 대한 이해는 AI 연구자들에게 중요한 통찰을 제공하며, 이는 미래의 기술 발전에 큰 영향을 미칠 것이다.

---

2) 활성화 함수(activation function)는 인공 신경망(ANN)에서 신경세포의 출력 값을 결정하는 비선형 함수이다. 입력 신호와 가중치의 합을 받아들여 이를 특정 범위 내의 값으로 변환한다. 활성화 함수는 신경망에 비선형성을 도입하여 복잡한 패턴을 학습하고 표상할 수 있게 한다. 대표적인 활성화 함수로는 시그모이드(sigmoid) 함수, 렐루(ReLU) 함수, 탄젠트(tangent) 함수 등이 있다. 참고로 여기서 비선형 함수(non-linear function)는 출력이 입력의 선형 조합으로 표현될 수 없는 함수이다. 이러한 함수는 복잡한 관계를 모델링할 수 있으며, 인공 신경망에서 다양한 패턴을 학습하고 표현하는 데 필수적이다.

2.4 인공 신경망(ANN)과 합성곱 신경망(CNN)

2.4.1 인공 신경망의 구조와 작동 원리

인공 신경망(ANN)은 여러 층의 신경세포로 구성된 계산 모델이다. 각 신경세포는 입력 데이터를 받아 가중치를 적용하고 활성화 함수를 통해 출력을 생성한다. 신경세포는 생물학적 신경망의 신경세포와 유사하게 설계되었으며, 입력을 수용하고 처리하여 다음 층의 신경세포로 출력을 전달한다. ANN의 기본 구조는 입력층(input layer), 은닉층(hidden layer), 출력층(output layer)으로 나뉜다. 입력층은 외부 데이터를 받아들이고, 은닉층은 입력 데이터를 처리하며, 출력층은 최종 결과를 생성한다. 신경세포 간의 연결 강도는 가중치로 표현되며, 학습 과정에서 이 가중치가 조정된다. ANN의 학습은 주로 역전파(backpropagation) 알고리즘을 통해 이루어진다. 역전파 알고리즘은 출력층에서 발생한 오류를 계산하고, 이를 네트워크를 거슬러 올라가면서 각 가중치를 수정하여 학습을 진행한다.[3] 이 과정에서 오류가 최소화되도록 가중치가 조정되며, 네트워크는 주어진 데이터에 대해 점차적으로 더 정확한 출력을 생성할 수 있게 된다. **그림 3**

활성화 함수(activation function)는 신경망 신경세포의 출력을 비선형 변환하는 역할을 한다. 이는 네트워크가 복잡한 패턴을 학습하고 다양한 입력에 대해 유연하게 대응할 수 있도록 한다. 일반적으로 사용되는 활성화 함수로는 시그모이드(sigmoid) 함수, 탄젠트(tagent) 함수, 렐루(ReLU) 함수 등이 있다. 이러한 활성화 함수는 신경세포의 출력을 제한된 범위 내로 변환하여, 신경망 네트워크가 안정적으로 학습할 수 있도록 돕는다. ANN은 이러한 구조와 작동 원리를 통해 다양한 패턴 인식, 예측, 분류 작업을 수행할 수 있다. ANN의 강점은 유연성과 적응성에 있으며, 이는 복잡한 문제를 해결하고 다양한 데이터 유형을 처리하는 데 유리하다. 예를 들어, ANN은 음성 인식, 자연어 처리, 금융 예측 등의 다양한 분야에서 널리 사용된다.

---

[3] 여기서 오류(error)라 함은 신경망의 예측 값(predicted value)과 실제 값(actual value) 간의 차이를 나타내는 값이다. 학습 과정에서 이 오류를 계산하여 네트워크가 얼마나 잘 학습하고 있는지 평가한다. 오류를 최소화하는 것은 네트워크의 성능을 향상시키는 핵심 목표이며, 이를 통해 더 정확한 예측이 가능해진다.

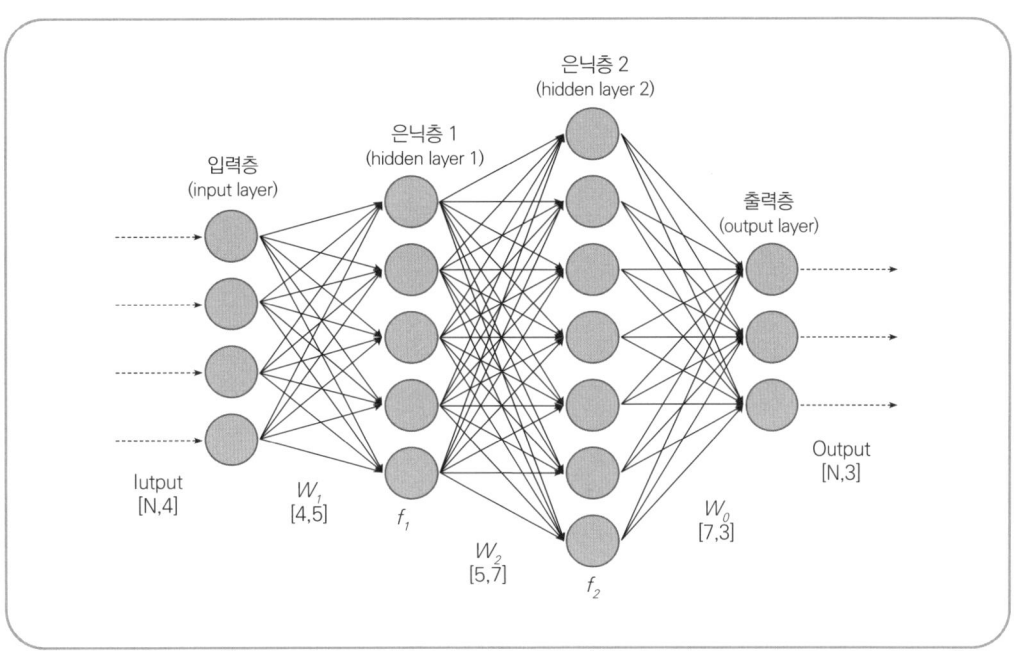

그림 3 이 그림은 인공 신경망(artificial neural network, ANN)을 나타낸다. 입력층(input layer)에서 받은 데이터가 두 개의 은닉층(hidden layer 1, hidden layer 2)을 거쳐 출력층(output layer)으로 전달된다. 각 층의 뉴런들은 가중치(weight)와 활성화 함수(activation function)를 통해 연결되어 입력 데이터를 처리하고 최종 출력을 생성한다.

2.4.2 합성곱 신경망의 구조와 기능

합성곱 신경망(CNN)은 주로 이미지 처리에 사용되는 ANN의 한 유형으로, 합성곱 연산(convolution operation), 풀링 층(pooling layer), 완전 연결 출력 층(fully connected output layer), 드롭아웃 층(dropout layer)로 구성된다. CNN의 주요 구성 요소인 합성곱 연산은 필터를 사용하여 입력 이미지에서 특징을 추출한다. 이 필터는 이미지의 작은 부분에 적용되어 특징 맵(map)을 생성하며, 이는 이미지의 중요한 패턴을 인식하는 데 도움이 된다. 풀링 층은 합성곱 층에서 생성된 특징 맵을 축소하여 계산량을 줄이고, 네트워크의 일반화/학습 능력을 향상시킨다. 일반적으로 최대 풀링(max pooling)이나 평균 풀링(average pooling)이 사용되며, 이는 특징 맵의 크기를 줄이는 동시에 중요한 정보를 유지하는 역할을 한다. **그림 4**

완전 연결 출력 층은 풀링 층의 출력을 받아 최종 결과를 생성한다. 이는 일반적인 ANN의 출력층과 유사하며, 분류 또는 예측 작업을 수행한다. 드롭아웃 층은 학습 과정에서 일부 신경세포를 임의로 비활성화하여 과적합(overfitting)을 방지하고 네트워크

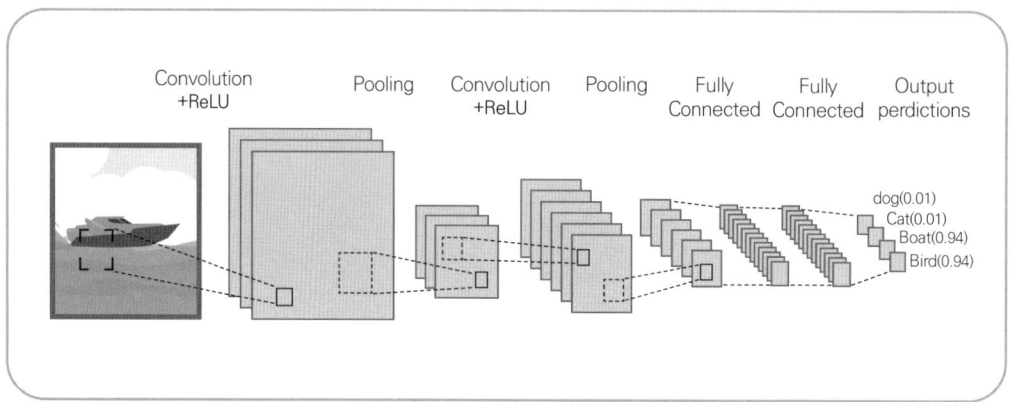

그림 4 일반적 합성곱 신경망(Convolutional Neural Networks)의 구조

의 일반화/학습 능력을 향상시킨다. CNN은 인간 시각 시스템(human visual system)과 유사하게 이미지를 처리하며, 여러 층을 통해 점진적으로 복잡한 패턴을 인식한다. 초기 층에서는 간단한 가장자리나 색상 변화와 같은 저수준 특징을 추출하고, 이후 층에서는 점차적으로 더 복잡한 모양이나 객체(objects)를 인식한다. 이러한 구조와 기능 덕분에 CNN은 이미지 분류, 객체 검출(object detection), 영상 분할(image segmentation) 등 다양한 컴퓨터 비전 작업에서 높은 성능을 보인다.

CNN의 성공적인 적용 사례로는 자율 주행 자동차, 의료 이미지 분석, 얼굴 인식 등이 있다. 자율 주행 자동차에서는 CNN이 도로의 상황을 분석하고, 물체를 인식하며, 안전한 경로를 계획하는 데 사용된다. 의료 이미지 분석에서는 CNN이 질병 진단(disease diagnosis)을 위한 이미지를 분석하고, 정확한 진단을 지원한다. 얼굴 인식 시스템에서는 CNN이 얼굴의 특징을 인식하고, 신원을 확인하는 데 사용된다. 이러한 다양한 응용 사례는 CNN의 강력한 성능과 유연성을 잘 보여준다.

2.4.3 ANN과 CNN의 비교 및 차이점

인공 신경망(ANN)과 합성곱 신경망(CNN)은 모두 인공지능의 중요한 구성 요소이지만, 구조와 기능 면에서 여러 가지 차이점이 있다. ANN은 일반적인 데이터 처리에 사용되는 반면, CNN은 주로 이미지와 같은 2차원 데이터를 처리하는 데 특화되어 있다. ANN은 입력층, 은닉층, 출력층으로 구성되며, 각 층의 신경세포는 모든 다른 신경세포와 완전히 연결된다. 이러한 구조는 다양한 입력 데이터를 처리할 수 있지만, 이미지와 같은 고차원 데이터를 처리할 때 효율적이지 않을 수 있다. 반면, CNN은 합성곱 층과 풀링 층을 통해 입력 이미지의 공간적 구조(spatial structure)를 유지하면서 특징을 추출할 수 있다. 이는 CNN이 이미지 처리 작업에서 높은 성능을 발휘하게 한다.

또한 CNN의 합성곱 연산은 필터를 사용하여 입력 데이터의 작은 부분에서 특징을 추출하는 반면, ANN은 전체 입력 데이터를 한꺼번에 처리한다. 이로 인해 CNN은 이미지의 공간적 관계를 더 잘 인식할 수 있으며, 이는 객체 검출이나 이미지 분류와 같은 작업에서 큰 이점을 제공한다. ANN은 주로 시계열(time series) 데이터, 텍스트 데이터, 일반적인 분류(classification) 및 회귀(regression) 과제(task)를 처리하는 데 사용되며, 다양한 데이터 유형에 대한 적응력이 뛰어나다. 반면, CNN은 이미지 및 비디오 데이터의 패턴 인식과 같은 특화된 작업에 강점을 가지고 있다.

다음으로, ANN과 CNN은 학습 과정에서도 차이가 있다. ANN은 주로 역전파 알고리즘을 사용하여 가중치를 업데이트하고 학습을 진행한다. CNN도 역전파 알고리즘을 사용하지만, 합성곱 연산과 풀링 연산의 특성상 학습 과정에서 더 많은 세부 조정(fine-tuning)이 필요하다. CNN의 학습 과정은 각 필터가 이미지의 특정 패턴을 학습하도록 설계되며, 이는 네트워크가 복잡한 이미지 데이터를 효과적으로 처리할 수 있게 한다. 이러한 차이점은 각 네트워크가 특정 유형의 데이터를 처리하는 데 더 적합하게 만들며, 이를 통해 다양한 응용 분야에서 효과적으로 사용될 수 있다.

ANN과 CNN의 장단점은 각각의 응용 분야에 따라 달라질 수 있다. ANN은 데이터의 선형적 관계를 잘 처리하며, CNN은 데이터의 공간적 관계를 잘 인식한다. 이러한 특성은 각 네트워크가 특정 문제를 해결하는 데 있어 가장 적합한 도구가 되도록 한다. 예를 들어, 자연어 처리나 시계열 데이터 분석에서는 ANN이 유리하며, 이미지 분석이나 객체 인식에서는 CNN이 더 적합하다. 이러한 이해를 바탕으로, AI 연구자들은 문제의 특성에 따라 적절한 신경망 구조를 선택하여 최상의 결과를 도출할 수 있다.

2.5 역공학의 결과와 미래 전망

2.5.1 역공학이 이끈 기술 발전

인간 뇌의 역공학은 인공지능(AI), 인공 신경망(ANN), 합성곱 신경망(CNN) 등의 발전을 이끌어냈다. 역공학은 뇌의 구조와 기능을 분석하고, 이를 기반으로 한 기술들을 개발하여 인간의 인지 능력을 모방하려는 시도로, 컴퓨터 과학뿐만 아니라 다양한 과학 분야에 큰 기여를 하고 있다. AI는 인간의 사고 과정(thinking process)을 모방하여 기계가 사람처럼 생각하고 학습하며, 문제를 해결하고 결정(decision-making)을 내릴 수 있도록 하는 기술이다. 이 과정에서 ANN과 CNN은 중요한 역할을 한다. ANN은 여러 층의 신경세포로 구성된 계산 모델로, 데이터를 처리하고 학습하는 데 사용된다. 신경세포는 입력 데이터를 받아 가중치를 적용하고 활성화 함수를 통해 출력을 생성하며, 역전파 알고리즘을 통해 학습한다. CNN은 주로 이미지 처리에 사용되는 ANN의 한 유형으로, 합성곱 연산, 풀링 층, 완전 연결 출력 층, 드롭아웃 층로 구성된다. CNN은 이미지의 공간적 구조를 유지하면서 특징을 추출할 수 있어, 이미지 분류, 객체 검출, 영상 분할 등 다양한 컴퓨터 비전 작업에서 높은 성능을 보인다. 이러한 기술들은 컴퓨터 과학뿐만 아니라 다양한 응용 분야에서 혁신을 가능하게 한다.

AI와 신경망 기술(neural network technology)은 의료, 금융, 제조, 자율 주행, 스마트 홈 등 다양한 산업 분야에서 혁신을 이끌고 있다. 예를 들어, 의료 분야에서는 AI가 질병 진단, 치료 계획 수립, 신약 개발 등에 사용되고 있으며, 금융 분야에서는 주식 거래, 신용 평가, 사기 탐지 등에 AI가 활용된다. 제조 분야에서는 로봇 공학, 품질 관리, 생산 최적화 등에 AI가 적용되고, 자율 주행 차량은 AI를 통해 주변 환경을 인식하고, 경로를 계획하며, 안전하게 운전할 수 있다. 스마트 홈 기술은 AI를 통해 사용자의 생활 패턴을 학습하고, 맞춤형 서비스를 제공한다. 이처럼 역공학을 통해 개발된 기술들은 다양한 산업 분야에서 실질적인 혜택을 제공하고 있다. 이러한 혁신은 다양한 산업 분야에서의 효율성을 증대시키고, 새로운 가능성을 창출하며, 전반적인 삶의 질을 향상시키는 데 기여하고 있다. 또한 이러한 기술 발전은 경제 성장과 사회적 발전을 촉진하는 데 중요한 역할을 하고 있다.

2.5.2 다양한 과학 분야에의 기여

Gupta(2020)에서 주목하는 것처럼, 역공학을 통해 얻은 지식은 심리학, 신경과학 등 다양한 학문 분야에서 활용되고 있다. 심리학에서는 인간의 인지 과정과 행동을 이해하고, 이를 기반으로 한 심리 치료와 상담 기법을 개발하는 데 역공학의 결과가 중요한 역할을 한다. 신경과학에서는 뇌의 구조와 기능을 분석하여 신경 질환의 원인을 규명하고, 효과적인 치료법을 개발하는 데 역공학이 기여하고 있다. 특히, 신경과학에서 역공학은 뇌의 기능적 연결성(functional connectivity)과 신경세포 간의 상호작용을 이해하는 데 중요한 도구로 사용된다. 이를 통해 연구자들은 뇌의 다양한 기능 영역과 그 상호작용을 더 잘 이해할 수 있으며, 이를 기반으로 한 신경 인터페이스 기술을 개발하고 있다. 예를 들어, 뇌-기계 인터페이스(brain-machine interface, BMI)는 신경 신호를 해석하여 컴퓨터나 로봇을 제어할 수 있게 하며, 이는 신체 장애를 가진 사람들에게 큰 도움이 된다.

또한 교육 분야에서도 역공학의 결과가 적용되고 있다. 뇌의 학습 메커니즘을 이해함으로써, 효과적인 교육 방법과 학습 도구를 개발할 수 있다. 이는 개인 맞춤형 학습 시스템을 설계하는 데 기여하며, 학생들의 학습 성과를 향상시키는 데 도움을 준다. 이러한 이해를 바탕으로, 교육자들은 학생들에게 더 나은 학습 경험을 제공하고, 개별 학습자들의 필요에 맞춘 교육 프로그램을 개발할 수 있다. 이처럼 역공학을 통해 얻은 지식은 다양한 학문 분야에서 혁신적인 연구와 개발을 가능하게 하며, 이는 사회 전반에 걸쳐 긍정적인 영향을 미치고 있다. 앞으로도 이러한 연구는 지속될 것이며, 이는 새로운 발견과 발전을 이끌어낼 것이다.

2.5.3 역공학의 중요성 및 미래 전망

인간 뇌의 복잡성과 기능을 이해함으로써 더 나은 AI 시스템을 개발할 수 있는 가능성이 열렸다. 뇌의 작동 원리를 모방하여 더욱 정교하고 효율적인 인공지능 기술을 개발하는 것은 미래의 중요한 연구 방향 중 하나이다. 앞으로의 연구는 뇌의 더 깊은 이해를 바탕으로 새로운 AI 모델과 알고리즘을 개발하는 데 집중될 것이다. 예를 들어, 인간의 직관적 사고와 창의성을 모방하는 AI 시스템을 개발하는 것은 큰 도전 과제 중 하나이다. 현재의 AI는 주로 데이터에 기반한 패턴 인식과 예측을 수행하지만, 인간의 창의적인 사고 과정을 모방하기 위해서는 더 복잡한 모델이 필요하다. 이를 위해 뇌의 창의성과 문제 해결 과정을 더 깊이 연구하고, 이를 AI 모델에 적용하는 연구가 진행될 것이다.

또한 신경과학과 인공지능의 융합 연구가 강화될 것이다. 뇌-기계 인터페이스(brain-machine interface), 신경 재활 기술(neuro-rehabilitation technology), 뇌 자극 기술(brain stimulation technology) 등은 신경과학과 AI의 협력을 통해 더욱 발전할 것이다. 이러한 기술들은 신경 질환(neurological disorder) 치료, 신체 장애(physical disabilities) 극복, 인간의 인

지 능력 증강(cognitive enhancement) 등 다양한 분야에서 큰 영향을 미칠 것이다. 역공학은 이러한 융합 연구의 중요한 기반을 제공하며, 미래의 기술 발전을 이끄는 핵심 역할을 할 것이다. 요약하면, 역공학은 인간 뇌의 복잡성을 이해하고 이를 기술적으로 구현하는 데 중요한 도구이다. 이를 통해 우리는 더 나은 AI 시스템을 개발하고, 다양한 과학 분야에서 혁신을 이끌어낼 수 있다.

앞으로도 역공학은 지속적으로 발전할 것이며, 이는 우리의 생활과 산업 전반에 걸쳐 긍정적인 변화를 가져올 것이다. 이러한 연구와 개발은 더 나은 미래를 위한 중요한 기반이 될 것이다. 역공학을 통한 AI와 신경과학의 발전은 새로운 발견과 혁신을 촉진할 것이며, 이는 우리의 일상 생활과 경제, 사회 전반에 걸쳐 중요한 변화를 이끌어낼 것이다. 더 나아가, 이러한 연구는 인간의 삶의 질을 향상시키고, 새로운 기회를 창출하며, 전 세계적으로 긍정적인 영향을 미칠 것이다.

2.6 종합

인간 뇌의 역공학은 인공지능과 다양한 신경과학 연구에 큰 기여를 하고 있다. 신경과학자들은 역공학을 통해 뇌의 구조와 기능을 분석하여 이를 기술적으로 구현하고, 이를 바탕으로 인공지능 시스템을 개발하고 있다. 이러한 과정에서 인공 신경망(ANN)과 합성곱 신경망(CNN)과 같은 기술들이 발전하게 되었고, 이는 의료, 금융, 제조, 자율 주행, 스마트 홈 등 다양한 산업 분야에서 혁신을 가능하게 하고 있다. 역공학은 복잡한 시스템을 이해하고 개선하는 데 중요한 도구로, 신경계의 작동 원리를 밝히고 이를 기반으로 한 기술 개발에 큰 도움이 된다.

역공학을 통해 우리는 뇌의 신경세포와 시냅스의 상호작용을 더 잘 이해할 수 있게 되었으며, 이는 신경 질환의 원인을 규명하고 효과적인 치료법을 개발하는 데 기여하고 있다. 또한 심리학과 교육 분야에서도 역공학의 결과가 적용되어, 인간의 인지 과정과 학습 메커니즘을 이해하고 이를 바탕으로 한 교육 방법과 학습 도구를 개발하고 있다. 앞으로도 역공학은 신경과학과 인공지능 연구에 중요한 역할을 할 것이며, 이를 통해 더 나은 AI 시스템과 신경 인터페이스 기술(neural interface technology)이 개발될 것으로 기대된다.

요약하면, 역공학은 인간 뇌의 복잡성을 이해하고 이를 기술적으로 구현하는 데 중요한 도구이다. 이를 통해 우리는 더 나은 AI 시스템을 개발하고, 다양한 과학 분야에서 혁신을 이끌어낼 수 있다. 앞으로도 역공학은 지속적으로 발전할 것이며, 이는 우리의 생활과 산업 전반에 걸쳐 긍정적인 변화를 가져올 것이다. 이러한 연구와 개발은 더 나은 미래를 위한 중요한 기반이 될 것이다. 역공학을 통한 AI와 신경과학의 발전은 새로운 발견과 혁신을 촉진할 것이며, 이는 우리의 일상 생활과 경제, 사회 전반에 걸쳐 중요한 변화를 이끌어낼 것이다. 더 나아가, 이러한 연구는 인간의 삶의 질을 향상시키고, 새로운 기회를 창출하며, 전 세계적으로 긍정적인 영향을 미칠 것이다.

3. 역공학을 통한 인간 인지의 주요 요소로서의 상식 이해에 접근하기

3.1 도입

인공지능(artificial intelligence, AI) 기술은 지난 수십 년 동안 놀라운 속도로 발전했다. 최근 몇 년 동안 자율 주행 자동차(atonomous vehicle), 음성 인식(speech recognition) 시스템, 이미지 분류(image classification) 등 다양한 분야에서 AI의 성과를 목격할 수 있었다. 그러나 이러한 발전에도 불구하고, 현재의 AI 시스템은 여전히 유아(infant)나 심지어 3개월 된 아기(baby)의 상식조차 제대로 포착하지 못하고 있다. 예를 들어, 3개월 된 아기는 떨어지는 물체를 보고 그것이 소리를 낼 것임을 예상할 수 있지만, 대부분의 AI 시스템은 이러한 단순한 예측을 수행하는 데 어려움을 겪는다.

이러한 상식(common sense)의 결여는 AI가 인간처럼 자연스럽게 행동하고 판단하는 데 큰 장애물로 작용한다. 상식은 우리가 일상 생활에서 직면하는 복잡한 상황을 이해하고, 이에 따라 적절히 대응하는 데 필수적이다. 예를 들어, 인간은 물체의 물리적 특성이나 사람 간의 복잡한 상호작용을 직관적으로(intuitively) 이해할 수 있다. 그러나 AI 시스템은 이러한 능력이 부족하여 복잡한 상황에서 적절히 대응하지 못하는 경우가 많다.

상식을 AI에게 구현하는 것은 매우 어려운 과제이다. 이는 단순히 데이터를 많이 제공한다고 해결되는 문제가 아니다. 상식은 인간의 경험과 인지 과정에서 비롯되는 복잡한 개념이기 때문이다. Tenenbaum(2021)에서는 기존의 기계 학습 패러다임(machine learning paradigm)이 직면한 주요 도전 과제들을 살펴보고, 인지 과학에 영감을 받은 (inspired by cognitive science) 새로운 AI 접근 방식을 소개한다. 이를 통해 AI가 더 인간처럼 자연스럽게 상식적으로 행동할 수 있는 방법을 모색한다.

3.2 기존 기계 학습의 도전 과제

기계 학습(machine learning)의 주요 접근 방식인 끝에서 끝으로(end-to-end) 학습하는 비지도 학습과[4] 심층 강화 학습(deep reinforcement learning)은 많은 기대를 모았으나, 여전히 해결해야 할 많은 문제들이 있다.

3.2.1 끝에서 끝으로 학습하는 비지도 학습

기계가 학습하는 한 방식으로서 비지도 학습(unsupervised)은 대규모 데이터에서 직접적으로 패턴을 추출(extract)하는 방법이다. 이는 데이터가 풍부하고 명확한 패턴을 가지고 있을 때 효과적이다. 예를 들어, 이미지 분류나 음성 인식과 같은 분야에서 비지도 학습은 뛰어난 성능을 보여준다. 이러한 시스템은 데이터의 양이 많고 품질이 높을 때 특히 유용하다. 데이터에서 직접 패턴을 찾아내어, 이를 기반으로 새로운 데이터를 이해하고 처리할 수 있다. 예를 들어, 수백만 장의 이미지를 통해 다양한 개체(objects)를 인식하는 모델을 만들 수 있다.

그러나 이러한 접근 방식은 복잡한 상황을 이해하고, 이를 다양한 맥락에서 일반화하는 데 어려움을 겪는다. 이는 특히 인간의 상식(common sense)을 필요로 하는 상황에서 두드러진다. 예를 들어, 인간은 물체의 물리적 속성이나 사람 간의 복잡한 상호작용을 직관적으로 이해하고 이에 따라 행동할 수 있다. 그러나 비지도 학습 시스템은 이러한 능력이 부족하여, 복잡한 상황에서 적절히 대응하지 못하는 경우가 많다.

비지도 학습의 또 다른 문제는 데이터의 질과 양에 크게 의존한다는 점이다. 데이터의 양이 충분하지 않거나, 그 질이 낮을 경우에는 특히 더 큰 문제로 다가온다. 예를 들어, 잘못된 레이블(label)이 달린 데이터나 불완전한 데이터로 학습된 모델은 부정확한

---

4) '끝에서 끝으로'라는 표현은 데이터 입력부터 최종 출력까지 중간 단계 없이 직접 학습하는 방식을 의미한다.

결과를 초래할 수 있다.[5] 이는 AI 시스템의 신뢰성을 저하시킬 수 있으며, 실제 응용에서 큰 문제를 야기할 수 있다.

또한 비지도 학습은 데이터에서 직접적으로 패턴을 학습하기 때문에, 새로운 상황이나 변칙적인(anomalous) 데이터에 대한 대응력이 떨어진다. 이는 AI가 실제 세계에서 직면하는 다양한 상황에 적응하는 데 큰 장애물이 된다. 예를 들어, 자율 주행 차량이 예상치 못한 도로 상황에 직면했을 때 적절히 대응하지 못할 수 있다. 이러한 한계는 AI 시스템이 실제 환경에서 효율적으로 작동하는 데 큰 어려움을 초래할 수 있다.

3.2.2 심층 강화 학습

심층 강화 학습(deep reinforcement learning)은 AI가 환경과 상호작용하며 보상을 통해 학습하는 방법이다. 이는 게임과 같은 구조화된 환경에서는 매우 효과적이다. 예를 들어, AI가 바둑이나 체스와 같은 게임에서 인간 최고 수준의 실력을 발휘할 수 있는 이유는 강화 학습 덕분이다. AI는 수백만 번의 게임을 통해 다양한 전략을 학습하고 최적의 결정을 내리는 방법을 익힐 수 있다. 이러한 접근 방식은 특정한 목표를 달성하기 위해 반복적으로 학습하고, 그 과정에서 경험을 통해 성과를 개선할 수 있다.

그러나 심층 강화 학습은 많은 연산 자원(computational resources)과 시간이 필요하다. 이는 매우 높은 비용을 초래할 수 있으며, 실시간으로 작동해야 하는 시스템에서는 큰 단점이 된다. 예를 들어, 심층 강화 학습을 사용하는 자율 주행 차량은 매 순간 도로 상황을 분석하고 최적의 결정을 내려야 한다. 이를 위해서는 방대한 양의 데이터를 실시간으로 처리할 수 있는 능력이 필요하다. 그러나 이는 매우 높은 연산 능력을 요구하며, 비용 또한 상당히 높다.

또한 학습된 모델이 새로운 환경이나 상황에 적응하는 데 어려움을 겪는다. 이는 변화가 빈번한 실제 세계에서는 큰 문제로 작용할 수 있다. 예를 들어, 자율 주행 차량이 예기치 않은 도로 상황에 직면했을 때 적절히 반응하지 못할 수 있다. 이는 AI가 학습한 데이터와 실제 상황이 다를 때 발생하는 문제이다. 심층 강화 학습은 특정 환경에서 최적의 성능을 발휘하도록 설계되었기 때문에, 예상치 못한 변화에 대한 적응력이

---

5) 레이블은 데이터 샘플에 대해 알고 있는 정답 또는 분류 정보를 나타내며, 기계 학습 모델이 학습하는 데 사용된다.

부족하다. 이는 AI 시스템의 신뢰성을 저하시킬 수 있으며, 안전성에도 큰 영향을 미칠 수 있다.

또한 심층 강화 학습은 보상 구조에 크게 의존한다. 이는 특정 작업에서 최적의 행동을 유도하는 데 유용할 수 있지만, 보상 구조가 잘못 설정되면 잘못된 학습 결과를 초래할 수 있다. 예를 들어, 자율 주행 AI가 교통 신호를 무시하고 빠르게 목적지에 도달하는 것을 보상으로 인식하면, 실제 도로에서는 큰 사고를 초래할 수 있다. 이러한 문제를 해결하기 위해서는 강화 학습의 보상 구조를 신중하게 설계하고, 다양한 상황에서의 적응력을 향상시킬 필요가 있다.

요약하면, 끝에서 끝으로 학습하는 비지도 학습과 심층 강화 학습은 각각의 장점을 가지고 있으나, 인간의 상식을 구현하기에는 여전히 많은 한계가 있다. 이러한 한계를 극복하기 위해 새로운 접근 방식이 필요하다. 다음 섹션에서는 인지 과학에 영감을 받은 새로운 AI 접근 방식에 대해 논의하겠다.

3.3 인지 과학에 영감을 받은 AI 접근 방식

기존 기계 학습 접근 방식의 한계를 극복하기 위해 인지 과학에 영감을 받은(cognitive science-inspired) 새로운 AI 접근 방식을 제안한다. 이 접근 방식은 인간의 인지 과정을 모방하여 AI의 상식과 적응력을 향상시키는 것을 목표로 한다. 인지 과학은 인간의 사고 과정과 학습 방법을 연구하는 학문으로, 이를 AI에 적용하면 더욱 인간과 유사한 지능형 시스템을 개발할 수 있다. 여기에서는 확률적 프로그램(probabilistic program), 게임 스타일 시뮬레이션(gameplay simulation) 프로그램, 그리고 프로그래밍으로서의 학습(learning as programming)이라는 세 가지 주요 접근 방식을 살펴본다.

3.3.1 확률적 프로그램

확률적 프로그램은 불확실한 상황에서 결정을 내릴 수 있도록 돕는 강력한 도구이다. 이 방법은 복잡한 데이터에서 패턴을 찾아내고, 이를 기반으로 미래를 예측하는 데 유용하다. 예를 들어, 날씨 예측이나 금융 모델링에서 확률적 프로그램은 매우 효과적일 수 있다. 날씨 예측의 경우, 다양한 기상 데이터를 분석하여 특정 날의 날씨를 예측할 수 있으며, 이를 통해 농업, 항공, 해양 활동 등 여러 분야에서 중요한 결정을 내릴 수 있다.

확률적 프로그램은 베이지언 원리(Baysian principle)를 기반으로 데이터에 대한 불확실성을 모델링하고 추론하는 데 사용된다. 베이지언 원리는 사전 확률(prior probability)과 관찰된 데이터를 결합하여 사후 확률(posterior probability)을 계산하는 방법론으로, 확률적 프로그램은 이 과정을 자동화하고 효율적으로 수행하는 도구를 제공한다.

좀 더 부연하면, 베이지안 원리는 새로운 증거나 데이터를 통해 기존의 확률을 업데이트하는 방법을 설명한다. 예를 들어, 질병 진단에서 초기 확률(사전 확률)은 특정 질병이 존재할 가능성이다. 새로운 검사 결과(증거)를 얻으면, 베이지안 원리는 이 증거를 기반으로 사전 확률을 수정하여 새로운 확률(사후 확률)을 계산한다. 이 과정은 다음과 같은 수식으로 표현된다: 사후 확률 = (증거의 가능성 * 사전 확률) / 증거의 전체 가능성. 따라서 베이지안 원리는 데이터를 이용해 지속적으로 확률을 개선하는 방법을 제공한다.

확률적 프로그램은 다양한 상황에서의 불확실성을 모델링하고, 이를 통해 더 신뢰할 수 있는 예측을 제공할 수 있다. 예를 들어, 금융 시장에서는 주식 가격의 변동성을 예측하여 투자 결정을 내리는 데 도움을 줄 수 있다. 또한 이러한 프로그램은 의료 분야에서도 사용할 수 있다. 환자의 건강 데이터를 분석하여 질병의 발생 가능성을 예측하고, 이에 따라 예방 조치를 취할 수 있다. 이와 같이, 확률적 프로그램은 다양한 분야에서 매우 유용한 도구로 활용될 수 있다.

확률적 프로그램은 인지 과학의 원리를 적용하여 인간의 직관적 판단을 모방할 수 있다. 인간은 경험을 통해 불확실한 상황에서 결정을 내리는 능력을 갖추고 있다. 확률적 프로그램은 이러한 인간의 판단 과정을 수학적으로 모델링하여 AI 시스템에 적용할 수 있다. 이를 통해 AI는 더욱 인간처럼 자연스럽게 상식적인 결정을 내릴 수 있다.

3.3.2 게임 스타일 시뮬레이션 프로그램

게임 스타일 시뮬레이션 프로그램, 즉 "머리 속의 게임 엔진(game engine in the mind)"은 다양한 상황을 시뮬레이션하여 AI가 더 나은 결정을 내릴 수 있게 한다. 이 접근 방식은 AI가 다양한 시나리오를 경험하고, 이를 통해 학습할 수 있도록 한다. 예를 들어, 자율 주행 AI는 가상 환경에서 다양한 도로 상황을 경험하며, 이를 통해 실제 주행 시 더 나은 판단을 할 수 있다. 이러한 시뮬레이션은 실제 환경에서 발생할 수 있는 다양한 변수들을 포함할 수 있어 매우 유용하다.

시뮬레이션 프로그램(simulation program)은 AI가 다양한 상황에 대해 미리 학습하고 준비할 수 있게 한다. 이는 실제 환경에서 발생할 수 있는 위험을 줄이고, AI의 성능을 크게 향상시킬 수 있다. 예를 들어, 로봇이 복잡한 작업을 수행할 때 시뮬레이션을 통해 미리 연습하고 준비할 수 있다. 이는 로봇의 작업 효율성과 정확성을 높이는 데 큰 도움이 된다.

시뮬레이션 프로그램은 AI가 다양한 변수와 상호작용을 학습할 수 있게 한다. 이는 AI가 다양한 상황에서 더 유연하게 반응할 수 있게 도와준다. 예를 들어, 자율 주행 차량이 다양한 도로 조건과 교통 상황을 시뮬레이션하여 더 나은 운전 결정을 내릴 수 있다. 이는 도로 안전을 향상시키고, 자율 주행 차량의 신뢰성을 높이는 데 큰 도움이 된다.

시뮬레이션 프로그램은 게임 개발에서도 중요한 역할을 한다. 게임 개발자들은 다양한 게임 시나리오를 시뮬레이션하여 게임의 재미와 난이도를 조절할 수 있다. 이를 통해 더 흥미롭고 도전적인 게임을 만들 수 있다. 또한 게임 스타일의 시뮬레이션은 교육과 훈련에도 사용될 수 있다. 예를 들어, 가상 현실(virtual reality, VR) 기술을 활용하여 의료진이 수술을 연습하거나, 군인이 전투 상황을 훈련할 수 있다. 이러한 시뮬레이션은 실제 상황에서의 경험을 제공하여 더욱 효과적인 학습과 훈련을 가능하게 한다.

3.3.3 프로그래밍으로서의 학습

Rule et al.(2020)의 논문에서 제안된 "해커로서의 아이(the child as hacker)" 개념을 기반으로, AI가 자율적으로 학습하고 문제를 해결하는 능력을 개발한다. 이 접근 방식은 AI가 새로운 문제를 만나면 이를 분석하고, 자신만의 방법으로 해결책을 찾아내는 능력을 강화한다. 예를 들어, 특정 작업을 수행하는 로봇이 새로운 장애물을 만나면, 기존의 데이터를 활용하여 자율적으로 해결 방법을 찾아내는 것이다. 이는 AI의 적응력(adaptability)과 문제 해결 능력(problem-solving ability)을 크게 향상시킬 수 있다.

> '프로그래밍으로서의 학습 개념'은 인지 과학에서 인간 학습을 프로그래밍과 유사하게 보는 접근 방식이다. 이는 기호적 프로그램(symbolic programs)이 복잡한 심적 표현/표상(mental representations)을 가장 잘 설명할 수 있는 도구라고 가정한다. 이러한 학습 과정은 새로운 심적 프로그램(mental programs)을 생성하는 과정으로 설명되며, 이는 데이터를 바탕으

> 로 프로그램을 유도하는 방식으로 이루어진다. 이 이론은 학습을 '관찰된 데이터를 생성한 프로그램을 발견하는 과정'으로 정의하며, 확률적 프로그래밍 언어와 연결되어 있다. 이를 통해 인간의 개념적 지식을 심적 프로그래밍 언어로 이해하고, 학습을 일종의 프로그래밍으로 보는 것이다.

프로그래밍으로서의 학습은 AI가 다양한 문제를 자율적으로 해결할 수 있게 한다. 이는 AI의 적응력과 유연성을 크게 향상시킬 수 있다. 예를 들어, 자율 주행 차량이 새로운 도로 상황에 직면했을 때, 기존의 데이터를 활용하여 적절히 대응할 수 있다. 이는 AI의 안전성과 신뢰성을 크게 향상시킬 수 있다.

프로그래밍으로서의 학습은 AI가 새로운 지식을 습득하고 이를 적용하는 데 큰 도움을 준다. 예를 들어, AI가 새로운 언어를 학습하고 이를 사용하여 대화를 나눌 수 있게 하는 것이다. 이는 AI의 언어 처리 능력을 크게 향상시킬 수 있다. 또한 프로그래밍으로서의 학습은 AI가 창의적으로 문제를 해결하는 능력을 개발할 수 있게 한다. 이는 AI가 복잡한 문제를 해결하고 새로운 아이디어를 창출하는 데 중요한 역할을 한다.

프로그래밍으로서의 학습은 교육 분야에서도 중요한 역할을 할 수 있다. 학생들은 프로그래밍을 통해 문제 해결 능력을 기르고, 논리적 사고를 발전시킬 수 있다. 또한 프로그래밍은 창의적 사고를 자극하고, 학생들이 자신의 아이디어를 구현할 수 있게 한다. 이러한 교육적 접근 방식은 학생들의 학습 동기를 높이고, 더 나은 학습 성과를 이끌어낼 수 있다.

> '사람의 프로그래밍으로서의 학습'은 인간이 데이터를 기반으로 새로운 심적 프로그램을 생성하는 과정으로, 이를 통해 복잡한 개념과 패턴을 학습한다고 본다. 이는 신경망 언어 모델이 대량의 텍스트 데이터를 통해 언어 패턴을 학습하고 새로운 문맥에서 일반화(generalization)하는 방식과 유사하다. 두 개념 모두 학습을 데이터에서 구조를 추출하고 이를 새로운 상황에 적용하는 과정으로 이해한다. 따라서 '사람의 프로그래밍으로서의 학습'은 신경망 언어 모델이 어떻게 데이터를 처리하고 일반화하는지 설명하는 데 유용한 프레임워크를 제공한다. 이 상관성은 인간의 학습 메커니즘을 모방하여 더 효율적이고 강력한 신경망 언어 모델을 개발하는 데 기여할 수 있다.

프로그래밍으로서의 학습은 AI 연구에서도 중요한 역할을 한다. AI 연구자들은 프로그래밍을 통해 새로운 AI 알고리즘을 개발하고, 이를 통해 더욱 효율적이고 강력한 AI 시스템을 만들 수 있다. 이는 AI의 발전을 가속화하고, 다양한 분야에서 AI의 적용 가능성을 확장하는 데 큰 도움이 된다.

요약하면, 확률적 프로그램, 게임 스타일 시뮬레이션 프로그램, 그리고 프로그래밍으로서의 학습은 인지 과학에 영감을 받은 AI 접근 방식의 주요 구성 요소이다. 이러한 접근 방식들은 AI가 인간처럼 상식적으로 행동하고, 다양한 상황에 유연하게 적응할 수 있게 하는 데 중요한 역할을 한다. 이를 통해 AI는 더욱 신뢰할 수 있고, 효율적인 지능형 시스템으로 발전할 수 있다.

3.4 Rule et al.(2020)에서의 성과

Rule et al.(2020)에서는 초기(preliminary) 단계에서 몇 가지 중요한 성과를 이루었음을 보고한다. 이 성과들은 인지 과학에 영감을 받은(cognitive science-inspired) 새로운 AI 접근 방식의 가능성을 보여준다. 초기 단계에서의 성과들은 매우 중요한 의미를 가지며, 이는 새로운 방법론이 기존의 한계를 극복할 가능성을 실질적으로 입증한다는 점에서 큰 의의를 가진다. 이러한 성과들은 향후 연구의 방향을 설정하고, 더 발전된 AI 시스템을 구축하는 데 중요한 기초를 제공한다.

3.4.1 개발 사례

몇 가지 사례 연구를 통해 새로운 접근 방식의 가능성을 확인할 수 있었다. 예를 들어, 간단한 시뮬레이션 환경에서 AI가 빠르게 적응하고 학습하는 모습을 보여주었다. 이러한 사례들은 인지 과학에 영감을 받은 접근 방식이 AI의 상식 이해(common sense understanding)와 적용 가능성을 확장하는 데 얼마나 효과적인지를 보여준다. 이 단계에서 얻은 성과들은 앞으로의 발전 가능성을 더욱 기대하게 만든다.

보다 구체적인 특정 사례를 들면, AI가 가상 환경에서 다양한 물리적 상호작용(physical interaction)을 학습할 수 있도록 설계된 프로그램이 있다. 이 프로그램을 통해 AI는 단순한 물리 법칙(physical laws)을 이해하고, 이를 기반으로 새로운 상황에 적응할 수 있었다. 예를 들어, 물체가 떨어질 때의 움직임이나 충돌 후의 반응을 예측하는 능력이 크게 향상되었다. 이와 같은 사례는 AI가 물리적 세계에서의 상식적 예측(common sense prediction)을 학습하는 데 중요한 진전을 이루었음을 보여준다. 이러한 접근 방식은 AI가 더 복잡한 물리적 상호작용을 이해하고 예측할 수 있도록 도와주며, 이는 자율 주행, 로봇 공학 등 다양한 분야에서 중요한 응용 가능성을 지닌다.

또 다른 예로, 게임 스타일(gameplay)의 시뮬레이션 프로그램을 사용하여 자율 주행 AI를 훈련시켰다. 이 프로그램에서는 가상 도로 환경에서 다양한 교통 상황과 날씨 조건을 경험하게 하여, AI가 실제 도로 주행 시 더 나은 판단을 내릴 수 있도록 했다. 이를 통해 자율 주행 AI의 안전성과 신뢰성이 크게 향상되었다. 다양한 상황에서의 경험을 통해 AI는 더 복잡한 도로 조건에서도 안정적으로 주행할 수 있는 능력을 갖추게 되었다. 이러한 시뮬레이션 기반 접근 방식은 실제 주행 상황에서 발생할 수 있는 다양한 변수와 복잡한 상황을 미리 경험하게 함으로써, AI의 실질적인 적용 가능성을 높인다.

다음으로, "해커로서의 아이(the child as hacker)" 개념을 적용하여, AI가 자율적으로 문제를 해결하는 능력을 개발했다. 특정 작업을 수행하는 로봇이 새로운 장애물을 만나면, 기존의 데이터를 활용하여 자율적으로 해결 방법을 찾아내는 능력을 강화하였다. 이를 통해 AI의 적응력과 문제 해결 능력이 크게 향상되었다. 이 사례는 AI가 인간처럼 창의적이고 유연하게 문제를 해결하는 능력을 갖추는 데 중요한 발걸음을 내디뎠음을 보여준다. AI가 자율적으로 문제를 해결할 수 있는 능력을 갖추게 되면, 다양한 실제 응용 분야에서 더 효율적이고 효과적으로 작동할 수 있을 것이다.

3.4.2 배운 교훈과 향후 방향

초기 단계에서 얻은 교훈을 바탕으로 앞으로의 연구 방향을 설정하였다. 이 과정에서 몇 가지 중요한 통찰을 얻었다. 첫째, 인지 과학적 접근 방식은 기존의 기계 학습 방법론보다 더 나은 일반화 능력을 제공할 수 있다는 것이다. 이를 통해 AI는 다양한 상황에서 더 신뢰할 수 있는 결정을 내릴 수 있게 될 것이다. 예를 들어, 자율 주행 AI가 새로운 도로 조건이나 예기치 않은 상황에서도 안정적으로 주행할 수 있을 것이다. 이는 기존의 기계 학습 방법론이 갖는 한계를 넘어서는 중요한 진전이다.

둘째, 시뮬레이션 기반 학습은 AI가 다양한 상황에 적응하는 능력을 크게 향상시킬 수 있다. 이는 실제 환경에서의 AI의 성능을 크게 개선할 수 있을 것이다. 예를 들어, 로봇이 복잡한 작업을 수행할 때, 시뮬레이션을 통해 미리 연습하고 준비할 수 있을 것이다. 이는 로봇의 작업 효율성과 정확성을 높이는 데 큰 도움이 될 것이다. 시뮬레이션을 통해 다양한 변수와 상황을 경험하고 학습할 수 있는 능력은 실제 응용에서의 AI 성능을 크게 향상시키는 요소이다.

셋째, 프로그래밍으로서의 학습은 AI가 자율적으로 문제를 해결하는 능력을 크게 향상시킬 수 있다. 이는 AI의 적응력과 문제 해결 능력을 강화하여, 다양한 응용 분야에서 더욱 효율적으로 작동할 수 있게 할 것이다. 예를 들어, AI가 새로운 문제를 만나면 이를 분석하고, 자신만의 방법으로 해결책을 찾아내는 능력을 개발할 수 있을 것이다. 이는 AI의 유연성과 창의성을 증대시키는 중요한 접근 방식이다.

이러한 교훈들은 앞으로의 연구 방향을 더욱 명확히 설정하는 데 도움이 되었다. 앞으로의 연구는 다음과 같은 방향으로 진행될 것이다. 더 나은 일반화 능력 개발을 위해 다양한 데이터와 상황에서의 일반화 능력을 향상시키기 위한 연구를 계속할 것이다. 또한 더욱 현실적이고 복잡한 시뮬레이션 환경을 개발하여 AI가 다양한 상황을 더 잘 학습하고 적응할 수 있도록 할 것이다. 다음으로, AI가 자율적으로 문제를 분석하고 해결하는 능력을 더욱 강화하기 위한 연구를 진행할 것이다. 이러한 연구 방향은 AI가 더욱 인간적인 능력을 갖추고, 실제 응용 분야에서 더욱 효과적으로 작동할 수 있도록 하는 데 기여할 것이다.

3.5 종합

Tenenbaum(2021)에서 논의한 주요 내용을 요약하자면, 기존의 기계 학습 방법론이 가진 한계를 극복하기 위해 인지 과학에 영감을 받은 새로운 접근 방식을 제안하고, 이를 통해 AI의 상식 이해(common sense understanding)와 적용 가능성을 확장하고자 하고 있다. 이러한 접근 방식은 AI가 인간처럼 자연스럽게 행동하고 판단하는 데 필요한 상식(common sense)을 개발하는 데 중요한 역할을 할 것으로 본다. 인지 과학의 원리를 적용함으로써, AI는 더욱 인간에 가까운 능력을 갖추게 될 것이며, 이는 다양한 실제 응용 분야에서 AI의 활용 가능성을 크게 확대할 것이다.

미래의 AI 발전에 대한 비전은 다음과 같다. 첫째, 더욱 인간적인 AI를 개발하는 것이다. 인지 과학에 영감을 받은 접근 방식을 통해 AI가 인간처럼 상식적이고 적응력 있는 지능을 갖추도록 할 것이다. 이는 AI가 더 복잡하고 다양한 상황에서 효과적으로 작동할 수 있게 하며, 인간과의 상호작용에서도 자연스럽게 행동할 수 있게 할 것이다. 인간의 인지 과정을 모방하는 AI는 더 나은 의사결정을 내리고, 다양한 상황에서 유연하게 반응할 수 있을 것이다.

둘째, 다양한 응용 분야에서의 AI 활용을 확대하는 것이다. 자율 주행, 의료, 금융, 교육 등 다양한 분야에서 AI의 적용 가능성을 확대할 것이다. 이를 통해 각 분야에서의 효율성과 성과를 높일 수 있을 것이다. 예를 들어, 자율 주행 차량은 더 안전하고 효율적으로 도로를 주행할 수 있으며, 의료 분야에서는 더 정확한 진단과 치료를 제공할 수 있을 것이다. 금융 분야에서는 더 나은 투자 결정을 내릴 수 있으며, 교육 분야에서는 학생들에게 맞춤형 학습 경험을 제공할 수 있을 것이다.

다음으로, 인지 과학과 AI의 융합을 통해 지속적으로 연구를 발전시켜 나아가야 할 것이다. 이를 통해 새로운 알고리즘과 기술을 개발하고, AI의 성능과 신뢰성을 더욱 향상시킬 것이다. AI 연구의 지속적인 발전은 AI의 능력을 향상시키고, 새로운 응용 가능성을 열어줄 것이다. 이는 AI가 인간의 삶을 더욱 풍요롭게 만들고, 다양한 문제를 해결하는 데 중요한 도구가 될 수 있도록 할 것이다.

4. 역공학을 통해 신경계를 재현하는 목표와 필요성

4.1 도입

신경과학(neuroscience)의 주요 목표는 신경 시스템이 어떻게 행동을 생성하고 제어(control)하는지를 이해하는 것이다. 신경 시스템은 다양한 신경 회로(neural circuits)로 구성되어 있으며, 이 회로들이 서로 상호작용하여 감각 입력(sensory input)을 처리하고, 적절한 행동 반응(behavioral response)을 생성하며, 학습(learning)과 기억(memory)을 가능하게 한다. 이러한 복잡한 과정들을 이해하기 위해서는 신경계(nervous system)의 구조와 기능을 상세히 분석하고, 이를 기반으로 신경 시스템의 작동 원리를 규명해야 한다. 이를 위해 전체 신경계를 시뮬레이션하는 것은 중요한 이정표이자 목표이다. 신경계의 시뮬레이션은 다양한 자극에 대한 신경계의 반응을 예측하고, 신경 회로 간의 상호작용을 분석하며, 이를 통해 신경계의 복잡한 동작을 이해하는 데 큰 도움을 줄 수 있다.

현재 포유류(mammals) 신경계의 복잡성으로 인해 작은 하위 시스템만 기록할 수 있지만, 이러한 제한을 극복하기 위해 우리는 보다 단순한 모델 시스템을 활용할 필요가 있다. 선충(선형 동물, Caenorhabditis elegans)은 신경계 연구에 이상적인 모델 시스템으로 제안된다. C. elegans는 약 302개의 신경세포와 약 7,000개의 시냅스(synapse) 연결을 가지고 있어, 이를 통해 신경계의 기본 작동 원리(operating principle)를 이해할 수 있는 중요한 모델이 된다. C. elegans의 신경계는 비교적 단순하지만, 이를 통해 얻은 지식은 더 복잡한 신경계의 이해에 중요한 기초를 제공할 수 있다. 또한 C. elegans는 투명한 몸을 가지고 있어, 신경세포의 활동을 쉽게 관찰할 수 있으며, 유전적 조작(genetic manipulation)이 용이하다는 장점이 있다.

Haspel et. al(2023)에서는 C. elegans를 통한 신경계 역공학(reverse engineering)의 가능성과 중요성을 강조하며, 비침습적 옵토피지올로지(non-invasive optophysiology) 기술과 최신 머신러닝 기법을 활용하여 C. elegans의 신경 활동을 포착하고 시뮬레이션할 수 있는 방법을 논의한다.[6] 옵토피지올로지 기술은 빛을 사용하여 신경세포(neuron)의 활동을 조절하고 모니터링할 수 있는 방법으로, 이를 통해 신경계의 작동 원리를 더 정확하게 이해할 수 있다. 또한 머신러닝 기법을 활용하면 대규모 데이터를 처리하고 분석하여 신경계의 다양한 상태와 반응을 모델링할 수 있다. 이를 통해 우리는 C. elegans의 신경계 작동 원리를 이해하고, 이를 기반으로 신경계의 시뮬레이션 모델을 개발할 수 있을 것이다.

이를 통해 시스템 신경과학 및 인공지능 연구에 큰 발전을 이끌어낼 것이다. 신경계를 역공학하여 시뮬레이션하면 다양한 자극과 상황에 대한 뇌의 동적 반응을 재현할 수 있다. 이는 신경 제어 이론(neural control theory)을 검증하고 개선하는 데 큰 도움이 되며, 신경 질환(neurological disorders)의 치료와 인공지능(AI) 시스템의 개발에도 중요한 통찰력을 제공한다. 예를 들어, 신경계의 시뮬레이션을 통해 우리는 특정 신경세포 집단의 활동이 어떻게 전체 시스템의 동작에 영향을 미치는지 이해할 수 있으며, 이를 통해 신경 질환의 원인을 밝히고 효과적인 치료법을 개발할 수 있다. 또한 신경계의 작동 원리를 모방하여 인공지능 알고리즘을 개발하면, 더 정교하고 효율적인 인공지능 시스템

---

[6] 옵토피지올로지 기술은 빛을 이용하여 신경세포의 활동을 조절하고 관찰하는 방법이다. 이를 통해 특정 신경세포의 활동을 비침습적으로 제어하고, 신경계의 기능을 연구할 수 있다.

을 설계할 수 있다. 이는 자율 주행 자동차, 의료 진단 시스템, 개인 비서 등 다양한 응용 분야에서 혁신을 이끌어낼 수 있다. 따라서, C. elegans를 모델 시스템으로 사용한 신경계 역공학은 시스템 신경과학 및 인공지능 연구에 중요한 기여를 할 것이며, 이를 통해 우리는 신경계의 복잡한 작동 원리를 더 깊이 이해하고, 새로운 기술을 개발할 수 있을 것이다.

4.2 신경과학의 주요 목표

신경과학의 주요 목표는 신경 시스템 또는 신경 회로의 집합체가 어떻게 행동을 생성하고 제어하는지를 이해하는 것이다. 신경 시스템(nervous system)은 생명체가 환경과 상호작용하는 데 필수적인 역할을 하며, 감각 입력을 처리하고, 적절한 반응을 생성하며, 학습과 기억을 가능하게 한다. 이러한 복잡한 기능을 이해하기 위해 신경과학자들은 다양한 연구 방법을 사용하여 신경 회로의 구조와 기능을 분석하고, 신경세포 간의 상호작용을 연구한다. 이를 통해 우리는 다양한 자극과 상황에 대한 뇌의 동적 반응을 재현하고, 신경 제어 이론을 검증하고 개선할 수 있다.

신경 시스템의 동적 반응을 재현함으로써 우리는 신경계가 어떻게 다양한 상황에서 적응하고 변화하는지 이해할 수 있다. 이는 신경 질환의 원인을 밝히고, 효과적인 치료법을 개발하는 데 중요한 단서를 제공할 수 있다. 예를 들어, 파킨슨병이나 알츠하이머병과 같은 신경 퇴행성 질환(neuro-degenerative diseases)의 경우, 특정 신경세포 집단의 기능이 손상되거나 소실되는데, 이를 이해하고 시뮬레이션함으로써 우리는 이러한 질환의 진행을 늦추거나 멈출 수 있는 방법을 찾을 수 있다. 또한 신경 시스템의 복잡한 동작을 이해하는 것은 인공지능 시스템을 개발하는 데에도 중요한 통찰력을 제공한다. 신경계를 시뮬레이션하여 우리는 다양한 실험적 조건에서 뇌의 작용을 예측하고 설명하는 것을 목표로 한다. 이러한 시뮬레이션은 신경과학 연구의 중요한 도구로 사용될 수 있으며, 이를 통해 우리는 더 나은 이해와 새로운 발견을 할 수 있다.

신경계를 시뮬레이션함으로써 우리는 신경 제어(neural control)의 기본 원리를 이해하고, 이를 바탕으로 새로운 이론을 개발할 수 있다. 신경계는 복잡한 네트워크로 구성되어 있으며, 각 신경세포는 다른 신경세포와의 상호작용을 통해 정보를 처리하고 전달한다. 이러한 복잡한 시스템을 이해하는 것은 쉬운 일이 아니지만, 시뮬레이션을 통해 우리는 신경 시스템의 작동 원리를 더 잘 이해할 수 있다. 예를 들어, 신경계의 시뮬레이션을 통해 우리는 특정 신경세포 집단의 활동이 어떻게 행동을 생성하고 조절하는지, 그리고 이 과정에서 발생하는 오류가 어떻게 신경 질환으로 이어지는지를 이해할 수 있다.

이러한 목표는 신경과학 연구의 근본적인 목적 중 하나로, 신경 시스템의 복잡한 동작을 이해하고 제어하는 데 필요한 기초를 제공한다. 신경계의 시뮬레이션은 또한 교육 및 연구 도구로 사용될 수 있으며, 이를 통해 신경과학 지식을 확산하고, 새로운 연구자들이 신경 시스템의 복잡성을 이해하는 데 도움을 줄 수 있다. 신경계 시뮬레이션의 발전은 또한 인공지능과 로봇 공학 분야에도 중요한 영향을 미칠 것이다. 예를 들어, 인공지능 시스템은 신경계의 작동 원리를 모방하여 더욱 정교하고 효율적인 알고리즘(algorithm)을 개발할 수 있으며, 이는 자율 주행 자동차(autonomous vehicles), 의료 진단 시스템(medical diagnostic systems), 개인 비서 등 다양한 응용 분야에서 혁신을 이끌어 낼 수 있다.

요약하면, 신경과학의 주요 목표는 신경 시스템이 어떻게 행동을 생성하고 제어하는지를 이해하는 것이며, 이를 위해 신경계의 시뮬레이션은 중요한 도구로 사용될 수 있다. 신경계 시뮬레이션을 통해 우리는 신경 제어의 기본 원리를 이해하고, 신경 질환의 치료 및 인공지능 시스템의 개발에 중요한 통찰력을 얻을 수 있다. 이러한 목표는 신경과학 연구의 근본적인 목적 중 하나로, 신경 시스템의 복잡한 동작을 이해하고 제어하는 데 필요한 기초를 제공한다.

4.3 신경계 시뮬레이션의 중요성

더 근본적으로, 시스템을 재구성하거나 모델링하는 것은 그 시스템을 이해하는 데 중요한 이정표이다. 신경계는 생명체의 모든 행동과 감정, 인지 기능을 조절하는 복잡한 시스템으로, 이를 완전히 이해하고 재구성하는 것은 신경과학의 궁극적인 목표 중 하나이다. 따라서 전체 신경계를 시뮬레이션하는 것은 시스템 신경과학의 목표이자 꿈 중 하나이다.[7] 신경계 시뮬레이션은 단순히 신경계의 구조를 모방하는 것을 넘어, 그

---

7) 시스템 신경과학은 뇌와 신경계의 복잡한 구조와 기능을 이해하기 위해 신경 회로와 시스템 차원

기능적 동작과 상호작용을 이해하고 예측하는 모델을 구축하는 것을 목표로 한다. 이러한 모델은 신경계의 복잡한 행동을 설명하고, 다양한 조건에서의 반응을 예측하며, 이를 통해 신경과학 이론을 검증하고 개선할 수 있다.

신경계 시뮬레이션은 다양한 연구 분야에서 중요한 도구로 사용될 수 있다. 예를 들어, 신경과학 연구자들은 신경계 시뮬레이션을 통해 특정 신경세포 집단의 활동이 어떻게 전체 시스템의 동작에 영향을 미치는지를 연구할 수 있다. 이는 신경 질환의 원인을 밝히고, 효과적인 치료법을 개발하는 데 중요한 단서를 제공할 수 있다. 또한 신경계 시뮬레이션은 교육 도구로도 사용될 수 있으며, 이를 통해 신경과학 지식을 확산하고, 새로운 연구자들이 신경계의 복잡성을 이해하는 데 도움을 줄 수 있다. 신경계 시뮬레이션은 또한 인공지능과 로봇 공학 분야에도 중요한 영향을 미칠 것이다. 예를 들어, 인공지능 시스템은 신경계의 작동 원리를 모방하여 더욱 정교하고 효율적인 알고리즘을 개발할 수 있으며, 이는 자율 주행 자동차, 의료 진단 시스템, 개인 비서 등 다양한 응용 분야에서 혁신을 이끌어낼 수 있다.

이를 위해서는 각 신경세포의 출력이 특정 신경 시스템 내에서 입력에 따라 어떻게 달라지는지를 확인해야 한다. 신경세포는 기본적으로 입력 신호를 받아들이고, 이를 처리하여 출력 신호로 변환하는 역할을 한다. 이 과정에서 신경세포 간의 상호작용은 매우 중요한 역할을 하며, 이는 시냅스(synapse)를 통해 이루어진다. 시냅스는 신경세포 간의 연결을 형성하는 구조로, 신경 신호가 한 신경세포에서 다른 신경세포로 전달되는 접합부이다. 시냅스의 기능과 구조를 이해하는 것은 신경계의 동작 원리를 이해하는 데 매우 중요하다.

이러한 해체 과정은 입력(input)-출력(output) 쌍을 통해 기능을 이해하는 것으로, 역공학의 범주에 속한다. 역공학은 기존 시스템의 구조와 기능을 이해하고 이를 재구성하거나 개선하는 과정으로, 신경계의 복잡한 동작을 이해하고 모델링하는 데 중요한 도구로 사용될 수 있다. 신경계의 시뮬레이션은 단순한 예측을 넘어 신경 시스템의 동적 변화와 적응을 설명하는 모델을 구축하는 것을 목표로 한다. 이러한 모델은 다양한 조건에서 신경 시스템의 반응을 예측하고, 이를 통해 신경과학 이론을 검증하며, 더 나아가 신경 시스템의 작동 원리를 깊이 이해할 수 있는 기회를 제공한다.

에서 연구하는 학문이다.

신경계 시뮬레이션은 또한 신경 과학 연구의 효율성을 높이고, 새로운 연구 방향을 제시하는 데 중요한 역할을 할 수 있다. 예를 들어, 신경계 시뮬레이션을 통해 우리는 다양한 조건에서 신경계의 반응을 예측하고, 이를 통해 새로운 실험을 설계할 수 있다. 또한 신경계 시뮬레이션은 데이터 통합과 분석을 용이하게 하여, 신경 과학 연구의 질을 향상시킬 수 있다. 신경계 시뮬레이션은 신경과학, 인공지능, 생물학 등 다양한 분야에서 새로운 발견과 기술 발전을 이끌어낼 수 있는 중요한 도구이다.

요약하면, 신경계 시뮬레이션은 신경 시스템의 복잡한 동작을 이해하고 예측하는 데 중요한 역할을 한다. 이를 통해 우리는 신경과학 이론을 검증하고 개선할 수 있으며, 신경 질환의 치료 및 인공지능 시스템의 개발에 중요한 통찰력을 얻을 수 있다. 신경계 시뮬레이션은 신경과학 연구의 중요한 도구로 사용될 수 있으며, 이를 통해 우리는 더 나은 이해와 새로운 발견을 할 수 있다.

4.4 현재의 역공학 노력과 그 한계

현재의 역공학(reverse engineering) 노력은 주로 포유류 신경계에 중점을 두고 있지만, 이러한 뇌는 매우 복잡하여 작은 하위 시스템의 기록만 가능하다.[8] 포유류의 뇌는 수십억 개의 신경세포와 수백조 개의 시냅스 연결로 이루어져 있어, 전체 뇌의 작동을 완전히 이해하는 것은 현재의 기술로는 매우 어렵다. 이로 인해 연구자들은 특정 기능적 영역이나 작은 신경 회로에 초점을 맞추어 연구하고 있으며, 이는 전체 신경계의 작동 원리를 이해하는 데 한계를 가지고 있다.

따라서 우리는 이제 시스템 신경과학이 작은 시스템을 역공학하는 집중적인 노력을 기울여야 할 때라고 주장하며, 선충 Caenorhabditis elegans가 이상적인 후보 시스템이라고 본다. C. elegans는 약 302개의 신경세포와 약 7,000개의 시냅스 연결로 이루어진 상대적으로 단순한 신경계를 가지고 있어, 이를 통해 전체 신경계의 작동을 이해하는 데

---

8) 여기서 '하위 시스템'은 포유류 신경계의 전체 구조와 기능 중 일부를 구성하는, 비교적 작은 규모의 특정 신경 회로나 신경세포 집단을 의미한다. 이는 전체 신경계의 복잡성과 방대한 데이터 양으로 인해 연구자들이 포유류 뇌의 일부분만을 집중적으로 연구하고 기록할 수밖에 없는 상황을 반영한다. 예를 들어, 특정 감각 입력에 반응하는 신경 회로나 특정 행동을 유발하는 신경세포 집단 등이 하위 시스템에 해당할 수 있다.

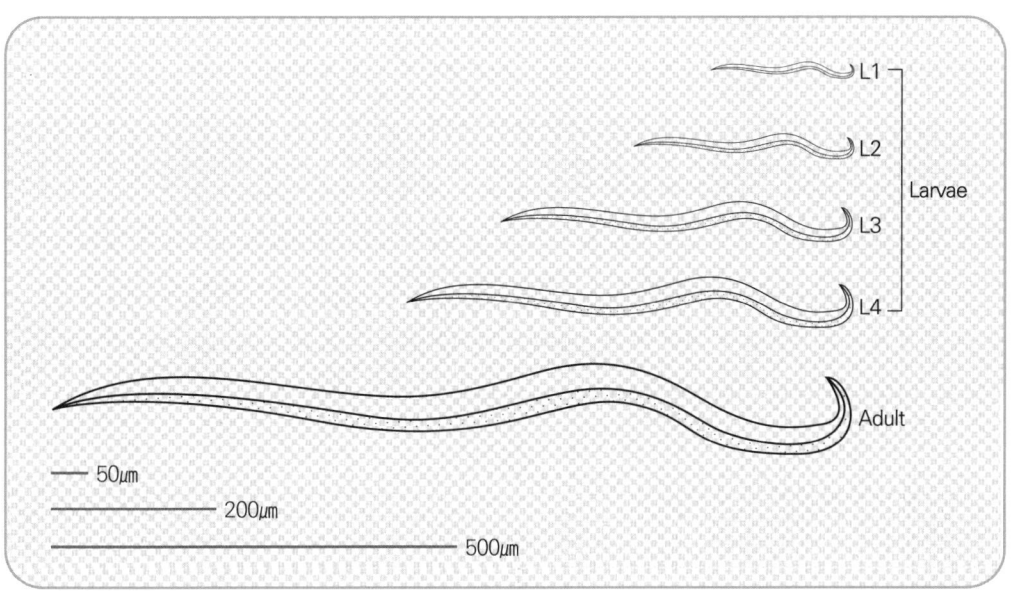

그림 5 선충(혹은, 선형 동물(C.(aenorhabditis) elegans))는 약 1mm 길이의 투명한 선형 동물로, 주로 토양에서 발견된다. 이 생물은 약 302개의 신경세포와 7,000개의 시냅스(synapse) 연결을 가진 단순한 신경계를 가지고 있어 신경과학 연구의 모델 생물로 널리 사용된다.

중요한 모델이 될 수 있다. 특히, 비침습적(non-invasively)으로 각 신경세포의 활동을 포착하고 제어할 수 있는 옵토피지올로지(optophysiology) 기술의 도구 키트가 점점 더 확장되고 있다. 옵토피지올로지 기술은 빛을 사용하여 신경세포의 활동을 조절하고 모니터링할 수 있는 방법으로, 이를 통해 신경계의 작동 원리를 더 정확하게 이해할 수 있다. **그림 5**

이를 통해 대규모 동물 집단에서 수십만 번의 실험을 수행할 수 있다. 대규모 실험을 통해 얻은 데이터는 신경계의 복잡한 작동 원리를 이해하는 데 중요한 단서를 제공할 수 있으며, 이를 통해 우리는 더 나은 모델을 개발할 수 있다. 개체 간 신경세포의 형태와 기능이 크게 보존되어 있기 때문에 행동과 데이터는 개체 간에 결합될 수 있다. 이는 실험 데이터를 통합하고 분석하는 데 중요한 역할을 하며, 이를 통해 우리는 더 정확한 모델을 개발할 수 있다.

최신 머신러닝 기반 모델 훈련(machine learning-based model training)은 C. elegans의 다양한 뇌 상태와 행동을 시뮬레이션하는 것을 가능하게 할 것이다. 머신러닝 알고리즘은 대규모 데이터를 처리하고, 이를 바탕으로 신경계의 작동 원리를 학습할 수 있다. 이를 통해 우리는 C. elegans의 다양한 뇌 상태와 행동을 시뮬레이션할 수 있으며, 이는 신경계의 작동 원리를 더 깊이 이해하는 데 기여할 것이다. 이러한 접근법은 신경과학 연구의 효율성을 높이고, 새로운 발견을 가능하게 할 것이다.

요약하면, 현재의 역공학 노력은 주로 포유류 신경계에 중점을 두고 있지만, 이러한 접근법은 매우 복잡하여 전체 신경계의 작동을 이해하는 데 한계를 가지고 있다. 따라서 우리는 작은 시스템을 역공학하는 집중적인 노력을 기울여야 하며, C. elegans는 이상적인 후보 시스템이다. 이를 통해 우리는 신경계의 작동 원리를 더 깊이 이해하고, 새로운 기술을 개발할 수 있을 것이다.

4.5 데이터 통합과 머신러닝

개체 간 신경세포의 형태와 기능이 크게 보존되어 있기 때문에 행동과 데이터는 개체 간에 결합될 수 있다. 이는 데이터 통합(data integration)과 분석의 효율성을 높이는 데 중요한 역할을 하며, 이를 통해 우리는 더 정확한 모델을 개발할 수 있다. 각 개체의 신경세포가 유사한 형태와 기능을 가지고 있기 때문에, 다양한 개체에서 얻은 데이터를 통합하여 분석하면 신경계의 작동 원리를 더 정확하게 이해할 수 있다. 이는 신경과학 연구의 효율성을 높이고, 새로운 발견을 가능하게 할 것이다.

최신 머신러닝 기반 모델 훈련은 C. elegans의 다양한 뇌 상태와 행동을 시뮬레이션하는 것을 가능하게 할 것이다. 머신러닝 알고리즘은 대규모 데이터를 처리하고, 이를 바탕으로 신경계의 작동 원리를 학습할 수 있다. 이를 통해 우리는 C. elegans의 다양한 뇌 상태와 행동을 시뮬레이션할 수 있으며, 이는 신경계의 작동 원리를 더 깊이 이해하는 데 기여할 것이다. 머신러닝 기법을 활용하면 복잡한 신경 데이터의 패턴을 학습하고 예측할 수 있으며, 이를 통해 신경 시스템의 다양한 상태와 반응을 더 정확하게 모델링할 수 있다.

이러한 접근법은 신경과학 연구의 효율성을 높이고, 신경계의 기능을 깊이 이해하는 데 기여할 것이다. 머신러닝 기법을 사용하면 대규모 데이터를 처리하고 분석하는 데 필요한 시간을 줄일 수 있으며, 이를 통해 연구의 효율성을 높일 수 있다. 또한 머신러닝 알고리즘은 데이터를 기반으로 신경계의 작동 원리를 학습하고, 이를 바탕으로 새로운 이론을 개발할 수 있다. 이는 신경과학 연구의 질을 향상시키고, 새로운 발견을 가능하게 할 것이다.

전체 신경계를 역공학할 수 있는 능력은 시스템 신경과학뿐만 아니라 인공지능 시스템의 설계에도 큰 이익을 줄 것이다. 신경계를 시뮬레이션함으로써 우리는 신경계의 작동 원리를 이해하고, 이를 바탕으로 인공지능 시스템을 개발할 수 있다. 예를 들어, 신경계의 작동 원리를 모방하여 인공지능 알고리즘을 개발하면, 더 정교하고 효율적인 인공지능 시스템을 설계할 수 있다. 이는 자율 주행 자동차, 의료 진단 시스템, 개인 비서 등 다양한 응용 분야에서 혁신을 이끌어낼 수 있을 것이다.

신경계 시뮬레이션은 기본적인 통찰력을 제공하고 점점 더 큰 신경계를 연구하는 새로운 접근법을 가능하게 할 것이다. 이를 통해 우리는 더 복잡한 신경계를 연구하고, 이를 바탕으로 새로운 이론과 기술을 개발할 수 있다. 신경계 시뮬레이션은 신경과학 연구의 중요한 도구로 사용될 수 있으며, 이를 통해 우리는 더 나은 이해와 새로운 발견을 할 수 있다. 요약하면, 신경계 시뮬레이션과 머신러닝 기법을 결합하면 신경계의 복잡한 동작을 이해하고 예측하는 데 중요한 도구가 될 것이다.

4.6 종합

Haspel et al.(2023)에서는 전체 신경계를 역공학하는 목표와 이를 달성하기 위한 필요성을 논의하며, 특히 선충 Caenorhabditis elegans를 모델 시스템으로 사용하는 것이 적합하다는 점을 강조한다. 신경계는 매우 복잡한 구조와 기능을 가지고 있기 때문에, 이를 완전히 이해하고 재현하는 것은 신경과학의 중요한 목표 중 하나이다. 그러나 현재 포유류 신경계의 복잡성으로 인해 전체 신경계를 시뮬레이션하는 것은 어려운 일이다. 따라서 C. elegans와 같은 더 단순한 시스템을 사용하여 신경계의 작동 원리를 연구하고 모델링하는 것이 중요하다. C. elegans는 약 302개의 신경세포와 약 7,000개의 시냅스 연결을 가지고 있어, 이를 통해 신경계의 기본 작동 원리를 이해할 수 있는 중요한 모델이 된다. Haspel et al.(2023)에서는 비침습적 옵토피지올로지(optophysiology) 기술과 최신 머신러닝 기법을 활용하여 C. elegans의 신경 활동을 포착하고 시뮬레이션하는 방법을 제안한다.

이를 통해 시스템 신경과학 및 인공지능 연구에 중요한 발전을 이끌어낼 수 있을 것이다. 신경계를 역공학하여 시뮬레이션하면 다양한 자극과 상황에 대한 뇌의 동적 반응을 재현할 수 있다. 이는 신경 제어 이론을 검증하고 개선하는 데 큰 도움이 되며, 신경 질환의 치료와 인공지능 시스템의 개발에도 중요한 통찰력을 제공한다. 예를 들어, 신경계의 시뮬레이션을 통해 우리는 특정 신경세포 집단의 활동이 어떻게 전체 시스템의 동작에 영향을 미치는지 이해할 수 있으며, 이를 통해 신경 질환의 원인을 밝히고 효과적인 치료법을 개발할 수 있다. 또한 신경계의 작동 원리를 모방하여 인공지능 알고리즘을 개발하면, 더 정교하고 효율적인 인공지능 시스템을 설계할 수 있다. 이는 자율 주행 자동차, 의료 진단 시스템, 개인 비서 등 다양한 응용 분야에서 혁신을 이끌어낼 수 있다.

이러한 연구는 신경계의 복잡한 작용 원리를 이해하고, 이를 기반으로 더 나은 인공지능 시스템을 개발하며, 다양한 과학 분야에서 혁신을 촉진할 수 있는 가능성을 제시한다. 신경계의 역공학은 단순히 신경계의 구조를 모방하는 것을 넘어, 그 기능적 동작과 상호작용을 이해하고 예측하는 모델을 구축하는 것을 목표로 한다. 이러한 모델은 신경계의 복잡한 행동을 설명하고, 다양한 조건에서의 반응을 예측하며, 이를 통해 신경과학 이론을 검증하고 개선할 수 있다. 신경계 시뮬레이션과 머신러닝 기법을 결합하면 신경계의 복잡한 동작을 이해하고 예측하는 데 중요한 도구가 될 것이다. 이를 통해 우리는 신경과학 연구의 효율성을 높이고, 새로운 발견을 가능하게 할 것이다.

앞으로도 역공학 연구는 지속적으로 발전할 것이며, 이는 우리의 생활과 산업 전반에 걸쳐 긍정적인 변화를 가져올 것이다. 역공학을 통해 얻은 지식은 신경과학, 인공지능, 생물학 등 다양한 분야에서 새로운 발견과 기술 발전을 이끌어낼 것이며, 이는 사회 전반에 걸쳐 큰 영향을 미칠 것이다. 신경계 시뮬레이션의 발전은 신경과학 연구의 중요한 도구로 사용될 수 있으며, 이를 통해 우리는 더 나은 이해와 새로운 발견을 할 수 있다. 또한 신경계의 작동 원리를 모방하여 인공지능 시스템을 개발하면, 이는 다양한 응용 분야에서 혁신을 가능하게 할 것이다. 요약하면, 신경계의 역공학은 신경과학 및 인공지능 연구에 중요한 발전을 이끌어낼 수 있는 강력한 도구이며, 이를 통해 우리는 더 나은 미래를 만들어갈 수 있을 것이다.

5. 결론

　인간 뇌의 역공학은 인공지능과 신경과학 연구에서 혁신을 이끌고 있다. 신경과학자들은 역공학을 통해 뇌의 구조와 기능을 분석하여 이를 기술적으로 구현하고, 이를 바탕으로 인공지능 시스템을 개발하고 있다. 이러한 과정에서 인공 신경망(ANN)과 합성곱 신경망(CNN)과 같은 기술들이 발전하게 되었으며, 이는 의료, 금융, 제조, 자율 주행, 스마트 홈 등 다양한 산업 분야에서 혁신을 가능하게 한다. 역공학은 복잡한 시스템을 이해하고 개선하는 데 중요한 도구로, 신경계의 작동 원리를 밝히고 이를 기반으로 한 기술 개발을 모색한다.

　보다 구체적으로, 기존 기계 학습 방법론의 한계를 극복하기 위해 Tenenbaum(2021)은 인지 과학에 영감을 받은 새로운 역공학적 접근 방식을 제안하고 있다. 이 접근 방식은 인간의 인지 과정을 모방하여 AI의 상식 이해와 적응력을 향상시키는 것을 목표로 한다. 확률적 프로그램, 게임 스타일 시뮬레이션 프로그램, 프로그래밍으로서의 학습이라는 세 가지 주요 접근 방식은 AI가 인간처럼 자연스럽게 행동하고 판단하는 데 필요한 상식을 개발하는 데 중요한 역할을 한다. 이러한 인지 과학의 원리를 적용함으로써, AI는 더욱 인간에 가까운 능력을 갖추게 되어 다양한 실제 응용 분야에서 활용 가능성을 크게 확대할 수 있다.

　또한 전체 신경계를 역공학하는 목표와 이를 달성하기 위한 필요성을 강조하며, Haspel et al.(2023)은 특히 선충 Caenorhabditis elegans를 모델 시스템으로 사용하는 것이 적합하다고 제안한다. 신경계의 복잡한 작용 원리를 이해하고, 이를 기반으로 더 나은 인공지능 시스템을 개발하며, 다양한 과학 분야에서 혁신을 촉진할 수 있는 가능성을 제시한다. 신경계 시뮬레이션과 머신러닝 기법을 결합하면 신경계의 복잡한 동작을 이해하고 예측하는 데 중요한 도구가 될 것이며, 이는 신경과학 연구의 효율성을 높이고 새로운 발견을 가능하게 할 것으로 기대된다. 이러한 연구는 신경계의 구조뿐만 아니라 기능적 동작과 상호작용을 이해하고 예측하는 모델을 구축하는 데 기여할 것이다.

| 참고문헌 |

Haspel, Gal, Edward S Boyden, Jeffrey Brown, George Church, Netta Cohen, Christopher Fang-Yen, Steven Flavell, Miriam B Goodman, Anne C Hart, Oliver Hobert, et al. 2023. To reverse engineer an entire nervous system. arXiv preprint arXiv:2308.06578.

Gupta, Parikshit. 2020. Reverse engineering of human brain for the field of artificial intelligence, IJERT V9.5, p. IJERTV9IS050169. doi: 10.17577/IJERTV9IS050169.

Rule, Joshua S., Joshua B. Tenenbaum, and Steven T. Piantadosi. 2020. The child as hacker. *Trends in Cognitive Sciences* 24.11: 900-915.

Tenenbaum, Joshua. 2021. Reverse-engineering core common sense with the tools of probabilistic programs, game-style simulation engines, and inductive program synthesis. *GECCO '21: Proceedings of the Genetic and Evolutionary Computation Conference*, https://doi.org/10.1145/3449639.3466000.

5장
언어 처리/습득하는
뇌의 역공학

1. 서론

언어 처리(language processing)와 인공지능 공학(AI engineering)의 발전은 현대 과학에서 중요한 연구 주제 중 하나이다. 특히, 인간 뇌와 인공 신경망 모델의 언어 처리 네트워크를 통합적으로 분석하는 역공학(reverse engineering) 접근법은 이러한 연구에서 중요한 역할을 하고 있다. 이 접근법은 인간의 언어 인지 처리 메커니즘(mechanism)을 모방(simulate)하여 자연어 처리(NLP) 분야에서 뛰어난 성능(performance)을 보이는 딥러닝 기반의 신경망 언어 모델을 개발하는 데 기여하고 있다. 이를 통해, 인간 뇌의 구조와 기능을 깊이 이해하고, 이를 인공지능 언어 모델 모델에 반영함으로써, 보다 정교하고 효과적인 자연어 처리 시스템을 구현할 수 있다.

역공학 접근법의 성공은 fMRI와 뇌피질전도(electrocorticography, ECoG)와 같은 신경 이미징 기술(neural imaging technology)을 통해 얻은 뇌의 언어 처리 데이터를 활용한 결과이며, 이를 통해 신경망 언어 모델의 신경 적합성(neural fit)을 평가하고, 신경망 언어 모델의 성능을 지속적으로 개선할 수 있다. 이러한 신경 이미징 데이터(neural imaging data)는 인간 뇌의 언어 처리 방식을 비교적 정확하게 재현하는 신경망 언어 모델을 개발하는 데 필수적인 정보를 제공한다. 이러한 접근법은 인공지능 신경망 언어 모델이 인간의 언어 처리 방식을 보다 효과적으로 모방할 수 있도록 하며, 자연어 처리 분야에서의 성능 향상에 큰 기여를 하고 있다.

또한 심리언어학의 역공학 접근법과 장기 녹음(long-term recording) 기술의 결합은 언어 습득(language acquisition) 연구에서 혁신적인 도구로 자리 잡고 있다. 장기 녹음 기술을 통해 수집된 아동의 일상 생활에서 발생하는 자연스러운(naturalistic) 언어 데이터는 높은 생태학적 타당성(ecological validity)을 제공하며, 기존의 연구 방법이 가진 한계를 극복한다. 이러한 데이터는 반복적으로 재분석될 수 있어, 새로운 연구 질문과 가설을 테스트하는 데 유용하다. 또한 인공 언어 학습자(artificial language learner), 즉 신경망 언어 모델은 이러한 장기 녹음 데이터를 기반으로 자연스럽고 풍부한 언어 입력을 학습함으로써 인간의 언어 학습 메커니즘을 효과적으로 모방할 수 있다.

본 장에서는 인공지능 신경망 언어 모델이 인간의 언어 학습 메커니즘을 보다 정확하게 반영하고, 다양한 언어적 과제를 효과적으로 수행할 수 있도록 돕는 데 중요한 역할을 할 수 있음을 보이고자 한다. 이를 통해, 언어 처리 및 언어 습득/발달 연구와 인공지능 기술이 상호 보완적으로 발전할 수 있으며, 인간의 언어 습득/발달 방식을 깊이 이해하는 데 기여할 수 있음을 보이고자 한다. 앞으로도 이러한 접근법을 통해 더 많은 연구자들이 새로운 통찰을 얻고, 이를 통해 인공지능 기술과 언어 처리 및 언어 습득/발달 연구가 더욱 발전할 것으로 기대된다.

2. 역공학적 접근을 통한 언어 처리 및 예측 메커니즘 연구

2.1 도입

Schrimpf et al. (2021)의 논문은 인공 신경망(artificial neural network, ANN) 모델이 인간의 언어 처리와 어떻게 연관되는지를 역공학(reverse engineering) 접근법을 사용하여 연구한다. 이 연구는 인공 신경망 모델, 특히 자연어 처리(NLP) 시스템에서 최근 몇 년간 혁신을 이룬 Transformer 기반 아키텍처가 인간의 언어 처리와 어떤 방식으로 관련되어 있는지를 밝히고자 한다.[1] Transformer 모델은 텍스트 데이터를 처리하고 이해하는 데 있어 뛰어난 성능을 보이며, 이는 인간의 언어 처리(language processing) 방식과의 비교에서 중요한 시사점을 제공한다.

연구자들은 Transformer 기반 ANN 아키텍처가 인간의 언어 처리에 필요한 기본적 계산(basic computation)과 어떤 연관성을 가지는지를 탐구한다. Transformer 모델은 특히 문맥(context)을 이해하고 처리하는 능력에서 두드러진 성과를 보이며, 이는 인간의 언어 처리 과정과 유사점을 보인다. Transformer의 self-attention 메커니즘은 문장의 모든 단어 간의 관계를 동시에 고려할 수 있게 하여, 문맥을 더 깊이 이해하게 만든다. 이 논문은 이러한 모델이 인간의 신경 반응(neural responses)과 어떤 식으로 일치(align)하는

---

1) 신경망 언어 모델에서 아키텍처(architecture)와 알고리즘(algorithm)은 서로 다른 개념이다. 아키텍처는 모델의 구조와 설계를 의미하며, **학습/훈련 데이터가 모델을 통해 흐르는 방식**을 결정한다. 예를 들어, RNN, LSTM, Transformer와 같은 다양한 신경망 구조가 아키텍처에 해당한다. 반면, 알고리즘은 **이 아키텍처를 학습시키고 최적화하는 방법**이다. 알고리즘에는 모델의 가중치를 조정하는 방법인 역전파(backpropagation)와 최적화 기법인 경사 하강법(gradient descent) 등이 포함된다. 즉, 아키텍처는 모델의 틀을 제공하고, 알고리즘은 이 틀을 학습시켜 실제로 동작하게 한다.

지를 분석하여, 인공지능 모델이 어떻게 인간의 언어 처리 메커니즘(language processing mechanism)을 모방할 수 있는지를 밝히고자 한다.

인간의 언어 처리는 주로 좌반구 전두-측두뇌 네트워크(left frontal-temporal lobe network)에 의존하며, 이 네트워크는 언어 입력(language input)에 매우 강하게 반응하는 것으로 알려져 있다. 이 네트워크는 언어를 이해하고 생성하는 데 중요한 역할을 하며, 특히 문장의 구조와 의미를 파악하는 데 핵심적인 기능을 한다. 그러나 뇌에서 언어 처리를 위한 정확한 계산 방법(computational methods)은 아직 명확히 밝혀지지 않았다. Schrimpf et al.(2021)의 연구는 이러한 계산적 메커니즘을 더 잘 이해하기 위해 ANN 모델과의 비교를 통해 새로운 통찰을 제공하고자 한다. 연구자들은 역공학 접근법을 통해 ANN 모델의 내부 작동 방식(internal mechanisms)을 분석하고 이를 통해 인간의 언어 처리 메커니즘을 이해하려고 한다. 이 접근법은 ANN 모델이 인간의 신경 활동과 어떻게 일치하는지를 비교 분석함으로써, 뇌에서 일어나는 언어 처리의 기본 원리를 밝히는 데 기여한다.

2.2 연구 방법 및 데이터셋

Schrimpf et al.(2021)은 다양한 ANN 언어 모델을 인간의 신경 및 행동 데이터(neural and behavioral data)와 비교하여 이들 간의 일관된 관계를 밝히고자 했다. 이를 위해 세 가지 주요 신경 언어 이해 데이터셋을 사용하였다. 두 개는 기능적 자기공명영상(functional magnetic resonance imaging, fMRI) 데이터셋이고, 하나는 전두엽 피질(frontal cortext) 전기생리 기록(electorocorticography, ECoG) 데이터셋이다. 이러한 신경 데이터셋은 다양한 언어 자극에 대한 뇌의 반응을 세밀하게 측정하고 분석할 수 있는 도구로서, 연구의 정확성을 높이는 데 중요한 역할을 한다.

뇌의 언어 처리 활동을 측정하는 방법 중 하나는 기능적 자기공명영상(fMRI)이다. fMRI는 뇌의 활동을 고해상도(high resolution)로 시각화할 수 있는 방법으로, 언어 처리 시 활성화되는 뇌 영역을 측정할 수 있다. fMRI는 뇌의 특정 영역에서 발생하는 혈류 변화(blood flow change)를 감지하여—이를 혈액 산소 수준 의존성 영상법(blood-oxygen-level-dependent imaging) 혹은 BOLD 대비 영상법(BOLD-contrast imaging)이라고 함—뇌의 기능적 활동을 분석하며, 이를 통해 언어 처리와 관련된 뇌 영역의 역할을 밝혀낼 수 있다. fMRI를 통해 얻은 데이터는 뇌의 다양한 기능적 연결성(functional connectivity)을 이해하는 데 중요한 정보를 제공하며, 이는 언어 처리의 신경 기제(neural mechanism)를 이해하는 데 기여한다. 그림1

또한 뇌피질전도도 뇌의 전기적 활동(electric activity)을 측정하는 데 사용된다. ECoG는 고해상도의 시간적 정보(temporal information)를 제공하여 뇌의 언어 처리 과정을 실시간(real-time)으로 분석할 수 있다.[2] ECoG는 뇌의 표면에 직접 전극을 부착하여 전기적 신호를 측정하는 방법으로, 높은 시간적 해상도(temporal resolution)를 제공한다.[3] 이를 통해 뇌의 언어 처리 과정에서 발생하는 빠른 전기적 변화를 정확하게 추적할 수 있으며, 이는 뇌의 언어 처리 메커니즘을 더 깊이 이해하는 데 도움을 준다. 그림2

또한 연구자들은 인간 언어 처리의 행동적 지표(behavioral index)를 수집하기 위해 자기 속도 읽기 시간(self-paced reading time)을 사용했다. 이는 참가자들이 텍스트를 읽는 동안 각 단어나 구문을 처리하는 데 걸리는 시간을 측정하는 방법으로, 언어 이해(language comprehension) 과정의 어려움이나 복잡성을 반영할 수 있다. 자기 속도 읽기 시간은 참가자의 인지적 부담(cognitive load)과 처리 속도를 정확하게 측정할 수 있어, 신경 데이터와 결합하여 모델의 예측 성능을 평가하는 데 중요한 역할을 한다. 이 지표는 실험 참가자들이 텍스트를 처리하는 동안의 실시간 데이터를 제공함으로써,[4] 모델의 언어 처리 능력을 더욱 정확하게 평가할 수 있게 한다.

다음으로 연구자들은 NLP 표준 작업(standard tasks)을 통해 신경망 언어 모델의 언어 처리 성능을 평가하였다.[5] 여기에는 텍스트 생성(text generation), 다음 단어 예측(next word prediction), 구문 분석(syntactic analysis) 등의 다양한 언어 처리 작업이 포함되며, 이를 통해 ANN 모델이 실제 언어 사용 상황에서 얼마나 잘 동작하는지를 평가한다. 이 데이터들을 종합적으로 분석하여 신경망 언어 모델이 인간 뇌의 반응을 얼마나 정확하게

---

2) EEG는 두피(scalp)에 부착된 전극으로 뇌파를 측정하는 방법인 반면, ECoG는 뇌 표면 피질(cortex)에 직접 부착된 전극으로 뇌파를 측정하는 방법이다.
3) 해상도는 디스플레이나 이미지의 세부 사항을 나타내는 픽셀 수를 의미하며, 일반적으로 가로와 세로 방향의 픽셀 수로 표현된다.
4) 지표는 특정 성능이나 품질을 평가하고 측정하기 위한 기준이나 수치이다.
5) NLP 표준 작업은 자연어 처리 모델의 성능을 평가하기 위해 사용되는 다양한 언어 처리 과제들로, 여기에는 텍스트 생성, 문장 분류, 구문 분석, 다음 단어 예측 등이 포함된다. 이러한 작업들은 모델이 실제 언어 사용 상황에서 얼마나 잘 동작하는지를 평가하는 중요한 척도(metric)이다.

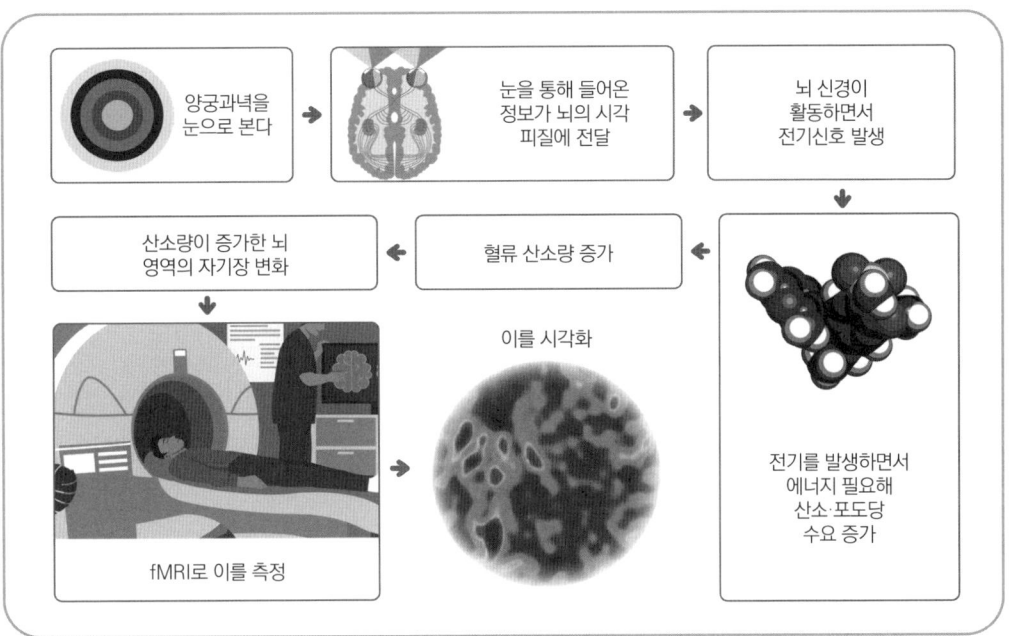

그림 1 기능적 자기공명영상(fMRI)을 이용한 실험 과정의 예시

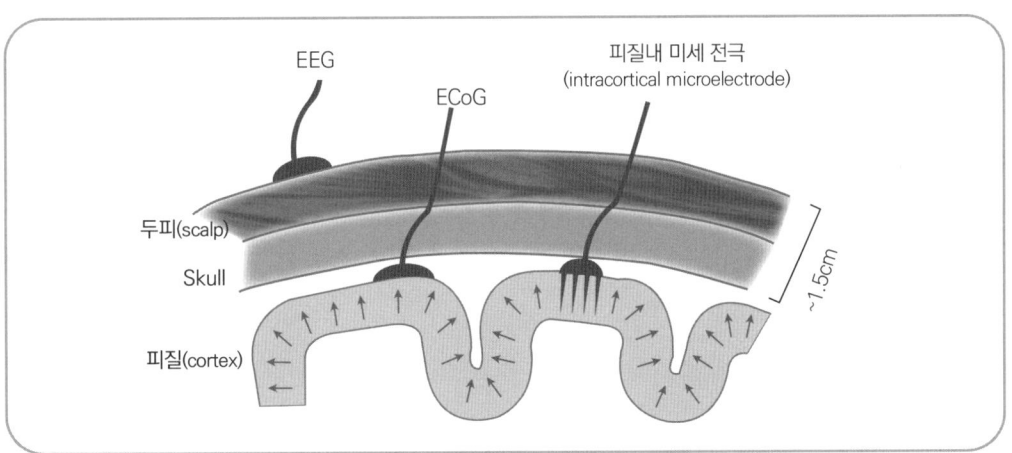

그림 2 이 그림은 신경 기록의 다양한 방법을 보여준다. EEG는 두피(scalp)에서 전기 활동을 기록하고, ECoG는 피질(cortex) 표면에서 기록하며 피질내 미세 전극(intracortical microelectrode)이 피질 내부에서 기록한다.

예측할 수 있는지를 평가하였다. NLP 공학 표준 작업은 모델의 실질적인 응용 가능성을 평가하는 중요한 척도(metric)로, 모델이 다양한 언어적 과제를 어떻게 수행하는지를 통해 모델의 전반적인 성능(performance)과 유효성(validity)을 확인할 수 있다.

2.3 주요 발견

연구 결과, 특정 ANN 모델은 인간 뇌 활동을 정확하게 예측할 수 있음이 보이고 있다. 특히, GPT2-xl 모델은 인간의 신경 데이터의 상당 부분을 예측하는 데 탁월한 성능을 보였다.[6] 이 모델은 다양한 언어 자극에 대해 일관된 신경 반응을 보여주었으며, 이는 ANN 모델이 인간 뇌의 언어 처리 메커니즘을 잘 모방할 수 있음을 시사한다. GPT2-xl 모델의 높은 예측력은 이와 같은 모델이 인간의 뇌 활동을 얼마나 정밀하게 추적하고 재현(replicate)할 수 있는지를 보여주는 중요한 지표가 된다.

이러한 모델들은 특히 언어 네트워크에서 높은 예측 처리(predictive processing) 능력을 보였다. 언어 네트워크는 주로 좌반구 전두-측두 영역에 위치하며, 언어 처리와 이해에 중요한 역할을 한다. GPT2-xl 모델은 이 영역에서 인간의 신경 활동을 예측하는 데 뛰어난 성능을 보였으며, 이는 모델이 문맥과 의미를 효과적으로 처리할 수 있음을 의미한다. 이는 ANN 모델이 단순한 텍스트 패턴 인식에 그치지 않고, 더 높은 수준의 언어 이해를 구현할 수 있음을 보여준다. 모델이 문장의 맥락을 이해하고 적절히 반응하는 능력은 인간의 언어 처리와 직접적으로 비교될 수 있다.

결국, 이 연구는 예측적(predictive) ANNs가 인간의 언어 처리에서 예측 언어 처리(predictive language processing)가 어떻게 구현되는지에 대한 타당한 가설을 제공한다. 이는 NLP와 인간 언어 이해의 통합 모델링을 위한 중요한 연구 프로그램의 기초를 마련한다. 이러한 연구는 향후 ANN 모델의 설계와 개발에 있어 중요한 방향성을 제시하며, 인간의 언어 처리 메커니즘을 더 잘 이해하고 이를 기반으로 한 고성능 언어 모델을 개발하는 데 기여할 것이다. 이 연구는 또한 향후 인공지능이 인간의 언어를 어떻게 더 자연스럽게 모방하고 이해할 수 있는지에 대한 중요한 통찰을 제공한다.

---

6) GPT-2 XL 모델은 OpenAI에서 개발한 대규모 언어 모델로, 15억 개 이상의 매개변수를 가지고 있다. 이 모델은 Transformer 아키텍처를 기반으로 하여, 텍스트 생성, 다음 단어 예측, 문장 완성 등의 자연어 처리 작업에서 뛰어난 성능을 보인다. GPT-2 XL은 방대한 양의 인터넷 텍스트 데이터로 학습되어, 다양한 주제와 맥락에서 높은 일관성과 유창성을 가진 텍스트를 생성할 수 있다.

2.4 모델 성능 분석

연구자들은 좀 더 나아가서 모델 성능이 인간 데이터와의 적합성(fit), 그리고 다양한 차원에서의 상관관계(correlation)를 분석하였다. 이들은 모델의 아키텍처와 훈련/학습 관련 요소들이 모델 성능에 미치는 영향을 집중적으로 평가하였다. 예를 들어, 모델의 계층 수와 같은 아키텍처적 특징이 신경 데이터와의 일치도(alignment)를 높이는 데 중요한 역할을 한다는 것을 발견하였다. 이는 신경망 모델이 더 깊은 계층 구조를 가질수록 인간의 뇌 활동을 더 정확하게 모방할 수 있음을 의미한다. 이러한 발견은 모델의 설계 단계에서 계층 구조의 복잡성을 최적화하는 것이 중요하다는 점을 강조한다.[7]

반면, 훈련 데이터셋의 크기나 어휘 크기 같은 특징은 모델 성능에 큰 영향을 미치지 않았다. 이는 데이터 양 증가나 어휘 범위 확대가 아키텍처적 특징만큼의 영향력을 발휘하지 못함을 시사한다. 예를 들어, 데이터 확장은 일정 수준 이상의 성능 향상을 가져오지 않으며 결국 한계점에 도달한다. 반면, 모델의 아키텍처 설계는 성능에 큰 영향을 미친다. 층의 깊이와 뉴런의 수는 모델의 복잡한 패턴 학습 능력을 결정짓는다. 활성화 함수는 비선형성을 추가해 데이터를 복잡하게 학습하게 돕는다. 드롭아웃은 과적합을 방지하며, 정규화 기법은 학습 속도와 안정성을 높인다. 최적화 알고리즘은 가중치 업데이트 방식을 결정하여 학습 효율성과 수렴 속도에 영향을 준다. 이 발견은 아키텍처적 요소 최적화가 데이터 양이나 범위를 늘리는 것보다 중요함을 의미한다. 따라서 모델 성능 향상을 위해서는 데이터 양 확대보다 아키텍처 설계에 중점을 두어야 한다.

따라서 Schrimpf et al.(2021)의 연구는 모델의 아키텍처가 인간의 뇌와의 관계를 형성하는 데 있어서 중요한 요소임을 강조한다. 이는 신경망 언어 모델을 개발하는 과정에서 아키텍처 설계에 더 많은 주의를 기울여야 함을 시사한다. 이러한 결과는 모델 개발자들에게 아키텍처적 설계가 얼마나 중요한지를 인식시키며, 모델의 성능 향상을 위해 더 정교한 아키텍처를 채택하는 것이 필요함을 보여준다.

---

7) 최적화는 주어진 제약 조건 내에서 가장 효율적이고 효과적인 해결책이나 성능을 찾는 과정이다.

2.5 연구 방법론

연구자들은 신경망 언어 모델과 인간의 뇌 활동 데이터를 비교하는 역공학적 방법론을 상세히 설명한다. 이들은 fMRI, ECoG, 그리고 자기 속도 읽기 데이터를 포함한 다양한 신경 및 행동 데이터를 사용하여 모델의 예측 성능을 평가하였다. fMRI는 뇌의 혈류 변화를 측정하여 뇌 활동을 간접적으로 보여주고, ECoG는 뇌의 전기 신호를 직접 측정하여 더 세밀한 데이터를 제공한다. 이러한 다양한 데이터는 모델의 예측 성능을 다각적으로 평가하는 데 필수적인 역할을 한다.

각 실험 참가자에게 다양한 언어 자극을 제공하여 데이터가 수집되었다. 참가자들은 텍스트를 읽거나 들었고, 그동안 뇌 활동이 기록되었다. 연구자들은 이러한 데이터를 통해 각 모델이 생성하는 내부 표상(internal representation)이 인간의 신경 데이터와 얼마나 일치하는지를 분석하였다. 이는 모델이 인간의 언어 처리 과정을 얼마나 잘 모방할 수 있는지를 평가하는 중요한 단계이다. 이를 통해 모델이 실제 언어 처리 상황에서 얼마나 유효하게 작동하는지를 검증할 수 있다.

특히, 연구자들은 모델이 각 은닉층(hidden layer)에서 생성하는 표상(representation)을 사용하여 인간의 신경 데이터를 예측하는 방식을 취했다. 이는 모델의 각 은닉층이 인간 뇌의 특정 영역과 어떻게 대응되는지를 파악하는 데 도움을 준다. 예를 들어, 초기 층은 시각 피질의 저차원 특징을, 중간 층은 더 복잡한 패턴을, 최종 층은 고차원적인 개념을 처리하는 방식으로 대응된다. 이를 통해 모델의 내부 구조와 인간 뇌의 작용 메커니즘 간의 연관성을 밝히고자 하였다. 이러한 접근법은 모델의 성능을 더욱 정밀하게 평가할 수 있도록 하며, 모델이 인간 뇌의 복잡한 구조를 얼마나 잘 모방하는지를 보여준다.

2.6 성능 평가 및 통계적 검정

연구자들은 모델 성능을 평가하기 위해 데이터의 80%를 사용하여 선형 회귀(linear regression)를 적용하고,[8] 나머지 20%의 데이터로 예측 성능을 검증하는 과정을 반복하

---

8) 선형 회귀(linear regression)는 두 개 이상의 변수 간의 관계를 모델링하는 통계적 방법이다. 이 기법

였다. 이 방법은 모델이 훈련되지 않은 데이터에서도 얼마나 잘 예측할 수 있는지를 평가하는 데 도움을 준다. 선형 회귀 분석(linear regression analysis)은 모델의 예측 값과 실제 신경 데이터 간의 관계를 명확하게 보여준다. 이를 통해 모델의 예측 정확성을 정량적으로 평가할 수 있다.

최종적으로 모델의 성능은 퍼어슨 상관 계수(Pearson correlation coefficient)를 사용하여 평가되었다.[9] 퍼어슨 상관 계수는 모델 예측과 실제 신경 데이터 간의 일치도를 나타내며, 높은 상관 계수는 모델의 예측력이 높음을 의미한다. 이를 통해 모델이 실제 인간의 신경 활동을 얼마나 정확하게 예측할 수 있는지를 정량적으로 평가할 수 있다. 이러한 평가 방법은 모델의 성능을 객관적으로 비교하고 분석하는 데 중요한 도구가 된다.

또한 생물학적 측정의 내재적 노이즈를 고려하여 성능의 상한값(ceiling)을 추정하였다.[10] 이는 측정 과정에서 발생하는 다양한 노이즈 요인을 배제하고, 모델이 최상의 조건에서 얼마나 잘 작동할 수 있는지를 평가하는 것이다. 이러한 상한값은 모델의 잠재적 성능 한계를 파악하는 데 중요한 역할을 한다. 이는 모델의 실제 성능과 최적의 성능 간의 차이를 이해하고, 모델의 개선 방향을 제시하는 데 도움을 준다.

2.7 종합

Schrimpf et al.(2021)의 연구는 신경망 언어 모델이 인간의 언어 처리 메커니즘을 모방하는 데 어느 정도 성공적일 수 있음을 시사한다. 이로 인해 향후 모델 성능을 향상

은 독립 변수와 종속 변수 사이의 직선적 관계를 찾아내어, 주어진 독립 변수 값에 대해 종속 변수를 예측하는 데 사용된다. 선형 회귀 모델은 회귀선을 통해 데이터의 경향성을 시각적으로 표현하며, 이를 통해 예측과 분석을 수행할 수 있다.

9) 퍼어슨 상관 계수(Pearson correlation coefficient)는 두 변수 간의 선형 상관 관계의 정도를 측정하는 통계적 지표이다. 이 계수는 -1에서 1 사이의 값을 가지며, 1에 가까울수록 두 변수 간의 양의 상관관계가, -1에 가까울수록 음의 상관관계가 강함을 나타낸다. 0에 가까운 값은 두 변수 간의 상관관계가 거의 없음을 의미한다.

10) 노이즈 천장(noise ceiling)은 실험 데이터에서 측정된 신호의 최대 가능 정확도를 나타내는 개념이다. 이는 데이터 내에 존재하는 불가피한 잡음을 고려하여, 모델이 최상의 조건에서 얼마나 잘 수행할 수 있는지를 평가하는 데 사용된다. 노이즈 천장은 모델의 성능 한계를 이해하고, 실제 데이터와 비교하여 모델의 예측력을 정확히 판단하는 데 도움을 준다.

시키기 위해 아키텍처 설계가 중요하다는 점을 강조한다. 연구자들은 다양한 언어 자극에 대한 데이터를 수집하고, 이를 통해 모델이 더욱 정교하게 인간의 뇌 활동을 예측할 수 있도록 하였다. 이러한 데이터 수집은 모델의 학습과 평가에 있어 중요한 역할을 하며, 모델이 실제 인간의 언어 처리 방식을 얼마나 정확하게 모방할 수 있는지를 평가하는 데 도움을 준다.

또한 이 연구는 신경 응답의 시간적 궤적을 모델링하는 등의 방법을 제시하였다. 이는 모델이 단순히 순간적인 신경 활동뿐만 아니라, 시간에 따른 뇌의 반응 변화를 이해할 수 있도록 돕는다. 신경 응답의 시간적 궤적을 모델링하는 접근법은 모델이 언어 자극에 대한 인간의 뇌 반응을 더 정확하게 예측하고, 그 복잡한 변화를 이해하는 데 기여한다. 이러한 접근법은 모델이 인간의 복잡한 언어 처리 과정을 더욱 정밀하게 모방하는 데 중요한 역할을 할 것이다.

마지막으로 이 연구는 인지 시스템 연구의 통합 벤치마킹 접근 방식을 제시하며, 언어 처리뿐만 아니라 다른 인지 시스템 연구에도 적용할 수 있는 방법론적 틀을 제공한다. 이는 다양한 인지 과제를 수행하는 모델의 성능을 비교하고 평가하는 데 중요한 기준을 제공한다. 통합 벤치마킹 접근 방식은 모델의 성능을 다각도로 평가하고, 인간 인지 과학과의 상호작용을 깊이 이해하는 데 중요한 도구가 된다. 이를 통해 신경망 모델과 인간 인지 과학 간의 상호작용을 더 깊이 이해하고, 향후 연구 방향을 제시할 수 있다. 이러한 방법론적 틀은 미래의 연구에서 인공지능 모델과 인간 인지 시스템 간의 상호작용을 더욱 정밀하게 분석하고 이해하는 데 기여할 것이다.

3. 언어 습득/발달의 역공학

3.1 도입

언어 습득 연구는 인간의 인지 과정과 발달 메커니즘을 이해하는 데 중요한 기초를 제공한다. 최근 인공지능 기술의 발전은 이러한 연구에 새로운 가능성을 열어주고 있다. 특히, 역공학 접근법을 통해 아동의 언어 학습 과정(language learning process)을 분석하고, 이를 인공지능 모델에 적용하는 시도가 주목받고 있다. 이 방법은 아동의 언어 입력(language input)과 상호작용 패턴을 체계적으로 분석하여, 인간의 언어 학습 메커니즘을 모방하는 인공지능 모델을 개발하는 것을 목표로 한다. 또한 녹음 기술(long form-recording)의 도입은 아동의 일상 생활에서 발생하는 자연스러운 언어 데이터(naturalistic language data)를 수집할 수 있게 하여, 연구의 생태학적 타당성(ecological validity)을 높이고 있다.

Lavechin et al.(2022)에서는 역공학 접근법의 개념과 필요성을 설명하고, 장기 녹음 데이터를 활용하여 자연스러운 언어 입력을 제공하는 방법을 제안한다. 이를 통해 인공 언어 학습자의 학습 메커니즘을 설계하고, 다양한 환경에서의 언어 입력을 비교 분석함으로써, 언어 처리 기술의 평가와 신경망 언어 모델의 성능 개선 방안을 모색하고자 한다. 이러한 연구는 언어 습득 연구와 인공지능 기술의 통합을 통해 언어 습득 과정을 더 깊이 이해하고, 더 정교한 신경망 언어 모델을 개발하는 데 기여할 것이다.

3.2 역공학 접근법

3.2.1 역공학의 개념과 필요성

● 역공학 접근법의 개요

역공학(reverse engineering)은 기존 시스템의 구조와 작동 원리를 분석하여 이를 기반으로 새로운 시스템을 설계하거나 개선하는 과정이다. 언어 습득(language processing) 연구에서 역공학 접근법은 아동의 언어 학습 과정을 분석하고 이를 바탕으로 인공지능(AI) 모델을 설계하고 개선하는 것을 의미한다. 이 접근법은 아동이 언어를 학습하는 메커니즘을 이해하고, 이를 인공 언어 학습자(artificial language learner, 즉 신경망 언어 모델)에게 적용하여 유사한 학습 과정을 재현하는 것을 목표로 한다. 이를 통해, 인간의 언어 학습 과정에서 나타나는 패턴과 원리를 신경망 모델이 학습할 수 있게 된다. 역공학은 먼저 인간의 언어 습득 과정에서 어떤 요소들이 중요한지, 어떤 단계들이 있는지를 체계적으로 분석한다. 이러한 분석에는 아동의 언어 입력, 부모나 교사와의 상호작용 패턴, 환경적 요인 등이 포함된다. 다음으로, 이러한 요소들을 반영하여 신경망 모델을 설계하고, 인간의 학습 과정을 모방하도록 한다. 예를 들어, 아동이 언어를 학습할 때 사용하는 피드백 루프(feedback loop),[11] 오류 수정(error correction), 맥락 이해(context understanding) 등의 요소들을 신경망 모델에 통합하여 보다 인간적인 학습 과정을 구현할 수 있다.

- **언어 습득/발달 연구와 인공지능의 통합**

역공학 접근법은 언어 습득/발달 연구와 인공지능의 통합을 가능하게 한다.[12] 언어 습득/발달 연구는 아동이 언어를 습득하는 과정을 탐구하며, 이를 통해 언어 습득/발달의 기초 메커니즘을 밝히고자 한다. 인공지능 기술(AI technology)은 이러한 연구 결과를 바탕으로 언어 모델을 설계하고, 인간과 유사한 방식으로 언어를 이해하고 생성할 수 있는 시스템을 개발하는 데 사용될 수 있다. 이러한 통합은 언어 학습의 원리를 더 깊이 이해하고, 이를 통해 더 정교하고 효율적인 언어 모델을 개발하는 데 기여할 수 있다. 예를 들어, 아동의 언어 습득/발달 단계별로 어떤 종류의 언어 입력이 중요한지, 부모나 교사와의 어떤 상호작용이 효과적인지 등을 분석하고, 이러한 요소들을 AI 모델에 반영함으로써 더욱 효과적인 언어 학습 시스템을 설계할 수 있다. 또한 신경망 모델의 성능을 평가하고 개선하기 위해 인간의 언어 습득/발달 데이터를 활용할 수 있으며, 이를 통해 신경망 모델의 학습 효율성을 높일 수 있다.

3.2.2 학습 메커니즘과 자연스러운 언어 경험 제공

- **인공 언어 학습자를 위한 학습 메커니즘 설계**

인공 언어 학습자를 위한 학습 메커니즘(learning mechanism)을 설계하는 과정은 아동의 언어 습득/발달 과정을 모방하는 것이다. 이를 위해, Schrimpf et al.(2021)은 아동이 언어를 학습하는 데 사용하는 전략과 메커니즘을 분석하고, 이를 인공지능 신경망 모델에

---

11) 피드백 루프는 시스템의 출력을 다시 입력으로 돌려주는 메커니즘을 말한다. 이는 시스템의 성능을 조절하고 안정화하는 데 중요한 역할을 한다.

12) 언어 습득 (language acquisition)은 아동이 태어나면서 자연스럽게 모국어를 배우는 과정으로, 주로 초기 몇 년 동안 부모나 주변 사람들과의 상호작용을 통해 발음, 어휘, 문법 등을 습득한다. 언어 발달 (language development)은 이러한 언어 습득 과정을 포함하여 전 생애에 걸쳐 언어 능력이 발전하는 과정을 의미하며, 학습, 사회적 상호작용, 교육을 통해 지속적으로 어휘와 문법적 지식이 확장되고 표현과 이해 능력이 향상된다. 이 두 과정은 인간의 의사소통 능력 형성에 핵심적인 역할을 한다.

적용한다. 예를 들어, 아동이 언어 입력을 통해 문법 규칙을 학습하고, 이를 바탕으로 새로운 문장을 생성하는 과정을 모델링할 수 있다. 이는 단어의 형태소 분석, 구문 구조 파악, 의미론적 해석 등의 단계로 나뉘며, 아동이 점진적으로 언어를 이해하고 생성하는 방식을 모방한다. 또한 아동이 언어 입력을 통해 통계적 학습을 하는 과정을 반영하여, 모델이 빈도 기반의 패턴 인식을 할 수 있도록 한다. 이를 통해 인공지능 신경망 모델은 아동처럼 문법을 추론하고 새로운 문장을 생성하는 능력을 개발하게 된다. 이러한 학습 메커니즘은 인공지능 신경망 모델이 언어를 보다 자연스럽고 효율적으로 학습할 수 있도록 돕는다. 구체적으로 아동이 언어를 학습하는 과정에서 겪는 다양한 단계를 모델링할 수 있다. 예를 들어, 초기에는 단어를 개별적으로 학습하고, 점차적으로 단어들 간의 관계와 문법적 구조를 이해하며, 나아가 복잡한 문장을 생성하는 과정을 거친다. 이러한 단계들을 인공지능 신경망 모델에 반영하여, 모델이 점진적으로 언어 능력을 발전시킬 수 있도록 한다. 또한 아동이 언어를 학습할 때 사용하는 다양한 피드백 메커니즘, 예를 들어 부모나 교사로부터의 언어적 피드백, 자기 수정 등의 요소들을 인공지능 신경망 모델에 통합하여 보다 인간적인 학습 과정을 구현할 수 있다.

3.3 장기 녹음의 중요성

3.3.1 장기 녹음의 정의와 장점

● **장기 녹음의 개념과 도입 배경**

장기 녹음(long-form recordings)은 아동의 일상 생활에서 발생하는 오디오 데이터(audio data)를 장기간 동안 연속적으로 수집하는 방법을 의미한다. 이 방법은 경량(lightweight)의 착용 가능한 녹음 장치를 사용하여 아동의 다양한 환경에서의 언어 입력과 산출을 기록하는 것을 포함한다. 이러한 기술의 도입 배경에는 최근의 기술 발전이 있으며, 이는 일상 생활에서의 언어 사용을 자연스럽게 관찰할 수 있는 기회를 제공한다. 이러한 녹음 장치는 보통 수십 시간 동안 연속적으로 작동할 수 있으며, 주로 낮 동안의 활동을 기록한다. 예를 들어, 아동이 가정에서 부모와 상호작용하거나, 친구들과 놀이를 할 때, 또는 학교에서 수업을 듣는 동안 발생하는 모든 언어적 상호작용을 포착할 수 있다. 그림3

그림 3 어린 아이가 작은 녹음 장치를 부착한 조끼를 입고 있다.

- **생태학적 타당성과 데이터 재사용 가능성**

장기 녹음은 아동의 자연스러운 환경에서 언어 입력과 산출을 방해 없이 기록함으로써 높은 생태학적 타당성(ecological validity)을 지니며, 실험실 환경과 달리 자연스러운 언어 사용을 포착할 수 있다. 이는 관찰자의 개입 없이 보다 정확한 데이터 수집을 가능하게 한다. 또한 장기 녹음 데이터는 다양한 연구 목적으로 재분석 및 재해석이 가능하여 유연성과 효율성을 높인다. 대규모 데이터셋을 생성할 수 있어 빅데이터 분석(big data analysis) 기법을 통해 복잡한 분석이 가능하며, 이를 통해 아동의 언어 발달 과정을 예측하거나 언어 장애를 조기에 발견할 수 있다.

3.3.2 아동 언어 입력 및 산출 연구에서의 장기 녹음 활용

- **다양한 연구 방법들과의 비교**

아동의 언어 입력 및 산출을 연구하는 방법에는 장기 녹음 외에도 제삼자 관찰(third-party observation), 부모 보고(parental report), 짧은 오디오/비디오 녹음이 있다. 제삼자 관찰은 연구자가 직접 아동을 관찰하는 방법이지만, 연구자의 존재가 아동의 행동에 영향을 미칠 수 있다. 부모 보고는 비용과 노력이 적게 들지만 주관적인 편견(subjective prejudice)이 개입될 수 있어 데이터의 신뢰성이 떨어진다. 짧은 오디오/비디오 녹음은 특정 시간 동안의 데이터만 수집할 수 있어 아동의 언어 사용 전반을 파악하기 어렵다. 장기 녹음은 아동의 일상 생활을 방해하지 않고 자연스럽게 데이터를 수집하며, 장기간의 데이터를 통해 아동의 언어 습득/발달 과정을 연속적으로 추적할 수 있어 보다 정확한 데이터를 제공한다.

● 장기 녹음의 구체적 사례 및 장점

장기 녹음은 제삼자 관찰(third-party observation)에 비해 아동의 일상 생활에 자연스럽게 녹아들어 높은 생태학적 타당성을 보장하며, 연구자의 시간과 노력을 절약한다. 이는 녹음 장치가 아동의 행동에 미치는 영향을 최소화해 자연스러운 언어 사용을 기록할 수 있기 때문이다. 또한 장기 녹음 데이터는 재사용 가능성이 높아 다양한 연구 목적에 맞게 재분석할 수 있으며, 이는 연구의 유연성과 효율성을 높인다. 예를 들어, 동일한 데이터셋을 활용해 아동의 언어 입력의 양과 질이 언어 습득에 미치는 영향을 분석할 수 있다. 장기 녹음은 아동의 언어 습득/발달 과정을 심도 있게 이해하고, 이를 바탕으로 효과적인 교육 방법(effective instruction method)을 개발하는 데 기여할 수 있는 유용한 도구로 자리 잡고 있다.

3.3.3 장기 녹음 데이터를 통한 자연스러운 언어 입력 제공

장기 녹음 데이터는 인공 언어 학습자에게 매우 중요한 학습 자료가 된다. 이 데이터는 아동이 일상 생활에서 경험하는 다양한 언어적 상호작용을 포착하며, 이를 통해 인공지능 모델(즉, 신경망 언어 모델)이 실제 언어 환경을 경험할 수 있게 한다. 예를 들어, 장기 녹음 데이터는 아동이 부모와의 대화, 친구들과의 놀이, 교실에서의 학습 등 다양한 상황에서 사용하는 언어를 포함한다. 이러한 데이터는 인공지능 모델이 다양한 언어 입력을 학습하고, 이를 바탕으로 언어의 복잡한 구조와 의미를 이해할 수 있게 된다. 구체적으로 장기 녹음 데이터는 아동이 언어를 학습하는 과정에서 어떤 종류의 언어 입력을 받는지, 부모나 교사와의 어떤 상호작용이 언어 학습에 중요한지를 분석하는 데 사용될 수 있다. 예를 들어, 아동이 새로운 단어를 학습할 때 부모의 발음(pronunciation), 억양(intonation), 문맥(context) 등의 요소들이 어떻게 영향을 미치는지를 분석할 수 있다. 이러한 데이터를 인공지능 신경망 모델에 제공함으로써, 신경망 모델이 보다 자연스럽고 풍부한 언어 입력을 통해 학습할 수 있게 된다. 또한 장기 녹음 데이터는 아동의 언어 습득/발달 과정을 장기간에 걸쳐 추적할 수 있어, 신경망 모델이 장기적인 언어 학습 패턴(long-term language learning pattern)을 이해하고 이를 바탕으로 학습 전략을 조정할 수 있도록 돕는다.

3.3.4 인공 언어 학습자의 학습 결과와 평가

● **역공학 접근법을 통한 언어 학습 연구 및 응용**

역공학 접근법은 주로 긴 형태의 녹음을 통해 언어 학습/발달을 연구한다. 이 접근법에서 논의되는 경험은 대개 단일 모달리티(modality)이며 음성에 기반을 둔다. 최근의 인공지능 연구는 시청각 노출(exposure)로부터 언어를 학습하는 문제를 다루기 시작했지만, 대부분은 자연스러운 언어 데이터를 사용하지 않는다. 긴 형태의 데이터를 사용하여 시각적인 인공 언어 학습자(artificial language learner)를 훈련하려면 어린이가 듣고 보는 것을 모두 캡처하는 장치를 사용해야 한다. 다양한 모달리티에서 어린이의 언어 경험을 캡처하면 오디오 전용 모델(audio-only model)과 시청각 모델(audio-vidual model)을 비교할 기회를 제공하고, 언어 습득/발달 과정에서 시각적 경험의 역할을 더 잘 이해할 수 있다.

역공학 접근법은 세 가지 주요 단계로 요약할 수 있다. 첫째, 언어 학습에 유용한 학습 메커니즘을 갖춘 컴퓨터 프로그램을 설계한다. 둘째, 이 프로그램에 통제되고 자연스러운 언어 경험을 제공한다. 셋째, 시스템이 학습하는 것과 그 습득/발달 과정을 관찰한다.

역공학 접근법을 통해 지각 발달(perceptual development)을 이해하려는 예를 들어보자. 먼저 학습 단계에서 인공 언어 학습자를 자연스럽고 통제된 언어 경험에 노출시킨다. 그 다음 평가 단계에서 조율된 학습자(trained learner)는 심리언어학적 테스트(psycholinguistic test)를 거친다. 이 테스트에서 얻은 행동 패턴을 인간의 행동과 비교할 수 있다.

역공학 접근법의 주요 이점 중 하나는 반복 가능하고 재현(replication) 가능한 연구를 지원하는 것이다. 음성과 영상 기록을 사용하는 저장소를 통해, 아동의 언어 경험을 최대한 편향되지 않게 수집하고 생태학적 타당성을 보장할 수 있다. 이를 통해 연구자들은 아동의 언어 입력과 학습 결과 사이의 인과 관계(causal relation)를 더 잘 이해할 수 있다. 이러한 접근법은 언어 습득/발달 연구자들에게 중요한 도구가 되며, 인간과 유사한 방식으로 언어를 학습하는 인공지능 모델을 개발하는 데 기여할 것이다..

● 인공 언어 학습자가 제공할 수 있는 통찰

인간의 언어 습득/발달 과정에서 내재된(inherent) 메커니즘을 이해하는 데에는 수많은 실험과 관찰이 필요하지만, 여전히 많은 부분이 미지의 영역으로 남아 있다. 이러한 상황에서 인공 언어 학습자는 중요한 연구 도구로 사용될 수 있다. 인공 언어 학습자는 지치지 않고 많은 양의 자극에 대한 반응을 연구할 수 있어, 실험이 불가능하거나 비윤리적인 상황에서도 연구를 진행할 수 있다. 이는 새로운 인간 연구를 위한 영감을 제공할 수 있으며, 인간 아동에게서 관찰되지 않았던 행동을 기계에서 발견하면 이를 아동에게서도 확인할 수 있는 기회가 된다.

또한 AI 모델의 입력 데이터(input data)와 학습 메커니즘(learning mechanism)을 쉽게 조정할 수 있어, 언어 경험의 변이(variation)가 언어 능력에 미치는 영향을 관찰할 수 있다. 만약 인공 언어 학습자의 학습 결과가 인간 학습자(human learner)와 일치하지 않는다면, 이를 통해 신경망 모델을 더욱 인간에 가깝게 만들 수 있는 방법을 모색할 수 있다. 반대로, 동일한 언어 경험을 제공했을 때 인공 언어 학습자가 인간과 유사한 결과를 보인다면, 이는 인간 행동의 한 가지 유효한 모델을 찾았다는 의미일 수 있다.

이와 같은 접근법은 다양한 언어 입력의 원인과 결과를 더 잘 이해하는 데 도움이 된다. 예를 들어, 서로 다른 언어 입력을 받는 아동 그룹을 비교하여 학습 결과의 차이를 평가할 수 있다. 이러한 접근법을 통해 데이터 결핍(data scarcity)이나 과잉 실험(over-experimentation)을 시뮬레이션하고, 언어 입력의 양에 따른 모델의 언어 능력 발달 곡선(language proficiency development curve)을 그릴 수 있다.

요약하면, 인공 언어 학습자는 인간 아동의 언어 습득/발달 연구에 있어 강력한 도구로 사용될 수 있으며, 이를 통해 인간의 언어 학습 메커니즘을 더 잘 이해할 수 있는 기회를 제공한다.

3.4 입력 제어 및 결과 측정

3.4.1 아동 간 언어 입력 비교

- **다양한 환경에서의 언어 입력 비교 방법**

아동 간 언어 입력을 비교하기 위해 다양한 환경에서 수집된 데이터를 분석하는 것이 중요하다. 이러한 비교는 아동이 다양한 언어적 환경에서 어떤 유형의 언어 입력을 받는지 이해하는 데 도움이 된다. 예를 들어, 가정에서 부모와의 상호작용, 친구들과의 놀이, 학교에서의 학습 활동 등 다양한 상황에서의 언어 입력을 비교할 수 있다. 이를 위해 장기 녹음 데이터를 활용하여 아동이 일상 생활에서 접하는 모든 언어적 상호작용을 기록하고 분석한다. 이러한 데이터는 아동이 특정 환경에서 어떤 유형의 언어 입력을 받고, 이는 아동의 언어 습득/발달에 어떤 영향을 미치는지를 이해하는 데 필수적이다. 또한 이러한 비교를 통해 아동의 언어 입력의 양적 차이뿐만 아니라 질적 차이를 분석할 수 있다. 예를 들어, 가정에서는 감정적(emotional)이고 지지적(supportive)인 언어 입력이 주를 이루는 반면, 학교에서는 교육적이고 구조화된 언어 입력이 주를 이룰 수 있다. 이러한 차이는 아동의 언어 습득/발달에 중요한 영향을 미칠 수 있으며, 이를 통해 아동의 언어 학습 과정을 보다 심도 있게 이해할 수 있다.

또한 다양한 환경에서의 언어 입력 비교는 아동이 어떤 맥락에서 더 효과적으로 언어를 학습하는지를 이해하는 데 도움을 준다. 예를 들어, 아동이 가정에서 부모와의 상호작용을 통해 더 많은 어휘를 학습하는지, 아니면 학교에서 교사와의 상호작용을 통해 더 복잡한 문법 구조를 이해하는지를 비교할 수 있다. 이러한 비교는 언어 입력의 맥락과 유형이 아동의 언어 습득/발달에 미치는 영향을 이해하는 데 중요한 정보를 제공한다. 또한 아동의 언어 입력 비교는 언어 습득/발달의 초기 단계에서의 입력이 이후의 언어 습득/발달에 미치는 장기적인 영향을 평가하는 데 유용하다. 이를 통해, 초기 언어 입력의 중요성을 강조하고, 아동에게 적절한 언어 환경을 제공하는 방안을 모색할 수 있다.

- **그룹 간 언어 입력의 질적 및 양적 차이 분석**

그룹 간 언어 입력의 질적 및 양적 차이를 분석하는 것은 아동의 언어 습득/발달을 이해하는 데 중요한 연구 주제이다. 이를 위해 다양한 사회경제적 배경, 문화적 배경,

교육 수준을 가진 아동 그룹 간의 언어 입력을 비교할 수 있다. 예를 들어, 저소득층(low-income) 가정의 아동과 고소득층(high-income) 가정의 아동 간의 언어 입력 차이를 분석하여, 사회경제적 배경이 언어 습득/발달에 미치는 영향을 이해할 수 있다. 또한 다양한 문화적 배경을 가진 아동 그룹 간의 언어 입력을 비교하여, 문화적 요인이 언어 습득/발달에 미치는 영향을 분석할 수 있다. 이를 위해 연구자들은 장기 녹음 데이터를 수집하고, 이를 통해 아동이 다양한 환경에서 어떤 유형의 언어 입력을 받는지 분석한다. 이러한 분석은 아동의 언어 습득/발달에 영향을 미치는 다양한 요인들을 이해하는 데 중요한 정보를 제공한다. 예를 들어, 특정 그룹의 아동이 언어 입력의 양이 적거나, 질적으로 다른 언어 입력을 받는 경우, 이러한 차이가 아동의 언어 습득/발달에 어떤 영향을 미치는지를 분석할 수 있다.

또한 그룹 간 언어 입력의 질적 차이는 언어 습득/발달의 다양한 측면에 영향을 미칠 수 있다. 예를 들어, 사회경제적 배경이 다른 그룹 간의 언어 입력 비교는 어휘 습득/발달, 문법 학습, 언어 이해 능력 등에 미치는 영향을 평가할 수 있다. 이러한 비교는 언어 습득/발달의 불평등을 식별하고, 이를 해결하기 위한 방안을 모색하는 데 중요한 기초 자료를 제공한다. 예를 들어, 저소득층 가정의 아동이 언어 입력의 양과 질에서 차별을 경험하는 경우, 이를 개선하기 위한 교육 프로그램이나 정책을 개발할 수 있다. 또한 문화적 배경이 다른 그룹 간의 비교는 다양한 언어적 환경에서의 언어 습득/발달 패턴을 이해하고, 다문화 교육 환경에서의 언어 교육 전략을 개발하는 데 기여할 수 있다. 이러한 연구는 아동의 언어 습득/발달을 지원하고, 모든 아동이 평등한 언어 학습 기회를 가질 수 있도록 돕는 데 중요한 역할을 한다.

3.4.2 데이터 부족 및 과잉 상태 시뮬레이션

● **데이터 결핍 및 과잉 상태의 학습 결과 비교**

데이터 부족(data scarcity)과 과잉 상태(data abundance)가 언어 학습에 미치는 영향을 이해하기 위해 시뮬레이션을 수행하는 것이 중요하다. 데이터 결핍 상태에서는 아동이 제한된 언어 입력을 통해 어떻게 학습하는지를 분석할 수 있으며, 이는 언어 자극이 적은 환경에서 자라는 아동의 언어 습득/발달을 이해하는 데 도움이 된다. 예를 들어, 아동이 하루에 몇 시간 동안만 언어 입력을 받는 상황을 시뮬레이션하여, 이러한 환경이 아동의 언어 학습에 어떤 영향을 미치는지를 분석할 수 있다. 반면에, 데이터 과잉 상태에서는 아동이 과도한 언어 입력을 통해 어떻게 학습하는지를 분석할 수 있다. 예를 들어, 아동이 하루 종일 다양한 언어 자극에 노출되는 상황을 시뮬레이션하여, 이러한 환경이 아동의 언어 습득/발달에 어떤 영향을 미치는지를 분석할 수 있다. 이러한 시뮬레이션 결과는 언어 입력의 양과 질이 아동의 언어 학습에 미치는 영향을 이해하는 데 중요한 정보를 제공한다. 예를 들어, 아동이 언어 입력의 양이 많을수록 더 빠르게 언어를 학습하는지, 아니면 과도한 입력이 오히려 혼란을 야기하는지를 분석할 수 있다. 이를 통해, 아동에게 적절한 언어 입력을 제공하기 위한 최적의 조건을 찾을 수 있다.

데이터 부족 상태 시뮬레이션에서는 다양한 시나리오를 설정하여 아동의 언어 습득/발달에 미치는 영향을 평가할 수 있다. 예를 들어, 언어 입력이 제한된 환경에서 아동이 어떤 전략을 사용하여 언어를 학습하는지를 분석할 수 있다. 이는 언어 습득/발달의 초기 단계에서 중요한 어휘나 문법 구조를 학습하는 데 필요한 최소한의 언어 입력을 식별하는 데 도움이 된다. 또한 데이터 부족 상태 시뮬레이션은 언어 입력의 양과 질이 언어 습득/발달에 미치는 장기적인 영향을 평가하는 데 유용하다. 이를 통해, 언어 입력이 제한된 아동을 위한 보완적 교육 프로그램을 개발하고, 이러한 아동이 언어 습득/발달의 중요한 시기를 놓치지 않도록 지원할 수 있다.

데이터 과잉 상태 시뮬레이션에서는 아동이 과도한 언어 입력을 통해 어떻게 학습하는지를 분석할 수 있다. 예를 들어, 아동이 하루 종일 다양한 언어 자극에 노출되는 상황을 시뮬레이션하여, 이러한 환경이 아동의 언어 습득/발달에 어떤 영향을 미치는지를 분석할 수 있다. 이는 과도한 언어 입력이 아동의 언어 학습에 미치는 긍정적 또는 부정적 영향을 평가하는 데 중요한 정보를 제공한다. 예를 들어, 과도한 언어 입력이 아동의 언어 이해와 산출 능력을 향상시키는지, 아니면 정보 과부하로 인해 언어 학습에 방해가 되는지를 분석할 수 있다. 이를 통해, 아동에게 적절한 언어 입력의 양을 제공하기 위한 최적의 조건을 찾을 수 있다. 또한 데이터 과잉 상태 시뮬레이션은 언어 입력의 분포를 조절하여 아동의 언어 학습 효율성을 극대화하는 방법을 모색하는 데 유용하다.

● **다중 언어 환경에서의 입력 분포 조절**

다중 언어(multi-lingual) 환경에서의 입력 분포(input distribution)를 조절하는 것도 중요한 연구 주제이다. 다중 언어 환경에서는 아동이 두 개 이상의 언어를 동시에 학습해야 하며, 이러한 환경에서의 언어 입력의 분포가 아동의 언어 학습에 중요한 영향을 미칠 수 있다. 예를 들어, 아동이 하루 중 일부 시간은 한 언어로, 나머지 시간은 다른 언어로 상호작용하는 경우, 이러한 입력 분포가 아동의 언어 습득/발달에 어떤 영향을 미치는지를 분석할 수 있다. 이를 위해 장기 녹음 데이터를 활용하여 아동이 다중 언어 환경에서 어떤 유형의 언어 입력을 받는지를 분석하고, 이를 바탕으로 입력 분포를 조절하는 시뮬레이션을 수행할 수 있다. 예를 들어, 아동이 특정 언어를 더 많이 노출되었을 때와 그렇지 않았을 때의 언어 학습 결과를 비교하여, 다중 언어 학습에 가장 적합한 입력 분포를 찾을 수 있다.

다중 언어 환경에서의 입력 분포 조절은 언어 습득/발달의 다양한 측면에 중요한 영향을 미칠 수 있다. 예를 들어, 아동이 두 언어를 균형 있게 사용하도록 환경을 조성할 때와, 한 언어에 집중하도록 할 때의 학습 결과를 비교할 수 있다. 이를 통해, 다중 언어 환경에서의 언어 입력 분포가 아동의 어휘 습득/발달, 문법 학습, 언어 이해 능력 등에 미치는 영향을 평가할 수 있다. 또한 다중 언어 환경에서의 언어 입력 질적 차이도 분석할 수 있다. 예를 들어, 아동이 한 언어에서는 주로 교육적 언어 입력을 받고, 다른 언어에서는 주로 일상적 언어 입력을 받는 경우, 이러한 차이가 아동의 언어 습득/발달에 어떤 영향을 미치는지를 분석할 수 있다. 이러한 연구는 다중 언어 학습자를 위한 최적의 교육 전략을 개발하는 데 중요한 기여를 할 수 있다.

다중 언어 환경에서의 입력 분포 조절 연구는 언어 습득/발달의 불평등을 해소하고, 모든 아동이 평등한 언어 학습 기회를 가질 수 있도록 돕는 데 중요한 역할을 한다. 예를 들어, 다중 언어 환경에서 특정 언어에 노출될 기회가 적은 아동을 위한 보완적 교육 프로그램을 개발할 수 있다. 이를 통해, 이러한 아동이 언어 습득/발달의 중요한 시기를 놓치지 않도록 지원하고, 다중 언어 학습 환경에서의 언어 습득/발달을 최적화할 수 있다. 또한 이러한 연구 결과는 다문화 교육 환경에서의 언어 교육 정책을 설계하는 데 중요한 기초 자료로 사용될 수 있다.

3.4.3 언어 지각 및 산출 능숙도 평가

- **지각(perception)과 산출(production)/발화의 평가 방법**

언어 습득/발달 연구에서 지각(perception) 측정은 실험실 환경에서 특정 자극(stimulus)

(즉, 평가 테스트의 질문)에 대한 인간 아동(child)의 반응을 조사하는 데 중점을 둔다. 긴 형태의 녹음 데이터를 사용하여 더 자연스러운 언어 경험을 통해 언어를 학습하고, 학습 이후의 인간 아동의 지각 발달(perceptual development)을 평가한다. 인공 언어 학습자는 인간 아동에게 제시된 것과 유사한 자극을 받고, 그 반응을 통해 지각 패턴을 분석한다. 신경망 모델의 반응은 행동적 지각 패턴(behavioral perception pattern)으로 해석되며, 이는 인간의 지각 메커니즘을 모방하려는 시도로 볼 수 있다. 역공학 접근법의 첫 단계는 장기 녹음에서 추출한 통제된 언어 경험을 인공 언어 학습자에게 제시하는 것이며, 두 번째 단계는 통제된 조건에서 유발된 행동을 통해 지각 능력 (ability)을 평가하는 것이다. 이를 통해 인공 언어 학습자가 인간 아동의 지각 발달 패턴과 얼마나 유사한지를 평가할 수 있다.

언어 산출(production) 혹은 발화 능력을 측정하는 방법은 현재 언어 지각 능력에 비해 덜 개발된 상태이다. 언어 발화 발달은 학습 메커니즘을 포함하며, 장기 녹음에서 아이의 입력과 출력을 모두 추출해야 한다. 언어 발화 모델은 입력 표현을 통합하고, 발달 중인 발성 시스템의 생리적 제약(physiological constraints), 학습 관련 변화 메커니즘, 실제 발성을 생성하는 시스템을 포함해야 한다. 예를 들어, Warlaumont et al.(2011)의 모델은 제스처를 생성하는 발음 요소와 입력 및 발성 결과를 포착하는 청각 요소를 포함한다. 그러나 모든 모델이 이러한 모든 측면을 고려하는 것은 아니며, 일부는 사회적 제약을 추가로 고려한다.

장기 녹음 데이터를 사용하여 언어 발화를 모델링하는 접근법은 언어 발화 습득/발달을 모델링하고, 인간과 시스템의 언어 발달을 비교하는 데 중요한 도구가 될 수 있다. 현재 대부분의 발화 모델은 입력을 단순화된 방식으로 표현하고, 출력을 요약된 표현으로 축소한다. 그러나 이는 실제 어린이의 모방 과제(imitation tasks)와는 상당히 다르며, 자연스러운 모방 작업(imitation activities)을 반영하지 못할 수 있다. 발화 발달 연구는 특정 발달 단계와 현상에 중점을 두고 있으며, 인공 언어 학습자 모델도 이러한 측면을 반영해야 한다. 예를 들어, 연령에 따라 성인과 유사한 자음-모음 전환이 증가하는 경향이 있다. 다양한 요소를 반영하여 더 자연스러운 발화 모델을 개발하는 것이 중요하다.

● **인간-기계(인공 언어 학습자) 행동 비교의 한계**

인공 언어 학습자를 평가할 때 직면하는 문제는 인간 유아에 대한 선행 연구 문헌이 특정 인구와 언어에 편향되어 있다는 것이다. 대부분의 연구가 북미와 유럽 유아를 대상으로 하고 있으며, 많은 연구가 영어 학습자를 대상으로 한다. 이는 이러한 샘플이 전체 인구를 대표하지 않을 수 있음을 의미한다. 따라서 인공 언어 학습자는 언어 습득 문헌에 있는 편향을 재현할 가능성이 크다.

이 문제를 극복하기 위해 보다 다양한 인구로부터 장기 녹음을 수집하기 위해 노력할 필요가 있다. 그러나 지각 벤치마크(즉, 평가 테스트 세트)는 실험실 실험과 유사한 것이 필요하며, 다양한 커뮤니티로부터 지각 데이터를 수집하는 연구는 매우 적다. 이러한 편향과 데이터의 견고성(reliability) 문제를 해결하기 위해 벤치마크에 포함할 과제를 신중히 선택할 필요가 있다.

어떤 과제를 해결하는 것이 언어 학습에 필수적인지를 결정하는 것도 어렵다. 예를 들어, 리듬(rhythm)이 유사한 언어와 다른 언어를 구별하는 능력은 언어 학습에 필수적이지 않을 수 있다. 이러한 능력은 환경적 소리(environmental sounds)에 의해 영향을 받는 감각 발달(sensory development)의 부작용일 수 있다.[13] 따라서 이러한 과제를 인공 언어 학습자 평가에 사용하면 인간과 기계의 관찰이 흥미롭지 않은 이유로 다를 수 있다.

그러나 컴퓨팅 모델은 이러한 문제 해결에 도움이 될 수 있다. 만약 어떤 행동이 언어 학습에 필수적이라면, 언어를 습득한 모든 인공 언어 학습자에서 체계적으로 관찰될 것이다. 인간과 인공 언어 학습자 간의 대규모 교차 언어 연구(cross-linguistic study)는 언어 학습에 필수적인 행동과 그렇지 않은 행동을 구분하는 데 도움이 될 수 있다. 예를 들어, 어휘 경계를 감지하지 못하면서도 의미를 학습할 수 있는 인공 신경망 모델은 의미 학습이 어휘 경계(lexical boundary) 인식 없이도 가능함을 증명할 수 있다.

3.5 종합

심리언어학의 역공학 접근법과 장기 녹음 기술의 결합은 언어 습득 연구에서 혁신적인 도구로 자리 잡고 있다. 장기 녹음 기술을 통해 수집된 아동의 일상 생활에서 발생

---

13) 환경적 소리들은 리듬과 패턴을 가지고 있으며, 이는 영아가 소리의 차이를 인식하는 능력을 발달시키는 데 기여할 수 있습니다. 예를 들어, 자연에서 발생하는 다양한 소리들은 주기적이고 리드미컬한 패턴을 가질 수 있습니다.

하는 자연스러운 언어 데이터는 높은 생태학적 타당성을 제공하며, 기존의 연구 방법이 가진 한계를 극복한다. 이러한 데이터는 반복적으로 재분석될 수 있어, 새로운 연구 질문과 가설을 테스트하는 데 유용하다. 또한 인공 언어 학습자는 이러한 장기 녹음 데이터를 기반으로 자연스럽고 풍부한 언어 입력을 학습함으로써 인간의 언어 학습 메커니즘을 효과적으로 모방할 수 있다.

역공학 접근법은 아동의 언어 학습 과정을 분석하고 이를 바탕으로 신경망 모델(즉, 인공 언어 학습자)을 설계하는 것을 목표로 한다. 이 과정에서 피드백 루프, 오류 수정, 맥락 이해 등의 요소를 신경망 모델에 통합하여 보다 인간적인 학습 과정을 구현한다. 이러한 접근법은 언어 습득/발달 연구와 인공지능 기술을 통합하여 언어 학습의 원리(language learning principles)를 더 깊이 이해하고, 이를 통해 더 정교하고 효율적인 언어 모델을 개발하는 데 기여할 수 있다.

입력 제어 및 결과 측정은 언어 학습 모델의 성능을 평가하고 개선하는 데 중요한 역할을 한다. 다양한 환경에서의 언어 입력을 비교하고, 데이터 부족 및 과잉 상태를 시뮬레이션하며, 지각 및 산출 능력을 종합적으로 평가하는 것은 언어 학습 모델의 성능을 향상시키는 데 필수적이다. 이러한 비교 분석을 통해 아동의 언어 입력의 양적 및 질적 차이를 파악하고, 이를 바탕으로 인공지능 신경망 모델의 학습 전략을 조정하여 더 나은 성능을 달성할 수 있다. 이를 통해, 인공지능 신경망 모델이 인간의 언어 학습 메커니즘을 보다 정확하게 반영하고, 다양한 언어적 과제를 보다 효과적으로 수행할 수 있게 될 것이다.

요약하면, 역공학 접근법과 장기 녹음 기술의 결합은 심리언어학의 언어 습득/발달 연구와 인공지능 기술의 발전에 큰 기여를 할 것이다. 앞으로도 더 많은 연구자들이 이 방법을 활용하여 아동의 언어 습득/발달에 대한 새로운 통찰을 얻고, 이를 바탕으로 효과적인 교육 방법과 인공지능 신경망 언어 모델을 개발할 수 있을 것으로 기대된다. 이러한 노력은 인공지능 신경망 모델이 인간의 언어 학습 메커니즘을 더 정밀하게 모방하고, 이를 바탕으로 다양한 언어적 과제를 더 효과적으로 수행할 수 있도록 돕는 데 중요한 역할을 할 것이다.

4. 생태적으로 타당한 학습 자료로의 신경망 언어 모델 훈련

4.1 도입

본 절에서는 최신의 Transformer 기반 언어 모델이 아동의 언어 습득 연구에 어떻게 기여할 수 있는지를 탐구한다. 최근 몇 년간 자연어 처리(NLP) 분야에서 Transformer 모델, 특히 BERT, RoBERTa 등의 모델이 큰 성과를 보였다. 이러한 모델들은 대규모 텍스트 데이터로 훈련되어 다양한 언어적 과제를 효과적으로 수행할 수 있다. 그러나 이러한 모델들의 성과가 아동의 언어 습득 과정에 미치는 영향을 탐구한 연구는 상대적으로 부족하다. Huebner et al.(2021)에서는 이러한 공백을 메우고자, 아동의 언어 입력 데이터(language input data)를 바탕으로 신경망 모델을 역공학적 접근을 통해 분석하여 아동의 언어 학습 메커니즘을 모방하는 인공지능 모델을 개발하는 것을 목표로 한 연구를 시도하였다. 특히, 이 연구는 Age-Ordered(AO)-CHILDES 코퍼스를 활용하여 아동이 실제로 접하는 언어 환경을 모사한 데이터를 사용하여 모델을 훈련하고, 그 결과를 평가하고 있다.[14] 이를 통해 아동의 언어 습득 메커니즘을 더 깊이 이해하고, 이를 바탕으로 보다 효율적이고 인간적인 신경망 언어 모델을 개발할 수 있는 가능성을 탐구한다.

4.2 역공학의 정의와 중요성

역공학(reverse engineering)은 기존 시스템의 구조와 작동 원리를 분석하여 이를 기반으로 새로운 시스템을 설계하거나 개선하는 과정을 의미한다. 이 개념은 원래 기계공학 및 컴퓨터 과학 분야에서 발전하였으나, 현재는 다양한 분야에서 적용되고 있다. 특히, 복잡한 시스템의 이해와 재설계를 통해 기존의 성능을 뛰어넘는 새로운 시스템을 개발하는 데 중점을 둔다. 예를 들어, 소프트웨어 개발에서는 기존 프로그램의 소스 코드

---

[14] CHILDES (Child Language Data Exchange System) 코퍼스는 아동 언어 습득/발달 연구를 위한 국제적인 데이터베이스이다. 이 코퍼스는 다양한 언어와 문화권에서 수집된 아동의 자연스러운 언어 데이터를 포함하고 있다. 연구자들은 CHILDES를 통해 아동의 언어 습득 과정과 발달 패턴을 분석하고 비교할 수 있다.

를 분석하여 더 효율적이고 기능이 향상된 버전을 만들기 위해 역공학 기법을 사용한다. 이는 시스템의 작동 원리를 깊이 이해하고, 이를 바탕으로 개선점을 찾아내는 과정이다.

앞 절에서 살펴본 것처럼, 언어 학습 모델 개발에서는 아동의 언어 습득 과정을 체계적으로 분석하고 이를 모델에 적용하는 것이 중요하다. 아동의 언어 습득 과정은 복잡한 인지적, 사회적, 환경적 요인들이 상호작용하는 결과로 이루어진다. 이러한 과정을 체계적으로 분석하는 것은 신경망 모델이 단순히 데이터를 학습하는 것 이상의 의미를 가지며, 인간의 언어 학습 메커니즘을 모방하여 보다 자연스럽고 효율적인 언어 모델을 개발하는 데 기여할 수 있다. 이는 아동이 언어를 배우는 과정에서 어떠한 전략과 메커니즘을 사용하는지를 이해하는 것을 포함한다. 예를 들어, 아동이 특정 단어를 배울 때 그 단어의 맥락, 빈도, 발음 등을 어떻게 처리하는지를 분석하고, 이러한 요소들을 모델에 적용하는 것이다.

역공학적 접근을 통해, 연구자들은 아동이 언어를 학습하는 과정에서 중요한 요소들을 식별(identify)하고, 이를 기반으로 인공지능 모델을 설계한다. 이는 신경망 언어 모델이 단순히 데이터를 학습하는 것이 아니라, 인간의 학습 과정을 깊이 이해하고 이를 재현하는 것을 목표로 한다. 예를 들어, 아동이 언어 입력을 통해 문법 규칙을 학습하고 이를 바탕으로 새로운 문장을 생성하는 과정을 모델링할 수 있다. 아동은 언어 입력을 통해 점진적으로 문법 규칙을 습득하며, 이러한 규칙을 바탕으로 새로운 문장을 만들어 내는 능력을 기른다. 이를 신경망 언어 모델에 적용하기 위해, 연구자들은 아동의 언어 입력 데이터를 분석하고, 이러한 데이터를 바탕으로 모델이 문법 규칙을 학습하도록 설계한다. 또한 아동이 언어를 학습하면서 겪는 다양한 단계를 모델에 반영하여, 초기에는 단어와 간단한 구문을, 점차적으로 더 복잡한 문법 구조와 어휘를 습득하는 과정을 모방한다. 이와 함께, 부모나 교사로부터 받는 피드백과 자기 수정 과정도 모델에 통합하여, 인공지능 모델이 더욱 인간적인 방식으로 언어를 학습하고 사용할 수 있도록 돕는다.

이러한 접근은 신경망 언어 모델이 인간의 학습 과정을 보다 정확하게 재현(replication)하도록 하여, 실제 언어 사용 상황에서 더 나은 성능을 발휘할 수 있게 한다. 예를 들어, 아동이 새로운 단어를 배울 때 그 단어의 의미와 사용법을 이해하고 이를 문장에 적용하는 과정을 모델링하면, 신경망 언어 모델도 유사한 방식으로 새로운 단어를 학습하고 사용할 수 있게 된다. 이는 단순히 단어의 의미를 기억하는 것이 아니라, 단어가 사용되는 맥락과 문법적 규칙을 함께 이해하는 것을 의미한다. 또한 이러한 신경망 언어 모델은 인간의 학습 과정을 모방하여 더 자연스러운 언어 생성과 이해를 가능하게 한다. 예를 들어, 대화형 인공지능 시스템에서 사용자가 입력한 문장을 이해하고, 이를 바탕으로 적절한 응답을 생성하는 데 있어 더 자연스럽고 정확한 언어 처리를 가능하게 한다.

요약하면, 역공학적 접근은 기존 시스템의 분석과 이해를 통해 새로운 시스템을 설계하거나 개선하는 중요한 방법론이다. 언어 학습 모델 개발에서 이러한 접근을 통해 아동의 언어 습득 과정을 체계적으로 분석하고 이를 신경망 언어 모델에 적용함으로써, 보다 자연스럽고 효율적인 신경망 언어 모델을 개발할 수 있다. 이는 인공지능 신경망 언어 모델이 인간의 학습 과정을 모방하여 실제 언어 사용 상황에서 더 나은 성능을 발휘할 수 있게 한다는 점에서 큰 의미를 가진다. 앞으로도 역공학적 접근을 통해 인간의 언어 학습 메커니즘을 깊이 이해하고, 이를 바탕으로 더욱 정교하고 효율적인 언어 모델을 개발하는 연구가 지속될 것이다.

4.3 연구 방법

Huebner et. al(2021)에서는 아동 지향 언어 데이터를[15] 수집하기 위해 AO-CHILDES 코퍼스를 사용하였다. AO-CHILDES 코퍼스는 CHILDES 데이터베이스에서 얻은 약 5백만 단어의 아동에게 발화하는(child-directed) 영어 말뭉치로, 아동이 실제로 접하는 언어 환경을 모사한 데이터이다. CHILDES(Child Language Data Exchange System)는 전 세계의 아동 언어 습득/발달 연구자들이 수집한 다양한 언어 데이터를 포함하고 있으며, 특히 아동의 자연스러운 언어 사용 패턴을 기록한 대규모 말뭉치를 제공한다. AO-CHILDES 코퍼스는 이러한 데이터 중에서도 아동이 부모나 돌봄 제공자(care-giver)로부터 듣는 언어 입력에 초점을 맞추고 있어, 실제 아동의 언어 학습 환경을 잘 반영하고 있다.

---

15) 아동에게 발화하는(child-directed) 영어라 함은 아동의 부모 혹은 보모 등이 아이에게 하는 영어/말을 말한다.

이 데이터를 통해 RoBERTa 모델의 소형 버전인 BabyBERTa를 설계하고 훈련하였다.[16] RoBERTa는 Transformer 아키텍처를 기반으로 한 언어 모델로, 대규모 언어 데이터에서 학습한 후 다양한 자연어 처리(NLP) 작업에서 우수한 성능을 보이고 있다. 그러나 Huebner et. al(2021)에서는 아동의 언어 입력 데이터의 양과 질을 고려하여, 더 작은 규모의 BabyBERTa 모델을 설계하였다. 이를 통해 아동이 실제로 접하는 언어 환경을 최대한 모사하고, 아동의 언어 학습 과정을 모델이 효과적으로 학습할 수 있도록 하였다.

데이터 분석 과정에서는 아동의 언어 입력 패턴을 철저히 분석하고, 이를 BabyBERTa 모델 훈련에 반영하였다. 예를 들어, 아동이 특정 시기나 상황에서 접하는 언어 입력의 특성을 분석하여, 이러한 입력이 BabyBERTa 모델의 학습 과정에 어떻게 반영될 수 있는지를 검토하였다. 아동의 언어 입력은 생애 초기 단계에서 다양한 변화를 겪으며, 특정 연령대나 상황에서의 언어 입력은 언어 습득/발달에 중요한 영향을 미칠 수 있다. 이러한 패턴을 분석하여, BabyBERTa 모델이 아동의 언어 입력을 효과적으로 학습할 수 있도록 데이터를 준비하였다.

또한 아동의 언어 입력 데이터의 양과 질을 고려하여, 신경망 언어 모델이 아동의 실제 학습 과정을 최대한 모사할 수 있도록 하였다. 이를 위해, 다양한 데이터 전처리 기법을 적용하고, 데이터의 특성을 반영한 BabyBERTa 모델 아키텍처를 설계하였다. 예를 들어, 불필요한 잡음(noise)을 제거하고, 중요한 언어적 특징을 강조하는 데이터 전처리 과정을 거쳤다. 또한 아동의 언어 입력은 종종 간결하고 반복적인 패턴을 보이기 때문에, 이러한 특성을 반영하여 신경망 언어 모델이 더 효과적으로 학습할 수 있도록 아키텍처(architecture)를 조정하였다.

구체적으로 BabyBERTa 모델의 입력 데이터는 아동이 일상 생활에서 접하는 언어적 상호작용을 기반으로 구성되었다. 부모나 돌봄 제공자가 사용하는 단어와 문장의 빈도, 어휘의 다양성, 문법적 구조 등을 분석하여, BabyBERTa 모델이 이러한 요소들을 학

---

16) RoBERTa (Robustly Optimized BERT Approach) 모델은 Facebook AI에서 개발한 자연어 처리 모델이다. 이는 BERT(Bidirectional Encoder Representations from Transformers)를 기반으로 하며, 더 많은 데이터(300억 단어)와 계산 자원(computational resources)을 사용하여 훈련시켜 성능을 개선하였다. RoBERTa는 다양한 언어 이해 과제에서 뛰어난 성능을 보여주며, 텍스트 분류, 질의응답, 문장 유사성 등 여러 작업에 사용된다.

습할 수 있도록 하였다. 또한 아동의 연령에 따른 언어 입력의 변화를 반영하여, 다양한 연령대의 언어 데이터를 균형 있게 포함시켰다. 이를 통해, BabyBERTa 모델이 아동의 언어 습득/발달 과정을 보다 정확하게 모사할 수 있도록 하였다.

마지막으로, 모델 훈련 과정에서는 아동의 언어 입력 데이터를 효과적으로 반영하기 위해 다양한 훈련 기법을 적용하였다. 예를 들어, 데이터 증강(data augmentation) 기법을 사용하여 훈련 데이터를 다양화하고, BabyBERTa 모델이 더 많은 언어적 상황을 학습할 수 있도록 하였다. 또한 BabyBERTa 모델의 과적합(overfitting)을 방지하기 위해 정규화(regularization) 기법을 적용하고, BabyBERTa 모델의 일반화 성능을 향상시키기 위해 교차 검증(cross-validation) 방법을 사용하였다. 이러한 다양한 접근을 통해, BabyBERTa 모델이 아동의 언어 학습 과정을 효과적으로 모방하고, 실제 언어 사용 상황에서 높은 성능을 발휘할 수 있도록 하였다.

요약하면, Huebner et. al(2021)에서는 AO-CHILDES 코퍼스를 통해 수집된 아동 지향 언어 데이터를 바탕으로, 아동의 언어 학습 과정을 모사하는 BabyBERTa 모델을 설계하고 훈련하였다. 데이터 분석과 전처리, 모델 아키텍처 설계 및 훈련 과정에서 아동의 언어 입력 패턴을 철저히 반영하여, BabyBERTa 모델이 아동의 언어 습득/발달 과정을 효과적으로 학습할 수 있도록 하였다. 이를 통해, BabyBERTa 모델은 실제 아동과 유사한 방식으로 문법 지식을 습득하고, 자연어 처리 작업에서 높은 성능을 발휘할 수 있었다.

4.4 실험 및 평가

BabyBERTa 모델의 성능을 평가하기 위해 특별히 제작된 문법 테스트 세트를 사용하였다. 이 테스트는 BLiMP(Benchmark of Linguistic Minimal Pairs)에서 영감을 받아 테스트 문장 최소 쌍(test sentence pairs)을 사용하여 문법적 현상을 평가한다. BLiMP는 신경망 언어 모델의 문법적 지식을 평가하기 위해 설계된 벤치마크로, 최소 쌍을 통해 신경망 언어 모델이 문법적으로 올바른 문장과 잘못된 문장을 구분할 수 있는 능력을 측정한다.[17]

---

17) 벤치마크는 특정 성능을 평가하고 비교하기 위해 사용되는 표준화된 테스트 또는 기준이다. 이는 다양한 시스템이나 모델의 성능을 객관적으로 측정하고 비교하는 데 사용된다.

BLiMP의 최소 쌍 접근 방식은 두 문장이 아주 유사하지만, 한 문장은 문법적으로 올바르고 다른 문장은 그렇지 않은 경우를 제시하여 신경망 언어 모델의 문법적 지식과 민감성을 평가하는 데 효과적이다.

Huebner et. al(2021)에서는 이러한 BLiMP의 원리를 바탕으로, 아동의 언어 학습 과정에서 발생하는 문법적 현상을 평가하는 테스트 세트를 개발하였다. 이 테스트 세트는 아동이 실제로 접하는 언어 입력을 기반으로 설계되었으며, 아동 언어 습득의 중요한 문법적 특징들을 반영하도록 구성되었다. 예를 들어, 아동이 언어를 학습하는 과정에서 자주 마주치는 문법적 구조, 예외 규칙, 문장 성분 간의 관계 등을 포함하여, BabyBERTa 모델이 이러한 다양한 문법적 현상들을 학습하고 이해할 수 있는지를 평가하였다.

이 테스트는 몇 가지 주요 문법적 영역을 평가하는 항목들로 구성되었다. 첫째, 어휘적 합성(lexical composition) 능력을 평가하여 BabyBERTa 모델이 단어와 단어의 조합(combination)을 통해 문법적으로 올바른 문장을 생성할 수 있는지를 확인하였다. 둘째, 구문론적 정확성(syntactic accuracy)을 평가하여 BabyBERTa 모델이 문장 구조와 문법 규칙을 제대로 적용하고 있는지를 분석하였다. 셋째, 의미적 일관성(semantic consistency)을 평가하여 BabyBERTa 모델이 문장의 의미적 맥락을 이해하고 이를 바탕으로 문법적 올바름을 판단할 수 있는지를 점검하였다.

이 테스트 세트를 통해 BabyBERTa 모델의 문법적 지식 습득 능력을 평가하는 데 중점을 두었다. 특히, 아동의 언어 입력 데이터를 기반으로 한 학습 과정에서 BabyBERTa 모델이 실제 아동과 유사한 방식으로 문법 지식을 습득하고 있는지를 평가하였다. 예를 들어, 아동이 특정 문법 규칙을 학습하는 단계와 유사한 상황에서 BabyBERTa 모델이 얼마나 잘 대응하는지를 평가하여, BabyBERTa 모델의 학습 과정이 실제 인간의 언어 학습 과정과 얼마나 유사한지를 분석하였다. 이를 통해, BabyBERTa 모델이 아동의 문법 학습 패턴을 얼마나 효과적으로 모방하고 있는지를 확인할 수 있었다.

또한 BabyBERTa 모델의 성능을 기존 RoBERTa 모델과 비교하여 그 효율성을 분석하였다. 기존 RoBERTa 모델은 대규모 데이터와 많은 파라미터를 사용하여 높은 성능을 발휘하지만, BabyBERTa는 훨씬 적은 데이터와 파라미터로 유사한 수준의 문법적 지식을 습득하는 것을 목표로 하였다. 이를 평가하기 위해, 동일한 테스트 스위트를 사용하여 두 모델의 성능을 비교하였다. 평가 결과, BabyBERTa는 RoBERTa와 유사한 수준의 문법적 지식을 습득하였으며, 이는 역공학적 접근을 통해 아동의 언어 학습 메커니즘을 효과적으로 모방한 결과임을 시사한다.

구체적으로 BabyBERTa 모델은 약 15배 적은 파라미터와 6,000배 적은 단어 수로 RoBERTa와 유사한 성능을 보였다. 이는 모델이 아동의 언어 입력 패턴을 학습하고, 이를 바탕으로 문법적 지식을 효율적으로 습득할 수 있음을 보여준다. 예를 들어, 아동의 언어 입력 데이터를 통해 BabyBERTa 모델이 문법 규칙을 학습하고, 이를 바탕으로 새로운 문장을 생성하는 과정에서, BabyBERTa는 RoBERTa보다 훨씬 적은 자원(computational resources)으로도 높은 성능을 달성하였다. 이러한 결과는 아동의 언어 학습 과정에서 중요한 요소들을 모델링하고, 이를 통해 더욱 효율적인 언어 모델을 개발할 수 있는 가능성을 제시한다.

요약하면, BabyBERTa 모델의 성능 평가 결과는 아동의 언어 습득 메커니즘을 모방한 역공학적 접근이 효과적임을 보여준다. 이 접근을 통해, BabyBERTa 모델은 적은 자원으로도 높은 성능을 발휘할 수 있으며, 이는 언어 학습 모델의 개발에 있어 중요한 시사점을 제공한다. 앞으로도 이러한 역공학적 접근을 통해 더욱 효율적이고 자연스러운 언어 모델을 개발할 수 있을 것으로 기대된다.

4.5 결과 및 논의

실험 결과, BabyBERTa는 기존 RoBERTa 모델과 유사한 수준의 문법적 지식을 습득하였으며, 훨씬 적은 파라미터와 데이터로 이를 달성하였다. 이는 역공학 기법을 통해 아동의 언어 습득 과정을 효과적으로 모방할 수 있음을 시사한다. 구체적으로 BabyBERTa 모델은 기존 RoBERTa 모델 대비 약 15배 적은 파라미터와 6,000배 적은 단어 수로 훈련되었음에도 불구하고, 유사한 성능을 보였다. 이는 아동의 언어 학습 메커니즘을 모델에 효과적으로 반영한 결과로 볼 수 있다. 이러한 결과는 아동의 언어 입력 데이터를 기반으로 한 신경망 모델의 설계가 효과적일 수 있음을 보여준다.

더욱 상세히 살펴보면, BabyBERTa 모델은 약 6백만 단어로 구성된 AO-CHILDES 코퍼스 데이터를 통해 훈련되었고, 이 데이터를 바탕으로 아동의 언어 입력 패턴을 모사하였다. 이 과정에서, BabyBERTa 모델은 아동의 언어 입력이 가지는 특성을 반영하여 문법적 지식을 습득하는 데 중점을 두었다. 아동의 언어 입력은 주로 부모나 돌봄 제공자로부터 받는 단순하고 반복적인 패턴을 포함하고 있으며, 이러한 특성을 모델에 반영함으로써 BabyBERTa는 실제 아동과 유사한 방식으로 학습할 수 있었다. 이는 아동의 언어 습득 과정에서 중요한 요소들을 효과적으로 통합한 결과로 볼 수 있다.

또한 BabyBERTa는 기존 RoBERTa 모델에 비해 훨씬 적은 자원으로 유사한 성능을 달성하였다. 이는 아동의 언어 입력 데이터를 바탕으로 한 BabyBERTa 모델이 얼마나 효율적으로 작동할 수 있는지를 보여주는 중요한 지표이다. 기존의 RoBERTa 모델은 대규모의 텍스트 데이터를 필요로 하며, 이에 따라 훈련 시간과 자원이 많이 소모된다. 반면, BabyBERTa는 적은 양의 데이터와 파라미터로도 유사한 수준의 성능을 보였으며, 이는 아동의 언어 학습 메커니즘을 모방한 BabyBERTa 모델의 효율성을 증명하는 결과이다. 이러한 효율성은 특히 자원이 제한된 환경에서 유용하며, 아동의 언어 습득 과정을 이해하고 모방하는 데 중요한 역할을 한다.

이러한 결과는 아동의 언어 입력 데이터를 기반으로 한 신경망 모델의 설계가 효과적일 수 있음을 보여준다. 아동의 언어 학습 과정은 단순한 텍스트 입력을 넘어선 다양한 요소들을 포함하며, 이러한 요소들을 모델에 반영함으로써 더 자연스럽고 인간적인 언어 학습 과정을 구현할 수 있다. 예를 들어, 아동이 언어를 학습하는 과정에서 부모로부터 받는 피드백, 맥락적 이해, 반복적인 연습 등의 요소들은 BabyBERTa 모델에 통합되어, 이 모델이 인간과 유사한 방식으로 문법 지식을 습득할 수 있도록 돕는다. 이러한 접근은 신경망 모델의 학습 효율성을 높이고, 더 적은 자원으로 더 나은 성능을 발휘할 수 있게 한다.

또한 Huebner et. al(2021)는 아동의 언어 학습 메커니즘을 모방한 BabyBERTa 모델이 기존의 대규모 언어 모델과 비교하여 효율적으로 작동할 수 있음을 증명하였다. 이는 앞으로 아동의 언어 습득 과정을 보다 깊이 이해하고, 이를 바탕으로 더 정교한 신경망 언어 모델을 개발하는 데 중요한 기초 자료가 될 것이다. 아동의 언어 습득 과정은 복잡하고 다층적인 메커니즘을 포함하며, 이를 신경망 모델에 효과적으로 반영함으로써 인간의 언어 학습 과정을 보다 정확하게 모사할 수 있다. 이러한 연구 결과는 신경망 언어 모델의 개발에 있어 새로운 방향을 제시하며, 아동의 언어 입력 데이터를 기반으로 한 신경망 언어 모델의 효율성을 증명하는 중요한 기초 자료가 된다.

요약하면, BabyBERTa 모델의 성능은 기존의 대규모 언어 모델과 유사한 수준을 유지하면서도, 훨씬 적은 자원으로 이를 달성할 수 있음을 보여주었다. 이는 아동의 언어 습득 과정을 모방한 신경망 언어 모델의 효율성과 효과성을 증명하는 중요한 결과이다. 앞으로 이러한 접근을 통해 더 많은 연구가 진행되기를 기대하며, 아동의 언어 학습 메커니즘을 기반으로 한 더욱 정교하고 효율적인 신경망 언어 모델의 개발이 이루어질 것이다. 이를 통해, 인공지능 모델이 인간의 언어 학습 과정을 보다 정확하게 반영하고, 이를 바탕으로 다양한 언어적 과제를 보다 효과적으로 수행할 수 있게 될 것이다.

4.6 종합

Huebner et. al(2021)에서는 아동 언어 습득 과정의 역공학적 접근을 통해 효율적인 언어 모델을 개발할 수 있음을 보여주었다. 이러한 접근은 언어 학습 모델의 성능을 향상시키고, 아동의 언어 습득 메커니즘을 더 깊이 이해하는 데 기여할 것이다. 아동의 언어 입력 데이터를 기반으로 한 신경망 모델의 설계는, 단순히 대규모 데이터를 사용하는 것보다 훨씬 적은 자원으로도 효과적인 학습을 가능하게 한다는 것을 입증하였다. BabyBERTa 모델은 기존의 RoBERTa 모델과 유사한 수준의 문법적 지식을 습득하면서도, 약 15배 적은 파라미터와 6,000배 적은 단어 수로 훈련되었다. 이는 아동의 언어 습득 메커니즘을 모방한 모델이 기존의 대규모 언어 모델과 비교하여 얼마나 효율적으로 작동할 수 있는지를 보여주는 중요한 결과이다.

향후 연구에서는 더 다양한 언어 입력 데이터를 활용하고, 신경망 언어 모델의 학습 알고리즘을 개선하는 방향으로 나아갈 필요가 있다. 예를 들어, 다른 언어권의 아동 데이터나, 다양한 사회적 및 문화적 배경을 가진 아동의 언어 입력 데이터를 활용하여 모델의 일반화 능력을 높일 수 있다. 다양한 언어와 문화적 배경을 반영한 데이터는 모델이 보다 포괄적이고 강건한(robust) 언어 학습 능력을 갖추도록 도울 것이다. 이는 다양한 언어적 환경에서의 실제 사용 사례를 더 잘 반영할 수 있게 하며, 글로벌 스케일에서의 적용 가능성을 높일 수 있다. 또한 이러한 데이터를 활용하여 모델이 특정 언어적 특징이나 문법적 구조를 더 효과적으로 학습할 수 있게 함으로써, 다국어 처리 능력을 향상시킬 수 있다.

또한 신경망 언어 모델의 학습 알고리즘을 개선하여, 보다 효과적으로 언어 입력을 처리하고, 이를 바탕으로 더 나은 성능을 발휘할 수 있도록 할 필요가 있다. 예를 들어,

강화학습(reinforcement learning) 기법을 적용하여 모델이 학습 과정에서 더 적극적으로 피드백을 반영하도록 하거나, 자가 지도 학습(self-supervised learning) 방법을 통해 보다 효율적으로 언어 패턴을 학습할 수 있게 할 수 있다. 이러한 접근은 신경망 언어 모델이 실시간으로 입력 데이터를 분석하고, 그에 따른 피드백을 즉각적으로 반영함으로써 학습 효율성을 극대화하는 데 도움을 줄 것이다. 또한 신경망 언어 모델의 학습 속도를 높이고, 다양한 언어적 패턴을 더 신속하게 습득할 수 있도록 하는 데 기여할 것이다.

Huebner et. al(2021)의 연구는 언어 습득/발달 연구와 인공지능 기술의 발전에 큰 기여를 할 것이며, 더 나아가 다양한 언어적 과제를 효과적으로 수행할 수 있는 인공지능 시스템의 개발에 중요한 기반이 될 것이다. 아동의 언어 습득 과정을 모방한 신경망 언어 모델은 교육용 도구, 언어 치료, 번역 시스템 등 다양한 응용 분야에서 활용될 수 있다. 예를 들어, 언어 발달 장애를 가진 아동을 위한 맞춤형 교육 프로그램 개발이나, 다국어 번역 시스템의 정교화 등에 활용할 수 있다. 또한 이러한 신경망 모델은 언어 습득/발달의 기초 메커니즘을 이해하는 데도 중요한 기여를 할 수 있으며, 이를 통해 더 나은 교육 및 언어 치료 방법을 개발하는 데 도움이 될 것이다.

결론적으로, Huebner et. al(2021)에서는 아동 언어 습득 과정의 역공학적 접근을 통해 효율적이고 효과적인 언어 모델을 개발할 수 있음을 입증하였다. 앞으로 이러한 접근을 통해 더 많은 연구가 진행되기를 기대하며, 아동의 언어 학습 메커니즘을 기반으로 한 더욱 정교하고 효율적인 언어 모델의 개발이 이루어질 것이다. 이를 통해, 인공지능 모델이 인간의 언어 학습 과정을 보다 정확하게 반영하고, 이를 바탕으로 다양한 언어적 과제를 보다 효과적으로 수행할 수 있게 될 것이다. 이러한 연구는 언어 습득/발달 연구와 인공지능 기술의 융합을 통해 새로운 가능성을 열어주며, 인간의 언어 이해와 생성 능력을 모방하는 데 중요한 기여를 할 것이다.

5. 결론

본 장에서는 인공지능 신경망 언어 모델이 인간의 언어 학습 메커니즘을 보다 정확하게 반영하고, 다양한 언어적 과제를 효과적으로 수행할 수 있도록 돕는 데 중요한 역할을 할 수 있음을 보였다. 이를 통해, 언어 처리 및 언어 습득/발달 연구와 인공지능 기술이 상호 보완적으로 발전할 수 있으며, 인간의 언어 습득/발달 방식을 깊이 이해하는 데 기여할 수 있음을 확인하였다.

Schrimpf et al.(2021)이 시도한 역공학 접근법은 인간의 언어 인지 처리 메커니즘을 모방하여 자연어 처리(NLP) 분야에서 뛰어난 성능을 보이는 딥러닝 기반의 신경망 언어 모델을 개발하는 데 중요한 기여를 하고 있다. 특히, fMRI와 뇌피질전도(ECoG)와 같은 신경 이미징 기술을 통해 얻은 뇌의 언어 처리 데이터를 활용함으로써, 신경망 언어 모델의 신경 적합성을 평가하고 지속적으로 개선할 수 있었다. 이러한 신경 이미징 데이터는 인간 뇌의 언어 처리 방식을 비교적 정확하게 재현하는 신경망 언어 모델 개발에 필수적인 정보를 제공하여, 자연어 처리 분야의 성능 향상에 크게 기여하고 있다.

또한 Lavechin et al.(2022)이 시도한 심리언어학 기반 역공학 접근법과 장기 녹음 기술의 결합은 언어 습득 연구에서 혁신적인 도구로 자리 잡았다. 장기 녹음 기술을 통해 수집된 아동의 일상 생활에서 발생하는 자연스러운 언어 데이터는 높은 생태학적 타당성을 제공하며, 기존 연구 방법이 가진 한계를 극복할 수 있다. 이러한 데이터는 반복적으로 재분석될 수 있어 새로운 연구 질문과 가설을 테스트하는 데 유용하며, 인공 언어 학습자가 이러한 데이터를 기반으로 자연스럽고 풍부한 언어 입력을 학습함으로써 인간의 언어 학습 메커니즘을 효과적으로 모방할 수 있게 한다.

Huebner et. al(2021)는 인공지능 신경망 언어 모델이 인간의 언어 학습 메커니즘을 반영하여 더 자연스럽고 효율적인 자연어 처리 시스템을 구현할 수 있음을 확인하였다. 앞으로 이러한 접근을 통해 더 많은 연구가 진행되기를 기대하며, 아동의 언어 학습 메커니즘을 기반으로 한 더욱 정교하고 효율적인 언어 모델의 개발이 이루어질 것이다. 이를 통해, 인공지능 모델이 인간의 언어 학습 과정을 보다 정확하게 반영하고, 이를 바탕으로 다양한 언어적 과제를 보다 효과적으로 수행할 수 있게 될 것이다. 이러한 연구는 언어 습득/발달 연구와 인공지능 기술의 융합을 통해 새로운 가능성을 열어주며, 인간의 언어 이해와 생성 능력을 모방하는 데 중요한 기여를 할 것이다.

| 참고문헌 |

Lavechin, Marvin, Maureen de Seyssel, Lucas Gautheron, Emmanuel Dupoux, and Alejandrina Cristia. 2022. Reverse engineering language acquisition with child-centered long-form recordings. *Annual Review of Linguistics* 8: 389–407.

Huebner, Philip A., Elior Sulem, Cynthia Fisher, and Dan Roth. 2021. BabyBERTa: Learning more grammar with small-scale child-directed language. *Proceedings of the 25th Conference on Computational Natural Language Learning* (CoNLL): 624–646.

Schrimpf, Martin, Idan Blank, Greta Tuckute, Carina Kauf, Eghbal A. Hosseini, Nancy Kanwisher, Joshua Tenenbaum, and Evelina Fedorenko. 2021. The neural architecture of language: Integrative reverse-engineering converges on a model for predictive processing. *PNAS Proceedings of the National Academy of Sciences of the United States of America*: 118-45, Article e2105646118.

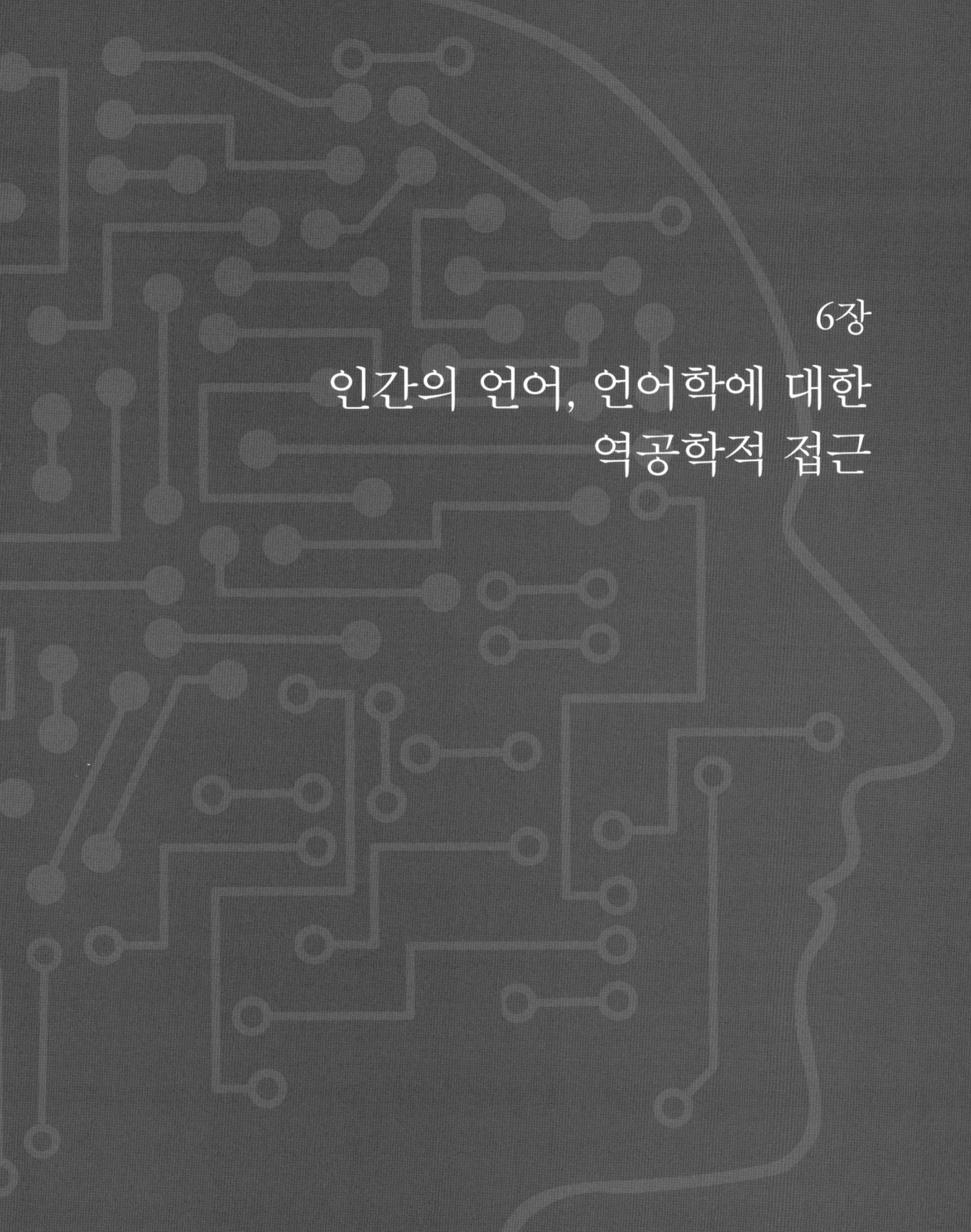

6장
인간의 언어, 언어학에 대한 역공학적 접근

1. 서론

본 장에서는 인간의 언어와 언어학, 특히 언어의 통사, 의미, 화용의 이해/처리에 대한 역공학(reverse engineering) 기반 연구가 신경망 언어 모델의 발전에 왜 필수적인지 탐구한다. 이러한 연구를 통해 언어의 구조적 규칙과 의미론적 맥락, 그리고 실제 사용 상황에서의 화용론적 요소들이 심도 있게 분석되며, 신경망 언어 모델이 인간의 복잡한 언어 처리 방식을 더 잘 모방할 수 있게 될 수 있다는 것을 확인할 수 있다. 통사론적 연구는 문장의 통사 구조를 이해하고 생성하는 데 도움을 주며, 의미론적 연구는 단어와 문장의 의미를 정확하게 파악하게 한다. 또한 화용론적 접근은 신경망 모델이 문맥과 상황에 맞는 적절한 응답을 생성하는 능력을 향상시킨다. 이러한 다각적인 언어 이해는 신경망 언어 모델이 더욱 자연스럽고 정확한 언어 처리 및 생성 작업을 수행하게 하여, 번역, 질의응답, 대화형 AI 등 다양한 응용 분야에서 성능을 크게 향상시킬 수 있을 것이다.

먼저, Saba(2023)에서 보이는 것처럼, 상징적 표상(symbolic representation)과 신경망 언어 모델의 상향식(bottom-up) 언어 학습 접근 방식을 결합하는 혼합 접근 방식이 대형 언어 모델 LLM의 한계를 극복하고, 더 신뢰할 수 있고 이해 가능한 언어 모델을 개발하는 데 중요한 역할을 할 것이다. 이러한 접근 방식은 언어 모델이 단순히 텍스트의 표면적 패턴을 학습하는 것을 넘어, 언어의 깊은 구조와 의미를 이해하고 설명할 수 있도록 돕는다. 이는 자연어 처리 시스템의 전반적인 성능을 향상시키고, 사용자 경험을 개선하는 데 중요한 역할을 한다. 상징적 역공학을 통한 언어 모델은 언어의 복잡성을 더 잘 이해하고, 이를 기반으로 더 정확하고 신뢰할 수 있는 언어 처리를 가능하게 한다. 이러한 혼합 접근 방식은 AI 기술의 발전과 실제 적용에 있어서 중요한 진전을 이룰 수 있는 길을 열어줄 것이다.

다음으로 Denić and Szymanik(2022)은 사고의 언어(language of thought, LoT)를 통해 자연 언어의 구조와 기능을 더 깊이 이해하고, 더 신뢰할 수 있는 언어 모델을 개발할 수 있음을 보인다. LoT는 사람의 마음속에서 작용하는 중요한 내적 언어로, 이를 연구하기 위해서는 다양한 간접적인 접근 방법이 필요하다. 인간의 언어 사용, 개념 학습, 언어적 보편성을 분석함으로써 LoT의 원시 개념을 추론하고, 이를 역공학적으로 재구성할 수 있다. 이를 통해 인간의 사고와 언어 구조를 더 깊이 이해하고, 더 나아가 인공지능과 자연어 처리 기술을 향상시킬 수 있을 것이다. LoT를 이해하는 것은 단순히 언어학적 연구에 그치지 않고, 인공지능의 발전과 인간 인지(human cognition)의 이해를 도울 수 있는 중요한 단서가 될 것이다.

덧붙여 Kim et al.(2023)이 보이는 것처럼, 문장의 통사 관계에 대한 synapper의 역공학적 접근은 언어 모델뿐만 아니라 기계 학습 모델의 학습 효율성을 높이는 데 기여할 것이다. 단어 간의 통사 관계를 시각적으로 명확하게 나타내어 신경망 언어 모델이 이러한 관계를 더 쉽게 이해하고 학습할 수 있도록 돕는다. 이는 학습 속도를 향상시키고, 신경망 언어 모델의 성능을 극대화하는 데 큰 도움이 될 것이다. 또한 synapper의 그래프 구조(graph structure)는 새로운 언어의 통사 구조를 쉽게 추가할 수 있어, 언어 모델 시스템의 확장성과 유지 보수성을 크게 향상시킬 것이다.

마지막으로, Jackson et al.(2021)은 역공학 접근법을 통해 의미 인지 시스템의 핵심 기능을 구현하기 위한 피질 아키텍처(cortical architecture)의 설계 원리(design principles)를 밝혀내는 데 중점을 둔다. 이를 통해, 의미 인지 시스템이 어떻게 추상적인 개념 표상(concept representation)을 획득하고, 상황에 맞게 유연하게 행동을 조정하는지를 명확하게 이해할 수 있다. 이러한 이해는 인지 시스템의 실제 피질 아키텍처를 평가하는 데 중요한 기준을 제공하며, 이를 바탕으로 시스템이 특정 방식으로 조직된 이유를 설명할 수 있다. 예를 들어, 특정 신경세포 군집의 연결 패턴(connection pattern)이나 신경 네트워크의 계층적 구조(hierarchical structure)가 의미 인지의 효율성을 어떻게 향상시키는지를 분석할 수 있을 것이다.

2. 인간 언어의 상징적 역공학(symbolic reverse engineering)

2.1 서론

대형 언어 모델(large language models, LLMs)은 인공지능(AI) 분야에서 많은 기존의 믿음을 변화시키는 중요한 이정표를 세웠다. LLMs는 자연어 처리에서 놀라운 성능(performance)을 보여주며, 인간 언어의 통사(syntax)와 의미(meaning)를 이해하고 생성할 수 있는 능력을 입증했다. 이러한 모델은 텍스트 생성, 번역, 요약, 질문 응답 등 다양한 언어 처리 작업에서 뛰어난 성과를 거두었다. 이를 통해 AI가 인간 언어를 이해하고 상호작용하는 방식에 혁신을 가져왔다.

그러나 이러한 모델들은 진정한 언어 이해에 있어 많은 한계를 가지고 있다. 이는 주로 심층 신경망(deep neural network)의 기본 아키텍처로 인한 부산물이다. LLM은 대규모 데이터로 훈련/학습되어 언어의 표면적 패턴(surface pattern)을 학습하지만, 이러한 학습 과정은 언어의 깊은 의미를 이해하는 데 필수적인 구조적 의미론(structured semantics)과[1] 가역적 구성성(reversible compositionality)을 제공하지 않는다.[2] 이는 LLM이 텍스트를 생성할 때 그 의미를 명확하게 설명하거나 예측할 수 없음을 의미한다.

특히, LLM의 비상징적(sub-/non-symbolic) 특성으로 인해, 이 모델들이 습득한 언어 지식은 수십억 개의 미세한 자질(가중치)에 묻혀 있어 개별적으로는 의미가 없다. 이러한 가중치는 모델이 언어를 처리하고 예측하는 데 사용되지만, 그 자체로는 인간이 이해할 수 있는 방식으로 언어의 의미를 전달하지 못한다. 이로 인해 LLM의 예측(prediction) 과정은[3] 불투명하며, 그 결과를 해석하는 데 어려움이 따른다.

이러한 문제를 해결하기 위해, Sabba(2021)에서는 상징적 표상(symbolic representation)의[4] 강점을 LLM의 성공의 핵심인 대규모 상향식(bottom-up) 역공학(reverse engineering)과 결합할 것을 제안한다.[5] 상향식 역공학은 대규모 데이터로부터 언어의 패턴을 추출하

---

[1] 구조적 의미론(structured semantics)은 문장의 의미가 단어의 배열과 상호작용에 의해 형성된다고 보는 접근법이다. 이를 통해 문장의 구성 요소와 그들 간의 관계를 분석하여 전체적인 의미를 체계적으로 이해하고 설명한다.

[2] 가역적 구성성(reversible compositionality)은 복합 표상의 의미가 그 구성 요소와 이들의 통사적 배열에서 결정될 수 있으며, 반대로 전체 표상의 의미로부터 구성 요소와 배열을 도출할 수 있는 언어적 원리를 의미한다. 이 양방향 관계는 언어 내에서 의미의 구성과 분해를 모두 가능하게 한다.

[3] LLM은 주어진 입력 데이터를 바탕으로 다음에 올 단어나 문장을 예측하여 언어 과제를 수행한다. 이를 통해 문맥에 맞는 자연스러운 텍스트 생성 등을 가능하게 한다.

[4] 'representation'을 우리말로 바꿀 때 '표현'과 '표상' 중 적절한 선택은 문맥에 따라 다르다. '표현'은 생각이나 감정을 구체적인 형태로 드러내는 것을 의미하며, 일반적인 상황에서 자주 사용된다. 반면에 '표상'은 철학이나 심리학에서 아이디어나 개념을 내적인 이미지나 상징으로 나타내는 것을 의미하므로, 더 추상적이고 전문적인 문맥에서 사용된다.

[5] 상징적 표상은 언어와 사고를 구조화하고 나타내기 위해 기호나 기호 체계를 사용하는 것을 의미한다. 이는 언어의 구문론적, 의미론적 특징을 명확하게 나타내어 정보의 구조적 표상을 가능하게 한다. 또한 상징적 표상은 추론과 설명 가능성을 제공하여 언어 모델의 이해를 돕는다.

상징적 표상은 신경망 언어 모델의 성능을 향상시키는 데 중요한 역할을 한다. 첫째, 구조적 표상을

고 이해하는 접근 방식으로, LLM이 언어의 통사와 의미를 학습하는 데 중요한 역할을 한다. 이를 통해 언어의 통사 구조와 의미를 더 잘 이해하고, 이를 설명할 수 있는 모델을 개발할 수 있을 것이다. 상징적 표상을 결합함으로써, 이러한 모델은 더 투명하고 해석 가능하며, 진정한 언어 이해에 한 발 더 다가갈 수 있을 것이다.

다음 절에서는, LLM의 성과와 한계를 제시하고, 이를 개선하기 위해 상징적 표상과 상향식 역공학을 결합하는 접근 방식을 소개할 것이다. 이를 통해 우리는 더 설명 가능하고(explainable) 이해할 수 있는 신경망 언어 모델을 만들 수 있을 것이다. 이러한 혼합(hybrid) 접근 방식은 LLM의 한계를 극복하고, 더 신뢰할 수 있고 이해 가능한 언어 모델을 개발하는 데 중요한 역할을 할 것이다.

2.2 LLM의 한계

2.2.1에서는 LLM의 (내부 표상(internal representation)에 대한) 설명 가능성(explainability) 부족 문제를 다루며, 모델 투명성(transparency)과 신뢰성(reliability), 규제 준수에 대한 한계를 지적한다. 2.2.2에서는 LLM의 심층 이해 부족 문제를 논의하며, 언어의 구조적 의미와 문맥적 이해, 추론 능력에서의 한계를 설명한다. 두 소절 모두 LLM의 현재 한계를 극복하기 위한 새로운 접근 방식의 필요성을 제기한다.

2.2.1 설명 가능성 부족

LLM은 비상징적(sub-/non-symbolic) 특성으로 인해 언어의 작동 방식(operating method)을 설명하는 데 많은 어려움을 겪는다. LLM이 사용하는 수십억 개의 미세한 자질들(micro-features, 즉 가중치들)은 모델의 예측 과정을 인간이 이해할 수 있는 방식으로 설명하는 것을 불가능하게 만든다. 이는 몇 가지 구체적인 문제를 초래한다. LLM이 내놓는 결과가 왜 그렇게 나왔는지 설명할 수 없다는 것은 모델 투명성(transparency)의 부족으로 나타난다. 이는 AI 시스템이 중요한 결정에 사용될 때 특히 문제가 된다. 예를 들어,

---

통해 모델이 복잡한 언어 패턴을 더 쉽게 이해하고 처리할 수 있도록 한다. 둘째, 명확한 구문론적 및 의미론적 특징을 통해 정보의 명확성을 높인다. 셋째, 추론 능력을 강화하여 모델의 예측 정확도를 높인다. 다음으로, 설명 가능성을 제공하여 모델의 작동 원리를 이해하고 개선하는 데 기여한다.

의료 진단, 금융 예측, 법률 자문 등의 분야에서는 AI의 결정 과정이 명확하게 이해되고 설명되어야 한다. 그러나 LLM은 이러한 설명을 제공하지 못하기 때문에, 이러한 분야에서의 사용이 제한적일 수밖에 없다.

또한 설명 가능성의 부족은 신뢰성(reliability) 문제를 야기한다. 모델이 왜 특정한 결과를 도출했는지 설명할 수 없기 때문에, 사용자는 모델이 내놓는 결과를 신뢰할 수 없다. 이는 특히 중요한 의사결정을 내리는 데 있어 문제가 될 수 있다. 예를 들어, 의료 분야에서 AI가 잘못된 진단을 내렸을 때, 그 원인을 이해하고 수정할 수 있어야 하지만, 설명 가능성이 부족한 LLM은 이러한 피드백 루프(feed loop)를 제공하지 못한다.[6] 이는 AI 시스템의 신뢰성과 채택을 저해하는 중요한 요소가 된다.

더 나아가, 설명 가능성의 부족은 규제 및 법적 문제를 초래할 수 있다. 많은 산업에서는 AI 시스템의 투명성과 설명 가능성을 요구하는 규제가 점점 강화되고 있다. 예를 들어, 유럽연합의 일반 데이터 보호 규정(general data protection regulation, GDPR)은 자동화된 처리 방식에 대해 설명할 의무를 포함하고 있다. LLM은 이러한 규제를 충족시키기 어려우며, 이는 법적 문제를 야기할 수 있다. 이러한 문제들은 AI의 상업적 적용을 저해할 수 있으며, LLM의 발전과 채택에 부정적인 영향을 미칠 수 있다. 따라서, LLM의 설명 가능성을 향상시키기 위한 연구와 개발이 필요하다.

2.2.2 심층 이해 부족

LLM은 심층적인 언어 이해(deep language understanding)에 한계를 보인다. 이는 주로 언어의 구조적 의미론(structured semantics)과 가역적 구성성(reversible compositionality)을 제공하지 않기 때문이다. LLM은 주어진 텍스트의 표면적 패턴(surface pattern)을 학습하지만, 그 텍스트의 깊은 의미를 이해하거나 추론(infer)하는 데는 부족하다. 이는 LLM이 언어의 문법적 규칙이나 의미적 맥락을 완전히 이해하지 못하기 때문에 발생한다. 예를 들어, LLM은 단어와 구문 간의 복잡한 관계를 완전히 이해하지 못한다. 이는 문장의 구조적 의미를 정확히 파악하는 데 한계를 가져온다. "그는 그녀를 좋아하지만 그녀는 그를 좋아하지 않는다"와 같은 문장은 복잡한 구문 구조와 상호 반대되는 의미를 포함하

---

6) 피드백 루프(feedback loop)는 시스템의 출력 결과가 다시 입력으로 돌아와 시스템 성능을 지속적으로 조정하고 개선하는 과정을 의미한다.

고 있다. LLM은 이러한 복잡한 구조를 이해하고 정확히 해석하는 데 어려움을 겪는다.

또한 LLM은 문맥을 이해하는 데 한계를 보인다. 언어는 문맥에 따라 의미가 달라질 수 있으며, 이러한 문맥적 의미를 정확히 파악하는 것은 매우 중요하다. 예를 들어, "은행"이라는 단어는 금융 기관을 의미할 수도 있고, "강둑"을 의미할 수도 있다. LLM은 이러한 문맥적 차이를 완전히 이해하지 못하여 잘못된 해석을 내놓을 수 있다. 이는 언어의 의미를 정확히 전달하는 데 큰 문제를 야기할 수 있다. 문맥적 이해의 부족은 LLM이 실제 대화나 텍스트에서 발생하는 많은 뉘앙스를 이해하지 못하게 하며, 이는 자연스러운 언어 생성과 이해에 있어서 큰 장애물로 작용한다.

다음으로, LLM은 추론 능력(inferential capabilities)에 한계를 보인다. 언어 이해는 단순히 단어와 구문을 인식하는 것을 넘어, 주어진 정보로부터 추가적인 의미를 추론하는 능력을 포함한다. 예를 들어, "톰은 키가 크다. 그는 농구를 잘할 것이다."라는 문장은 톰의 키와 농구 실력 간의 관계를 추론하는 것을 포함한다. 그러나 LLM은 이러한 추론 능력이 부족하여 복잡한 의미를 이해하는 데 한계를 보인다. 이는 LLM이 언어의 표면적 패턴을 학습하는 데 집중하기 때문에, 더 깊은 수준의 의미를 이해하고 추론하는 데 필요한 구조적 지식을 습득하지 못하기 때문이다. 이러한 추론 능력의 부족은 LLM이 복잡한 문제를 해결하거나 고차원적 사고(higher-order thinking)를 요구하는 작업에서 효과적으로 사용되는 것을 제한한다.

요약하면, LLM은 언어 처리에서 뛰어난 성능을 보여주지만, 설명 가능성과 심층 이해(deep understanding)에 있어서 중요한 한계를 가지고 있다. 이러한 한계를 극복하기 위해서는 상징적 표상의 강점을 결합한 새로운 접근 방식이 필요하다. 이는 더 설명 가능하(explainable)고 이해할 수 있는(interpretable) 언어 모델을 개발하는 데 기여할 것이다. 상징적 표상과 상향식 접근 방식을 결합함으로써, 우리는 LLM의 현재 한계를 극복하고, 더 신뢰할 수 있으며, 복잡한 언어 이해를 수행할 수 있는 모델을 개발할 수 있을 것이다. 이는 AI 기술의 발전과 실제 적용에 있어서 중요한 진전을 이룰 수 있는 길을 열어줄 것이다.

2.3 상징적 역공학 제안

Sabba(2021)에서는 상향식 접근 방식의 성공을 바탕으로 상징적 표상 설정(symbolic representation setting)에서 언어의 상향식 역공학을 제안한다. 상징적 역공학(symbolic reverse engineering)은 LLM이 언어를 이해하는 방식을 더욱 투명하고 설명 가능하게 만들 수 있는 접근법이다. 이는 다양한 방법들을 포함하며, 이를 통해 신경망 언어 모델이 언어의 통사 구조와 의미를 더 깊이 이해하고 해석할 수 있게 한다. 상징적 역공학의 주요 요소로는 맥락적 분석(contextual analysis)과 개념 계층 구조(concept hierarchy)가 있다. 상향식 접근 방식은 데이터로부터 언어의 구조와 패턴을 추출하여 이를 바탕으로 언어를 이해하는 방식이다. 이와 함께 상징적 표상을 결합함으로써, 언어 모델이 더 투명하고 설명 가능하게 만들어진다. 상징적 역공학은 언어의 구조적 복잡성을 더 잘 이해하고, 이를 통해 더 정확한 언어 모델을 개발하는 데 중요한 역할을 한다.

> 인공지능과 자연어 처리에서의 상징주의(symbolism)는 철학의 이성주의(rationalism)와 밀접하게 연결된다. 이성주의는 이성과 논리적 사고를 통해 진리를 발견할 수 있다고 주장하며, 상징주의는 이를 기호와 규칙을 통해 구현한다. 상징주의 AI는 명확한 지식 표상과 논리적 추론을 가능하게 하며, 문장의 구문 구조를 분석하고 의미를 해석한다. 또한 논리적 규칙을 사용하여 추론(inference)을 수행한다. 자연어 처리에서 상징주의는 언어의 구조적 복잡성을 이해하고, 문법적으로 올바른 문장을 생성하며, 단어와 구문 간의 의미 관계를 명확하게 정의한다. 이는 언어의 복잡한 구조와 의미를 설명하고, 설명 가능한 AI 시스템을 개발하는 데 중요한 역할을 한다. 최근에는 기계 학습(machine learning)과 딥러닝(deep learning)을 활용한 통계적 방법이 더 많이 사용되지만,[7] 상징주의와 기계 학습 접근 방식을 결합하여 더 강력하고 설명 가능한 자연어 처리 시스템을 개발하려는 연구가 계속되고 있다. 상징주의는 이성주의적 전통을 이어받아 AI 연구 분야에서 중요한 위치를 차지하고 있으며, 언어와 사고의 본질을 이해하는 데 필수적인 도구로 남아 있다. 이를 통해 AI 기술의 발전과 실제 적용에 있어서 중요한 진전을 이룰 수 있다.

2.3.1 맥락적 분석

단어의 의미는 다양한 맥락에서의 사용(distribution)을 분석하여 유추할 수 있다. 예를

---

7) 딥러닝은 인공신경망을 기반으로 하는 기계학습(machine learning)의 한 분야로, 다층 신경망을 통해 데이터를 학습하고 복잡한 패턴을 인식하는 기술이다. 주로 이미지 인식, 자연어 처리, 음성 인식 등 다양한 분야에서 활용된다. 대량의 데이터와 강력한 계산(computational) 능력을 통해 높은 정확도를 달성할 수 있다.

들어, "빛나는"이라는 단어는 "빛나는 다이아몬드"나 "빛나는 아이디어"와 같은 다양한 맥락에서 사용될 수 있다. 이러한 맥락을 분석함으로써 우리는 단어의 다양한 의미와 그 사용 방식을 이해할 수 있다. 이는 언어 내재의(inherent) 존재론(혹은 온톨로지, ontology)을 파악하는 데 중요한 역할을 한다. 맥락적 분석은 단순히 단어의 사전적 의미를 넘어서, 단어가 실제로 사용되는 다양한 상황을 고려한다. 예를 들어, "빛나는"이라는 단어는 물리적 광택(physical gloss)을 나타낼 수도 있고, 추상적인 탁월함(excellence)을 나타낼 수도 있다. "빛나는 다이아몬드"라는 표현에서 "빛나는"은 물리적 광택을 의미하지만, "빛나는 아이디어"라는 표현에서는 창의적이고 탁월한 아이디어를 의미한다. 이러한 맥락을 통해 단어의 다의성(polysemy)을 이해하고, 이를 언어 모델에 반영할 수 있다.

맥락적 분석은 또한 동음이의어와 다의어를 구별하는 데도 유용하다. 예를 들어, "유리"라는 단어는 투명한 물질을 의미할 수도 있고, 누군가의 이득(advantage)를 의미할 수도 있다. 이러한 경우, 문맥적 분석을 통해 두 가지 의미를 명확히 구분하고, 언어 모델이 올바른 의미를 선택하도록 도울 수 있다. 이는 언어 모델이 문맥을 이해하고 적절한 의미를 선택하는 데 중요한 역할을 한다. 맥락적 분석은 단어가 사용되는 구체적인 상황과 문맥을 고려하여, 단어의 의미를 더 정확하게 파악하고, 이를 언어 모델의 예측에 반영하는 데 도움을 준다.

또한 맥락적 분석은 통사 구문(syntactic construction)의 의미를 이해하는 데도 중요한 역할을 한다. 예를 들어, "그는 결단력 있는 리더이지만, 팀원들의 의견을 존중하지 않는다"와 같은 문장은 복잡한 구문 구조와 반대되는 의미를 포함하고 있다. 맥락적 분석을 통해 언어 모델이 이러한 복잡한 구조를 이해하고 정확히 해석할 수 있다. 이는 언어 모델이 더 자연스럽고 정확한 언어 처리를 할 수 있게 한다. 복잡한 구문 구조와 다양한 문맥에서의 단어 사용을 분석함으로써, 언어 모델은 더 풍부한 언어 이해를 할 수 있다. 이를 통해 언어 모델은 단어와 구문의 의미를 깊이 이해하고, 이를 바탕으로 더 정확한 예측과 해석을 할 수 있게 된다.

요약하면, 맥락적 분석은 단어와 구문의 의미를 깊이 이해하고, 이를 언어 모델에 반영하는 데 중요한 도구이다. 이를 통해 언어 모델은 단어의 다양한 의미와 그 사용 방식을 이해하고, 이를 기반으로 더 정확하고 자연스러운 언어 처리를 할 수 있다. 맥락적 분석은 언어의 복잡성을 이해하고, 이를 통해 언어 모델이 보다 인간과 유사한 방식으로 언어를 처리할 수 있도록 돕는다. 이는 언어 모델이 문맥을 이해하고, 더 풍부하고 정확한 언어 생성 및 이해를 가능하게 한다. 맥락적 분석은 언어의 의미적 뉘앙스를 포착하여, 언어 모델이 더 정교한 언어 처리를 할 수 있게 하는 데 기여한다.

2.3.2 개념 계층 구조

개념 간의 관계(relation)를 체계적으로 분석하여 계층 구조(concept hierarchy)를 구축할 수 있다. 예를 들어, "매운"이 음식에 적용되는 방식을 통해 언어 내에서 암묵적인 관계(implicit relation)와 범주(category)를 이해할 수 있다. 이러한 계층 구조는 단어와 개념들이 어떻게 상호작용하는지를 설명하는 데 도움이 된다. 개념 계층 구조는 언어의 구조적 의미론(structured semantics)을 이해하는 데 중요한 역할을 한다.[8] 개념들은 서로 다른 관계를 통해 연결되며, 이러한 관계를 이해함으로써 단어와 구문의 의미를 더 잘 파악할 수 있다. 예를 들어, "매운"이라는 개념은 음식에 주로 적용되지만, 비유적으로는 날씨나 대화의 분위기에도 적용될 수 있다. "매운 고추"와 "매운 대화"라는 표현에서 "매운"의 의미는 다르지만, 기본적인 개념 계층 구조를 통해 이 둘의 관계를 이해할 수 있다.

> 개념 계층 구조(concept hierarchy)는 데이터 마이닝에서 데이터를 체계적으로 조직하는 방식으로, 트리 구조를 통해 데이터의 일반적인 개념에서 세부적인 개념으로 내려가는 구조를 형성한다. 이를 통해 데이터 분석이 더 효율적이고 효과적으로 이루어질 수 있으며, 필요한 경우 더 세부적인 수준까지 탐색할 수 있다. 예를 들어, '위치(location)' 차원의 개념 계층 구조는 '국가'에서 '도시', '거리'로 세분화된다. 개념 계층 구조는 데이터 분석을 단순화하고 패턴(pattern)과 트렌드(trend)를 식별하는 데 도움이 된다. 또한 데이터 시각화와 탐색을 개선하며, 알고리즘의 성능을 향상시키고, 데이터 정제 및 전처리 과정에서도 유용하다. 개념 계층 구조를 이해하고 활용하는 것은 데이터 마이닝 작업을 효과적으로 수행하고, 가치 있는 통찰을 도출하는 데 필수적이다.

개념 계층 구조는 또한 상위 개념과 하위 개념 간의 관계를 이해하는 데도 중요하다. 예를 들어, "음료(drink)"라는 상위 개념 아래에 "커피"와 "차"라는 하위 개념이 있을 수

---

[8] 구조(적) 의미론(structured semantics)은 언어의 의미를 체계적이고 구조적으로 분석하는 방법론이다. 이는 문장의 구성 요소와 그들 간의 관계를 분석하여 의미를 파악하는 데 중점을 둔다. 이를 통해 문장 내의 의미적 패턴과 규칙을 명확하게 이해할 수 있다.

있다. 이러한 계층 구조를 통해 언어 모델은 단어 간의 관계를 더 잘 이해하고, 이를 기반으로 더 정확한 언어 처리를 할 수 있다. "커피"와 "차"는 둘 다 "음료"의 일종이며, 이러한 계층 구조를 통해 언어 모델은 이들의 공통점과 차이점을 이해할 수 있다. 개념 계층 구조는 단어 간의 관계를 명확히 하고, 이를 통해 언어 모델이 더 정확한 예측과 해석을 할 수 있도록 돕는다.

또한 개념 계층 구조는 복잡한 의미 체계를 이해하는 데도 유용하다. 예를 들어, "문학 작품(literary work)"이라는 개념 아래에 "소설", "시", "희곡" 등이 있을 수 있다. 이러한 계층 구조를 통해 언어 모델은 다양한 종류의 문학 작품과 그 특성을 이해할 수 있다. "소설"과 "시"는 둘 다 "문학 작품"이지만, "시"는 리듬(rhythm)과 운율(prosody)을 강조하는 특성을 가지고 있다. 이러한 구조를 통해 언어 모델은 다양한 개념과 그 특성을 정확히 이해하고 처리할 수 있다. 개념 계층 구조는 언어 모델이 복잡한 의미 체계를 이해하고, 이를 기반으로 더 풍부하고 정확한 언어 처리를 가능하게 한다.

요약하면, 개념 계층 구조는 단어와 구문의 의미를 체계적으로 이해하고, 이를 기반으로 더 정확하고 자연스러운 언어 처리를 가능하게 한다. 이를 통해 언어 모델은 단어 간의 관계와 의미 체계를 깊이 이해하고, 이를 기반으로 더 신뢰할 수 있는 언어 모델을 개발할 수 있다. 개념 계층 구조는 언어의 복잡성(complexity)을 이해하고, 이를 통해 언어 모델이 보다 정교하고 정확하게 언어를 처리할 수 있도록 돕는다. 이러한 구조는 언어 모델이 더 복잡한 의미와 관계를 이해하고, 이를 통해 더 정교한 언어 생성(generation) 및 이해(comprehension)를 가능하게 한다. 개념 계층 구조는 언어 모델이 단어와 구문의 관계를 명확히 이해하고, 이를 통해 더 신뢰할 수 있는 언어 처리(language processing)를 가능하게 한다.

2.4 실용적 응용

상징적 역공학(symbolic reverse engineering)을 통해 다양한 실용적 응용이 가능하다. 이러한 응용들은 LLM의 한계를 극복하고, 언어 모델의 이해와 해석 가능성(interpretability)을 높이는 데 기여할 수 있다.[9] 상징적 역공학은 단순히 이론적 접근에 그치는 것이 아

---

9) 상징적 역공학은 LLM의 한계를 극복하고 해석 가능성을 높이는 데 기여한다. 첫째, 모델의 내부

니라, 실제로 언어 모델이 실생활에서 더 유용하게 사용될 수 있도록 하는 강력한 도구이다. 이를 통해 언어 모델은 더 정확하고(accurate) 신뢰할 수(reliable) 있는 결과를 도출할 수 있으며, 다양한 분야에서의 응용 가능성을 넓힐 수 있다. 상징적 역공학을 적용함으로써, 언어 모델은 더 복잡하고 미묘한 언어적 문제를 해결할 수 있는 능력을 갖추게 된다. 이 접근 방식은 특히 복잡한 의미론적 해석과 문맥 이해(contextual understanding)가 중요한 분야에서 유용하며, 이를 통해 언어 모델의 효율성과 신뢰성을 대폭 향상시킬 수 있다. 상징적 역공학은 언어 모델의 전반적인 성능을 개선하여, 다양한 실용적 응용에서 더 나은 결과를 제공할 수 있다.

2.4.1 모호성 해결

단어의 맥락적 사용을 이해함으로써 언어 모델이 단어의 다양한 의미를 더 잘 해결할 수 있다. 예를 들어, "박쥐(bat)"라는 단어는 "야구방망이"를 의미할 수도 있고 "동물"을 의미할 수도 있다. 상징적 역공학을 통해 이러한 모호성(ambiguity)을 해결(resolution)할 수 있다. 모호성은 언어에서 자주 발생하는 문제로, 단어의 다의성과 동음이의어(homonym)로 인해 생긴다. "박쥐"라는 단어가 문맥에 따라 다른 의미를 가질 수 있기 때문에, 언어 모델이 이 단어를 올바르게 해석하는 것은 매우 중요하다.

맥락적 분석을 통해, 언어 모델은 "박쥐"가 사용된 문맥을 분석하여 이 단어가 "야구방망이"인지 "동물"인지 결정할 수 있다. 예를 들어, "그는 박쥐를 잡았다"는 문장에서 "박쥐"는 동물을 의미하고, "그는 박쥐로 홈런을 쳤다"는 문장에서 "박쥐"는 야구방망이를 의미한다. 이러한 문맥적 단서를 활용함으로써 언어 모델은 단어의 올바른 의미를 추론할 수 있다. 이는 언어 모델이 문맥을 이해하고 적절한 의미를 선택하는 데 중요한 역할을 한다.

또한 모호성 해결은 단어뿐만 아니라 구문에서도 중요하다. 예를 들어, "He saw her duck"이라는 문장에서 "duck"의 의미가 모호할 수 있다. 이는 그가 그녀의 오리를 본 것인지 아니면 그녀가 머리를 숙이는 것을 본 것인지를 의미할 수 있다. 상징적 역공학을

작동 원리(inner operating principles)를 분석하여 더 투명한 이해를 제공한다. 둘째, 언어 모델이 생성한 결과물의 논리적 구조를 명확히 하여 예측의 신뢰성을 높인다. 셋째, 오류 분석(error analysis)을 통해 모델의 개선점을 도출하고, 나아가 성능을 최적화한다. 다음으로, 다양한 응용 분야에서 보다 해석 가능한 모델을 구축하여 사용자 신뢰를 증진시킨다.

통해, 언어 모델은 문맥을 분석하고 구문의 의미를 더 명확하게 해석할 수 있다. 이러한 능력은 특히 자연어 처리 시스템이 사용자와 상호작용할 때 매우 유용하다. 복잡한 구문 구조와 다양한 문맥에서의 단어 사용을 분석함으로써, 언어 모델은 더 풍부한 언어 이해를 할 수 있다. 이를 통해 언어 모델은 단어와 구문의 의미를 깊이 이해하고, 이를 바탕으로 더 정확한 예측과 해석을 할 수 있게 된다..

요약하면, 모호성 해결은 언어 모델이 더 정확하고 신뢰할 수 있는 결과를 제공하는 데 필수적이다. 상징적 역공학을 통해, 언어 모델은 단어와 구문의 다양한 의미를 더 잘 이해하고, 이를 바탕으로 더 정확한 해석을 제공할 수 있다. 이는 자연어 처리 시스템의 전반적인 성능을 향상시키고, 사용자 경험을 개선하는 데 중요한 역할을 한다. 모호성 해결을 통해 언어 모델은 더 복잡하고 미묘한 언어적 문제를 처리할 수 있으며, 이를 통해 더 신뢰할 수 있는 결과를 도출할 수 있다.

2.4.2 존재론(ontology) 발견

언어 사용의 구조적 분석을 통해 우리가 세상에 대해 이야기하는 방식을 지배하는 내재된(inherent) 존재론(온톨로지, ontology)을 발견할 수 있다. 이는 우리가 사용하는 언어가 세상을 어떻게 구조화(structure)하고 이해하는지를 설명하는 데 도움이 된다. 예를 들어, "드론"과 "로봇"은 모두 "기계적 장치"로 분류될 수 있으며, 이러한 분류(classification)는 우리가 언어를 통해 세상을 이해하는 방식을 반영한다. 존재론 발견은 언어 모델이 단어와 개념 간의 관계를 이해하고, 이를 통해 더 정확한 언어 처리를 가능하게 한다.

> 정보 과학(information)에서 온톨로지(ontology)는 모든 담론 영역에 속하는 하나 이상의 개념(concepts), 데이터 또는 개체(entities) 간의 범주(category), 속성(attribute) 및 관계(relation)를 나타내고, 형식적으로 명명하고 정의하는 것을 포함한다. 더 간단히 말해, 온톨로지는 특정 주제 영역의 속성과 이들이 어떻게 관련되는지를 보여주는 방법으로, 해당 주제 영역의 개체를 나타내는 일련의 용어(terms)와 관계 표현(relational expressions)을 정의한다. 이러한 방식으로 개념화된 온톨로지를 연구하는 분야를 응용 온톨로지(applied ontology)라고도 한다.

존재론은 우리가 세상을 이해하고 설명하는 방식에 깊이 뿌리내린 개념적 틀(conceptual framework)이다. 예를 들어, "가상현실(virtual reality, VR)"이라는 개념은 "게임", "훈련 시뮬레이터", "가상 여행" 등 다양한 하위 개념(subconcept)을 포함할 수 있다. 이러한 존재론적 구조는 우리가 가상현실을 이해하고 설명하는 방식을 반영한다. 상징적 역공학을 통해, 언어 모델은 이러한 개념적 구조를 분석하고 이해할 수 있다. 이를 통해 언어 모델은 더 정확하고 신뢰할 수 있는 언어 처리를 가능하게 한다.

존재론 발견은 또한 복잡한 개념 간의 관계(relation)를 이해하는 데도 중요하다. 예를 들어, "생물학적 관계"라는 개념은 "포식자(predator)와 피식자(prey)", "공생(symbiosis)", "기생(parasitism)" 등 다양한 하위 개념을 포함한다. 이러한 관계를 이해함으로써, 언어 모델은 사람들이 생물학적 관계를 어떻게 구조화하고 이해하는지를 파악할 수 있다. 이는 언어 모델이 더 인간과 유사한 방식으로 언어를 처리하고 이해할 수 있게 한다. 존재론 발견은 언어 모델이 복잡한 개념 간의 관계를 이해하고, 이를 통해 더 정확한 언어 처리를 가능하게 한다.

또한 존재론 발견은 상위 개념(superordinate concept)과 하위 개념(subordinate concept) 간의 관계를 명확히 하는 데도 중요한 역할을 한다. 예를 들어, "음악 장르"라는 상위 개념 아래에 "전자 음악", "힙합", "클래식 음악" 등의 하위 개념이 있을 수 있다. 이러한 계층 구조를 통해 언어 모델은 단어 간의 관계를 더 잘 이해하고, 이를 바탕으로 더 정확한 언어 처리를 할 수 있다. "전자 음악"과 "힙합"은 둘 다 "음악 장르"의 일종이며, 이러한 계층 구조를 통해 언어 모델은 이들의 공통점과 차이점을 이해할 수 있다. 이를 통해 언어 모델은 더 복잡한 의미와 관계를 이해하고, 이를 통해 더 정교한 언어 생성 및 이해를 가능하게 한다.

요약하면, 존재론 발견은 신경망 언어 모델이 단어와 구문의 의미를 체계적으로 이해하고, 이를 기반으로 더 정확하고 자연스러운 언어 처리를 가능하게 한다. 이를 통해 언어 모델은 단어 간의 관계와 의미 체계를 깊이 이해하고, 이를 기반으로 더 신뢰할 수 있는 언어 모델을 개발할 수 있다. 존재론 발견은 언어의 복잡성을 이해하고, 이를 통해 언어 모델이 보다 정교하고 정확하게 언어를 처리할 수 있도록 돕는다. 이를 통해 언어 모델은 단어와 구문의 관계를 명확히 이해하고, 더 신뢰할 수 있는 언어 처리를 가능하게 한다. 존재론 발견을 통해 언어 모델은 더 복잡하고 미묘한 언어적 문제를 처리할 수 있으며, 이를 통해 더 신뢰할 수 있는 결과를 도출할 수 있다.

2.5 종합

대형 언어 모델(LLM)은 대규모 상향식(bottom-up) 역공학의 가능성을 입증했지만, 비상징적(sub-/non-symbolic) 특성으로 인해 설명 가능성과 깊은 이해에서 중요한 한계를 보인다. 이러한 비상징적 특성은 LLM이 수십억 개의 미세한 자질(가중치)를 사용하여 언어를 처리하기 때문에, 언어 모델이 내놓는 결과가 왜 그런지 설명할 수 없게 만든다. 이는 언어 모델의 투명성과 신뢰성을 저하시킬 수 있으며, 특히 중요한 의사결정을 내리는 데 있어서 문제가 된다. LLM은 텍스트의 표면적 패턴을 학습하여 언어를 이해하려고 하지만, 이는 언어의 깊은 구조적 의미론(structured semantics)과 가역적 구성 가능성(reversible compositionality)을 제공하지 않는다. 이로 인해 LLM은 복잡한 언어적 문제를 완전히 이해하거나 해결하는 데 한계를 보인다.

이러한 한계를 극복하기 위해 상향식 접근 방식을 상징적 표상과 결합하는 것이 필요하다. 상징적 표상을 도입함으로써, 우리는 언어 모델이 더 해석 가능하고 설명 가능한 결과를 제공할 수 있게 한다. 상징적 표상은 언어의 구조적 의미와 개념 간의 관계를 명확히 이해하고 설명할 수 있도록 돕는다. 예를 들어, 상징적 표상을 통해 언어 모델은 "드론"과 "로봇" 간의 관계를 명확히 이해하고, 이를 기반으로 더 정확한 예측과 해석을 할 수 있다. 상징적 역공학을 도입하면, 언어 모델은 단어와 구문의 의미를 더 깊이 이해하고, 이를 통해 언어의 복잡한 구조를 더 잘 처리할 수 있다.

상징적 표상과 상향식 접근 방식을 결합함으로써, 우리는 더 해석 가능하고 정확한 언어 모델을 만들 수 있을 것이다. 이러한 혼합 접근 방식은 현재 LLM의 성능을 유지하면서도 언어 구조와 기능에 대한 깊은 통찰을 제공하는 언어 모델을 만드는 데 기여할 것이다. 상징적 표상은 언어 모델이 언어의 의미를 더 잘 이해하고, 이를 통해 더 신뢰할 수 있는 결과를 제공할 수 있도록 돕는다. 이는 특히 자연어 처리 시스템이 사용자와 상호작용할 때 매우 유용하다. 상징적 표상을 통해 언어 모델은 더 복잡한 언어적 문제를 해결할 수 있으며, 이를 통해 더 신뢰할 수 있는 결과를 도출할 수 있다.

결론적으로, 상징적 표상과 상향식 접근 방식을 결합하는 혼합 접근 방식은 LLM의 한계를 극복하고, 더 신뢰할 수 있고 이해 가능한 언어 모델을 개발하는 데 중요한 역할을 할 것이다. 이러한 접근 방식은 언어 모델이 단순히 텍스트의 표면적 패턴을 학습하는 것을 넘어, 언어의 깊은 구조와 의미를 이해하고 설명할 수 있도록 돕는다. 이는 자연어 처리 시스템의 전반적인 성능을 향상시키고, 사용자 경험을 개선하는 데 중요한 역할을 할 것이다. 상징적 역공학을 통해 언어 모델은 언어의 복잡성을 더 잘 이해하고, 이를 기반으로 더 정확하고 신뢰할 수 있는 언어 처리를 가능하게 할 것이다. 이러한 혼합 접근 방식은 AI 기술의 발전과 실제 적용에 있어서 중요한 진전을 이룰 수 있는 길을 열어줄 것이다.

3. 인간의 사고 언어에 대한 역공학적 접근

3.1 도입

사고의 언어(language of thought, LoT)는 인간의 사고(thinking)와 추론(inferring) 과정을 형성하는 내적 언어(inner language)로, 이를 명확히 이해하는 것은 현대 언어학과 인공지능 연구의 중요한 과제 중 하나이다. LoT는 우리 마음속에서 작용하는 추상적 개념으로, 이를 직접적으로 관찰하거나 실체화(substantiate)하는 것은 매우 어렵다. 그러나 LoT를 이해하는 것은 인간이 어떻게 사고하고, 정보를 처리하며, 지식을 구성(construct)하는지를 파악하는 데 필수적이다. 이를 연구하기 위해서는 간접적인 접근 방법이 필요하며, 특히 다양한 언어에서 숫자 표현(number word)을 분석하는 것이 유용한 방법론으로 떠오르고 있다.

숫자 표현은 대부분의 언어에서 공통적으로 나타나는 기본적인 개념으로, 이를 통해 LoT의 원시 개념(primitive concept)을 추론할 수 있다. 언어 사용, 개념 학습, 그리고 언어적 보편성(linguistic universality)을 분석하는 것은 LoT의 구조를 역공학적으로 재구성하는 데 중요한 단서를 제공한다. 이러한 접근은 우리가 인간 사고의 보편적 원리(universal principle)를 이해하고, 이를 바탕으로 더 정교한 언어 모델을 개발하는 데 기여할 수 있다. 데이터 기반 접근법을 통해 다양한 언어에서 숫자 표현을 수집하고 분석함으로써, 우리는 LoT의 복잡성과 정보 전달 방식을 이해할 수 있다.

Denić & Szymanik(2022)는 LoT 가설을 검증하고, 가장 타당한 가설을 도출하는 과정을 포함한다. 이를 위해 다양한 가설을 제시하고, 131개의 자연 언어 데이터를 비교 분석한다. 이를 통해 자연 언어의 구조와 기능을 더 깊이 이해하고, 인공지능과 자연어 처리 기술을 발전시키는 것이 목표이다. 지속적인 데이터 수집(data collection)과 평가(interpretation) 과정을 통해 모델의 정확성을 높이고, 변화하는 언어 환경에 적응할 수 있도록 하는 것이 중요하다. 이러한 연구는 인간 인지와 언어의 본질을 이해하는 데 중요한 기여를 할 것이다.

3.2 문제 정의

사고의 언어(LoT)는 직접 관찰할 수 없는 추상적 개념으로, 이를 명확하게 정의하거나 실체화하는 것은 매우 어렵다. LoT는 우리의 마음속에서 작용하는 일종의 내적 언어(inner language)로, 인간이 사고하고 추론하는 방식을 형성한다. 이 언어는 우리가 세계를 인식하고, 정보를 처리하며, 지식을 구성하는 데 중요한 역할을 한다. 그러나 LoT는 직접적으로 관찰할 수 없기 때문에, 이를 연구하기 위해서는 간접적인 접근 방법(indirect approach)이 필요하다.

LoT의 추상적 특성은 Denić & Szymanik(2022)이 이를 직접적으로 연구하거나 측정하는 것을 어렵게 만든다. LoT는 눈에 보이지 않으며, 우리의 뇌에서 작용하는 복잡한 과정 중 하나로 간주된다. 이는 마치 컴퓨터의 운영체제(operating system)가 내부적으로 작동하는 방식과 비슷하다. 운영체제는 사용자에게 직접적으로 보이지 않지만, 컴퓨터의 모든 기능을 관리(manage)하고 조정(control)하는 역할을 한다. 마찬가지로, LoT는 우리의 의식적인(conscious) 사고와 언어 사용을 지탱하는 보이지 않는 기초라고 할 수 있다. 이 기초는 우리가 생각하고 결정을 내리는 데 중요한 역할을 하며, 우리의 모든 인지 활동의 기반이 된다.

인간의 언어 사용과 개념 학습(concept learning), 그리고 다양한 언어적 보편성을 분석하는 것은 LoT를 역공학(reverse engineering)적으로 추론하는 데 중요한 방법론이다. 언어 사용은 사람들이 일상적으로 어떻게 사고하고 의사소통하는지를 보여주며, 개념 학습은 사람들이 새로운 정보를 어떻게 받아들이고 이해하는지를 나타낸다. 예를 들어, 어린아이가 언어를 배우는 과정을 관찰함으로써, LoT가 어떻게 형성되고 발달하는지를 이해할 수 있다. 아이들은 단어와 구문을 통해 세상에 대한 지식을 습득하고, 이를 바탕으로 복잡한 사고 과정을 발전시킨다. 이러한 과정에서 LoT는 중요한 역할을 한다. 개념 학습을 통해, 우리는 사람들이 새로운 개념을 어떻게 습득하고 이를 기존의 지식과 통합하는지를 이해할 수 있다.

또한 언어적 보편성은 서로 다른 언어들 사이에서 공통적으로 나타나는 구조와 패턴을 분석함으로써, 인간 사고의 보편적 원리(universal principle)를 밝혀낼 수 있다. 예를 들어, 모든 언어에는 명사와 동사와 같은 기본적인 문법적 범주가 존재하며, 이는 인간의 보편적인 사고 구조를 반영한다. 이러한 보편성은 LoT의 원시 개념(primitive concept)을 추론하는 데 중요한 단서를 제공한다. 언어적 보편성(linguistic universality)은 인간이 어떻게 생각하고 정보를 처리하는지를 이해하는 데 있어서 핵심적인 역할을 한다. 언어적 보편성은 또한 우리가 서로 다른 문화와 언어 간의 공통점을 발견하고, 이를 통해 인간 인지의 보편적 구조를 이해하는 데 도움이 된다.

이러한 다양한 데이터를 종합하여 LoT의 원시 개념들을 추론하고, 이를 기반으로 LoT의 구조를 역공학적으로 재구성(restructure)해 나갈 수 있다. 예를 들어, 여러 언어에서 숫자를 표현하는 방식을 분석함으로써, 숫자 개념이 LoT 내에서 어떻게 표상되는지를 이해할 수 있다. 숫자 개념은 단순히 계산을 위한 도구가 아니라, 인간이 세상을 이해하고 구조화하는 중요한 방법 중 하나이다. 이를 통해 LoT의 복잡성을 이해하고, 이를 기반으로 더 정확하고 효율적인 언어 모델을 개발할 수 있다. LoT의 원시 개념을 이해함으로써, 우리는 인간의 인지 과정(cognitive process)을 더 잘 이해할 수 있고, 이를 통해 더 나은 인공지능 시스템을 개발할 수 있다.

요약하면, LoT는 우리의 마음속에서 작용하는 중요한 내적 언어로, 이를 연구하기 위해서는 다양한 간접적인 접근 방법이 필요하다. 인간의 언어 사용, 개념 학습, 언어적 보편성을 분석함으로써 LoT의 원시 개념을 추론하고, 이를 역공학적으로 재구성할 수 있다. 이를 통해 우리는 인간의 사고와 언어 구조를 더 깊이 이해하고, 더 나아가 인공지능과 자연어 처리 기술을 향상시킬 수 있을 것이다. LoT를 이해하는 것은 단순히 언어학적 연구에 그치지 않고, 인공지능의 발전과 인간 인지(human cognition)의 이해를 도울 수 있는 중요한 단서가 될 것이다.

3.3 데이터 기반 접근

사고의 언어(LoT)의 원시 개념을 이해하기 위해서는 다양한 언어에서 숫자를 나타내는 형태소(morpheme)와 그 조합 방식(combination method)을 면밀히 분석해야 한다. 숫자는 언어적 표현에서 매우 기본적이고 보편적인 개념 중 하나로, 이를 통해 LoT의 복잡성(complexity)과 정보 전달 방식(informativeness)을 연구할 수 있다. 숫자는 우리가 일상 생활에서 자주 사용하는 개념이며, 계산(calculation), 시간, 거리 등을 포함한 여러 맥락에서 중요한 역할을 한다. 따라서, 숫자를 표현하는 방식은 LoT를 이해하는 데 중요한 단서를 제공할 수 있다. 다양한 언어에서 숫자를 표현하는 방법을 비교하고 분석함으로써, 숫자 개념을 설명하는 LoT 표상을 추론할 수 있다. 이러한 분석은 우리가 언어의 기본 구조와 그 기능을 더 잘 이해하는 데 중요한 역할을 하며, 이를 통해 LoT의 본질을 파악할 수 있다.

예를 들어, 어떤 언어는 숫자를 표현할 때 단순한 형태소를 사용하지만, 다른 언어는 더 복잡한 조합 방식을 사용할 수 있다. 어떤 언어는 "일", "이", "삼"과 같은 단순한 형태소를 사용하여 숫자를 표현하는 반면, 다른 언어는 "열하나", "스물둘"과 같이 형태소를 결합하여 더 복잡한 숫자를 표현할 수 있다. 이러한 차이를 분석함으로써, 각 언어가 복잡성(complexity)과 정보 전달(informativeness)의 균형(trade-off)을 어떻게 최적화하는지를 이해할 수 있다. 예를 들어, 일부 언어는 간결성(conciseness)과 명확성(explicitness)을 중시하여 단순한 숫자 표현을 사용하며, 다른 언어는 더 많은 정보를 전달하기 위해 복잡한 조합 방식을 사용할 수 있다.[10] 이러한 분석을 통해 우리는 각 언어가 어떻게 숫자 개념을 표상하고, 그 복잡성과 정보를 전달하는지에 대한 깊은 통찰을 얻을 수 있다.

이 과정에서 다양한 데이터 수집 방법을 활용하여, 최대한 많은 언어에서 숫자 표현 데이터를 수집하고, 이를 체계적으로 분석해야 한다. 데이터를 수집하는 방법으로는 언어학적 자료, 현장 조사(field investigation), 문헌 연구(literature study) 등이 있을 수 있다. 언어학적 자료는 이미 존재하는 언어 데이터베이스와 사전을 활용하여 숫자 표현을 분석하는 데 유용하다. 현장 조사는 특정 언어를 사용하는 사람들과 직접 인터뷰하거나

---

10) 예를 들어, 일부 언어는 간결성(conciseness)과 명확성(explicitness)을 중시하여 단순한 숫자 표현을 사용하며, 다른 언어는 더 많은 정보를 전달하기 위해 복잡한 조합 방식을 사용할 수 있다. 첫째, 한국어는 간결성과 명확성을 중시하여 단순한 숫자 표현을 사용한다. 예를 들어, "삼십오"는 "35"를 의미하며, "삼(3)"과 "십(10)"의 조합으로 간단하게 숫자를 나타낸다. 둘째, 프랑스어는 더 많은 정보를 전달하기 위해 복잡한 조합 방식을 사용할 수 있다. 예를 들어, "95"는 "quatre-vingt-quinze"로 표현되며, 이는 "4×20+15"를 의미한다. 이처럼 프랑스어는 숫자를 표현할 때 더 복잡한 구조를 사용하여 정보를 전달한다.

관찰하여 숫자 표현을 기록하는 방법이다. 문헌 연구는 과거의 언어 연구와 문헌을 통해 숫자 표현에 대한 정보를 수집하는 방법이다. 이러한 다양한 방법을 통해 수집된 데이터를 체계적으로 분석하여 숫자 개념을 설명하는 데 사용되는 기본적인 LoT 원시 개념들을 도출할 수 있다. 이러한 데이터 수집 방법을 통해 다양한 언어에서의 숫자 표현을 포괄적으로 분석하고, 이를 통해 LoT의 기본 구조를 더 잘 이해할 수 있다.

데이터 분석은 숫자 표현의 형태소적 구성, 조합 방식, 문법적 구조 등을 면밀히 조사하는 것을 포함한다. 예를 들어, 숫자 표현에서 사용되는 형태소들이 어떻게 결합되어 더 큰 숫자를 형성하는지를 분석할 수 있다. 이는 각 언어의 숫자 체계가 LoT 내에서 어떻게 작동하는지를 이해하는 데 도움이 된다. 형태소 분석을 통해, 숫자 표현에서 나타나는 규칙성(regularity)과 불규칙성(irregularity)을 파악하고, 이를 통해 LoT의 복잡성과 정보 전달 방식을 이해할 수 있다. 이러한 분석은 우리가 숫자 개념을 어떻게 인식하고 처리하는지에 대한 중요한 통찰을 제공하며, 이를 통해 LoT의 기본 원리를 더 잘 이해할 수 있다. 형태소와 문법 구조의 분석을 통해, 우리는 각 언어의 숫자 표현 방식이 LoT의 원리를 어떻게 반영하는지를 알 수 있다.

이를 통해 숫자 개념을 설명하는 데 사용되는 기본적인 LoT 원시 개념들을 도출할 수 있다. 이러한 개념들은 우리가 숫자를 인식하고 처리하는 방식에 대한 중요한 통찰을 제공한다. 예를 들어, 숫자를 구성하는 기본적인 형태소들이 어떤 의미를 가지며, 어떻게 결합되어 더 복잡한 숫자를 형성하는지를 이해할 수 있다. 이러한 분석은 LoT가 어떻게 작동하며, 우리의 사고와 언어 사용에 어떤 영향을 미치는지를 이해하는 데 중요한 역할을 한다. 이를 통해 우리는 숫자 개념의 구조와 기능을 더 깊이 이해하고, 이를 바탕으로 더 정교한 언어 모델을 개발할 수 있다. 이러한 분석은 LoT의 기본 원리를 이해하고, 이를 통해 인간 사고의 복잡성과 정보 전달 방식을 더 잘 이해할 수 있게 한다.

요약하면, LoT의 원시 개념을 이해하기 위해서는 다양한 언어에서 숫자를 나타내는 형태소와 그 조합 방식을 면밀히 분석해야 한다. 이를 통해 우리는 숫자 개념을 설명하는 LoT 표상을 추론하고, 이를 바탕으로 LoT의 복잡성과 정보 전달 방식을 이해할 수 있다. 이러한 데이터 기반 접근은 LoT를 더 깊이 이해하고, 이를 통해 더 정확하고 효율적인 언어 모델을 개발하는 데 기여할 수 있다. 이를 통해 우리는 언어의 구조와 기능을 더 잘 이해하고, 인공지능과 자연어 처리 기술을 더욱 발전시킬 수 있을 것이다.

이러한 접근은 LoT의 복잡성과 정보 전달 방식을 이해하는 데 필수적이며, 이를 통해 우리는 인간 사고의 본질을 더 잘 파악할 수 있다. 데이터 기반 접근은 LoT를 이해하는 데 중요한 도구이며, 이를 통해 우리는 더 신뢰할 수 있는 언어 모델을 개발할 수 있다.

3.4 언어 모델 평가

LoT 가설을 평가하기 위해서는 다양한 가설을 제시하고, 각 가설이 자연 언어와 얼마나 잘 맞아떨어지는지를 면밀히 분석해야 한다. 이를 위해 Denić & Szymanik(2022)는 48개의 LoT 가설을 제시하고, 각 가설이 131개의 자연 언어 데이터와 얼마나 일치하는지를 평가한다. 이 과정에서 각 언어의 숫자 구성 방식과 이를 설명하는 LoT 표상을 비교 분석하여, 가장 적합한 가설을 찾아내는 것이 목표이다. 언어 모델 평가 과정은 매우 중요하며, 이를 통해 LoT의 원시 개념을 정확히 파악하고, 이를 바탕으로 더 신뢰할 수 있는 언어 모델을 개발할 수 있다. 가설의 타당성(validity)과 신뢰성(reliability)을 평가하는 과정은 각 가설이 자연 언어와 얼마나 잘 일치하는지를 측정하는 것이며, 이는 가설의 정확성을 평가하는 데 필수적이다. 평가 결과를 통해 가장 타당한 가설을 도출하고, 이를 통해 자연 언어의 구조와 기능을 이해하는 데 중요한 단서를 얻을 수 있다.

언어 모델 평가 과정에서는 각 가설이 언어의 복잡성과 정보 전달 균형을 얼마나 잘 설명하는지를 분석한다. 예를 들어, 특정 가설이 대부분의 언어에서 나타나는 패턴을 잘 설명하는 경우, 그 가설이 가장 적합한 LoT 원시 개념 세트일 가능성이 높다. 이 가설은 여러 언어에서 공통적으로 나타나는 숫자 표상 방식을 잘 설명해야 한다. 예를 들어, 한국어는 간결성과 명확성을 중시하여 단순한 숫자 표현을 사용하며, 프랑스어는 더 많은 정보를 전달하기 위해 복잡한 조합 방식을 사용한다. 이러한 언어 간의 차이를 이해함으로써, 가설은 숫자 표상에서의 복잡성과 정보 전달의 균형(trade-off)을 최적화(optimization)할 수 있다. 이는 숫자 표상의 단순성과 복잡성 사이의 최적의 균형을 설명할 수 있는 설명력을 의미한다. 다양한 언어에서 관찰되는 이러한 패턴을 포괄적으로 설명할 수 있는 가설은 LoT의 원시 개념 세트로서의 타당성을 가질 수 있다. 이러한 분석은, 가설이 어떻게 숫자 표상의 다양한 형태를 포괄하고 설명할 수 있는지를 보여준다. 궁극적으로, 이 가설이 여러 언어의 숫자 표상 방식을 이해하고 예측하는 데 얼마나 유용한지를 평가함으로써, LoT 원시 개념 세트로서의 적합성을 판단할 수 있다. 가설이 언어 간의 보편적인 패턴(universal pattern)을 잘 설명하면, 이는 인간 사고의 보편적 원리를 반영할 가능성이 높다. 이는 모델이 여러 언어에서 일관된 결과를 도출할 수 있도록 돕는다. 또한 각 가설이 다양한 언어적 특성을 어떻게 반영하고 있는지, 그리고 이러한 특성이 언어의 복잡성과 정보 전달의 효율성(efficiency)을 어떻게 최적화하는지를 면밀히 분석해야 한다. 이는 가설이 인간의 언어적 사고 방식을 얼마나 잘 반영하는지를 평가하는 데 중요한 요소이다.

반면, 일부 가설은 특정 언어에만 적용될 수 있으며, 이러한 가설은 전체적인 보편성을 갖추지 못할 수 있다. 이러한 경우, 해당 가설은 특정 문화나 언어의 특수한 구조를 반영할 수 있지만, 인간 사고의 보편적인 특성을 설명하는 데는 한계가 있을 수 있다. 이로 인해, 언어 모델 평가 과정에서는 이러한 가설의 한계를 인식하고, 더 보편적인 패턴을 설명할 수 있는 가설을 찾는 것이 중요하다. 이는 언어 모델이 특정 언어에 국한되지 않고, 다양한 언어에서 일관되게 적용될 수 있도록 돕는다. 또한 특정 언어에만 적용되는 가설은 그 언어의 문화적, 사회적 맥락에 따라 다르게 나타날 수 있으며, 이는 모델의 보편성을 저해할 수 있다. 따라서, 언어 모델 평가 과정에서는 이러한 문화적, 사회적 요인을 고려하여 가설의 보편성을 평가하는 것이 중요하다.

이러한 평가 과정을 통해 가장 신뢰할 수 있는 LoT 가설을 도출하고, 이를 통해 자연언어의 구조와 기능을 더 깊이 이해할 수 있다. 언어 모델 평가 과정은 데이터의 수집과 분석, 가설의 검증과 비교, 그리고 최종적으로 가장 적합한 가설을 선택하는 일련의 과정을 포함한다. 이 과정에서 다양한 통계적 방법과 분석 도구를 사용하여 가설의 타당성과 신뢰성을 평가해야 한다. 이는 언어 모델이 언어 데이터를 정확히 반영하고, 이를 바탕으로 더 신뢰할 수 있는 결과를 도출할 수 있도록 돕는다. 언어 모델 평가 과정은 데이터를 수집하고 체계적으로 분석하여 각 가설이 언어 데이터를 얼마나 잘 설명하는지를 평가하는 것을 포함한다. 이는 언어 모델이 언어의 구조적 복잡성을 정확히 반영하고, 이를 통해 신뢰할 수 있는 언어 모델을 개발하는 데 중요한 역할을 한다. 또한 언어 모델 평가 과정은 새로운 데이터를 포함하여 지속적으로 업데이트되고 개선되어야 한다. 언어가 지속적으로 변화하고 발전하기 때문에, 언어 모델이 최신 데이터를 반영하고, 더 정확한 결과를 도출할 수 있도록 지속적인 데이터 수집과 분석, 가설의 검증과 개선을 포함해야 한다. 이는 언어 모델이 변화하는 언어 환경에 적응하고, 이를 통해 더 신뢰할 수 있는 언어 모델을 개발하는 데 중요한 역할을 한다.

요약하면, 언어 모델 평가 과정은 LoT 가설을 정확히 파악하고, 이를 바탕으로 더 신뢰할 수 있는 언어 모델을 개발하는 데 중요한 역할을 한다. 이를 통해 자연 언어의 구조와 기능을 더 깊이 이해하고, 더 신뢰할 수 있는 언어 모델을 개발할 수 있다. 언어 모델 평가 과정은 데이터의 수집과 분석, 가설의 검증과 비교, 그리고 최종적으로 가장 적합한 가설을 선택하는 일련의 과정을 포함한다. 이는 언어 모델이 언어 데이터를 정확히 반영하고, 이를 바탕으로 더 신뢰할 수 있는 결과를 도출할 수 있도록 돕는다. 언어 모델 평가 과정은 또한 새로운 데이터를 포함하여 지속적으로 업데이트되고 개선되어야 하며, 이를 통해 언어 모델이 최신 데이터를 반영하고, 더 신뢰할 수 있는 결과를 도출할 수 있도록 돕는다. 이러한 지속적인 평가와 개선 과정은 언어 모델의 정확성을 높이고, 이를 통해 더 신뢰할 수 있는 언어 모델을 개발하는 데 중요한 역할을 한다.

4. 인간 언어의 통사 구조에 대한 역공학적 접근

4.1 도입

이 절에서는 Kim et al.(2023)에서의 연구 배경과 연구 목적을 설명한다. 먼저, 인간 뇌의 언어 처리(language processing) 메커니즘을 이해하는 것이 왜 중요한지를 설명한다. 인간의 뇌는 복잡한 신경 네트워크로 구성되어 있으며, 언어 처리는 이러한 네트워크의 중요한 기능 중 하나이다. 이를 이해하기 위해서는 역공학(reverse engineering)의 방법을 사용할 수 있다. 역공학은 기존 시스템을 분석하여 그 구성 요소(components)와 작동 원리(operating principles)를 파악하고, 이를 바탕으로 새로운 시스템을 설계하거나 기존 시스템을 개선하는 방법론이다.

인간 뇌의 언어 처리 메커니즘을 역공학적으로 분석함으로써 인공지능 및 자연어 처리 시스템 개발에 큰 기여를 할 수 있다. 예를 들어, 인간이 언어를 이해(comprehension)하고 생성(generation)하는 방식을 모방함으로써 더 정교하고 자연스러운 언어 모델을 만들 수 있다. 이는 챗봇, 번역기, 음성 인식 시스템 등 다양한 응용 분야에서 혁신을 가능하게 한다.

또한 Kim et al.(2023)에서는 통사 구조 모델링의 필요성과 현재 접근 방법들의 한계를 간략히 설명한다. 통사 구조 모델링은 문장 내 단어들 간의 관계를 파악하고, 이를 통해 문장의 의미를 이해하는 과정을 포함한다. 현재 사용되고 있는 통사적 표상(syntactic representation) 기법들은 여러 가지 한계를 가지고 있다. 예를 들어, 특정 언어에 특화된 신경망 언어 모델들은 다른 언어에 적용하기 어려우며, 다양한 언어 간의 공통적인 구조(universal structure)를 파악하는 데 한계가 있다. 이러한 문제를 해결하기 위해 새로운 접근 방법이 필요하다.

4.2 새로운 통사 모델링 접근: synapper

4.2.1 synapper의 개념과 설계 원리

이 절에서는 Kim et al.(2023)에서 제안된 새로운 통사 모델링 기법인 synapper를 소개한다. synapper는 다양한 언어의 통사 구조를 통합적으로 모델링하기 위해 고안된 새로운 접근 방법이다. 기존의 통사 구조 모델링 방법들은 주로 한 가지 언어의 문법적 규칙에 의존하며, 다른 언어로의 적용이 어려운 경우가 많다. synapper는 이러한 문제를 해결하기 위해 개발된 기법으로, 여러 언어의 통사 구조를 동시에 다룰 수 있는 유연성을 제공한다.

먼저, synapper의 개념과 설계 원리를 설명한다. synapper는 단어들 간의 관계를 여러 차원(multi-dimension)에서 연결하여 시각적으로 표상하는 방식으로, 이를 통해 언어 간의 번역(translation) 및 문장 생성(sentence generation)에서 높은 정확도를 달성할 수 있다. synapper의 기본 아이디어는 단어 간의 관계를 다양한 차원에서 분석하고, 이를 통합하여 하나의 그래프 구조(graph structure)로 표상하는 것이다. 이를 통해 문장의 의미와 구조를 동시에 고려할 수 있으며, 보다 정확한 언어 처리 결과를 얻을 수 있다. synapper는 이러한 다차원적 접근을 통해 언어의 복잡한 통사 구조를 효과적으로 모델링할 수 있다.

4.2.2 synapper의 그래프 구조

synapper의 설계 원리는 각 단어를 노드(node)로, 단어들 간의 관계를 엣지(edge)로 표상하는 그래프 구조를 기반으로 한다. 이 그래프 구조는 각 단어와 그 단어 간의 관계를 시각적으로 표상하여 언어의 복잡한 통사 구조를 명확하게 드러낸다. 이러한 구조는 기계 학습 모델(machine learning model)이 더 쉽게 학습할 수 있도록 돕는다. 단어 간의 관계를 시각적으로 명확하게 나타내어, 번역기나 언어 생성 모델(sentence generation model)이 더 정확한 결과를 낼 수 있도록 지원한다.

4.2.3 synapper의 그래프 구조

synapper의 설계 원리는 각 단어를 노드(node)로, 단어들 간의 관계를 엣지(edge)로 표상하는 그래프 구조를 기반으로 한다.[11] 이 그래프 구조는 각 단어와 그 단어 간의 관계를 시각적으로 표상하여 언어의 복잡한 통사 구조(syntactic structure)를 명확하게 드러난다. 그래프 구조는 복잡한 문장의 통사 구조를 시각적으로 표상할 수 있으며, 이는 기계 학습 모델이 더 쉽게 학습할 수 있도록 돕는다. 그림 1

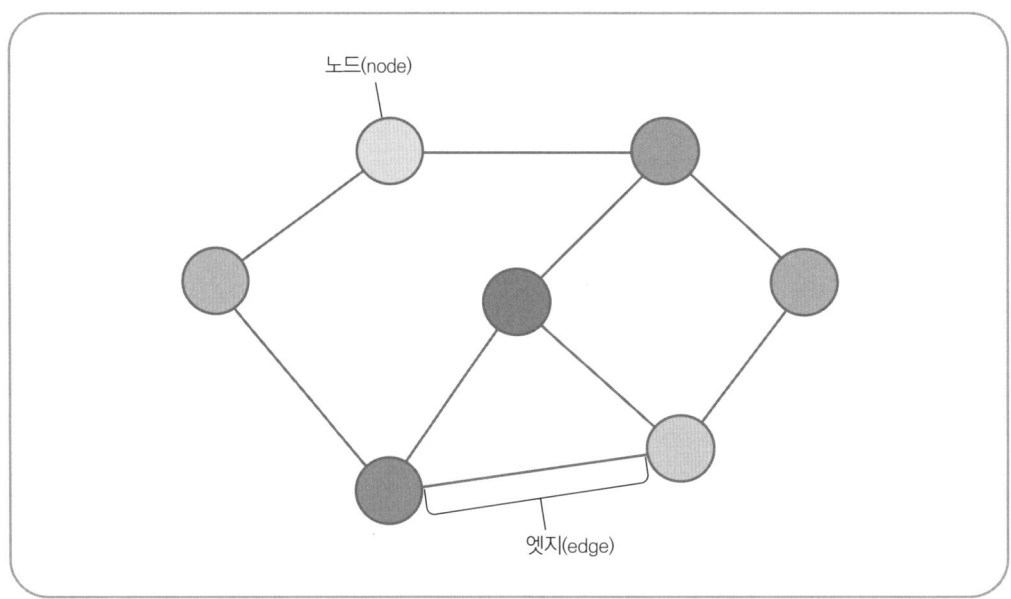

그림 1 이 그림은 graph 구조를 나타낸다. 노드(node)는 점(point)으로 표시되며, 서로 연결되는 지점을 나타낸다. 엣지(edge)는 노드를 연결하는 선(line)으로 노드 간의 관계를 나타낸다.

---

11) 수학 그래프 이론(graph theory)에서, 노드(또는 정점(vertex))는 개체나 위치를 나타내며, 그래프의 기본 단위이다. 엣지(또는 간선)는 두 노드를 연결하는 선으로, 노드 간의 관계나 경로(path)를 표상한다. 노드와 엣지는 함께 복잡한 네트워크 구조를 형성하고, 다양한 연결성과 경로 분석을 가능하게 한다.

또한 synapper의 그래프 구조는 다양한 언어 간의(cross-lingual) 통사 구조(syntactic structure)를 비교하고 통합할 수 있는 유연성을 제공한다. 예를 들어, 영어와 한국어의 문장 구조는 상당히 다르지만, synapper의 언어 공통적 그래프 구조를 통해 두 언어의 통사적 특징을 동시에 모델링할 수 있다. 이를 통해 언어 간의 번역 및 문장 생성(sentence-generation)에서 높은 정확도를 달성할 수 있다.

4.3 기존 기법과의 차별성

특히, synapper는 기존의 통사적 표상 기법들과 차별성을 가지고 있다. 기존 기법들은 주로 단일 차원(mono-dimensional)의 관계만을 고려하지만, synapper는 다차원적(multi-dimensional) 관계를 고려하여 더 정교한 모델을 제공한다. 예를 들어, 전통적인 통사 구조 모델은 주로 주어-동사-목적어와 같은 기본적인 문장 구조를 중점적으로 다루지만, synapper는 이러한 기본적인 관계뿐만 아니라 수식어, 부사, 전치사와 같은 복잡한 문법 요소들도 함께 고려한다. 이는 더 복잡한 문장을 정확하게 모델링할 수 있게 하며, 다양한 언어에서의 적용 가능성을 높인다.

기존 기법들은 주로 트리 구조를 사용하여 문장의 통사 구조를 표상한다. 이러한 트리 구조(tree structure)는 단순한 문장에서는 효과적일 수 있지만, 복잡한 문장에서 발생하는 다차원적 관계를 표상하는 데 한계가 있다. 예를 들어, 수식어가 여러 개의 단어를 수식(modify)하는 경우, 트리 구조는 이러한 관계를 명확하게 나타내기 어렵다. 반면, synapper는 다차원 그래프를 사용하여 이러한 복잡한 관계를 명확하게 나타낼 수 있다.

또한 synapper는 언어 간의 구조적 차이를 효과적으로 처리할 수 있는 유연성을 가지고 있다. 예를 들어, 영어는 주로 주어-동사-목적어의 구조를 따르지만, 한국어는 주어-목적어-동사의 구조를 따른다. synapper는 이러한 구조적 차이를 고려하여, 각 언어의 특성에 맞춘 통사 구조를 모델링할 수 있다. 이를 통해 더 정확한 번역과 문장 생성을 가능하게 한다.

synapper의 또 다른 차별성은 기계 학습 모델(machine learning model)이 쉽게 학습할 수 있도록 돕는 시각적 표상 방법이다. 단어 간의 관계를 시각적으로 명확하게 나타내어, 모델이 이러한 관계를 더 쉽게 이해하고 학습할 수 있다. 이는 학습 효율성(learning efficiency)을 높이고, 모델의 성능을 향상시키는 데 큰 도움이 된다. 이러한 차별성 덕분에, synapper는 기존의 통사적 표상 기법들보다 더 우수한 성능을 발휘할 수 있다.

4.4 사례 연구: 영어와 한국어

영어와 한국어와 같은 다양한 자연 언어들에 대한 사례 연구를 통해 synapper의 적용 방법과 그 효과를 보여준다. 예를 들어, 영어 문장의 통사 구조를 synapper로 모델링하고, 이를 한국어 문장으로 번역하는 과정에서 synapper가 높은 정확도를 달성하는 사례를 제시한다. 영어에서 한국어로 번역할 때, 두 언어 간의 통사 구조 차이에도 불구하고 synapper는 정확하고 자연스러운 번역을 생성할 수 있다. 이는 synapper가 단순히 단어를 일대일(one-to-one)로 대응시키는 것이 아니라, 문장의 전체적인 구조와 의미를 이해하고 이를 반영하여 번역을 수행하기 때문이다.

영어와 한국어는 문장 구조와 어순(word order)에서 많은 차이를 보인다. 영어는 주로 주어-동사-목적어(SVO) 구조를 따르는 반면, 한국어는 주어-목적어-동사(SOV) 구조를 따른다. 이러한 차이로 인해 기존의 번역 기법들은 두 언어 간의 문장 구조를 정확하게 일치시키기 어려운 경우가 많다. 그러나 synapper는 이러한 구조적 차이를 고려하여, 각 언어의 특성에 맞춘 통사 구조를 모델링할 수 있다.

예를 들어, "I eat apples"라는 영어 문장을 한국어로 번역할 때, 기존 기법들은 단순히 단어를 대응시키는 방식으로 번역을 수행할 수 있다. 하지만, synapper는 문장의 전체 구조와 의미를 이해하고, "나는 사과를 먹는다"와 같이 자연스러운 번역을 생성할 수 있다. 이는 synapper가 단어 간의 관계를 다차원적으로 분석하고, 이를 반영하여 번역을 수행하기 때문이다.

또한 synapper는 다양한 자연 언어들 간의 상호작용을 모델링하는 데에도 유용하다. 예를 들어, 영어와 한국어, 중국어와 같은 여러 언어를 동시에 다루는 다국어 번역 시스템(multi-lingual translation system)에서 synapper는 각 언어의 특성과 구조를 정확하게 반영하여, 더 정확하고 일관된 번역을 제공한다. 이러한 사례 연구는 synapper가 다양한 언어 간의 번역 및 문장 생성에서 유용하게 활용될 수 있음을 입증한다. synapper를 통해 다양한 언어의 통사 구조를 통합적으로 모델링함으로써, 다국어 환경에서도 높은 성능을 유지할 수 있다.

synapper의 적용 사례는 영어와 한국어뿐만 아니라, 다른 언어 간의 번역과 문장 생성에서도 높은 정확도를 달성할 수 있음을 보여준다. 예를 들어, 중국어 문장의 통사 구조를 모델링하고 이를 영어로 번역하는 과정에서 synapper는 높은 정확도를 보인다. 이러한 결과는 synapper가 언어 간의 구조적 차이를 효과적으로 처리할 수 있음을 입증한다. 이는 다국어 번역 시스템의 성능을 크게 향상시키는 데 기여할 수 있다.

4.5 통사 구조의 역공학적 측면

synapper는 통사 구조의 역공학적 접근 방식을 채택하여 언어 간 번역 및 문장 생성에서 높은 정확도를 달성한다. 역공학은 기존 시스템의 구조와 기능을 분석하여 이를 재구성(restructure)하거나 개선하는 과정을 의미한다. synapper는 이러한 역공학적 접근 방식을 통해 다양한 언어의 통사 구조를 모델링하고, 이를 기반으로 언어 처리 시스템을 개선한다.

먼저, synapper는 각 언어의 통사 구조를 분석하여 그 언어의 고유한 문법 규칙과 구조적 패턴을 파악한다. 이를 통해 언어 간의 구조적 차이와 공통점을 식별하고, 이러한 정보를 바탕으로 다차원 그래프를 생성한다. 이 그래프는 단어들 간의 관계를 시각적으로 표상하여 복잡한 문장의 구조를 명확하게 드러낸다. 이러한 접근 방식은 기존의 통사 구조 모델링 기법들이 가지는 한계를 극복하고, 더 정교하고 정확한 모델을 제공한다.

예를 들어, synapper는 영어 문장의 주어-동사-목적어(SVO) 구조와 한국어 문장의 주어-목적어-동사(SOV) 구조를 분석하여, 각 언어의 특성을 반영한 통사 구조를 그래프 형태로 재구성한다. 이를 통해 언어 간의 구조적 차이를 명확하게 이해하고, 번역 과정에서 발생할 수 있는 오류를 최소화한다. 또한 synapper는 이러한 다차원 그래프 구조를 통해 문장의 전체적인 의미를 고려하여 번역을 수행함으로써, 더 자연스럽고 정확한 번역 결과를 제공한다.

synapper의 역공학적 접근은 또한 기계 학습 모델의 학습 효율성을 높이는 데 기여한다. 단어 간의 관계를 시각적으로 명확하게 나타내어 모델이 이러한 관계를 더 쉽게 이해하고 학습할 수 있도록 돕는다. 이는 학습 속도를 향상시키고, 모델의 성능을 극대화하는 데 큰 도움이 된다. 또한 synapper의 그래프 구조는 새로운 언어의 통사 구조를 쉽게 추가할 수 있어, 시스템의 확장성과 유지 보수성을 크게 향상시킨다.

요약하면, synapper는 통사 구조의 역공학적 접근 방식을 통해 언어 간 번역 및 문장 생성에서 높은 정확도와 일관성을 달성한다. 이는 다양한 언어의 통사 구조를 분석하고 재구성함으로써, 더 정교하고 효율적인 언어 처리 시스템을 제공한다. 이러한 접근 방식은 인공지능 및 자연어 처리 시스템의 발전에 중요한 기여를 하며, 실제 응용 분야에서 혁신적인 변화를 가져올 것으로 기대된다.

4.6 다국어 번역 시스템에서의 활용

synapper는 다양한 자연어들 간의 상호작용을 모델링하는 데에 특히 유용하며, 다국어 번역 시스템에서 강력한 성능을 발휘한다. 다국어 번역 시스템은 여러 언어를 동시에 처리하고 번역해야 하는데, synapper는 각 언어의 특성과 구조를 정확하게 반영하여 더욱 정확하고 일관된 번역을 제공한다. 이를 통해 복잡한 문장의 번역 정확도를 높이고, 다양한 언어 간의 일관성을 유지할 수 있다.

예를 들어, 영어, 한국어, 중국어와 같은 여러 언어를 동시에 다루는 다국어 번역 시스템에서 synapper는 각 언어의 문법적 특성, 단어 간의 관계, 통사 구조를 정밀하게 모델링한다. 영어는 주로 주어-동사-목적어(SVO) 구조를 따르고, 한국어는 주어-목적어-동사(SOV) 구조를 따르며, 중국어는 주어-동사-목적어(SVO) 구조를 따르지만 단어 순서와 사용 빈도가 다르다. synapper는 이러한 언어적 차이를 반영한 그래프 구조를 생성하여, 번역 과정에서 발생할 수 있는 오류(error)를 최소화한다.

또한 synapper는 단순히 단어를 일대일로 대응시키는 번역 방식을 넘어서, 문장의 전체적인 구조와 의미를 통합적으로 이해하고 번역한다. 예를 들어, "The cat sits on the mat"이라는 영어 문장을 "고양이가 매트 위에 앉아 있다"라는 한국어 문장으로 번역할 때, synapper는 각 단어 간의 관계를 정확히 이해하여, 자연스럽고 정확한 번역을 생성할 수 있다. 이는 synapper가 단어 간의 관계뿐만 아니라 문맥적 의미까지 고려하기 때문에 가능하다.

synapper의 유연한 그래프 구조는 새로운 언어를 쉽게 추가할 수 있는 장점을 제공한다. 다국어 번역 시스템은 새로운 언어를 지원할 때마다 기존 시스템을 크게 수정해야 하는 경우가 많지만, synapper는 새로운 언어의 통사 구조를 그래프에 추가하기만 하면

된다. 예를 들어, 기존의 영어-한국어 번역 시스템에 일본어를 추가할 때, synapper는 일본어의 통사 구조를 그래프에 간단히 통합할 수 있다. 이러한 유연성은 다국어 번역 시스템의 확장성(extensibility)과 유지 보수성을 크게 향상시킨다.

요약하면, synapper는 다국어 번역 시스템에서 높은 정확도와 일관성(consistency)을 유지하며, 유연한 확장성을 제공하는 강력한 도구이다. 다양한 언어의 특성과 구조를 정확하게 반영하여 언어 간 번역 및 문장 생성에서 뛰어난 성능을 발휘한다. 이러한 장점 덕분에 synapper는 다국어 번역 시스템의 성능을 크게 향상시킬 수 있으며, 실제 응용 분야에서 매우 유용하게 활용될 수 있다. 이는 인공지능 및 자연어 처리 시스템의 발전에 중요한 기여를 할 것으로 기대된다.

4.7 종합

이 절에서는 연구 결과를 요약하고, synapper가 인공지능 언어 모델의 성능을 어떻게 향상시킬 수 있는지 설명한다. Kim et al.(2023)의 연구 결과, synapper는 기존의 통사적 표상 기법들에 비해 더 높은 정확도와 유연성을 제공함을 확인할 수 있었다. 이를 통해 인공지능 언어 모델의 성능을 크게 향상시킬 수 있으며, 이는 다양한 실제 응용 분야에서 혁신적인 변화를 가져올 수 있다.

더 나아가, 이러한 접근 방식이 실제 응용 분야에서 가져올 혁신적인 변화와 그 가능성을 제시한다. 예를 들어, synapper를 활용한 챗봇은 사용자와의 자연스러운 대화를 가능하게 하고, 번역기는 더 정확한 번역을 제공할 수 있다. 또한 음성 인식 시스템은 다양한 언어를 더 잘 이해하고 처리할 수 있다. 이러한 혁신은 일상 생활에서의 편리함을 증대시키고, 다양한 산업 분야에서 효율성을 높이는 데 기여할 것이다.

또한 앞으로의 연구 방향과 기대되는 과제들을 논의하며, 인간 뇌의 언어 처리 메커니즘을 더욱 깊이 이해하기 위한 향후 연구의 중요성을 강조하고 있다. synapper의 성능을 더욱 향상시키기 위해서는 다양한 언어에 대한 추가적인 사례 연구와 실험이 필요하다. 또한 인간 뇌의 언어 처리 과정에 대한 더 깊은 이해를 바탕으로 synapper를 개선하고 확장할 수 있는 방법을 모색해야 한다. 이러한 연구는 인공지능과 신경과학 분야에서 중요한 진전을 이루는 데 기여할 것이다.

5. 인간의 의미 사용에 대한 역공학적 접근

5.1 도입

이번 절은 제어된 의미 인지(controlled semantic cognition)를 관장하는 피질 아키텍처(cortical architecture)에서는 역공학 접근을 제시한다. 제어된 의미 인지란 상황에 따라 다르게 의미를 해석하고, 이를 기반으로 적절한 반응을 생성하는 과정을 의미한다. 이는 인간의 인지 기능 중 매우 중요한 부분으로, 일상 생활에서 우리가 다양한 상황을 이해하고 대처하는 데 필수적이다. Jackson et al.(2021)은 이러한 복잡한 인지 과정을 이해하고 재현하기 위해 역공학적 접근법을 채택하고 있다.

역공학이란 기존 시스템의 구조와 기능을 분석하여 이를 재구성하거나 개선하는 과정을 말한다. Jackson et al.(2021)에서는 역공학을 통해 인간 뇌의 피질 아키텍처, 즉 신경 회로망(neural circuits)의 구조와 기능을 이해하고자 한다. 이를 위해 먼저 인지 시스템(cognitive system)이 수행해야 하는 기능들을 정의하고, 이러한 기능들을 최적으로 수행할 수 있는 신경 계산 기계(또는 신경 네트워크(neural network))를 평가한다. 예를 들어, 특정 상황에서 의미를 해석하는 데 필요한 정보 처리 과정을 신경 네트워크를 통해 모사(simulate)하고, 이를 통해 인간 뇌의 작동 원리(operating principle)를 밝혀내는 시도를 하고 있다.[12]

Jackson et al.(2021)은 이러한 과정을 통해 의미 인지를 수행하는 데 필요한 핵심 기능들을 구현하는 데 중요한 설계적(architectural) 요소들을 밝혀낸다. 예를 들어, 추상적인 개념을 학습하고, 이를 다양한 상황에 맞게 조정하는 능력은 의미 인지의 핵심 기능 중 하나이다. 이를 위해 Jackson et al.(2021)은 다양한 컴퓨터 시뮬레이션과 실험을 통해 신경 회로망의 구조와 기능을 분석하고, 이러한 기능들을 구현하는 데 가장 적합한 아키텍처를 찾아낸다. 이를 통해 우리는 인간 뇌의 복잡한 인지 과정(cognitive process)을 이해하고, 이를 바탕으로 더 나은 인공지능 시스템을 개발할 수 있게 된다.

---

[12] Jackson et al.(2021)에서는 특정 상황에서 의미를 해석하는 데 필요한 정보 처리 과정을 신경 네트워크를 통해 모사하고자 한다. 이를 통해, 신경 네트워크가 어떻게 정보를 처리하고 의미를 추출하는지 분석한다. 이러한 모사는 인간 뇌의 신경 회로망이 유사한 과정을 어떻게 수행하는지 이해하는 데 도움을 준다. 결과적으로, 인간 뇌의 작동 원리를 밝히고, 이를 기반으로 더 효율적인 인공지능 시스템을 개발하는 데 기여할 수 있다.

재언하면, Jackson et al.(2021)에서는 제어된 의미 인지를 이해하고 재현하기 위한 피질 아키텍처의 역공학적 접근을 제안한다. 이는 신경 과학과 인공지능 연구에 중요한 기여를 할 수 있으며, 인간의 인지 과정을 보다 깊이 이해하는 데 도움을 줄 것이다. Jackson et al.(2021)은 이러한 접근법을 통해 인간 뇌의 복잡한 기능을 해석하고, 이를 바탕으로 인공지능 기술을 발전시킬 수 있는 가능성을 제시한다.

5.2 의미 인지 시스템의 필수 기능

Jackson et al.(2021)에서는 의미 인지 시스템(semantic cognition system)이 두 가지 상반된 기능을 동시에 수행해야 한다고 주장한다. 첫 번째 기능은 시간과 상황에 관계없이 추상적인 개념 표상을 획득하는 것이다. 이는 특정한 맥락이나 상황에 좌우되지 않는 일반적이고 보편적인 개념을 학습하는 능력이다. 예를 들어, '의자'라는 개념은 다양한 형태와 용도를 가질 수 있지만, 우리는 이를 추상적으로 이해하여 상황에 관계없이 '의자'라는 개념을 인지할 수 있다. 이러한 추상적인 개념 표상을 획득하는 능력은 우리가 일상 생활에서 다양한 사물을 인식하고 이해하는 데 필수적이다.

첫 번째 기능의 중요성은 우리가 일상 생활에서 경험하는 수많은 사물과 상황을 이해하고 분류하는 데 있다. 예를 들어, 다양한 종류의 의자—책상의자, 식탁의자, 회의실의자 등—를 모두 '의자'라는 하나의 개념으로 인식할 수 있는 능력은 우리의 인지 시스템이 복잡한 세계를 간소화하여 이해할 수 있게 한다. 이는 우리의 두뇌가 많은 양의 정보를 효율적으로 처리하고 저장할 수 있게 해준다. 이러한 추상적 개념화(conceptualization) 능력은 우리가 새로운 상황에 직면했을 때도 유사한 개념을 적용하여 빠르게 이해하고 적응할 수 있도록 도와준다.

두 번째 기능은 상황(situation)에 맞게 유연하게 조정된 구체적인 행동을 생성하는 것이다. 이는 특정 상황이나 맥락(context)에 맞추어 행동을 적절하게 조정하는 능력이다. 예를 들어, 의자를 식탁 옆에 놓는 상황과 회의실에 배치하는 상황은 다를 수 있으며, 우리는 이러한 상황에 맞게 의자의 위치를 조정할 수 있다. 이러한 유연한 행동 생성(response generation) 능력은 우리가 변화하는 환경에 적응하고 적절한 반응을 보이는 데 필수적이다.

두 번째 기능은 우리가 실시간으로 환경에 반응하고 적절한 행동을 취하는 데 중요하다. 예를 들어, 길을 건널 때 신호등의 색을 확인하고 빨간불일 때 멈추고, 초록불일 때 건너는 능력은 상황에 맞게 행동을 조정하는 능력의 한 예이다. 이와 같은 유연성은 우리의 생존과 일상 생활에서의 효율성에 직접적으로 영향을 미친다. 상황에 맞는 행동을 생성하는 능력은 우리가 복잡하고 예측할 수 없는 환경에서 성공적으로 기능할 수 있도록 돕는다.

이를 위해 Jackson et al.(2021)은 여러 컴퓨터 시뮬레이션을 통해 다양한 피질 아키텍처(cortical architecture)를 테스트하였다. 이 과정에서 신경 네트워크의 구조와 기능을 다양하게 변형하여, 각각의 구조가 의미 인지의 핵심 기능을 얼마나 효과적으로 수행하는지를 평가하였다. 특히, Jackson et al.은 단일 심층 다중 모달 허브(single deep multi-modal hub)와 모달리티-특정(modality-specific) 입력에서의 희소 연결(sparse connection)을 가지는 아키텍처가 이러한 기능을 최적으로 지원한다는 결론을 내렸다.[13]

단일 심층 다중 모달 허브는 다양한 형태의 감각 입력을 통합하여 처리할 수 있는 중심 허브 역할을 한다. 예를 들어, 시각(visual), 청각(auditory), 촉각(tactile) 등의 다양한 감각 정보를 통합하여 하나의 일관된 개념으로 처리하는 것이다. 이러한 허브는 다양한 감각 정보를 통합하고, 이를 바탕으로 추상적인 개념 표상을 형성하는 데 중요한 역할을 한다. 이 허브는 모든 감각 정보를 통합하여, 개별 감각이 아닌 종합적인 이해(general understanding)를 가능하게 한다. 이는 우리가 시각적 정보와 청각적 정보를 동시에 처리하여 하나의 일관된 개념을 형성할 수 있는 이유이기도 하다.

다양한 감각 정보를 통합(integrate)하는 능력은 복잡한 환경에서의 적응을 돕는다. 예를 들어, 한 사람이 길을 건널 때 시각적 정보(신호등의 색상)와 청각적 정보(차량의 소리)를 동시에 처리하여 안전하게 길을 건널 수 있게 한다. 단일 심층 다중 모달 허브는 이러한 통합적 처리 능력을 통해, 우리가 일상 생활에서 접하는 다양한 감각 정보를 효율적으로 처리하고 일관된 개념을 형성할 수 있도록 돕는다.

또한 모달리티-특정 입력에서의 희소 연결(sparse connection)은 특정 감각 정보가 특정

---

13) 생물학적 신경망의 희소 연결(sparse connectivity)은 뇌의 신경세포들이 모든 다른 신경세포들과 연결되지 않고, 제한된 수의 신경세포들과만 연결되는 방식을 말한다. 이는 뇌의 효율적인 정보 처리를 가능하게 하며, 에너지를 절약한다. 신경세포들 간의 희소 연결은 정보 전달 경로를 최적화하고, 신호 전파 속도를 높인다. 또한 이 구조는 뇌가 다양한 기능을 수행할 수 있도록 유연성을 제공한다. 생물학적 신경망의 희소 연결은 인공 신경망 설계에도 영감을 준다.

신경세포(neuron)이나 신경세포 군집(cluster)에 선택적으로 연결되는 구조를 의미한다. 이는 각 감각 입력이 독립적으로 처리되면서도, 필요한 경우 상호작용하여 통합적으로 처리될 수 있도록 한다. 예를 들어, 시각 정보는 시각 신경세포 군집에, 청각 정보는 청각 신경세포 군집에 연결되지만, 이들 간의 상호작용이 필요할 때는 통합적인 처리가 가능하도록 하는 것이다. 이는 우리가 다양한 감각 정보를 동시에 처리하고, 이를 바탕으로 적절한 행동을 생성할 수 있도록 한다.

모달리티-특정 입력에서의 희소 연결은 감각 정보의 효율적인 처리와 통합을 가능하게 한다. 예를 들어, 촉각 정보와 시각 정보를 통합하여, 손에 닿은 물체를 시각적으로 확인하고 이를 인지하는 과정에서 중요한 역할을 한다. 이러한 희소 연결은 각 감각 정보가 독립적으로 처리되면서도, 필요한 경우 통합적으로 처리될 수 있도록 하는 유연성을 제공한다.

제어 시스템(control system)은 깊은 네트워크 층(network layer)이 아닌 주변 층(peripheral layer)에서 작동해야 한다는 결론도 도출되었다. 깊은 네트워크 층은 주로 복잡하고 추상적인 정보를 처리하는 반면, 주변 층은 보다 구체적이고 상황에 맞는 정보를 처리한다. 제어 시스템이 주변 층에서 작동함으로써, 보다 유연하고 상황에 맞는 행동 생성을 지원할 수 있다. 예를 들어, 주변 층은 현재 상황에 맞는 즉각적인 반응을 생성하는 데 중요한 역할을 하며, 이는 우리가 실시간으로 환경에 적응하고 적절한 행동을 취하는 데 필수적이다.

주변 층에서의 제어 시스템 작동은 우리가 변화하는 환경에 신속하게 적응할 수 있도록 돕는다. 예를 들어, 주변 층은 우리가 갑작스럽게 길에 나타난 장애물을 피하는 등의 즉각적인 반응을 생성하는 데 중요한 역할을 한다. 이는 우리가 실시간으로 환경을 모니터링하고, 필요한 경우 즉각적인 행동을 취할 수 있도록 한다.

요약하면, Jackson et al.(2021)에서는 의미 인지 시스템이 추상적인 개념 표상을 획득하고, 상황에 맞게 유연하게 행동을 조정하는 두 가지 핵심 기능을 동시에 수행해야 한다고 주장한다. 이를 위해 다양한 피질 아키텍처를 테스트하고, 단일 깊은 다중 모달 허브와 모달리티-특정 입력에서의 희소 연결, 그리고 주변 층에서 작동하는 제어 시스템이 이러한 기능을 최적으로(optimally) 지원한다는 결론을 내렸다.[14] 이러한 연구는 우리가

---

14) '최적으로'는 효율성과 효과성을 극대화하여 목표를 달성하는 상태를 의미한다. 이는 주어진 상

인간의 인지 과정을 더 잘 이해하고, 이를 바탕으로 더 나은 인공지능 시스템을 개발하는 데 중요한 기여를 할 수 있다. 이 연구는 인공지능 시스템의 설계와 구현에서 중요한 기준을 제공하며, 다양한 응용 분야에서 혁신적인 변화를 가져올 수 있을 것이다.

5.3 제어된 의미 인지의 모델링

Jackson et al.(2021)에서는 제어된 의미 인지의 모델링을 위해 세 가지 핵심 기능을 강조한다. 제어된 의미 인지란, 특정 상황이나 맥락에서 의미를 적절하게 이해하고, 그에 맞게 적응하는 능력을 의미한다. 이는 단순히 의미를 인지하는 것에서 더 나아가, 다양한 상황에 맞추어 의미를 동적으로 조정하고 적용하는 능력을 포함한다. 제어된 의미 인지는 고정된 지식 구조(static knowledge structure)를 넘어, 상황에 따라 유연하게 변화할 수 있는 지능적 시스템(intelligence system)의 특성을 반영한다. 이는 현대 인공지능 시스템에서 더욱 중요시되는 능력이며, 실생활의 다양한 복잡한 상황에 적응하는 데 필수적이다.

첫째, 개념적 유사성 구조(conceptual similarity structure)를 포착하는 표상(representation)을 획득해야 한다. 이는 서로 다른 개념들 사이의 유사성과 차이점을 정확히 인식하고, 이를 바탕으로 개념 간의 관계를 이해하는 것을 의미한다. 예를 들어, "사과"와 "오렌지"는 모두 과일이라는 범주(category)에 속하지만, "사과"는 "나무에서 자라며", "오렌지"는 "주로 나무에서 자라지만 감귤류에 속한다"는 차이점을 가진다. 이러한 유사성과 차이점을 포착하는 능력은 개념적 표상의 정확성을 높이는 데 필수적이다. 이를 위해 신경망 모델은 다양한 데이터셋을 학습하고, 개념(concepts) 간의 복잡한 관계를 인식할 수 있도록 설계되어야 한다. 유사성 구조의 포착은 정보의 효율적 처리와 응용에 중대한 영향을 미치며, 이는 인간의 지각과 사고 과정에서 중요한 역할을 한다.

둘째, 각 학습 에피소드(learning episodes)가 특정 항목(particular item)의 속성(attributes)에 대한 부분적이고 상황-특정(situation-specific) 정보를 제공하는 학습 에피소드로부터 상황-독립적인(situation-independent) 개념적 표상을 획득해야 한다. 이는 특정 상황에서 얻은 정보를 바탕으로, 일반적인 개념(general concept)을 학습하는 과정을 의미한다. 예

황과 조건에서 가장 적합하고 유리한 방법을 선택하여 적용함을 뜻한다. 궁극적으로, 가능한 최고의 결과를 보장할 수 있는 방식으로 작업이나 활동을 수행하는 것을 나타낸다.

를 들어, 한 아이가 빨간 사과를 여러 번 본 후에는, 비록 각각의 사과는 조금씩 다르지만, '사과'라는 일반적인 개념을 이해하게 된다. 이는 아이가 사과의 색깔, 모양, 맛 등을 통합하여 '사과'라는 개념을 형성하는 과정과 유사하다. 따라서 신경망 언어 모델은 다양한 상황에서 수집된 정보를 통합하여, 상황에 의존하지 않는 일반적인 개념(general concept)을 학습할 수 있어야 한다. 이 과정은 학습된 정보의 일반화(generalization)와 전이(transfer)를 가능하게 하며, 이는 새로운 상황에서의 적응력을 높이는 데 중요하다.

셋째, 상황에 맞는 행동(response)을 생성하도록 상황에 맞게 조정해야 한다. 이는 특정 상황에서 적절한 반응을 생성하는 능력을 의미한다. 예를 들어, "길을 건너기 위해 신호등을 기다리는 상황"에서는 빨간 불이 켜져 있을 때 기다리고, 녹색 불이 켜지면 길을 건너야 한다는 것을 의미한다. 이러한 상황-특정(situation-specific) 행동은 상황의 맥락을 이해하고, 그에 맞는 적절한 행동을 선택하는 능력에 의해 결정된다. 이는 신경망 모델이 단순히 정적인 개념(static concept)을 학습하는 것에서 벗어나, 동적인 환경에서도 적절한 행동을 할 수 있도록 학습해야 함을 의미한다. 상황에 맞는 행동 생성(response generation)은 신경망의 유연성과 적응성을 극대화하여, 다양한 환경에서 효과적으로 기능할 수 있도록 한다.

이 세 가지 기능을 모델링하기 위해 Jackson et al.(2021)은 신경망 구조를 설계하고, 다양한 컴퓨터 시뮬레이션을 통해 그 성능을 테스트한다. 이 과정에서 다중 모달 허브(multimodal hub)와 모달리티-특정 입력에서의 희소 연결이 중요한 역할을 한다. 다중 모달 허브는 다양한 형태의 입력 데이터를 통합하여 처리할 수 있는 능력을 제공하며, 이는 개념적 유사성 구조를 포착하는 데 도움을 준다. 모달리티-특정 입력에서의 희소 연결은 각 입력 모달리티 간의 정보를 효과적으로 연결하고, 상황에 맞는 행동을 생성하는 데 기여한다. 이러한 신경망 구조의 설계는 인공지능 시스템의 복잡한 기능을 효과적으로 구현할 수 있게 하며, 실제 환경에서의 적용 가능성을 높인다.

Jackson et al.(2021)은 이러한 모델링을 통해, 의미 인지 시스템이 어떻게 다양한 상황에서 유연하게 적응하고, 적절한 반응을 생성할 수 있는지를 이해하고자 한다. 이를 통해, 신경 과학 및 인공지능 연구에서 중요한 통찰력을 얻을 수 있으며, 더 나은 의미 인지 시스템(meaning cognition system)을 개발하는 데 기여할 수 있다. 이는 인공지능 시스템의 실용적 응용을 확대하고, 다양한 분야에서 혁신적인 변화를 가능하게 할 것이다. 또한 Jackson et al.(2021)의 연구는 신경 과학(neuroscience)과 인공지능(AI) 간의 협력을 통해,

인간의 인지 과정을 더욱 깊이 이해하고, 이를 기술적으로 구현하는 데 중요한 기반을 제공한다.

5.4 종합

Jackson et al.(2021)에서는 역공학 접근법이 신경 과학에서 제어된 의미 인지를 이해하는 데 중요한 통찰력을 제공하며, 다양한 아키텍처가 기능적 추상화와 상황 민감성을 동시에 어떻게 지원할 수 있는지를 설명한다. 이러한 접근법은 신경 과학 연구자들이 뇌의 복잡한 작동 원리를 더 잘 이해하는 데 도움을 줄 뿐만 아니라, 인공지능 연구자들이 더욱 정교하고 유연한 인지 시스템을 설계하는 데도 기여할 수 있다. 특히, Jackson et al.(2021)은 피질 아키텍처의 구조와 기능을 평가하여, 의미 인지 시스템이 특정 방식으로 조직된 이유를 설명할 수 있는 구체적인 기준을 제시한다.

Jackson et al.(2021)에서 제안한 역공학 접근법은 의미 인지 시스템의 핵심 기능을 구현하기 위한 피질 아키텍처의 설계 원리(design principles)를 밝혀내는 데 중점을 둔다. 이를 통해, Jackson et al.(2021)은 의미 인지 시스템이 어떻게 추상적인 개념 표상(representation)을 획득하고, 상황에 맞게 유연하게 행동을 조정하는지를 명확하게 이해할 수 있다. 이러한 이해는 인지 시스템의 실제 피질 아키텍처를 평가하는 데 중요한 기준을 제공하며, 이를 바탕으로 시스템이 특정 방식으로 조직된 이유를 설명할 수 있다. 예를 들어, 특정 신경세포 군집의 연결 패턴(connection pattern)이나 신경 네트워크의 계층적 구조(hierarchical structure)가 의미 인지의 효율성을 어떻게 향상시키는지를 분석할 수 있다.

더 나아가, Jackson et al.(2021)는 인공지능 및 자연어 처리 시스템의 설계와 구현에 직접적인 응용 가능성을 제공한다. 제안된 피질 아키텍처의 설계 원리는 인공지능 시스템이 추상적인 개념을 이해하고, 다양한 상황에 맞게 유연하게 행동을 조정할 수 있도록 돕는다. 예를 들어, 챗봇이나 번역 시스템과 같은 응용 분야에서, 이러한 원리를 적용하여 더 자연스럽고 효율적인 대화 및 번역을 수행할 수 있는 시스템을 개발할 수 있다. 이는 인공지능 시스템이 인간의 인지 과정을 모방하여 더욱 정교하고 유연한 기능을 수행할 수 있도록 하는 데 기여할 것이다.

결론적으로, Jackson et al.(2021)은 제어된 의미 인지의 핵심 기능을 구현하기 위한 피질 아키텍처의 설계 원리를 제시하며, 이를 바탕으로 신경 과학과 인공지능 연구에 중요한 통찰력을 제공한다. 이러한 역공학 접근법은 다양한 신경 아키텍처가 기능적 추상화와 상황 민감성을 동시에 어떻게 지원할 수 있는지를 설명하며, 인지 시스템의 실제 피질 아키텍처를 평가하고 이해하는 데 중요한 기준을 제시한다. 앞으로도 이러한 연구는 인공지능 및 신경 과학 분야에서 중요한 기여를 할 것이며, 이를 통해 더 나은 인공지능 시스템과 신경 과학적 모델을 개발할 수 있을 것이다.

5. 결론

본 장에서는 인간의 언어와 언어학, 특히 언어의 통사, 의미, 화용의 이해와 처리에 대한 역공학 기반 연구가 신경망 언어 모델의 발전에 필수적임을 탐구하였다. 이러한 연구를 통해 언어의 구조적 규칙과 의미론적 맥락, 그리고 실제 사용 상황에서의 화용론적 요소들을 심도 있게 분석함으로써, 신경망 언어 모델이 인간의 복잡한 언어 처리 방식을 더 잘 모방할 수 있음을 확인하였다. 통사론적 분석은 문장의 구조를 이해하고 생성하는 데 도움을 주고, 의미론적 연구는 단어와 문장의 의미를 정확하게 파악하게 한다. 또한 화용론적 접근은 신경망 모델이 문맥과 상황에 맞는 적절한 응답을 생성하는 능력을 향상시킨다. 이러한 다각적인 언어 이해는 신경망 언어 모델이 더욱 자연스럽고 정확한 언어 처리 및 생성 작업을 수행하게 하여, 번역, 질의응답, 대화형 AI 등 다양한 응용 분야에서 성능을 크게 향상시킬 수 있을 것이다.

먼저, Saba(2023)에서 제시된 상징적 표상(symbolic representation)과 신경망 언어 모델의 상향식(bottom up) 언어 학습 접근 방식을 결합하는 혼합 접근 방식이 대형 언어 모델(LLM)의 한계를 극복하고, 더 신뢰할 수 있고 이해 가능한 언어 모델을 개발하는 데 중요한 역할을 할 것임을 확인하였다. 이러한 접근 방식은 언어 모델이 단순히 텍스트의 표면적 패턴을 학습하는 것을 넘어, 언어의 깊은 구조와 의미를 이해하고 설명할 수 있도록 돕는다. 이는 자연어 처리 시스템의 전반적인 성능을 향상시키고, 사용자 경험을 개선하는 데 중요한 역할을 한다. 상징적 역공학을 통한 언어 모델은 언어의 복잡성을 더 잘 이해하고, 이를 기반으로 더 정확하고 신뢰할 수 있는 언어 처리를 가능하게 한다. 이러한 혼합 접근 방식은 AI 기술의 발전과 실제 적용에 있어서 중요한 진전을 이룰 수 있는 길을 열어줄 것이다.

다음으로, Denić and Szymanik(2022)은 사고의 언어(Language of Thought, LoT)를 통해 자연 언어의 구조와 기능을 더 깊이 이해하고, 신뢰할 수 있는 언어 모델을 개발할 수 있음을 보였다. LoT는 우리의 마음속에서 작용하는 중요한 내적 언어로, 이를 연구하기 위해서는 다양한 간접적인 접근 방법이 필요하다. 인간의 언어 사용, 개념 학습, 언어적 보편성을 분석함으로써 LoT의 원시 개념을 추론하고, 이를 역공학적으로 재구성할 수 있다. 이를 통해 인간의 사고와 언어 구조를 더 깊이 이해하고, 인공지능과 자연어 처리 기술을 향상시킬 수 있을 것이다. LoT를 이해하는 것은 언어학적 연구를 넘어 인공지능의 발전과 인간 인지(human cognition)의 이해를 도울 중요한 단서가 될 것이다.

또한 Kim et al.(2023)은 synapper의 역공학적 접근이 문장의 통사 관계를 분석하여 언어 모델 및 기계 학습 모델의 학습 효율성을 높이는 데 기여할 수 있음을 보여주었다. 단어 간의 통사 관계를 시각적으로 명확하게 나타내어 신경망 언어 모델이 이러한 관계를 쉽게 이해하고 학습할 수 있도록 돕는다. 이는 학습 속도를 향상시키고 신경망 언어 모델의 성능을 극대화하는 데 큰 도움이 된다. 또한 synapper의 그래프 구조(graph structure)는 새로운 언어의 통사 구조를 쉽게 추가할 수 있어 언어 모델 시스템의 확장성과 유지 보수성을 크게 향상시킨다.

마지막으로, Jackson et al.(2021)은 역공학 접근법을 통해 의미 인지 시스템의 핵심 기능을 구현하기 위한 피질 아키텍처(cortical architecture)의 설계 원리(design principles)를 밝혀내는 데 중점을 두었다. 이 연구를 통해 의미 인지 시스템이 추상적인 개념 표상(concept representation)을 획득하고 상황에 맞게 유연하게 행동을 조정하는 과정을 명확히 이해할 수 있었다. 이러한 이해는 인지 시스템의 실제 피질 아키텍처를 평가하는 중요한 기준을 제공하며, 시스템이 특정 방식으로 조직된 이유를 설명할 수 있게 한다. 예를 들어, 특정 신경세포 군집의 연결 패턴(connection pattern)이나 신경 네트워크의 계층적 구조(hierarchical structure)가 의미 인지의 효율성을 어떻게 향상시키는지를 분석할 수 있다.

이와 같이, 본 장에서는 인간 언어와 언어학에 대한 역공학적 접근이 신경망 언어 모델의 발전에 필수적이라는 점을 다양한 연구를 통해 확인하였다. 이러한 접근은 언어 모델의 성능을 크게 향상시키고, 인공지능이 인간의 복잡한 언어 처리 방식을 더 잘 모방할 수 있게 하여, 번역, 질의응답, 대화형 AI 등 다양한 응용 분야에서 중요한 발전을 이루는 데 기여할 것이다.

| 참고문헌 |

Denić, Milica, and Jakub Szymanik. 2022. Reverse-engineering the language of thought: A new approach. In Proceedings of the annual meeting of the cognitive science society 44.

Kim, Min K., Hafu Takero, and Sara Fedovik. 2023. Universal syntactic structures: Modeling syntax for various natural languages. arXiv preprint arXiv:2402.01641, 2023·arxiv.org

Jackson, Rebecca L., Timothy T. Rogers, and Matthew A. Lambon Ralph. 2021. Reverse-engineering the cortical architecture for controlled semantic cognition. Nature Human Behaviour volume 5: 774-786.

Saba. Walid S. 2023. Towards explainable and language-agnostic LLMs: Symbolic reverse engineering of language at scale. arXiv:2306.00017

동국대학교 저서출판 지원사업 선정도서

이 저서는 2022년도 동국대학교 연구비 지원을 받아 수행된 연구결과물임. (S-2022-G0001-00124)
This work was supported by the Dongguk University Research Fund of 2022. (S-2022-G0001-00124)

언어학이 만나는 인공 신경망 언어 모델

2024년 10월 2일 초판 1쇄 인쇄
2024년 10월 11일 초판 1쇄 발행

지은이 박명관
발행인 박기련
발행처 동국대학교출판부

출판등록 제1973-000004호(1973.6.28)
주소 04626 서울시 중구 퇴계로36길2 신관1층 105호
전화 02-2264-4714
팩스 02-2268-7851
홈페이지 http://dgpress.dongguk.edu
이메일 abook@jeongjincorp.com
디자인 다름
인쇄 신도인쇄

ISBN 978-89-7801-813-5 (03550)
값 22,000원

이 책의 무단 전재나 복제 행위는 저작권법 제98조에 따라 처벌 받게 됩니다.